AMOS 24

structural equation modeling

AMOS 24
구조방정식 모형

임동훈 지음

자유아카데미

머리말

구조방정식 모형(structural equation modeling, SEM)은 변수들 간의 복잡한 인과관계(causal relationship), 즉 원인(cause)과 결과(result)의 관계를 규명하기 위한 통계적 방법이다. 오늘날 구조방정식 모형은 사회학, 심리학뿐만 아니라 교육학, 경영학, 경제학, 광고학, 생물학, 의학 등 거의 모든 영역에서 광범위하게 사용되고 있다.

이 책은 AMOS(Analysis of MOment Structure)를 이용하여 구조방정식 모형을 분석한다. AMOS는 그래픽 사용자 인터페이스(graphic user interface: GUI) 지원으로 초보자들이 사용하기 편리하며, SPSS, EXCEL 자료와 호환이 자유로운 프로그램이다.

저자가 대학에서 수년간 구조방정식 모형을 강의하면서 매년 느끼는 고충은 '어떤 교재를 가지고 강의할 것인가'였다. 사실, 구조방정식 모형의 올바른 이해를 위해서는 기초적인 통계 지식이 필요하다. 이 책은 기초 통계학에 대한 선행 학습 없이 바로 AMOS를 이용한 구조방정식 모형을 접할 수 있도록 초보자의 눈높이에 맞춰 집필한 입문서로서 구조방정식 모형의 개념을 체계적으로 설명하고, 올바른 개념 이해를 위해 예제를 통해 AMOS를 이용하여 실습 중심으로 따라할 수 있도록 서술하였다. 또한 예제에 대한 AMOS 실행결과에 대해서도 가능한 이해하기 쉽고 간결하게 분석하였다.

이 책은 구조방정식 모형이 기존의 통계적 방법들과 어떤 차이가 있는지 설명하고 최근 논문이나 보고서에 자주 사용되는 고급 구조방정식 모형까지 다양하게 익힐 수 있도록 꼭 필요한 내용들로 구성하였다.

구조방정식 모형과 AMOS에 쉽게 접근할 수 있도록 집필하였지만, 여전히 이 책의 내용에 오류와 부족한 점이 많을 것으로 생각한다. 따라서 독자들의 애정 어린 충고와 지속적인 지도편달을 바라며, 계속 미흡한 부분은 보완해 나가고자 한다. 출간 후에라도 수정사항이 있을 경우에는 자유아카데미 홈페이지(www.freeaca.com) 자료실에 제공할 예정이며, 이 책으로 공부하는데 필요한 데이터 파일 역시 해당 자료실에서 찾을 수 있을 것이다.

끝으로, 이 책이 AMOS를 이용하여 구조방정식 모형을 분석하고자 하는 많은 독자들에게 유용하게 사용되기를 바라며, 여러분이 하고자 하는 일들이 모두 잘되기를 기원한다.

2017년 1월

저자 임동훈 씀

차례

01장

구조방정식 모형의 개요

1.1 구조방정식 모형이란?

구조방정식 모형(structural equation modeling, SEM)은 변수들 간의 복잡한 인과관계(causal relationship), 즉 원인(cause)과 결과(result)의 관계를 규명하기 위한 통계적 방법이다. 구조방정식 모형에서 구조(structure)는 변수들 간의 공분산(covariance)에 대한 구조를 말하는데, 따라서 구조방정식 모형을 공분산 구조 모형(covariance structure modeling)이라고도 한다.

구조방정식 모형은 사회학 및 심리학 분야에서 개발되었지만, 오늘날 교육학, 경영학, 경제학, 의학, 간호학 등 거의 모든 영역에서 광범위하게 사용되고 있다.

연구자는 변수들 간의 복잡한 인과관계를 분석하기 위해 선행연구나 배경이론에 근거하여 연구모형을 설정하고 이를 시각적으로 표현한다. 이때 중요한 변수 및 변수들 간의 관계가 연구모형에서 누락되지 않도록 면밀하게 검토하여야 한다. 그림 1.1은 이 책에서 구조방정식 모형 분석을 위한 소프트웨어 AMOS(Analysis of MOment Structure)를 사용하여 연구모형을 시각적으로 표현한 경로도형(path diagram)의 예를 보여 주고 있다[1].

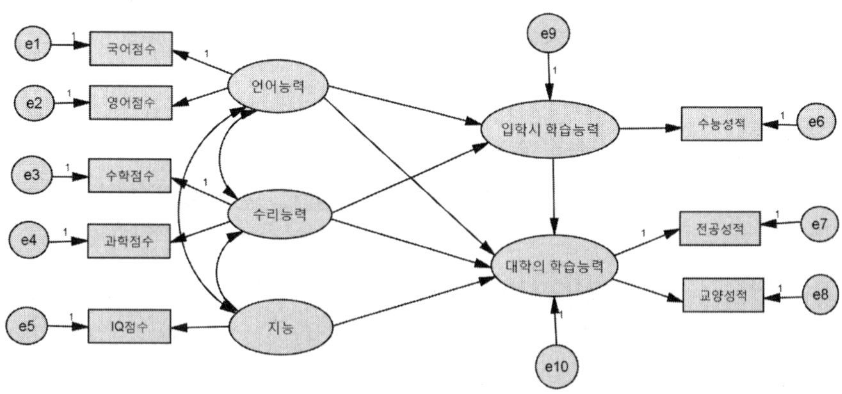

• **그림 1.1** • 연구모형에 대한 경로도형의 예

그림 1.1의 경로도형에서 보면 여러 가지 도형을 가지고 변수들 간의 관계를 나타내고 있는 것을 알 수 있다.

지금까지 통계학에서 변수들 간의 관계를 분석하기 위해 상관분석(correlation analysis), 회귀분석(regression analysis), 요인분석(factor analysis) 등을 주로 사용하여 왔다.

---

1) 김기영, 강현철 "LISREL(SIMPLIS)을 이용한 구조방정식모형의 분석" 자유아카데미, 2001.

상관분석은 두 변수 간의 관련성이 있는지 알고자 하는 경우 사용하는 방법이다. 예를 들면, 아들의 키와 딸의 키의 관계에서 어느 정도 상관이 있는지 알기 위해 사용하는 방법이다. 회귀분석은 두 변수, 여기서 한 변수는 독립변수(independent variable), 다른 변수는 종속변수(dependent variable)라고 할 때, 이 두 변수 간의 인과관계를 알고자 하는 경우 사용하는 방법이다. 예를 들면, 아버지의 키와 아들의 키의 관계에서 아버지의 키가 아들의 키에 어느 정도 영향을 미치는지를 알기 위해 이 두 변수 간의 모형을 설정하고, 설정된 모형으로 영향정도를 분석하는 방법이다.

요인분석은 많은 관측변수(observed variable)들을 소수의 잠재요인(latent factor)들로 요약하는 방법으로, 변수들 간의 상호 연관성을 분석해서 공통적으로 내재하고 있는 요인(factor)을 찾아내어 분석하는 방법이다. 원래 많은 변수로 이루어진 복잡한 자료를 몇 개의 적은 수의 변수로 모형을 만들어 분석하면 전체 사료를 쉽게 파악할 수 있다. 요인분석에는 탐색적 요인분석(exploratory factor analysis)과 확인적 요인분석(confirmatory factor analysis)이 있다. 그림 1.2는 탐색적 요인분석과 확인적 요인분석의 형태를 비교하기 위한 예를 보여 주고 있다.

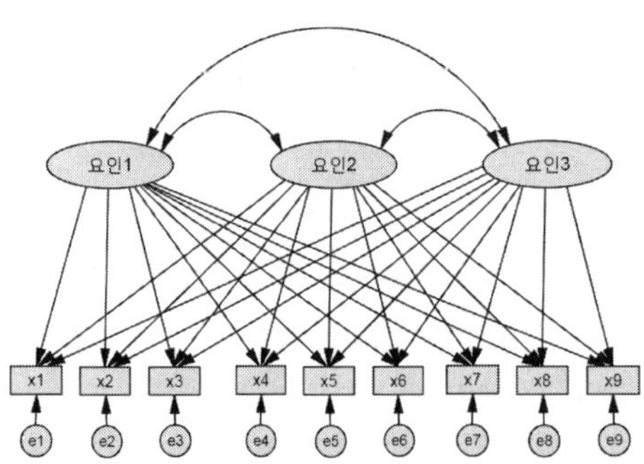

(a) 탐색적 요인분석

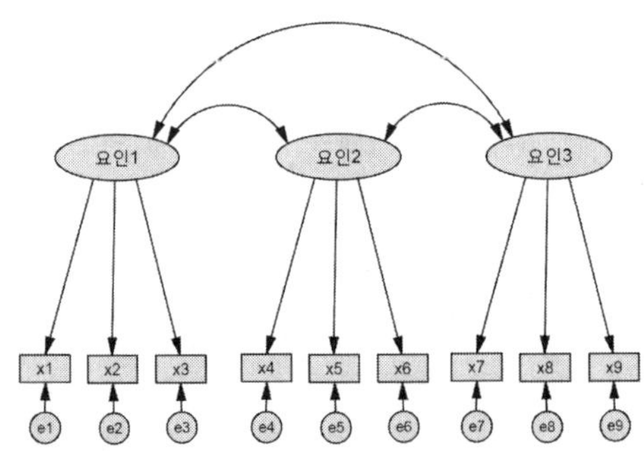

(b) 확인적 요인분석

• 그림 1.2 • 탐색적 요인분석과 확인적 요인분석 형태 비교

탐색적 요인분석은 그림 1.2(a)와 같이 9개의 관측변수 x1, x2, x3, x4, x5, x6, x7, x8, x9로부터 선행연구나 배경이론에 관계없이 전부 탐색하여 3개의 잠재요인, 즉 요인1, 요인2, 요인3을 추출해 내는 분석 방법이고, 확인적 요인분석은 선행연구나 배경이론 등을 이용하여 관측변수들 중에서 유사하다고 생각되는 변수들끼리 묶어 잠재요인을 생성하고 이를 모형화하여 분석하는 방법이다. 그림 1.2(b)에서 x1, x2, x3은 요인1, x4, x5, x6은 요인2, 그리고 x7, x8, x9는 요인3과 같이 요인지정은 사전정보를 바탕으로 정해진다. 따라서 탐색적 요인분석과 확인적 요인분석은 분석의 목적과 모형 설정에서 사전정보의 유무 등에 차이점이 있다고 할 수 있다.

일반 통계학에서 다변량 분석(multivariate analysis)에 흔히 사용되는 요인분석이

탐색적 요인분석이고 구조방정식 모형에서 사용되는 요인분석이 확인적 요인분석이다.

그림 1.1의 경로도형에서 관측변수(observed variable)와 잠재변수(latent variable)들과의 관계는 사전정보하에서 "국어점수"와 "영어점수"는 "언어능력"을 나타내고, "수학점수"와 "과학점수"는 "수리능력", "IQ 점수"는 "지능", "입학 시 학습능력"은 "수능성적", "전공성적"과 "교양성적"은 "대학의 학습능력"을 나타낸다는 가정 하에 모형을 설정하여 분석이 진행된다.

구조방정식 모형은 상관분석, 회귀분석, 요인분석 등이 결합된 하이브리드 방법(hybrid method)이라고 할 수 있다. 다시 말하면, 구조방정식 모형을 통해 상관분석, 회귀분석, 요인분석 등 다양한 통계 기법 결과를 한 번에 얻을 수 있다. 기존의 통계 기법들은 제각각 고유한 기능을 가지고 있고 변수들 간의 단편적이고 일차적인 관계(single relationship)만을 분석하는 데 사용된다. 그러나 구조방정식 모형은 변수들 간의 일차적인 관계를 포함한 복잡한 인과관계까지 분석이 가능한 방법이라고 할 수 있다. 따라서 구조방정식 모형에서는 기존의 통계분석 방법들보다 훨씬 많은 결과와 정보를 제공한다.

구조방정식 모형에서는 연구자에 의해 검증하고자 하는 가설을 연구모형으로 비주얼하게 설정하고 설정된 연구모형이 적합하다고 판단되는 경우에 변수들 간의 인과관계를 분석한다. 이때 연구모형의 적합 여부는 연구 모형이 수집된 자료에 의해 어느 정도 잘 설명되는가에 의해 결정된다. 이것은 수집된 자료들로부터 얻어진 표본 분산-공분산 행렬(sample variance-covariance matrix) S와 연구모형에서 얻은 모형 분산-공분산 행렬(model-based variance-covariance matrix) $\Sigma(\hat{\Theta})$의 차이에 의해 결정된다. 이 두 분산-공분산 행렬의 차이가 작을수록 수집된 자료에 대한 모형의 설명력이 높으므로 연구모형이 적합하다고 판단한다.

전통적 회귀분석은 독립변수와 종속변수 간의 회귀모형을 설정하고 수집된 자료로부터 추정된 회귀직선을 구하여 분석한다. 이때 추정된 회귀직선의 유의성은 분산분석표(analysis of variance table: ANOVA table)에서 F-검정 혹은 결정계수(coefficient of determination) 등에 의해 결정된다. 회귀분석에서 추정된 회귀직선이 유의한 경우에만 분석결과가 의미가 있으며, 그렇지 않은 경우에는 자료에 대한 설명력이 떨어져 분석결과를 신뢰하기 어렵다. 이와 같이 구조방정식 모형에서도 적합한 모형에 의해 얻어진 결과만이 의미가 있다. 따라서 구조방정식 모형에서 적합한 모형을 찾는 일은 매우 중요하다.

구조방정식 모형을 분석하는 경우에 많이 사용되는 소프트웨어로는 AMOS, LISREL, EQS 등이 있고 본 도서에서는 AMOS를 이용하여 구조방정식 모형을 분석한다. AMOS는 그래픽 사용자 인터페이스(graphic user interface: GUI) 지원으로 초보자들이 사용하기 편하고 SPSS, EXCEL 자료와 호환이 자유로운 장점이 있는 프로그램이다.

1.2 구조방정식 모형의 표기법

구조방정식 모형에서는 연구자가 설정한 연구모형을 그림 1.1과 같이 경로도형(path diagram)을 이용하여 비주얼하게 나타낸다.

경로도형은 변수 간의 인과관계를 그림으로 나타낸 것으로, 5개의 기본 도형, 즉 사각형(직사각형 또는 정사각형, ▭), 타원(⬭), 원(◯), 한방향 화살표(혹은 일방향 화살표, ⟶), 양방향 화살표(혹은 쌍방향 화살표, ⟷)를 가지고 표시한다.

• 표 1.1 • 경로도형에 사용되는 5가지 기본 도형

도형	설명
▭	관측변수(observed variable; 측정변수)를 나타낸다. 이것은 실제로 측정된 데이터에 대한 변수를 의미한다.
⬭	잠재변수(latent variable)를 나타낸다. 이것은 비관측변수(unobserved variable)로 직접적으로 관측되지 않는 변수를 의미한다. 잠재요인이라고도 한다.
⟶	변수들 간의 인과관계를 나타낸다. 즉, 두 변수 사이의 원인(cause)과 결과(effect)의 관계를 나타낸다. 보통 회귀분석에서 독립변수와 종속변수외의 관계를 설정할 때 사용한다. 또는 잠재변수를 여러 관측변수들을 가지고 측정하는 경우에 사용한다.
⟷	변수들 간의 상관관계 또는 공분산 관계를 나타낸다. 즉, 두 변수 사이의 원인과 결과가 명확하지 않은 관계를 나타낸다. 보통 상관분석에서 두 변수 간의 관계를 설정할 때 사용한다.
◯	오차(error) 혹은 잔차(residual)를 나타낸다. 오차에는 측정오차(measurement error)와 구조오차(structural error)가 있다. 관측변수에 연결되면 측정오차, 잠재변수에 연결되면 구조오차라고 한다. 구조오차를 흔히 잔차라고 한다.

다음은 경로도형에서 5가지 기본 도형들이 구체적으로 어떻게 사용되는지 예를 들어 살펴보고자 한다.

① 사각형(▭)

예를 들어 대학생들에 대해 "신장"과 "체중"을 조사하는 경우 "신장"과 "체중"은 관측변수이므로 그림 1.3과 같이 사각형을 가지고 나타낸다.

• 그림 1.3 • 사각형 사용 예

② 타원 (⬭)

예를 들어, "국어", "수학", "영어" 점수를 가지고 "학력"을 측정하는 경우 "국어", "수학", "영어" 점수는 관측변수이고 "학력"은 관측변수가 아닌 잠재변수이다. 잠재변수는 그림 1.4와 같이 타원을 가지고 나타낸다.

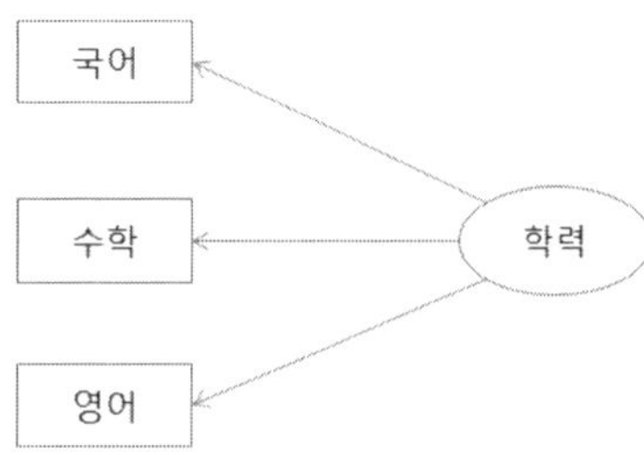

• 그림 1.4 • 타원 사용 예

또 다른 예를 하나 들어보자. "가정환경"을 측정하기 위해 "자녀 교육수준", "부모 교육수준", "가족소득" 등을 조사하는 경우 "가정환경"은 잠재변수이므로 그림 1.5와 같이 타원을 가지고 나타낸다.

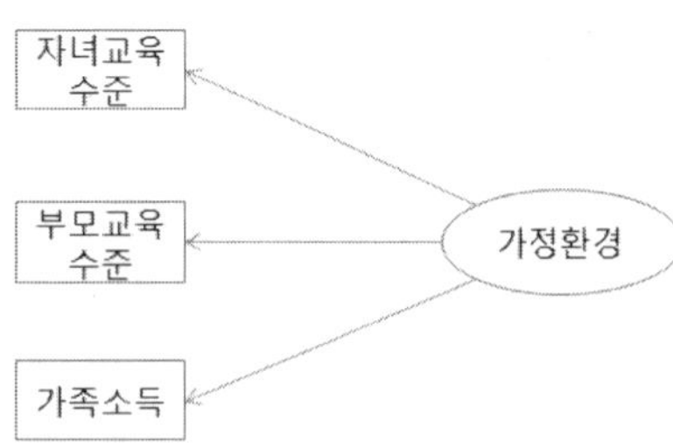

• 그림 1.5 • 타원 사용 예

③ 한방향 화살표(⟶)

예를 들어, "과자의 양"과 "체중"과의 관계에서 "과자의 양"이 "체중"에 영향을 미친다고 가정하는 경우 "과자의 양"이 원인이고 "체중"이 결과이므로 원인과 결과를 나타내기 위해 그림 1.6과 같이 한방향 화살표를 가지고 나타낸다.

• 그림 1.6 • 한방향 화살표 사용 예

또 다른 예를 하나 들어보자. "결혼", "이혼", "실직"과 "스트레스"와의 관계에서 "결혼", "이혼", "실직"이 원인이 되어 결과로서 "스트레스"를 받는다고 가정하면 그림 1.7과 같이 한방향 화살표를 가지고 나타낸다.

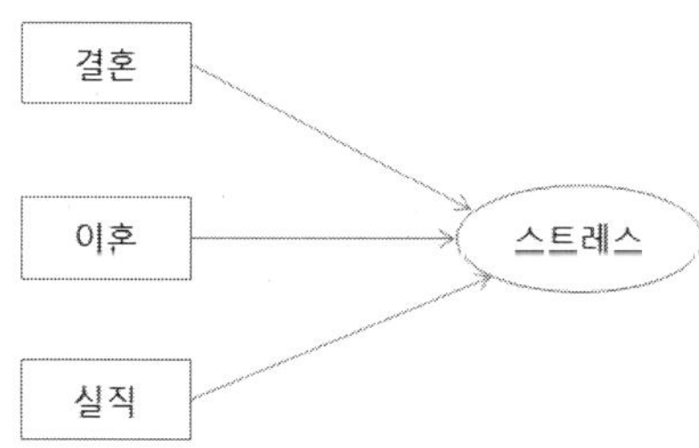

• 그림 1.7 • 한방향 화살표 사용 예

④ **양방향 화살표(⟷)**

예를 들어 "신장"과 "체중" 간의 관계에서 두 변수 간 원인과 결과를 구분하기 힘든 상관관계가 있는 경우 그림 1.8과 같이 양방향 화살표를 가지고 나타낸다.

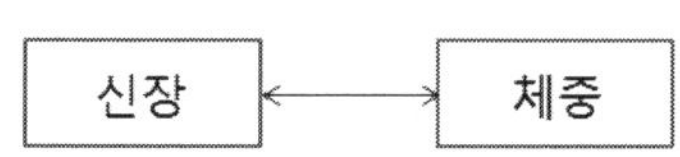

• 그림 1.8 • 양방향 화살표 사용 예

또 다른 예로서 "문과적성능력"을 측정하기 위해 "국어성적"과 "영어성적", "이과적성능력"을 측정하기 위해 "수학성적"과 "과학성적"을 조사하는 경우에 "국어성적"과 "영어성적"은 서로 상관이 있고 또한 "수학성적"과 "과학성적"이 서로 상관이 있는 경우 그림 1.9와 같이 양방향 화살표를 가지고 나타낸다.

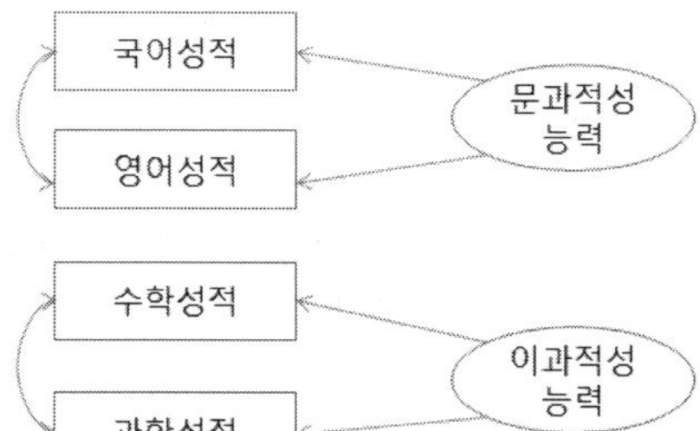

• 그림 1.9 • 양방향 화살표 사용 예

⑤ **원(○)**

예를 들어 자동차의 "출고가격", "연식", "배기량"과 "중고가격"과의 관계에서 "출고가격", "연식", "배기량", "중고가격"은 관측변수들이다. 구조방정식 모형에서는 각 관측변수마다 오차가 존재한다. 관측변수에 연결된 오차를 측정오차라고 하고 그림 1.10과 같이 원으로 나타낸다.

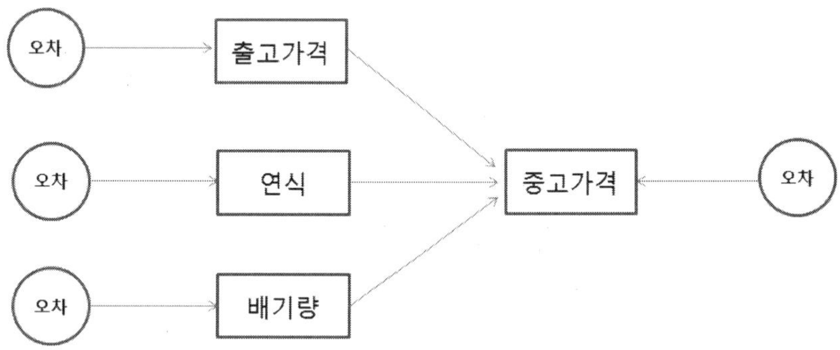

• **그림 1.10** • 원 사용 예

또 다른 예로서 병원에서 환자들에 대한 만족도를 조사하는 경우, "진료"와 "만족도"의 관계에서 "진료"는 "의사 진료"와 "간호사 치료"로 나누어 조사하고, "만족도"는 "환자 만족"과 "보호자 만족"으로 조사할 수 있다. 이때 "만족도"는 "진료" 외에 다른 요인인 "대기 시간"이나 "예약 및 접수 절차" 등에 의해 영향을 받는, 설명되지 않는 부분, 즉 오차를 그림 1.11과 같이 원을 가지고 나타낸다.

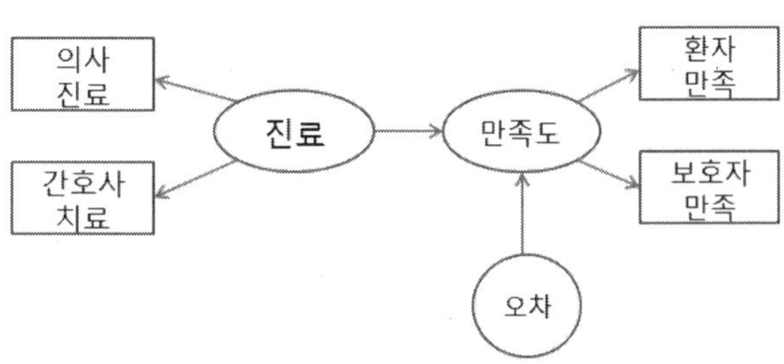

• **그림 1.11** • 오차 사용 예

그림 1.11에서 잠재변수 "만족도"에 연결된 오차를 구조오차라고 한다.

1.3 구조방정식 모형의 인과관계

구조방정식 모형은 변수들 간의 복잡한 인과관계를 분석하기 위한 방법이라고 하였다. 인과관계란 변수들 간에 원인(cause)과 결과(effect)의 관계를 의미한다.

인과관계 종류로는 직접인과관계(direct causality, 혹은 직접관계), 간접인과관계(indirect causality, 혹은 간접관계), 상관관계(correlation), 상호인과관계(reciprocal causation, 혹은 상호관계), 의사관계(spurious causality) 그리고 조절관계(moderating relationship)가 있다. 그림 1.12는 여러 가지 인과관계를 나타내고 있다.

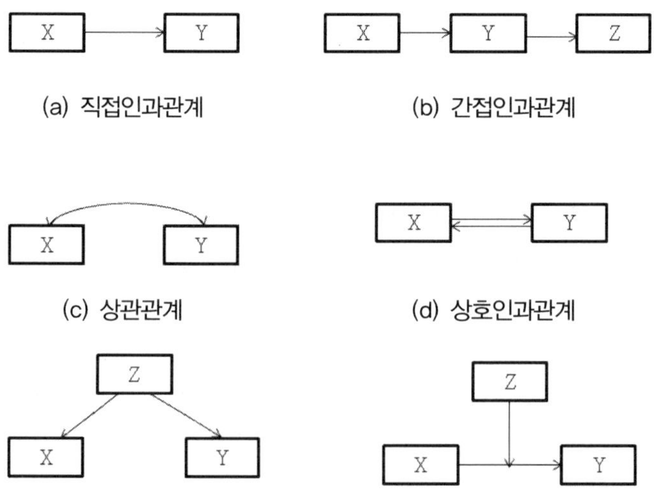

• 그림 1.12 • 인과관계 종류

그림 1.12(a)에서 변수 X와 Y는 직접인과관계가 있고, 그림 1.12(b)에서 변수 X와 Y는 직접인과관계가 있고, 변수 Y와 Z도 직접인과관계가 있다고 한다. 그리고 변수 X는 중간변수 Y에 의해 변수 Z와 인과관계가 있는 경우에 변수 X와 Z는 간접인과관계가 있다고 한다. 이때 변수 Y를 매개변수(mediation variable)라고 한다. 그림 1.12(c)에서 변수 X와 Y는 서로 직접인과관계가 아닌 상관관계가 있고, 그림 1.12(d)에서 변수 X와 Y 혹은 변수 Y와 X는 서로 직접인과관계에 있는 경우 상호인과관계가 있다고 한다. 그림 1.12(e)에서 변수 X와 Y는 제3의 변수 Z에 의해 두 변수 X와 Y가 관계가 있는 것처럼 보이는 의사관계에 있다고 하고, 그림 1.12(f)에서 변수 X와 Y와의 관계가 변수 Z에 의해 영향을 받는 경우에 변수 X와 Y는 조절관계가 있다고 한다. 이때 Z를 조절변수(moderating variable)라고 한다.

그림 1.13은 그림 1.12의 인과관계를 구체적인 예를 가지고 표현한 그림이다.

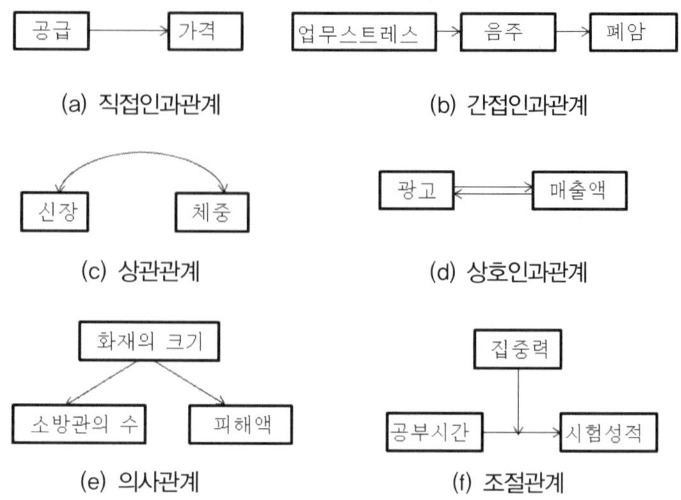

그림 1.13 인과관계의 예

그림 1.13(a)에서 "공급"이 많으면 "가격"이 떨어지므로 "공급"과 "가격"은 직접인과관계에 있고, 그림 1.13(b)에서 "업무 스트레스"가 쌓이면 "음주"를 많이 하고 "음주"는 "폐암"으로 이어지는 경우 "업무 스트레스"와 "폐암"은 간접인과관계에 있다고 할 수 있다. 그림 1.13(c)에서 "신장"과 "체중"은 서로 상관이 있으나 원인과 결과로 설명할 수 없는 인과관계, 즉 상관관계에 있다고 할 수 있다. 그림 1.13(d)에서 "광고"와 "매출액"은 서로 원인도 되고 결과도 되므로 상호인과관계가 있다고 볼 수 있다. 회사에서 광고를 늘리면 상품 매출액이 증가하고 매출액 증가는 다시, 광고비를 더 지출할 수 있는 여유가 생겨 광고를 더 늘릴 수 있기 때문에 "광고"와 "매출액"은 상호인과관계가 있다고 할 수 있다. 그림 1.13(e)에서 "소방관의 수"와 화재의 "피해액"은 큰 상관이 없으나 "화재의 크기"에 따라 큰 화재인 경우 "소방관의 수"가 더 필요하다. 따라서 화재의 "피해액"이 늘어남으로 "소방관의 수"와 화재의 "피해액"은 의사관계에 있다고 한다. 그림 1.13(f)에서 "공부시간"과 "시험성적"과의 관계에서 "집중력"에 의해 "시험성적"에 영향을 미치는 경우 "공부시간"과 "시험성적"과의 관계는 조절변수 "집중력"에 따라 조절관계에 있다고 한다.

1.4 구조방정식 모형의 변수

구조방정식 모형에서는 일반 통계학에서 흔히 사용하는 독립변수와 종속변수라는 용어 대신 관측변수, 잠재변수, 외생변수(exogenous variable), 내생변수(endogenous variable)라는 용어들을 사용한다.

• **관측변수와 잠재변수**

관측변수는 관찰변수 혹은 측정변수라고도 하며 직접 측정이나 관찰이 가능한 변수를 말한다. 예를 들면 성적, 소득, 길이, 온도, 속도 등이 여기에 해당된다. 그림 1.1의 구조방정식 모형에서 “국어점수”, “영어점수”, “수학점수”, “과학점수”, “IQ점수”와 “수능성적”, “전공성적”, “교양성적”이 관측변수에 해당된다.

잠재변수는 직접 측정이나 관찰이 불가능한 변수이고, 관측변수들의 내면에 잠재되어 있는 변수를 말한다. 예를 들면, 자존심, 정체성, 언어능력, 보수성, 개혁성 등이 여기에 해당된다. 그림 1.1의 구조방정식 모형에서 “언어능력”, “수리능력”, “지능”, “입학 시 학습능력”, “대학의 학습능력”이 잠재변수에 해당된다.

• **외생변수와 내생변수**

구조방정식 모형에서 변수 간의 인과관계 역할에 따라 외생변수와 내생변수로 나눈다.

외생변수는 모형 내에서 다른 변수의 원인(causes) 역할을 하는 변수로 독립변수, 설명변수가 여기에 해당된다. 예를 들면, “자존심”이 “보수성”에 영향을 주는 경우 “자존심”이 외생변수에 해당된다.

내생변수는 모형 내에서 다른 변수에 의해 결과(result)가 되는 변수로서 반응변수, 종속변수가 여기에 해당된다. 외생변수나 다른 내생변수에 의해 영향을 받는 변수이다. 예를 들면, “자존심”이 “보수성”에 영향을 주는 경우 “보수성”이 내생변수에 해당되고, 관측변수들이 여러 가지 요인에 의해 영향을 받는 경우 관측변수들도 내생변수에 해당된다. 그림 1.1의 구조방정식 모형에서 사용된 관측변수들은 모두 내생변수에 해당된다.

어떤 변수는 다른 변수에 영향을 주는 외생변수이면서 동시에 또 다른 변수에 의해 영향을 받는 내생변수도 있다. 그림 1.1의 구조방정식 모형에서 사용된 잠재변수들은 모두 외생변수이면서 동시에 내생변수에 해당된다.

• **외생관측변수, 내생관측변수, 외생잠재변수, 내생잠재변수**

관측변수와 잠재변수, 외생변수와 내생변수의 개념을 조합하면 표 1.2와 같은 4가지 변수가 만들어 진다.

• **표 1.2** • 관측변수와 잠재변수, 외생변수와 내생변수의 조합

	외생변수	내생변수
관측변수	외생관측변수	내생관측변수
잠재변수	외생잠재변수	내생잠재변수

외생관측변수(exogenous observed variable)는 관측변수이면서 외생변수로서 역할을 하는 변수이고, 내생관측변수(endogenous observed variable)는 관측변수이면서 내생변수로서 역할을 하는 변수이다. 그리고 외생잠재변수(exogenous latent variable)는 잠재변수이면서 외생변수로서 역할을 하는 변수이고, 내생잠재변수(endogenous latent variable)는 잠재변수이면서 내생변수로서 역할을 하는 변수이다.

1.5 구조방정식 모형의 수식 표현

구조방정식 모형은 크게 2개의 모형으로 구성되어 있다. 하나는 측정모형(measurement model)이고 다른 하나는 구조모형(structural model)이다. 측정모형은 관측변수를 통해 잠재변수를 측정하는 부분을 나타낸 모형이고 구조모형은 잠재변수들 간의 관계를 나타낸 모형이다. 그림 1.14는 측정모형과 구조모형을 갖고 있는 연구모형을 도식화한 것이다.

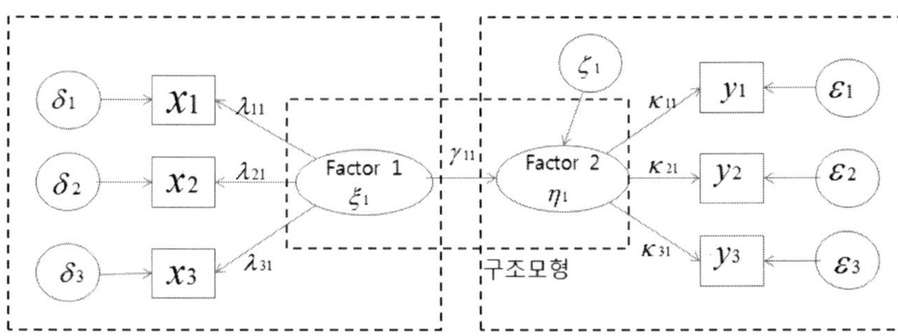

• 그림 1.14 • 측정모형과 구조모형 도식화

그림 1.14에서 요인 ξ_1(Factor1)은 x_1, x_2, x_3에 의해 측정되고 요인 η_1(Factor2)는 y_1, y_2, y_3에 의해 측정되고 있다. 구조모형은 이들 잠재변수 간의 인과관계를 나타내고 있고 측정모형은 측정모형 1과 측정모형 2처럼 관측변수를 통해 잠재변수를 측정하는 부분을 나타내고 있다.

측정모형 1을 수식으로 나타내면 다음과 같다.

$$x_1 = \lambda_{11}\xi_1 + \delta_1$$
$$x_2 = \lambda_{21}\xi_1 + \delta_2$$
$$x_3 = \lambda_{31}\xi_1 + \delta_3$$

여기서 $\lambda_{11}, \lambda_{21}, \lambda_{31}$는 경로계수, ξ_1는 외생잠재변수, $\delta_1, \delta_2, \delta_3$는 오차이다. 여기서 외생잠재변수는 잠재변수들 간의 인과관계에서 다른 잠재변수의 원인이 되는 잠재변수를 의미한다.

위의 식을 행렬로 표현하면 다음과 같다.

$$\begin{pmatrix} x_1 \\ x_2 \\ x_3 \end{pmatrix} = \begin{pmatrix} \lambda_{11} \\ \lambda_{21} \\ \lambda_{31} \end{pmatrix} \xi + \begin{pmatrix} \delta_1 \\ \delta_2 \\ \delta_3 \end{pmatrix}$$

$$X = \Lambda\xi + \delta$$

측정모형 2를 수식으로 나타내면 다음과 같다.

$$\begin{aligned} y_1 &= \kappa_{11}\eta_1 + \varepsilon_1 \\ y_2 &= \kappa_{21}\eta_1 + \varepsilon_2 \\ y_3 &= \kappa_{31}\eta_1 + \varepsilon_3 \end{aligned}$$

여기서 $\kappa_{11}, \kappa_{21}, \kappa_{31}$는 경로계수, η_1는 내생잠재변수, $\varepsilon_1, \varepsilon_2, \varepsilon_3$는 오차이다. 여기서 내생잠재변수는 잠재변수들 간의 인과관계에서 다른 잠재변수에 의해 영향을 받는 잠재변수를 의미한다.

위의 식을 행렬로 표현하면 다음과 같다.

$$\begin{pmatrix} y_1 \\ y_2 \\ y_3 \end{pmatrix} = \begin{pmatrix} \kappa_{11} \\ \kappa_{21} \\ \kappa_{31} \end{pmatrix} \eta + \begin{pmatrix} \varepsilon_1 \\ \varepsilon_2 \\ \varepsilon_3 \end{pmatrix}$$

$$Y = K\eta + \varepsilon$$

구조모형을 수식으로 나타내면 다음과 같다.

$$\eta_1 = \gamma_{11}\xi_1 + \zeta_1$$

위 식은 전통적 회귀분석에서 회귀모형과 동일하다. 이와 같이 구조방정식 모형은 회귀분석과 마찬가지로 측정모형을 통해서 외생잠재변수와 내생잠재변수를 생성하고 이들을 구조모형으로 결합하여 연구모형을 설정한 다음, 자료를 통하여 적합한 모형을 찾고 변수들 간의 인과관계를 분석하는 것이다.

1.6 예제를 이용한 AMOS 구조방정식 모형 맛보기

예제를 통해 AMOS 구조방정식 모형을 간략하게 소개하고자 한다. 여기서는 AMOS에서 데이터 파일을 입력하는 방법, 연구모형에 대한 경로도형을 작성하는 방법 그리고 연구모형을 실행하는 방법과 결과에 대해 간단하게 살펴보고자 한다.

예제 1.1 표 1.3은 서울시(서울복지재단)에서 서울 시민의 행복도를 뉴욕, 도쿄, 런던, 파리와 같은 세계 주요도시와 비교하기 위하여 서울시의 여러 가지 생활조건에 대하여 조사한 설문지 문항의 일부이다. 조사는 경제, 문화교육, 복지, 안전, 생태환경, 생활환경, 서울시행정, 공동체생활, 개인건강에 대해 이루어졌고 그 중에서 문화, 복지, 생활환경, 자부심, 행복감에 대한 설문내용이다. 조사는 한국사회과학데이터센터(KSDC)의해 25개 자치구 522개 동에서 조사기간(2006년 11월 25일 ~ 2006년 12월 14일)에 이루어졌고 표본은 크기는 총 3,000명이며 여기서는 그 중 일부인 445명에 대한 자료이다[2].

표 1.3 서울행복도에 대한 설문 문항

	설문 문항	매우 동의한다.	대체로 동의한다.	동의도 반대도 아니다.	별로 동의하지 않는다.	전혀 동의하지 않는다.
문화	(v2.1) 외국인 관광객에게 자랑스럽게 소개할 것들이 많다.	①	②	③	④	⑤
	(v2.2) 이용할 공원이나 운동시설이 충분하다.	①	②	③	④	⑤
	(v2.3) 영화관, 박물관, 공연장 등 문화 활동을 즐길 곳이 많다.	①	②	③	④	⑤
복지	(v4.1) 아이들을 위한 양육보호시설이 잘 마련되어 있다.	①	②	③	④	⑤
	(v4.2) 의료기관을 편리하게 이용할 수 있다.	①	②	③	④	⑤
	(v4.3) 저소득층, 노약자, 장애인을 위한 편의 및 보호시설이 잘 마련되어 있다.	①	②	③	④	⑤
생활환경	(v6.4) 대중교통은 편리하다.	①	②	③	④	⑤
	(v6.5) 아름다운 도시다.	①	②	③	④	⑤
	(v6.6) 시장, 마트, 백화점 등 편의시설이 충분하다.	①	②	③	④	⑤

2) KSDC(한국사회과학데이터센터) http://www.ksdc.re.kr

(v10) 00님께서는 서울시에 사는 것이 자랑스럽다고 생각하십니까?

① 매우 자랑스럽다 ② 대체로 자랑스럽다 ③ 보통이다

④ 별로 자랑스럽지 않다 ⑤ 전혀 자랑스럽지 않다

(v12) 00님께서는 현재 행복하십니까?

① 매우 행복하다 ② 대체로 행복하다 ③ 보통이다

④ 별로 행복하지 않다 ⑤ 전혀 행복하지 않다

(1) 데이터 파일 입력

① SPSS을 실행시켜 데이터를 그림 1.15와 같이 입력하고 파일 이름은 "서울행복도.sav"라고 한다.

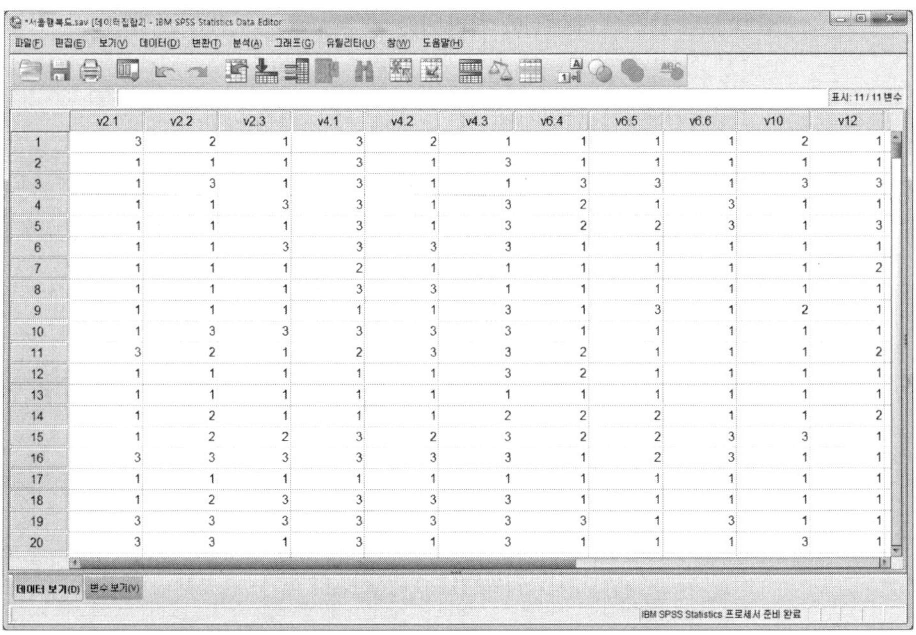

	v2.1	v2.2	v2.3	v4.1	v4.2	v4.3	v6.4	v6.5	v6.6	v10	v12
1	3	2	1	3	2	1	1	1	1	2	1
2	1	1	1	3	1	3	1	1	1	1	1
3	1	3	1	3	1	1	3	3	1	3	3
4	1	1	3	3	1	3	2	1	3	1	1
5	1	1	1	3	1	3	2	2	3	1	3
6	1	1	3	3	3	3	1	1	1	1	1
7	1	1	1	2	1	1	1	1	1	1	2
8	1	1	1	3	3	1	1	1	1	1	1
9	1	1	1	1	1	3	1	3	1	2	1
10	1	3	3	3	3	3	1	1	1	1	1
11	3	2	1	2	3	3	2	1	1	1	2
12	1	1	1	1	1	3	2	1	1	1	1
13	1	1	1	1	1	1	1	1	1	1	1
14	1	2	1	1	1	2	2	2	1	1	2
15	1	2	2	3	2	3	2	2	3	3	1
16	3	3	3	3	3	3	1	2	3	1	1
17	1	1	1	1	1	1	1	1	1	1	1
18	1	2	3	3	3	3	1	1	1	1	1
19	3	3	3	3	3	3	3	1	3	1	1
20	3	3	1	3	1	3	1	1	1	3	1

● **그림 1.15** ● 서울행복도에 대한 데이터("서울행복도.sav")

그림 1.16은 그림 1.15의 입력 데이터에 대한 변수 설명을 나타내고 있다.

• **그림 1.16** • 서울행복도 데이터에 대한 변수 설명

여기서 변수 “v2.1”, “v2.2”, “v2.3”은 “문화”를 나타내는 변수이고 변수 “v4.1”, “v4.2”, “v4.3”은 “복지”를 나타내는 변수이고 변수 “v6.4”, “v6.5”, “v6.6”은 “생활환경”을 나타내는 변수이다. 그리고 변수 “v10”과 “v12”는 각각 “자부심”과 “행복감”을 나타내는 변수이다.

② AMOS를 실행한 후 메뉴에서 [File] → [Data Files] 선택하여 나타나는 그림 1.17의 Data Files 대화상자에서 [File Name] 버튼을 선택하여 입력된 데이터 파일을 지정한다. 여기서는 “서울행복도.sav”를 선택한다.

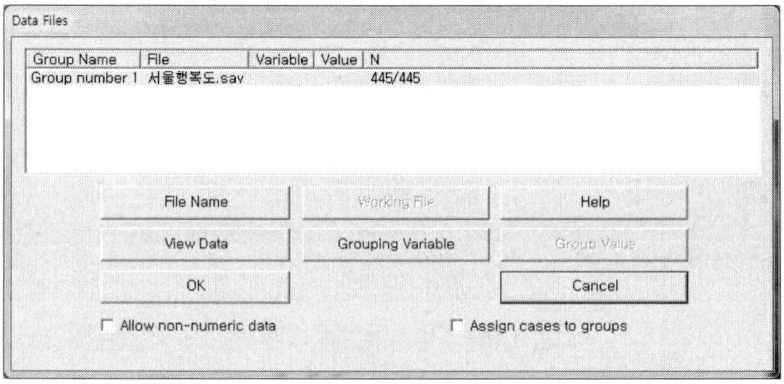

• **그림 1.17** • Data Files 대화상자에서 데이터 파일 지정

③ 그림 1.17의 [Data Files] 대화상자에서 [OK] 버튼을 클릭한다. 만약, 지정한 데이터 파일 내용을 보고자 하는 경우 [View Data] 버튼을 클릭한다.

(2) 연구모형에 대한 경로도형 작성

① AMOS 실행 후 초기화면 왼쪽에 있는 도구상자(toolbox)를 사용하여 그림 1.18과 같이 연구모형에 대한 경로도형을 그린다. 이 연구모형은 3개의 잠재변수와 2개의 관측변수 간의 인과관계를 나타내는 모형이다. 여기서 잠재변수 각각은 3개의 관측변수에 의해 측정되고, 2개의 관측변수 간에도 인과관계를 갖는다고 가정한다.

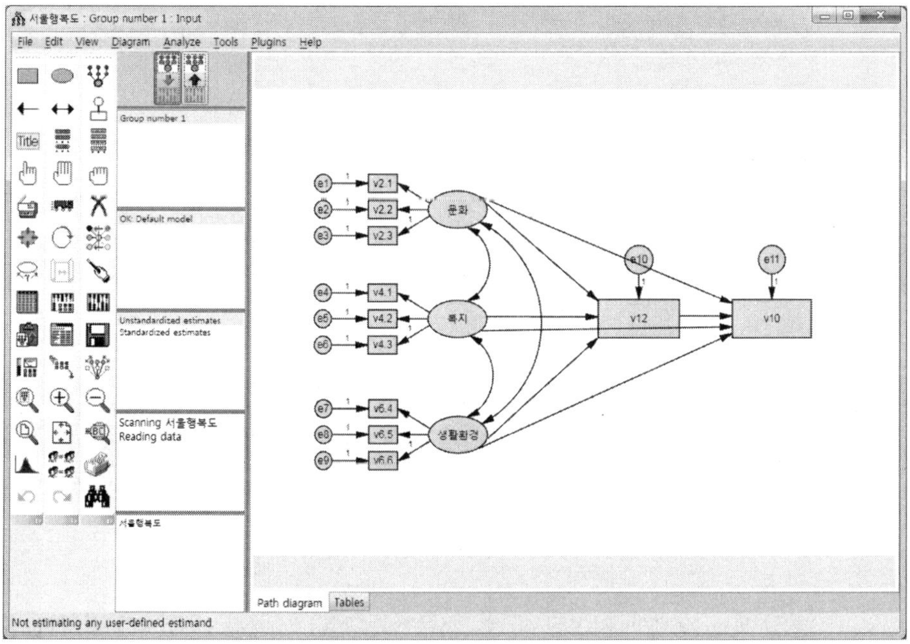

• **그림 1.18** • 연구모형에 대한 경로도형

그림 1.18에서 관측변수 이름 대신 관측변수를 설명하는 라벨(label)을 사용해도 된다. 예를 들면, 변수이름 "v10"과 "v12" 대신 이들 변수에 대한 라벨, 즉 "자부심"과 "행복감"을 변수이름 대신 사용해도 된다.

AMOS는 외생변수 간 관계를 양방향 화살표를 가지고 표시하지 않으면 상관이 없는 것으로 가정한다. 이 경우 입력된 데이터의 외생변수 간 상관이 없으면 전혀 문제가 되지 않지만 상관이 있으면 연구모형은 상관관계를 반영하지 못하게 된다. 따라서 연구자는 외생변수 간 상관이 없다는 확신이 없는 한 양방향 화살표를 가지고 상관관계를 표시한다. 그림 1.18에서 "문화", "복지", "생활환경"은 외생변수들이며 양방향 화살표를 가지고 상관관계를 표시하고 있다.

(3) 연구모형 실행

① 그림 1.18의 연구모형을 실행시키기 위해 메뉴에서 [Analyze] → [Calculate Estimates]를 선택한다. 만약 모형에 오류가 발생하지 않으면 그림 1.19와 같이 파일 저장 대화상자가 생성되고 파일명("amw" 확장자)을 입력한 후 [저장] 버튼을 누른다.

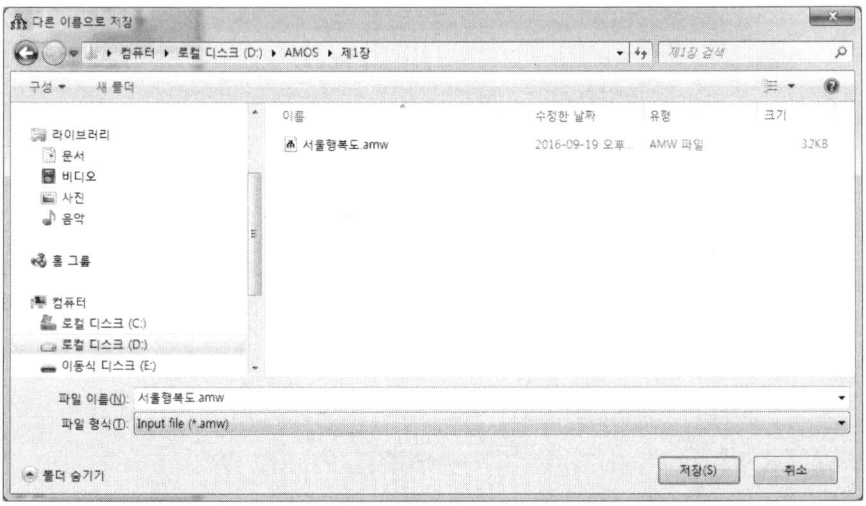

● **그림 1.19** ● AMOS 프로젝트 파일 저장

그림 1.19에서 지정된 파일 "서울행복도.amw"에는 지금까지 작성한 연구모형에 대한 경로도형뿐만 아니라 분석 옵션 및 입력자료 그리고 실행결과까지 저장된다. "서울행복도.amw" 파일은 일종의 프로젝트 파일이므로 프로젝트를 수정하고자 하는 경우 이 파일을 열어서 수정하면 된다.

② 텍스트 형태의 실행결과를 보기 위해 메뉴에서 [View] → [Text Output]을 선택한다. 그림 1.20은 AMOS 출력에서 왼쪽에 있는 "Notes for Model"을 선택하면 연구모형에 대한 자유도와 χ^2-통계량에 의한 모형적합에 대한 결과를 보여 준다.

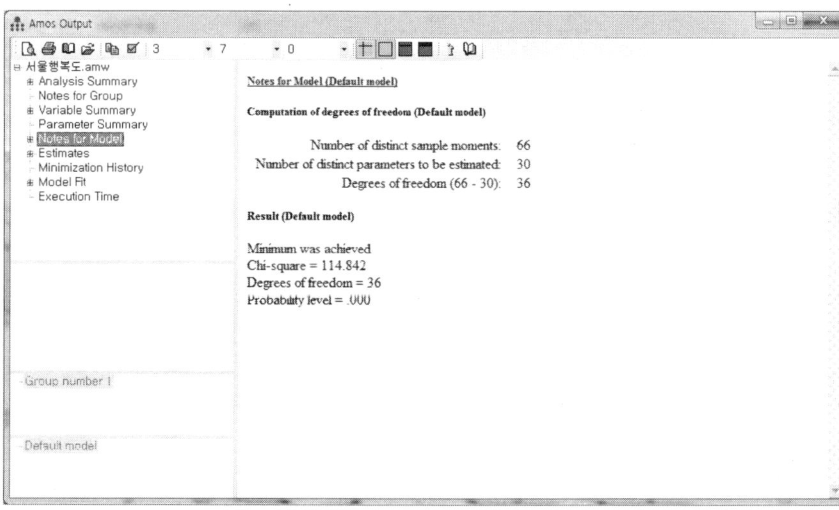

● 그림 1.20 ● 연구모형에 대한 χ^2-통계량에 의한 적합 결과

χ^2-통계량은 연구모형이 표본자료와의 부합되지 않는 정도, 즉 표본오류(sample discrepancy)를 나타내는 통계량으로 그림 1.20으로부터 $\chi^2 = 114.842$, 자유도 $df = 36$, 유의확률 $p = 0.000$이다. 연구모형이 표본자료와 부합되지 않을수록 χ^2-통계량 값은 커지고 유의확률은 작아진다. 따라서 χ^2-통계량만을 가지고 모형적합을 판단한다면 그림 1.18의 연구모형은 적합하지 않다고 할 수 있다. 그러나 구조방정식 모형에서 χ^2-통계량의 여러 가지 단점으로 인하여 모형적합 여부를 판단하는 경우 χ^2-통계량 외에 여러 가지 적합지수들을 가지고 종합적으로 판단해야 한다. 모형적합에 대해서는 6장 모형적합도 평가에서 자세하게 다루고 있다.

그림 1.21은 AMOS 실행 후 나타나는 모수추정치(estimates), 즉 경로계수(regression weight), 공분산(covariance), 분산(variance) 등에 대한 출력 결과이다. 이것은 그림 1.21의 AMOS 결과에서 왼쪽에 있는 "Estimates"를 선택하면 나타난다.

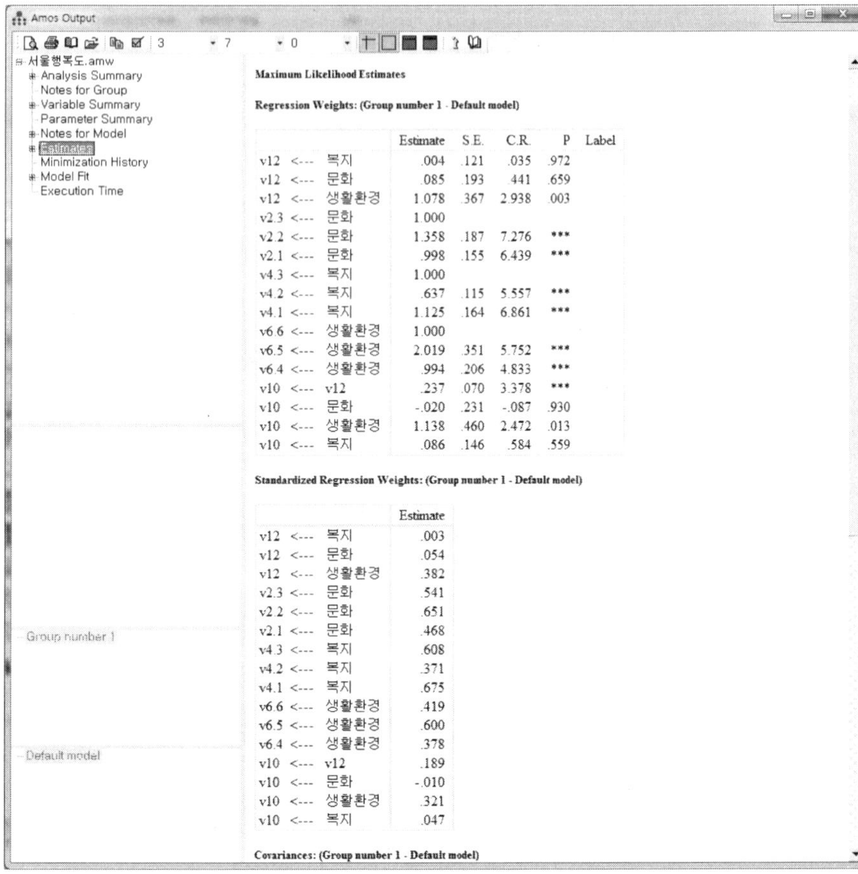

Maximum Likelihood Estimates

Regression Weights: (Group number 1 - Default model)

			Estimate	S.E.	C.R.	P	Label
v12	<---	복지	.004	.121	.035	.972	
v12	<---	문화	.085	.193	.441	.659	
v12	<---	생활환경	1.078	.367	2.938	.003	
v2.3	<---	문화	1.000				
v2.2	<---	문화	1.358	.187	7.276	***	
v2.1	<---	문화	.998	.155	6.439	***	
v4.3	<---	복지	1.000				
v4.2	<---	복지	.637	.115	5.557	***	
v4.1	<---	복지	1.125	.164	6.861	***	
v6.6	<---	생활환경	1.000				
v6.5	<---	생활환경	2.019	.351	5.752	***	
v6.4	<---	생활환경	.994	.206	4.833	***	
v10	<---	v12	.237	.070	3.378	***	
v10	<---	문화	-.020	.231	-.087	.930	
v10	<---	생활환경	1.138	.460	2.472	.013	
v10	<---	복지	.086	.146	.584	.559	

Standardized Regression Weights: (Group number 1 - Default model)

			Estimate
v12	<---	복지	.003
v12	<---	문화	.054
v12	<---	생활환경	.382
v2.3	<---	문화	.541
v2.2	<---	문화	.651
v2.1	<---	문화	.468
v4.3	<---	복지	.608
v4.2	<---	복지	.371
v4.1	<---	복지	.675
v6.6	<---	생활환경	.419
v6.5	<---	생활환경	.600
v6.4	<---	생활환경	.378
v10	<---	v12	.189
v10	<---	문화	-.010
v10	<---	생활환경	.321
v10	<---	복지	.047

Covariances: (Group number 1 - Default model)

그림 1.21 연구모형의 모수추정치에 대한 출력 결과

그림 1.21의 모수추정치들에 대한 출력결과에서 Estimate, S.E., C.R. P은 각각 경로계수의 추정치, 표준오차(standard error), t-통계량에 해당되는 기각비(critical ratio), 유의확률(significance probability, p-값)을 나타낸다.

그림 1.22는 AMOS 출력에서 왼쪽에 있는 "Model Fit"를 선택하면 모형 적합도를 나타내는 여러 가지 적합지수들을 보여 준다.

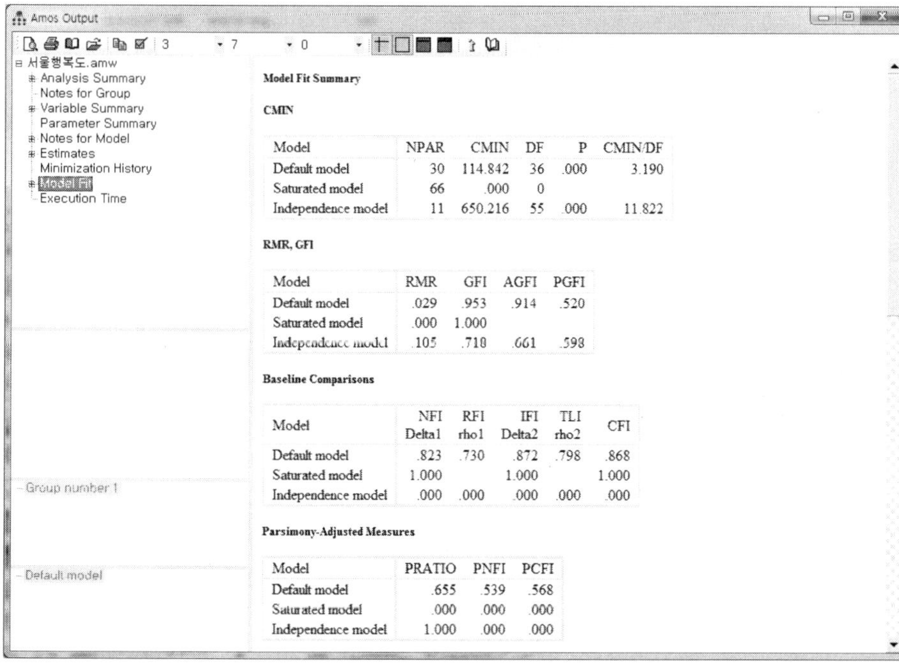

• **그림 1.22** • 모형 적합지수들에 대한 출력 결과

그림 1.22의 적합지수들로부터 많이 사용되는 적합지수로는 CMIN, CMIN/DF, RMR, GFI, AGFI, NFI, TLI, CFI, RMSEA 등이 있다.

02장

AMOS의 이해

2.1 AMOS 화면구성

2.2 예제를 이용한 AMOS 이해

2.1 AMOS 화면구성

(1) AMOS 초기화면

AMOS를 실행시키면 그림 2.1과 같은 AMOS 초기화면이 나타난다. 여기서 AMOS 실행은 [시작] → [프로그램] → [Amos 24] → [Amos Graphics]를 선택한다.

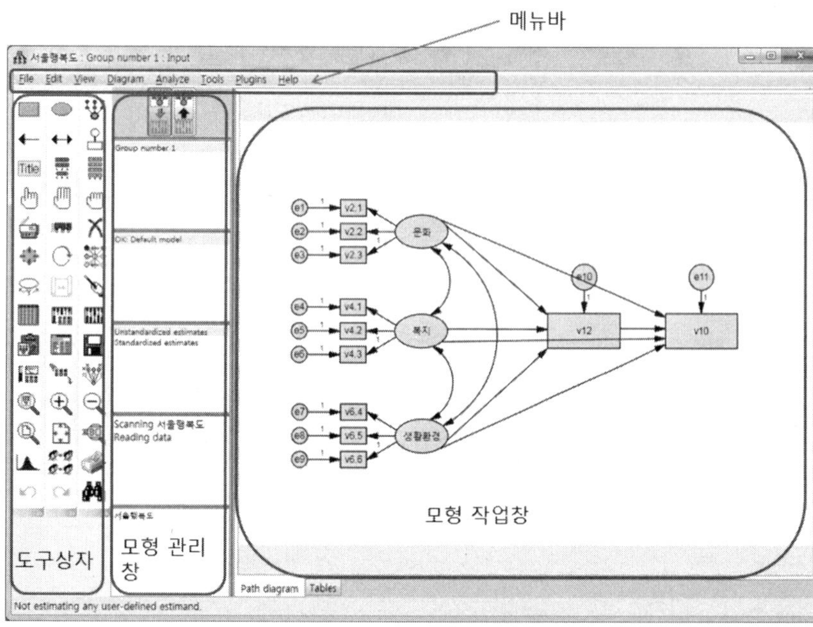

• 그림 2.1 • AMOS 초기화면

AMOS 초기화면은 크게 4부분으로 구성되어 있다. 맨 위쪽에는 "메뉴바", 왼쪽에는 여러 가지 기능을 가진 아이콘들이 있는 "도구상자(tool box)", 중앙에는 "모형 관리 창", 그리고 오른쪽에는 연구모형에 대한 경로도형을 작성하는 "모형 작업창"으로 구성되어 있다.

메뉴바에는 파일, 편집, 보기, 분석 등을 위한 메뉴들이 있고 도구상자는 AMOS에서 많이 사용하는 메뉴를 아이콘으로 모아 놓은 곳이다. 그리고 모형 관리창에는 분석결과를 경로도형에 표시하기 위한 "결과 전환 아이콘"이 있는 창과 집단관리, 모형관리, 표준화와 비표준화 추정치 선택, 실행결과 표시, 파일관리를 위한 5개의 창이 있다. 모형 작업창은 도구상자에 있는 아이콘을 이용하여 연구모형에 대한 경로도형을 작성하는 작업영역(worksheet)이다.

(2) 메뉴바

메뉴바에는 그림 2.2와 같이 File, Edit, View, Diagram, Analyze, Tools, Plugins, Help 등의 메뉴들이 있다.

• 그림 2.2 • 메뉴바

① File 메뉴

File 메뉴에는 그림 2.3과 같이 New, Open, Save, Data Files, Exit 등의 메뉴 항목이 있다.

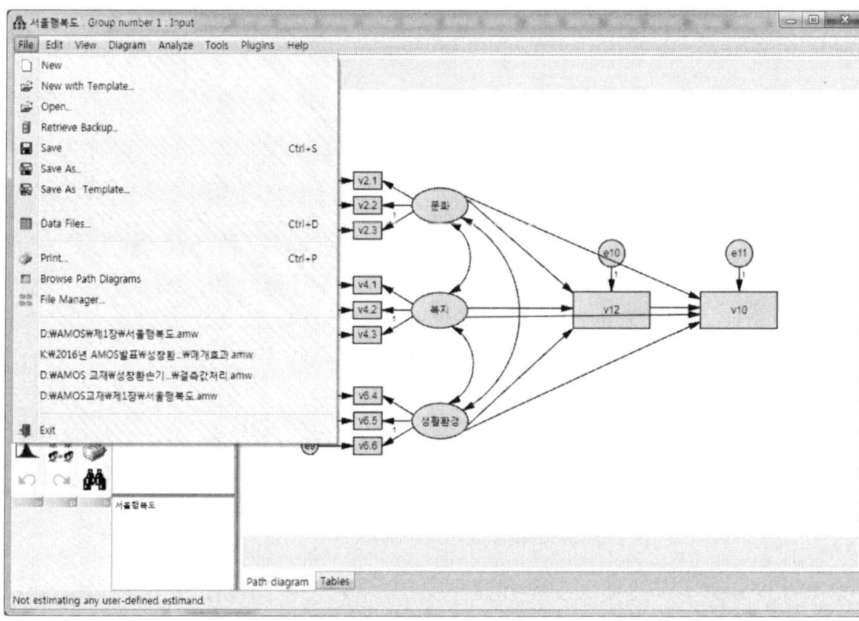

• 그림 2.3 • File 메뉴

New 메뉴는 새로운 모형을 작성하기 위해 새 모형 작업창을 열기 위한 기능이다. 따라서 새로운 창을 열어 모형을 작성하고자 하는 경우 New 메뉴를 이용한다. Open 메뉴는 기존의 연구모형을 포함한 프로젝트 파일을 열기 위한 기능이다. 기존의 프로젝트 파일, 예를 들어 "서울행복도.amw" 파일을 열고자 하는 경우 Open 메뉴를 이용한다. Save 메뉴는 작성한 모형을 저장하는 기능이고, Data Files 메뉴는 데이터 파일을 불러오는 기능을 갖고 있다. 그리고 AMOS를 종료하고자 하는 경우 Exit 메뉴를 이용한다.

② Edit 메뉴

Edit 메뉴는 모형 작업창에서 작성한 모형을 편집하는 데 사용된다. Edit 메뉴에는 그림 2.4와 같이 Undo, Redo, Copy(to clipboard), Select, Move, Erase, Rotate 등의 메뉴항목이 있다.

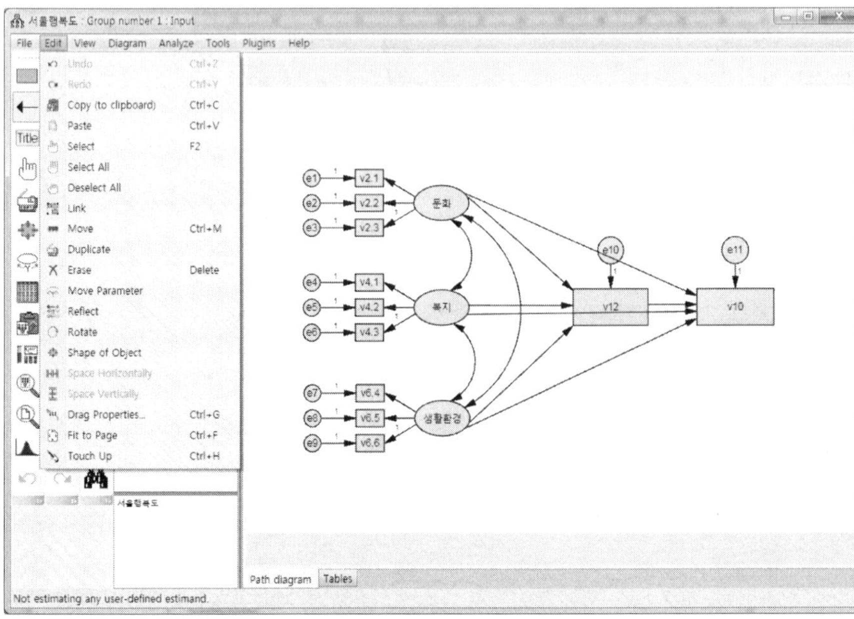

• **그림 2.4** • Edit 메뉴

Undo 메뉴는 모형 작업창에서 작업 내용을 이전 상태로 되돌리는 기능이고, Redo 메뉴는 다시 되돌리는 기능이고, Copy(to clipboard) 메뉴는 모형을 다른 곳으로 붙이기 위해 복사하는 기능이다. 그리고 Select 메뉴는 모형에서 도형을 선택하는 기능이고 도구상자에서 [아이콘]에 대한 메뉴이고, Move 메뉴는 도형을 이동시키는 기능이고 도구상자에서 [아이콘]에 대한 메뉴이고, Erase 메뉴는 모형에서 도형을 제거하는 기능이고 도구상자에서 [아이콘]에 대한 메뉴이고, Rotate 메뉴는 모형을 도형을 회전시키는 기능이고 도구상자에서 [아이콘]에 대한 메뉴이다.

③ View 메뉴

View 메뉴는 작업영역의 크기, 모형에 사용된 변수명, 출력결과 등을 보여주는 기능을 갖고 있다. View 메뉴에는 그림 2.5와 같이 Interface Properties, Analysis Properties, Object Properties, Variables in Model, Variables in Dataset, Parameters, Text Output 등의 메뉴항목이 있다.

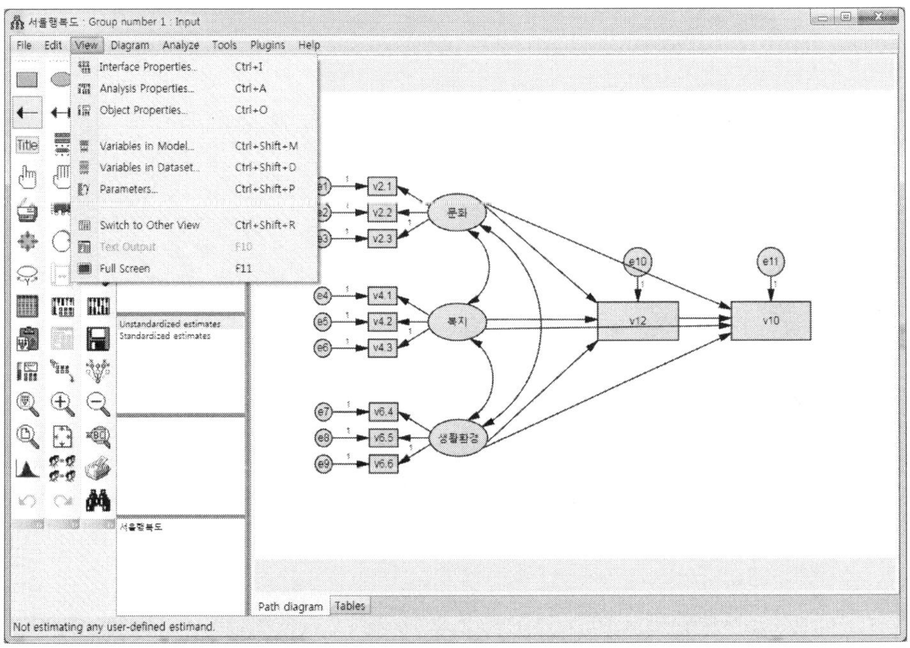

• 그림 2.5 • View 메뉴

Interface Properties 메뉴는 작업영역의 크기, 변수명의 색상 등에 대한 인터페이스 속성 기능 등을 갖고 있다. 특히 [Page Layout] 탭의 [Paper Size]에서 작업영역의 크기를 결정한다. Analysis Properties 메뉴는 모수추정 방법, 출력 옵션, 붓스트랩(bootstrap) 등에 대한 분석 속성 기능 등을 갖고 있다. 특히 [Output] 탭에서 AMOS 수행 결과 원하는 출력 옵션을 지정한다. Object Properties 메뉴는 변수명 지정, 변수 폰트 및 스타일 등에 대한 개체 속성 기능 등을 갖고 있다.

Variables in Model 메뉴는 모형에 사용된 변수명을 보여주는 기능, Variables in Dataset 메뉴는 데이터 파일에 있는 변수명을 보여주는 기능을 갖고 있다. 특히 Variables in Dataset 메뉴를 이용하면 모형의 도형에 변수명을 편리하게 삽입할 수 있다. Parameters 메뉴는 모형에 사용된 모수들을 보여주는 기능이고, Text Output 메뉴는 AMOS에서 모형을 작성한 후 수행결과를 텍스트 형태로 보여주는 기능으로 많이 사용하는 메뉴이다.

④ Diagram 메뉴

Diagram 메뉴는 모형 작업창에서 모형을 그리는 데 사용되는 기능들을 갖고 있다. Diagram 메뉴에는 그림 2.6과 같이 Draw Observed, Draw Unobserved, Draw Path, Draw Covariance, Figure Caption, Zoom In, Zoom Out, Scroll 등의 메뉴항목이 있다.

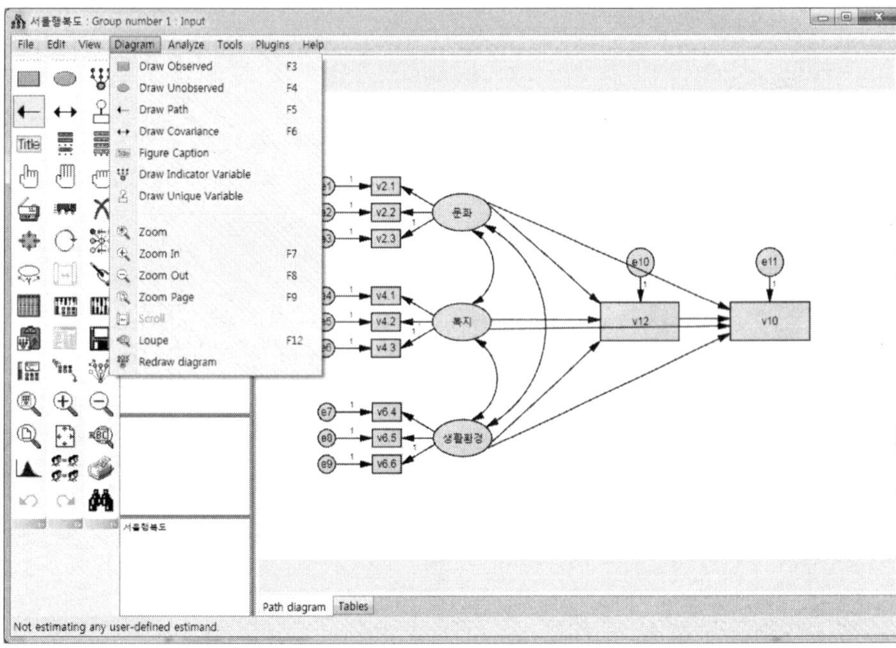

• 그림 2.6 • Diagram 메뉴

Draw Observed 메뉴는 관측변수를 그리는 기능, Draw Unobserved 메뉴는 잠재변수를 그리는 기능, Draw Path 메뉴는 경로를 그리는 기능, Draw Covariance 메뉴는 공분산을 그리는 기능, Figure Caption 메뉴는 모형에 제목을 붙이는 기능, Zoom In과 Zoom Out 메뉴는 모형의 확대 및 축소 기능, Scroll 메뉴는 모형 작업창 전체를 움직이는 기능을 갖고 있다.

⑤ Analyze 메뉴

Analyze 메뉴에는 AMOS 모형을 실행시키거나 그룹관리, 모형관리 및 다중집단분석 기능 등이 있다. Analyze 메뉴에는 그림 2.7과 같이 Calculate Estimates, Manage Groups, Manage Models, Degrees of Freedom, Multiple-Group Analysis 등의 메뉴항목이 있다.

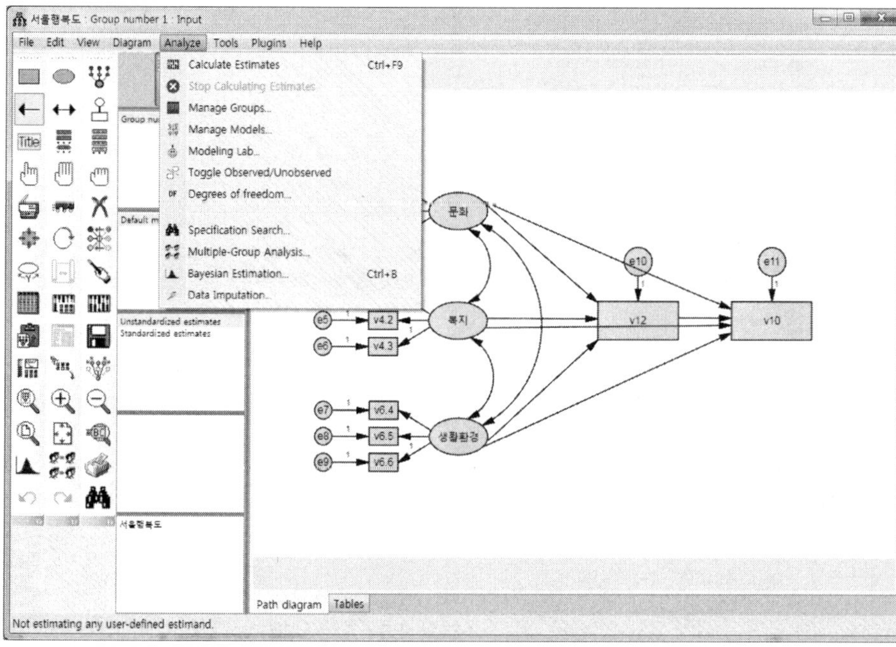

• **그림 2.7** • Analyze 메뉴

Calculate Estimates 메뉴는 작성한 모형을 실행시키는 기능, Manage Groups 메뉴는 여러 개의 그룹을 관리하는 기능, Manage Models 메뉴는 한 작업창에서 여러 개의 모형을 관리하는 기능, Degrees of Freedom 메뉴는 자유도를 보여주는 기능, Multiple-Group Analysis 메뉴는 다중집단분석을 위한 기능을 갖고 있다.

⑥ Tools 메뉴

Tools 메뉴는 데이터 변환, 모형 관리창에 있는 텍스트 폰트 조절, 도형들의 자동 간격 유지, 그리고 난수 관리 기능 등을 갖고 있다. Tools 메뉴에는 그림 2.8과 같이 Data Recode, List Font, Smart, Seed Manager 등의 메뉴항목이 있다.

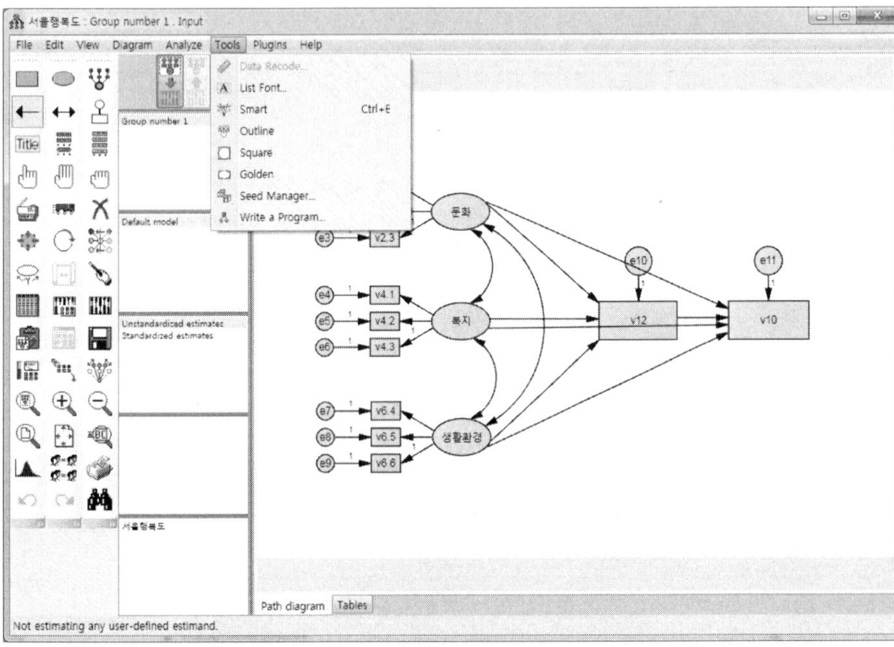

● **그림 2.8** ● Tools 메뉴

Data Recode 메뉴는 데이터 파일에 있는 변수를 변환하는 기능, List Font 메뉴는 모형 관리창에 있는 텍스트의 글씨체 및 폰트를 조절하는 기능, Smart 메뉴는 여러 도형으로 이루어진 개체에서 하나의 도형을 이동하는 경우 다른 도형들도 대칭을 유지하면서 자동으로 이동시키는 기능, Seed Manager 메뉴는 AMOS에서 난수를 생성하는 기능을 갖고 있다.

⑦ Plugins 메뉴

Plugins 메뉴는 잠재성장곡선 모형(latent growth curve model) 생성, 모수 이름지정, 비관측변수, 즉 오차변수와 잠재변수 이름지정 그리고 표준화 RMR 기능 등이 있다. Plugins 메뉴에는 그림 2.9와 같이 Growth Curve Model, Name Parameters, Name Unobserved Variables, Standardized RMR 등의 메뉴항목이 있다.

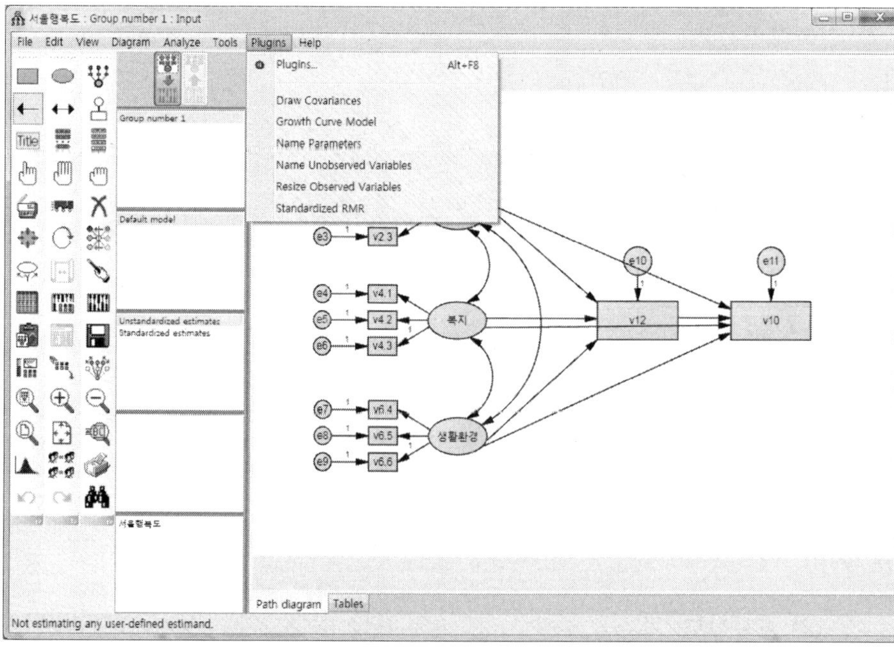

• **그림 2.9** • Plugins 메뉴

Growth Curve Model 메뉴는 잠재성장곡선 모형(Latent Growth Curve Model)을 만드는 기능, Name Parameters 메뉴는 모형에 있는 여러 개의 모수 이름을 한 번에 부여하는 기능, Name Unobserved Variables 메뉴는 모형에 있는 여러 개의 관측오차와 잠재변수 이름을 한 번에 부여하는 기능, Standardized RMR 메뉴는 RMR(root mean-squared residual)의 표준화한 값을 보여주는 기능을 갖고 있다.

⑧ Help 메뉴

Help 메뉴는 그림 2.10과 같이 AMOS 내용과 AMOS 웹사이트 및 AMOS 기본정보를 제공하고 있다.

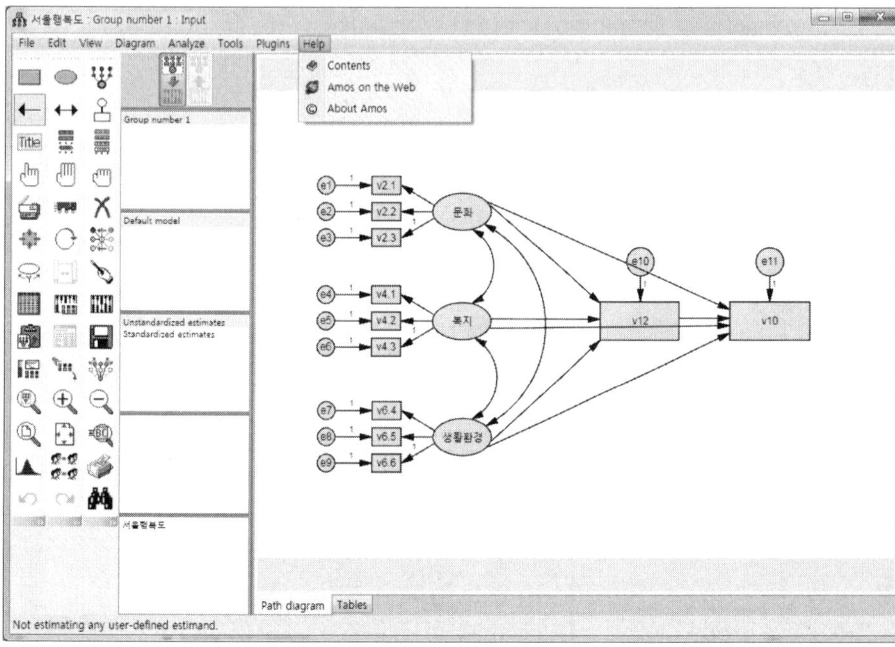

• 그림 2.10 • Help 메뉴

(3) 도구상자

AMOS 화면의 왼쪽에는 있는 그림 2.11의 도구상자는 메뉴에 있는 메뉴항목 중에서 자주 사용하는 메뉴들을 간편하게 사용할 수 있도록 아이콘 형태로 구성되어 있다.

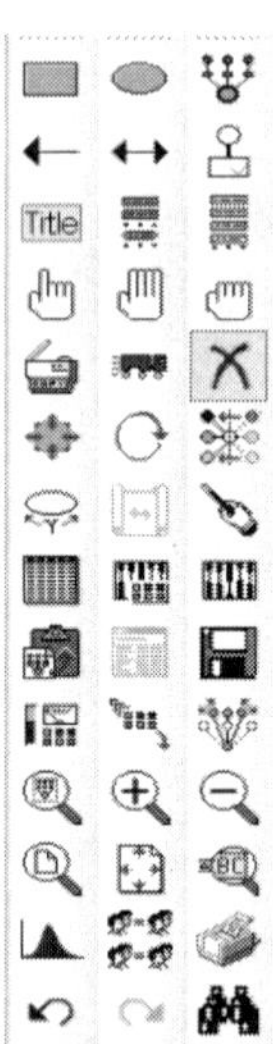

• 그림 2.11 • 도구상자

그림 2.11의 도구상자에 있는 아이콘 중에서 표 2.1과 같이 자주 사용하는 아이콘들에 대해 메뉴와 관련지어 설명하고자 한다.

● **표 2.1** ● 도구상자에 있는 자주 사용하는 아이콘

아이콘	메뉴	설명
	[Diagram] → [Draw Observed]	관측변수를 그릴 때 사용한다.
	[Diagram] → [Draw Unobserved]	오차변수 및 잠재변수를 그릴 때 사용한다.
	[Diagram] → [Draw Indicator Variable]	잠재변수를 그리거나 혹은 이미 그려진 잠재변수 위에 오차변수가 붙어 있는 관측변수를 그릴 때 사용한다.
	[Diagram] → [Draw Path]	일방향 화살표를 그릴 때 사용하다.
	[Diagram] → [Draw Covariance]	쌍방향 화살표를 그릴 때 사용한다.
	[Diagram] → [Draw Unique Variable]	이미 그려진 변수 위에 오차변수를 그리거나 혹은 이미 오차변수가 있는 경우는 오차변수를 회전하는 경우 사용한다.
	[Diagram] → [Figure Caption]	모형의 제목이나 설명을 넣을 때 사용한다.
	[View] → [Variables in Model	모형에 사용된 변수목록을 볼 때 사용한다.
	[View] → [Variables in Dataset]	데이터 파일에 있는 변수목록을 보고자 하거나 혹은 모형에 변수목록에 있는 변수를 선택하여 사용하는 경우
	[Edit] → [Select]	한 번에 하나의 개체를 선택할 때 사용한다.
	[Edit] → [Select All]	한 번에 모든 개체를 선택할 때 사용한다.
	[Edit] → [Deselect All]	한 번에 모든 개체를 해제할 때 사용한다.
	[Edit] → [Duplicate]	개체를 복사하는 경우 사용한다.
	[Edit] → [Move]	개체를 이동하는 경우 사용한다.
	[Edit] → [Erase]	개체를 지우는 경우 사용한다.
	[Edit] → [Shape of Object]	변수의 크기를 조절할 때 사용한다.
	[Edit] → [Rotate]	개체를 회전하는 경우 사용한다.
	[Edit] → [Move Parameter]	개체에 있는 모수들의 위치를 이동하는 경우 사용한다.
	[File] → [Data Files]	데이터 파일을 불러올 때 사용한다.
	[View] → [Analysis Properties]	분석속성을 지정할 때 사용한다.
	[Analyze] → [Calculate Estimates]	모형을 실행시킬 때 사용한다.
	[View] → [Text Output]	실행결과를 볼 때 사용한다.

2.2 예제를 이용한 AMOS 이해

예제 2.1 표 2.2에 있는 데이터는 J. D. Finn(1974)의 대학교 1학년생들의 학업성취도 조사 자료이다[3]. 고등학교 때의 성적, 고등학교 때의 IQ, 고등학교 때의 교육 동기 유발과 대학교의 교양 학점과 전공 학점과의 인과관계에 대해 알아보고자 한다.

• 표 2.2 • 학업성취도 데이터

x1	x2	x3	y1	y2
72.00	114.00	17.30	2.00	.80
78.00	117.00	17.60	2.20	2.20
84.00	117.00	15.00	2.00	1.60
95.00	120.00	18.00	3.00	2.60
88.00	117.00	18.70	3.20	2.70
83.00	123.00	17.90	3.20	2.10
92.00	118.00	17.30	3.70	3.10
86.00	114.00	18.10	3.10	3.00
88.00	114.00	16.00	2.60	3.20
80.00	115.00	16.40	3.20	2.60
87.00	114.00	17.60	2.80	2.70
94.00	112.00	19.50	2.40	3.00
73.00	115.00	12.70	1.40	1.60
80.00	111.00	17.00	1.00	.90
83.00	112.00	16.10	1.20	1.90

▸ 변수 설명

x1: 고등학교 때의 성적
x2: 고등학교 때의 IQ
x3: 고등학교 때의 교육 동기 유발
y1: 대학교의 교양과목의 학점
y2: 대학교의 전공과목의 학점

그림 2.12는 예제 2.1의 연구모형에 대한 경로도형이다. 이 연구모형은 3개의 관측변수 x1, x2, x3은 2개의 관측변수 y1과 y2에 영향을 주고 y1은 y2에 영향을 준다는 가정하에서 얻어진 모형이다.

3) 김계수 "구조방정식 모형 분석" 한나래아카데미, 2011

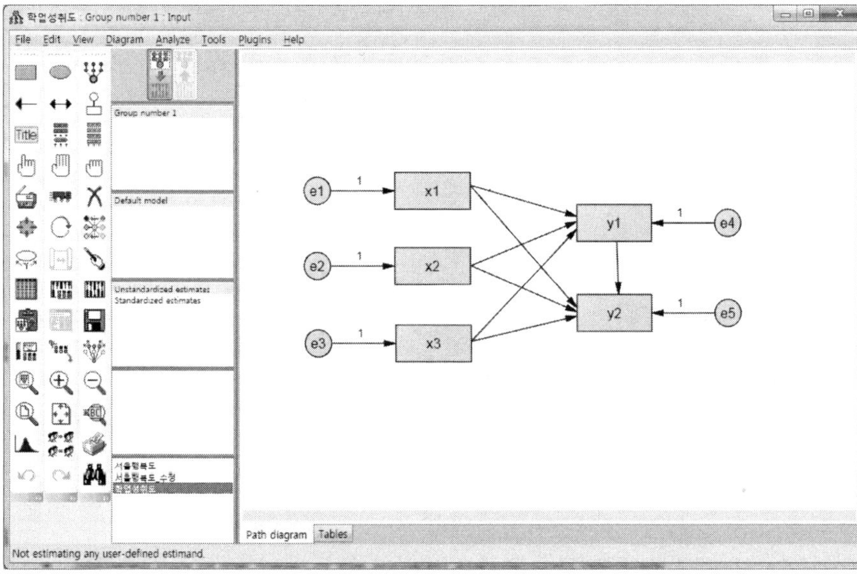

• **그림 2.12** • 예제 2.1의 연구모형에 대한 경로도형

(1) 데이터 파일 입력

① SPSS을 실행시켜 표 2.2의 데이터를 그림 2.13과 같이 입력하고 파일 이름을 "학업성취도.sav"라고 한다.

	x1	x2	x3	y1	y2
1	72.00	114.00	17.30	2.00	.80
2	78.00	117.00	17.60	2.20	2.20
3	84.00	117.00	15.00	2.00	1.60
4	95.00	120.00	18.00	3.00	2.60
5	88.00	117.00	18.70	3.20	2.70
6	83.00	123.00	17.90	3.20	2.10
7	92.00	118.00	17.30	3.70	3.10
8	86.00	114.00	18.10	3.10	3.00
9	88.00	114.00	16.00	2.60	3.20
10	80.00	115.00	16.40	3.20	2.60
11	87.00	114.00	17.60	2.80	2.70
12	94.00	112.00	19.50	2.40	3.00
13	73.00	115.00	12.70	1.40	1.60
14	80.00	111.00	17.00	1.00	.90
15	83.00	112.00	16.10	1.20	1.90

• **그림 2.13** • 학업성취도 데이터 파일("학업성취도.sav")

② [File] → [Data Files] 메뉴에서 [File Name] 버튼을 선택하여 입력된 파일을 지정한다. 여기서는 그림 2.14에서처럼 "학업성취도.sav"를 선택한다.

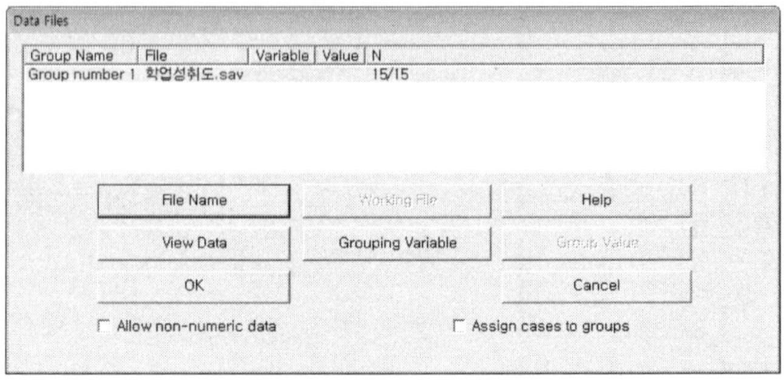

• **그림 2.14** • 데이터 파일 지정

③ 그림 2.14의 [Data Files] 대화상자에서 [OK] 버튼을 클릭한다.

(2) 작업영역 결정

연구모형에 대한 경로도형의 형태에 따라 작업영역의 방향과 크기를 결정한다. 작업영역의 방향과 크기는 [View] → [Interface Properties] 메뉴를 선택한 후 나타나는 [Interface Properties] 대화상자에서 [Page Layout] 탭을 선택하여 [Paper Size]에서 원하는 작업영역의 방향과 크기를 선택한다. 작업영역의 방향은 용지 방향(orientation)에 따라 [Portrait]와 [Landscape]가 있다. [Portrait]는 용지의 높이가 넓이보다 더 길고 반대로 [Landscape]는 용지의 넓이가 높이보다 더 긴 종이를 말한다. 작업영역의 방향 결정은 프린터에서 인쇄를 하는 경우 프린터 용지를 가로 방향과 세로 방향 중에서 하나를 결정한다고 생각하면 된다. 작업영역의 방향이 결정되면 크기를 결정해야 한다. [Portrait] 방향에는 [Portrait-A6], [Portrait-Legal], [Portrait-Letter]가 있고, [Landscape] 방향에는 [Landscape-A4], [Landscape-A5], [Landscape-A6], [Landscape-Legal], [Landscape-Letter]가 있다. AMOS는 기본적으로 [Portrait-Letter]가 선택되어 있다.

그림 2.12의 연구모형에 대한 경로도형은 가로가 세로보다 더 긴 도형이므로 그림 2.15와 같이 [Paper Size]에서 [Landscape-A4]를 선택한다.

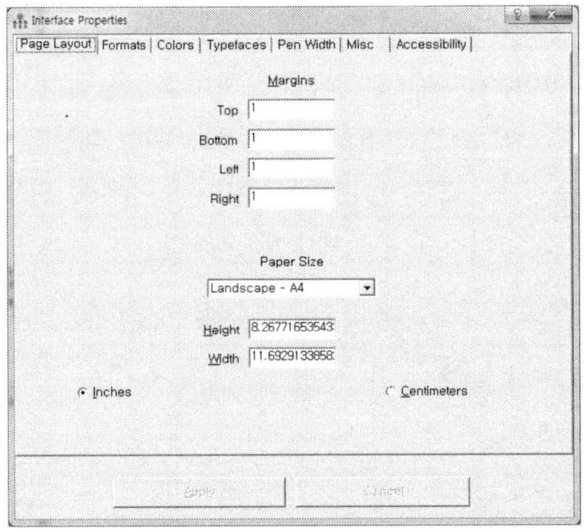

• **그림 2.15** • 작업영역 크기

(3) 경로도형 그리기

① 관측변수 그리기

그림 2.12의 연구모형에 대한 경로도형에는 5개의 관측변수가 있다. 5개의 관측변수를 그리는 방법은 도구상자에서 관측변수 아이콘(▭)을 이용하여 하나의 관측변수를 그리고 다시 관측변수를 일일이 그리는 방법과 먼저 하나의 관측변수를 그리고 나머지 관측변수들은 복사 아이콘(⎘)를 이용하여 복사하는 방법이 있다. 그림 2.16은 후자의 방법으로 복사 아이콘을 사용하여 간편하게 그린 그림이다.

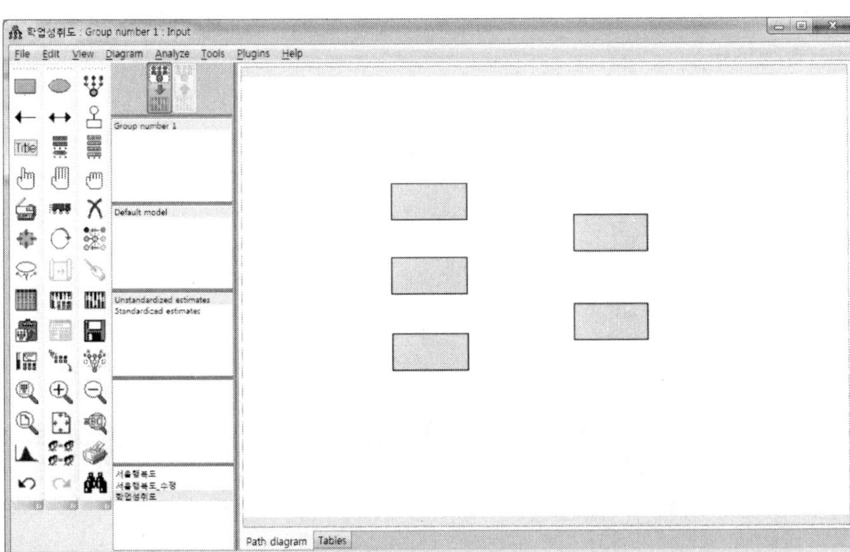

• **그림 2.16** • 관측변수 그리기

② 오차변수 그리기

오차변수 아이콘()을 선택하여 오차변수를 붙이고자 하는 도형 위에 마우스를 올려놓으면 빨간색으로 변한다. 이때 마우스 왼쪽 버튼을 클릭하면 오차변수가 그려진다. 붙이고자 하는 도형 위치에 올 때까지 마우스 왼쪽 버튼을 누르면 된다. 그림 2.17은 그림 2.16의 5개 관측변수에 오차변수가 붙어 있는 그림이다.

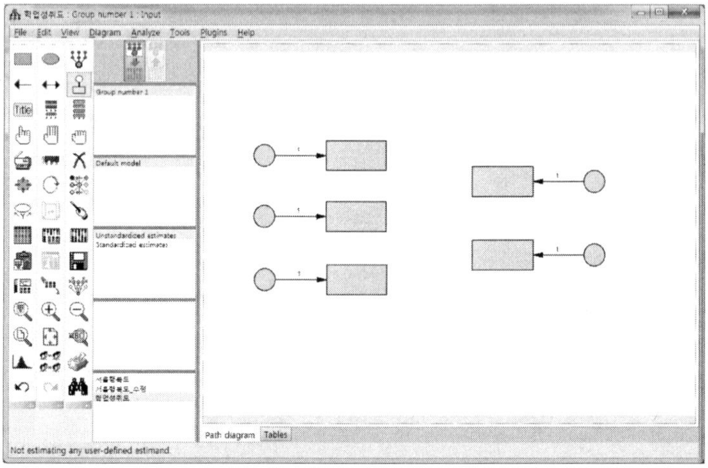

• 그림 2.17 • 오차변수 그리기

③ 경로 그리기

한방향 아이콘()을 이용하여 그림 2.18처럼 관측변수들 간 경로를 그린다. 변수 위에 마우스를 놓으면 변수의 색깔이 바뀌는데, 빨간색 변수 방향에서 녹색 변수방향으로 변수 간 경로가 그려진다.

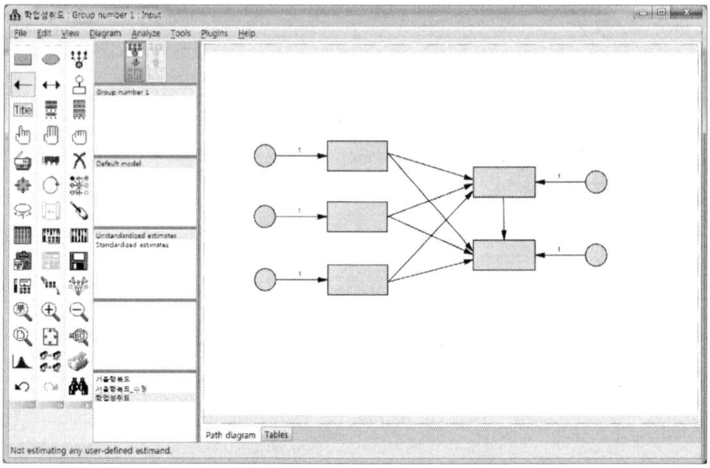

• 그림 2.18 • 경로 그리기

④ 관측변수 및 오차변수에 이름 부여하기

이름을 부여할 관측변수 혹은 오차변수를 마우스로 선택한 후 마우스 오른쪽 버튼을 누르면 [Object Properties]라는 팝업메뉴가 나타난다. 그림 2.19의 [Object Properties] 대화상자에서 변수이름을 부여한다. 여기서 [Font size]는 글자 크기, [Font style]은 글씨체, [Variable name]은 변수이름, [Variable label]은 변수 설명을 나타낸다.

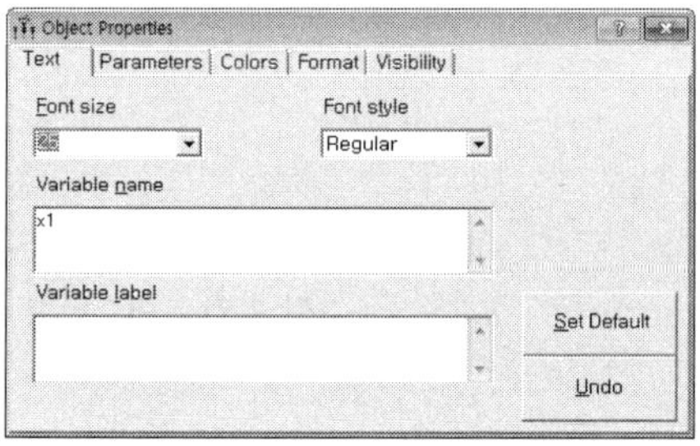

• 그림 2.19 • 관측변수에 이름 부여

그림 2.19에서는 글자 크기는 25, 글씨체는 기본 글씨인 Regular, 변수이름은 x1이고, 변수 설명은 생략하였다.

변수들에 대해 반복하여 이름을 부여하고자 하는 경우 [Object Properties] 대화상자를 열고 닫고 반복할 필요 없이 [Object Properties] 대화상자가 열려 있는 상태에서 이름을 부여할 변수를 선택한 후 변수이름을 부여한다. 그림 2.20은 오차변수에 이름을 부여한 그림이다.

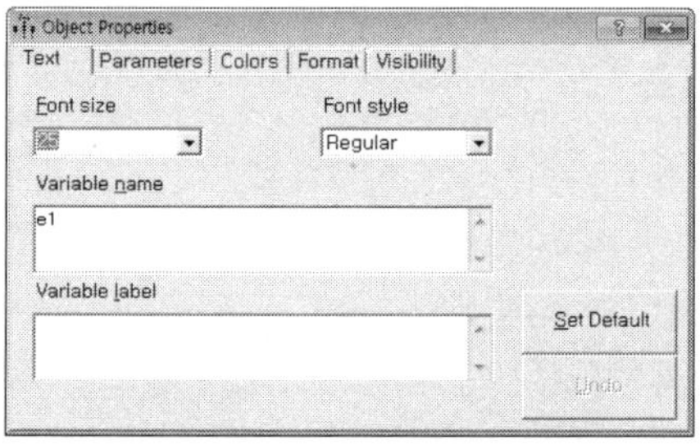

• 그림 2.20 • 오차변수에 이름 부여

변수이름을 부여할 때 앞에서와 같이 [Object Properties] 대화상자에서 변수이름을 일일이 부여하는 경우, 변수의 개수가 적고 변수이름이 짧은 경우에는 문제가 없다. 그러나 변수의 개수가 많고 변수이름이 길면 일일이 부여하는 작업이 번거로울 뿐만 아니라 데이터 파일에 있는 변수명과 다른 경우가 생겨서 오류가 발생할 수 있다.

이때 간편하게 데이터 파일에 있는 변수명을 그대로 사용할 수 있는 방법이 있다. 이를 위해 변수목록 아이콘(▦)을 클릭하거나 [View] → [Variables in Dataset] 메뉴를 선택하면 그림 2.21의 [Variables in Dataset] 대화상자에 변수목록이 나타난다. 마우스를 사용하여 변수목록에서 변수를 선택하여 경로도형상의 원하는 변수 위치에 놓으면 된다.

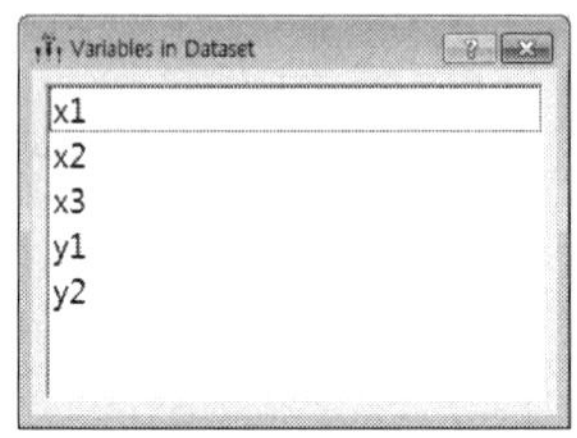

• 그림 2.21 • 변수목록

(4) AMOS 모형실행

AMOS 모형을 실행시키기 위해 추정치 계산 아이콘(▥)을 클릭하거나 [Analyze] → [Calculate Estimates] 메뉴를 선택하면 그림 2.22와 같은 실행결과를 저장하기 위한 파일을 지정하는 대화상자가 열린다. 여기서는 데이터 파일의 이름("학업성취도.sav")과 같은 이름인 "학업성취도.amw"를 입력한다.

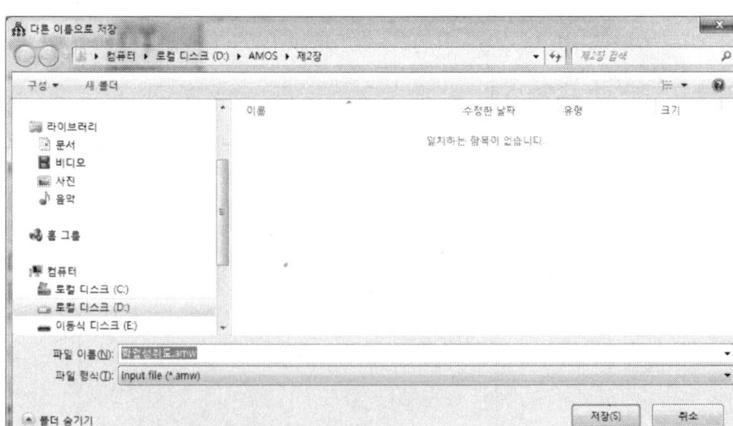

• 그림 2.22 • 실행결과 파일 저장

그림 2.22에서 지정된 파일 "학업성취도.amw"에는 작성한 경로도형뿐만 아니라 분석 옵션, 데이터 파일 및 실행결과들이 저장된다. 그림 2.22에서 [저장] 버튼을 클릭하면 파일이 저장되고 그림 2.23과 같이 결과전환 아이콘(▯)이 활성화된다. 이 결과전환 아이콘(▯)은 실행결과를 경로도형에 표시해 주기 위한 아이콘이다.

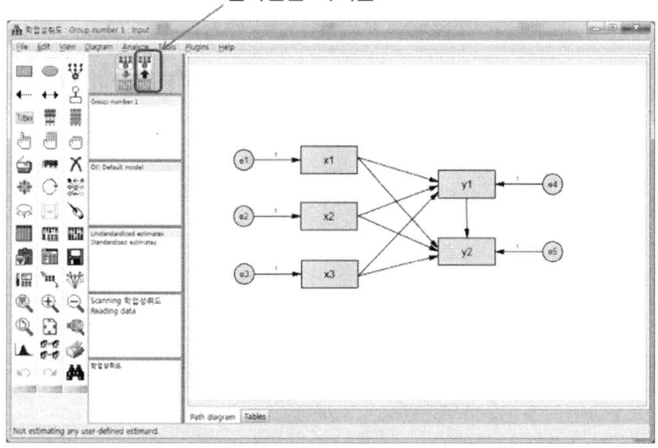

• **그림 2.23** • 실행결과를 표시하는 모형 관리창

그림 2.24는 그림 2.23에 있는 결과전환 아이콘()을 클릭하였을 때 결과를 보여주고 있다.

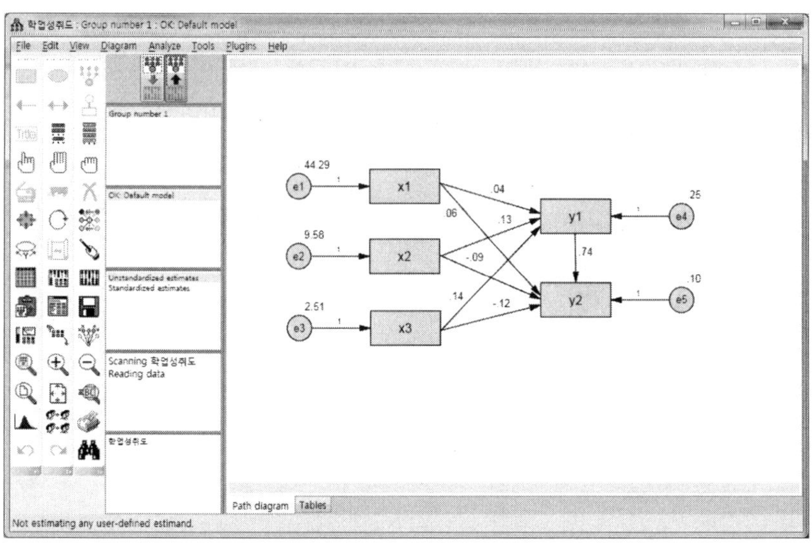

• **그림 2.24** • 경로도형에 결과 표시화면

그림 2.24의 도형 위에 나타낸 값들은 경로계수와 오차변수의 분산 등의 추정치들을 나타낸다. 여기에 표시된 추정치들은 비표준화 추정치(unstandardized estimates)들이다. 표준화 추정치(standardized estimates)와 비표준화 추정치와의 차이는 변수를 표준화(standardization, 관측값에서 평균을 빼고 표준편차로 나누는 과정)하여 구한 추정치를 표준화 추정치라고 하고 표준화하지 않는 원래변수를 사용하여 구한 추

정치를 비표준화 추정치라고 한다. 모형에서 표준화 추정치를 구하기 위해서는 분석 속성 아이콘(아이콘)을 클릭하거나 [View]→[Analysis Properties] 메뉴에서 [Output] 탭을 선택한 후 그림 2.25에서처럼 [Standardized estimates]를 체크하여야 한다.

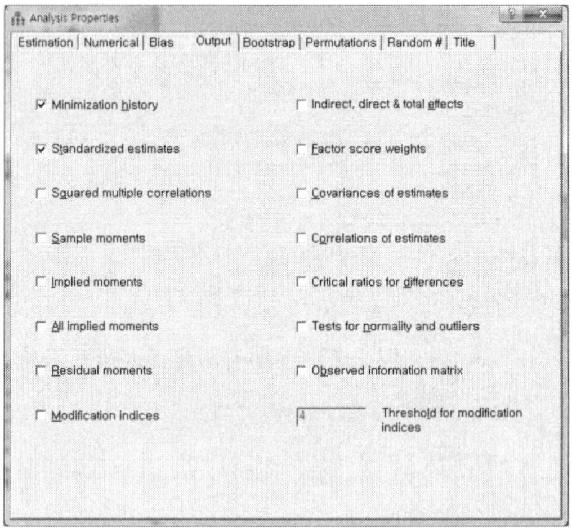

• 그림 2.25 • [Standardized estimates] 체크

그림 2.26은 모형 관리창에서 굵은 사각형 안에 있는 [Standardized estimates]를 선택하면 나타나는 모수의 표준화 추정치들을 보여주고 있다.

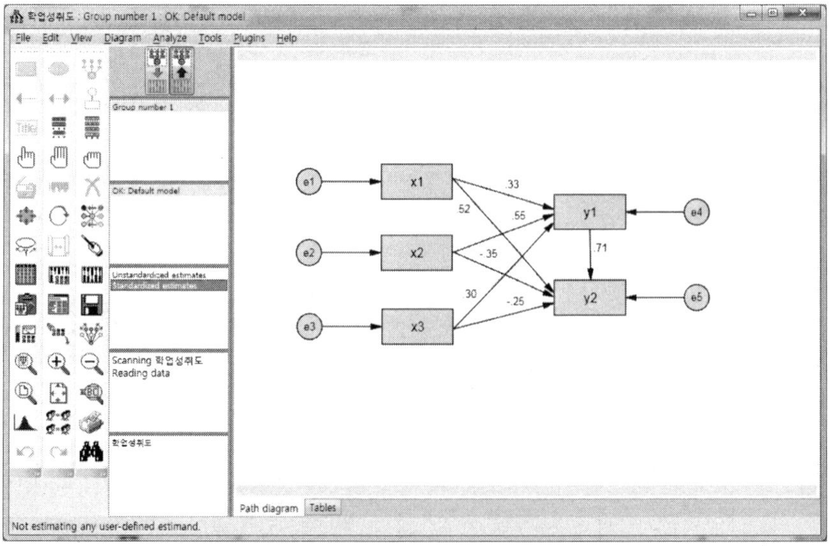

• 그림 2.26 • 표준화 추정치 출력결과

(5) 실행결과 해석

지금까지 경로도형 위에 실행결과 표시와는 다르게 텍스트 형태의 실행결과를 보기 위해서는 텍스트 출력 아이콘(▦) 클릭하거나 [View] → [Text Output] 메뉴를 선택한다. 그림 2.27은 출력창 왼쪽에 있는 "Notes for Model"을 선택하였을 때 모형적합에 대한 출력결과이다. 연구모형에 대한 자유도(degrees of freedom; df)와 χ^2-통계량의 값, 그리고 유의확률(probability level: p)을 보여주고 있다.

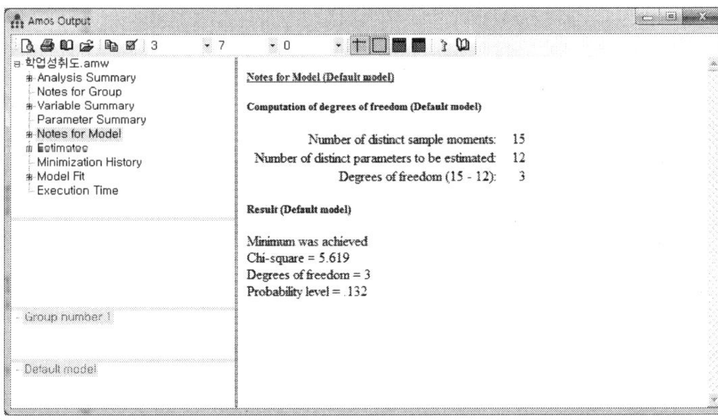

• 그림 2.27 • 연구모형에 대한 χ^2-통계량에 의한 모형적합도

여기서 자유도는 다음과 같이 계산된다.

degrees of freedom(df)=# of sample moments in S
− # of unknown parameter in model

즉,

$$\text{자유도} = S\text{에서 표본적률의 개수} - \text{모형에서 모수의 개수} \qquad (2.1)$$

여기서 S에서 표본적률의 개수는 표본분산-공분산 행렬 S에서 분산과 공분산의 개수이다. 따라서 예제 2.1에서 5개의 변수들에 대한 분산-공분산 행렬은 분산의 개수는 5개이고 공분산의 개수는 10개이므로 표본 적률의 개수는 분산과 공분산의 개수를 합한 15개이다.

다음으로 모형에서 모수의 개수를 계산해 보자. 오차변수는 기본적으로 평균 0, 분산 σ^2을 가정하고 있다. 따라서 분산 σ^2은 추정해야 하므로 5개의 오차변수에 대해 5개의 분산을 추정해야 한다. 그리고 변수 x1, x2, x3에 대한 변수 y1, y2의 경로가 6개, y1에 대한 y2의 경로가 존재하므로 추정할 경로계수는 7개이다. 따라서 모수의 개수는 오차분산 5개와 경로계수 7개를 합한 12개이다. 따라서 구하는 자유도는 식

(2.1)에 의해 15 - 12 = 3이다.

χ^2-통계량은 연구자의 의해 설정된 연구모형과 수집된 자료와의 부합 정도를 나타내는 통계량으로서 연구모형으로부터 얻어진 분산-공분산 행렬 $\Sigma(\hat{\Theta})$과 수집된 자료로부터 얻어진 분산-공분산 행렬 S와의 차이가 클수록 χ^2-통계량의 값이 커지면서 유의확률은 작아진다. 유의확률이 작으면 모형은 주어진 자료에 대해 적합하지 않다는 것을 의미한다. 반대로 χ^2-통계량의 값이 작아지면 유의확률은 커진다. 유의확률이 크면 모형은 주어진 자료에 대해 적합하다는 것을 의미한다. 따라서 그림 2.27의 수행결과로부터 $\chi^2 = 5.619$이고 유의확률 $p = 0.132$이므로 유의수준 $\alpha = 0.05$에서 모형이 적합함을 보여주고 있다.

그림 2.28은 출력창 왼쪽에 있는 "Estimates"를 선택하면 나타나는 모수의 추정치들에 대한 출력결과이다.

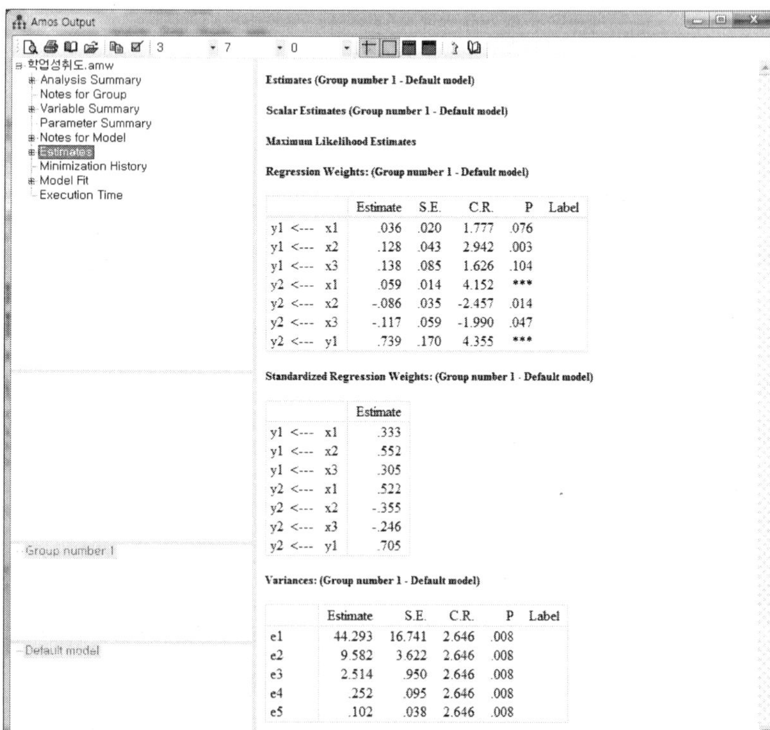

그림 2.28 모수 추정치들에 대한 출력결과

그림 2.28에서 경로계수, 표준화회귀계수, 오차분산에 대해 설명하고자 한다. 먼저, 변수들 간의 경로계수에 해당되는 회귀계수(여기서는 비표준화회귀계수(unstandard regression weight))들의 출력결과부터 살펴보자. 변수 y1에 대한 x1, x2, x3의 회귀계수의 유의성을 살펴보면 [y1 ← x2]의 경로계수가 0.128이고 p=0.003이므로 변

수 x2만이 y1에 유의한 영향을 주고 있음을 알 수 있다. 변수 y2에 대한 x1, x2, x3, y1의 회귀계수의 유의성을 살펴보면, [y2 ← x1]의 경로계수는 0.059이고 p=***이므로 y2에 x1는 y2에 매우 유의한 영향을 주고 있고, [y2 ← x2]의 경로계수는 −0.086이고 p=0.014이므로 x2는 y2에 유의한 영향을 주고 있고, [y2 ← x3]의 경로계수는 −0.117이고 p=0.047이므로 x3는 y2에 유의한 영향을 주고 있고, [y2 ← y1]의 경로계수는 0.739이고 p=***이므로 y1는 y2에 매우 유의한 영향을 주고 있음을 알 수 있다. 다시 말하면, 대학교 전공 성적에 매우 유의한 영향을 주는 변수는 고등학교 성적과 대학교 교양 성적임을 알 수 있다. 여기서 C.R.은 기각비(critical ratio)로서 회귀계수의 유의성을 검정하기 위한 z−통계량을 의미하고 다음과 같이 계산된다.

$$C.R. = \frac{\text{회귀계수}}{\text{회귀계수의 표준오차}}$$

여기서 회귀계수의 표준오차는 S.E.(standard error)를 가지고 나타내고 있다.

연구자가 추정치를 상대 비교하고자 하는 경우가 종종 있다. 즉, 하나의 종속변수에 대해 여러 개의 독립변수가 있는 경우 상대적으로 더 큰 영향을 주는 독립변수를 알고자 하는 경우가 있다. AMOS에서는 이러한 상대비교를 위해 회귀계수의 상대적 중요도를 고려하여 계산한 표준화회귀계수(standardized regression weight)를 제공하고 있다. 그림 2.28에서 변수 y1에 대해서 가장 큰 표준화회귀계수는 0.552값을 갖는 x2이고, 변수 y2에 대해서 가장 큰 표준화회귀계수는 0.705값을 갖는 y1이다. 따라서 변수 y1을 설명하는 데 x2가 가장 영향력이 높고, 변수 y2를 설명하는 데 y1이 가장 영향력이 높음을 의미한다.

관측변수의 오차분산에 대한 결과를 설명하자면, x1에 대한 오차변수의 분산이 매우 큼을 알 수 있고 다음으로 x2, x3 순으로 분산이 큼을 알 수 있다.

그림 2.29는 AMOS 출력창 왼쪽에 있는 "Model Fit"을 선택하면 나타나는 모형적합의 여러 가지 적합지수들에 대한 출력결과이다.

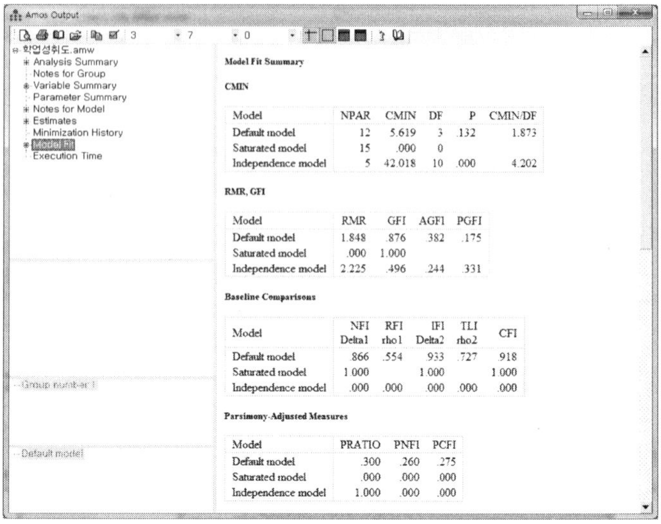

Model Fit Summary

CMIN

Model	NPAR	CMIN	DF	P	CMIN/DF
Default model	12	5.619	3	.132	1.873
Saturated model	15	.000	0		
Independence model	5	42.018	10	.000	4.202

RMR, GFI

Model	RMR	GFI	AGFI	PGFI
Default model	1.848	.876	.382	.175
Saturated model	.000	1.000		
Independence model	2.225	.496	.244	.331

Baseline Comparisons

Model	NFI Delta1	RFI rho1	IFI Delta2	TLI rho2	CFI
Default model	.866	.554	.933	.727	.918
Saturated model	1.000		1.000		1.000
Independence model	.000	.000	.000	.000	.000

Parsimony-Adjusted Measures

Model	PRATIO	PNFI	PCFI
Default model	.300	.260	.275
Saturated model	.000	.000	.000
Independence model	1.000	.000	.000

● 그림 2.29 ● 모형적합지수들에 대한 출력결과

그림 2.29을 보면 3가지 모형, 즉 Default model(연구모형), Saturated model(포화모형), Independence model(독립모형)에 대한 적합지수들이 나타나 있다. 여기서 Default model(연구모형)은 우리가 작성한 모형이고 Saturated model(포화모형)과 Independence model(독립모형)은 연구모형과 비교하기 위한 참고 모형으로서, Saturated model(포화모형)은 주어진 변수를 가지고 나타낼 수 있는 가장 복잡한 모형이고 Independence model(독립모형)은 가장 단순한 모형을 의미한다.

그림 2.27에서는 모형적합을 평가하는 데 χ^2-통계량만을 사용하여 적합여부를 판단하였다. 이에 대한 결과는 그림 2.29의 적합지수 출력결과에서 보면 Default model(연구모형)의 "NPAR"값이 12, "CMIN"값이 5.619, DF값이 3, P값이 0.132로 나타난 것을 알 수 있다.

그러나 AMOS에서는 χ^2-통계량 외에 6.1절의 여러 가지 많은 적합지수들을 가지고 종합적으로 평가해야 한다.

예제 2.2 1.6절에 있는 서울 행복도에 대한 예제를 가지고 AMOS를 이용하여 경로도형을 작성하여 분석하고자 한다. 이 자료는 서울시민의 행복도를 문화, 복지, 생활환경 차원에서 조사한 자료이다.

그림 2.30는 서울행복도에 대한 연구모형을 나타낸 경로도형이다. 이 연구모형에 대한 경로도형은 3개의 잠재변수, 즉 문화, 복지, 생활환경 각각은 3개의 관측변수들에 의해 측정되었다. 이들 잠재변수들은 행복도와 자부심과 인과관계가 있고 또한 행복도는 자부심과의 인과관계가 있다는 가정하에 작성하였다.

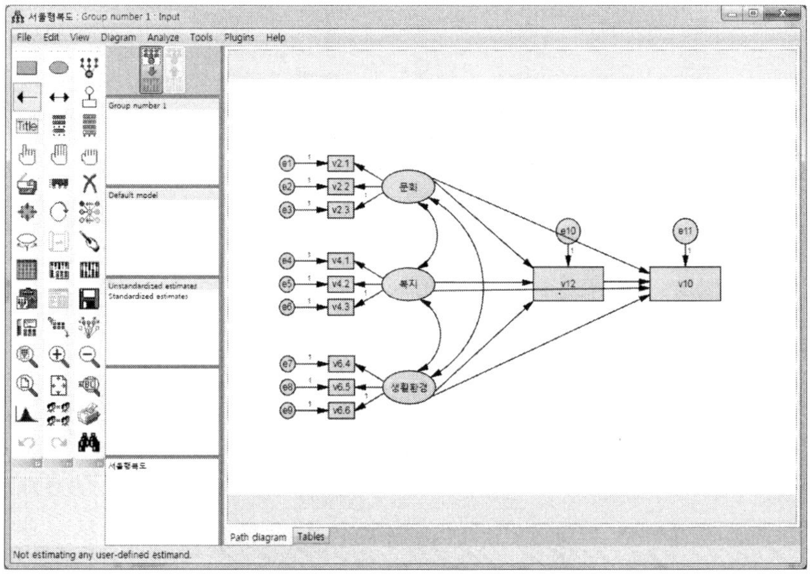

• **그림 2.30** • 연구모형에 대한 경로도형

(1) 작업영역 결정

그림 2.30의 모형 작업창에 있는 경로도형을 그리기 위해서는 작업영역의 방향과 크기를 결정한다. 작업영역의 방향과 크기는 [View] → [Interface Properties] 메뉴를 선택한 후 나타나는 [Interface Properties] 대화상자에서 [Page Layout] 탭을 선택하여 [Paper Size]에서 결정한다. 종이 방향이 가로 방향이므로 [Landscape] 중에서 그림 2.31과 같이 [Landscape−A4]를 선택한다.

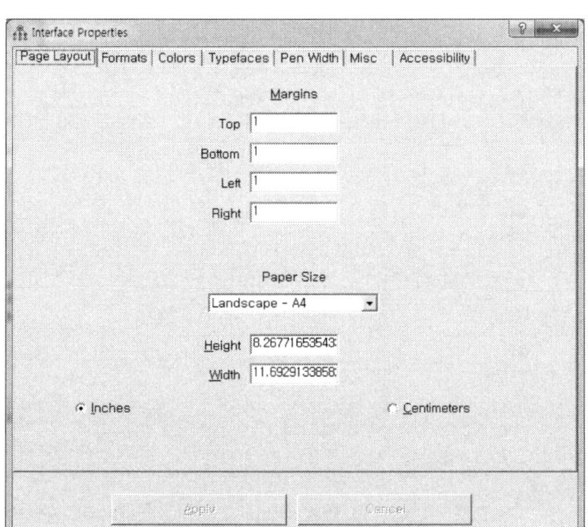

• **그림 2.31** • 작업영역 크기

(2) 데이터 파일 불러오기

[File] → [Data Files] 메뉴에서 [File Name] 버튼을 선택하여 입력된 파일을 그림 2.32과 같이 지정하고 [OK] 버튼을 클릭한다.

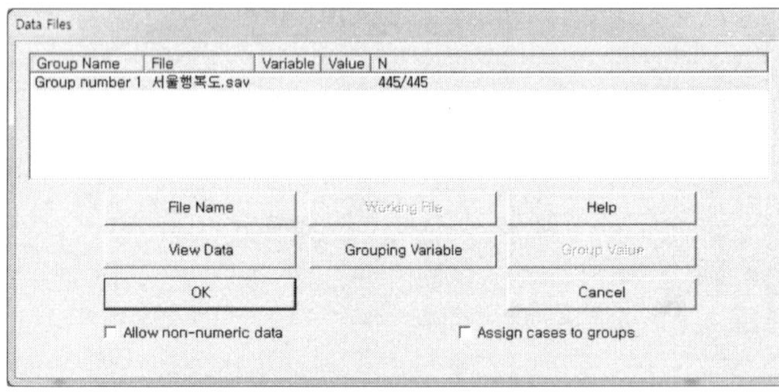

• 그림 2.32 • 데이터 파일 지정

(3) 경로도형 그리기

① 잠재변수에 오차변수가 붙어 있는 관측변수 그리기

그림 2.30의 연구모형에 대한 경로도형을 그리기 위해 먼저 잠재변수 "문화"에 3개의 오차변수 e1, e2, e3이 붙어 있는 관측변수 v2.1, v2.2, v2.3을 그림 2.33과 같이 그린다.

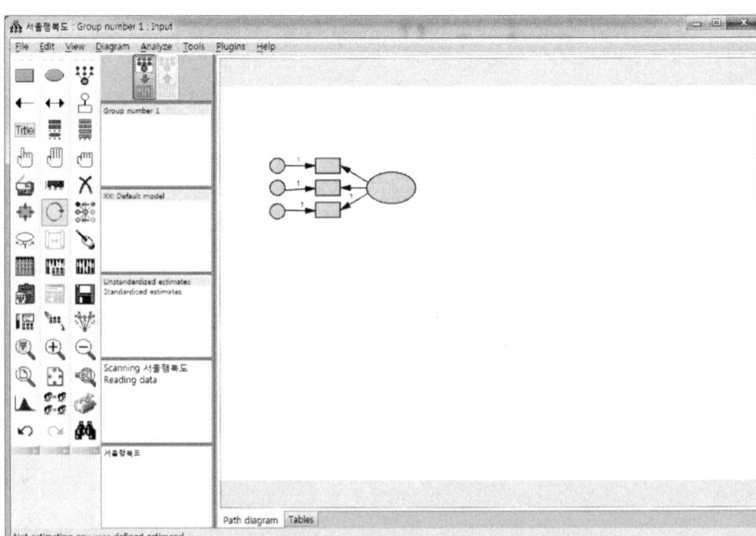

• 그림 2.33 • 잠재변수에 3개의 관측변수와 오차변수 그리기

그림 2.33을 그리기 위해서는 먼저 잠재변수를 그리고 나서 오차변수가 붙어 있는 관측변수를 잠재변수에 붙이면 된다. 잠재변수는 도구상자에서 잠재변수 아이콘()을 선택하여 그림 2.34과 같이 그린다.

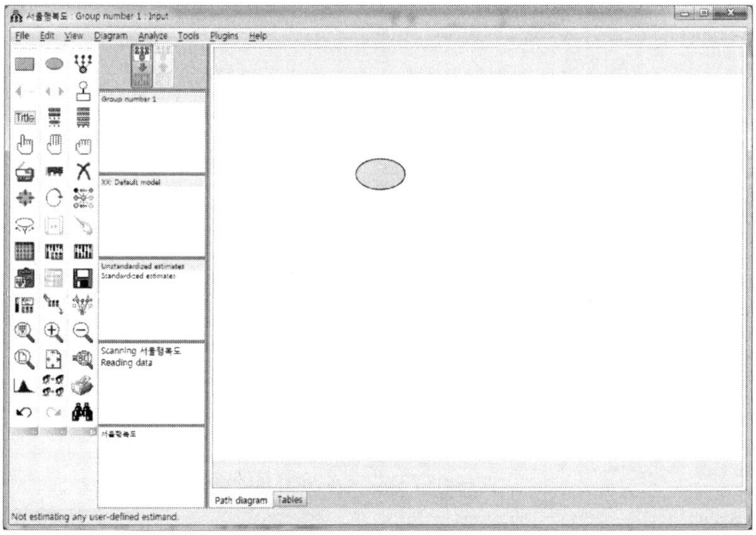

• 그림 2.34 • 잠재변수 그리기

도구상자에 있는 한 번에 오차변수와 관측변수 그리기 아이콘()을 선택한 후 그림 2.34에서 이미 그려진 잠재변수를 선택하면 하나의 오차변수가 붙어 있는 관측변수가 그려진다. 여기서 위의 과정을 3번 반복하면 그림 2.35와 같은 그림이 그려진다.

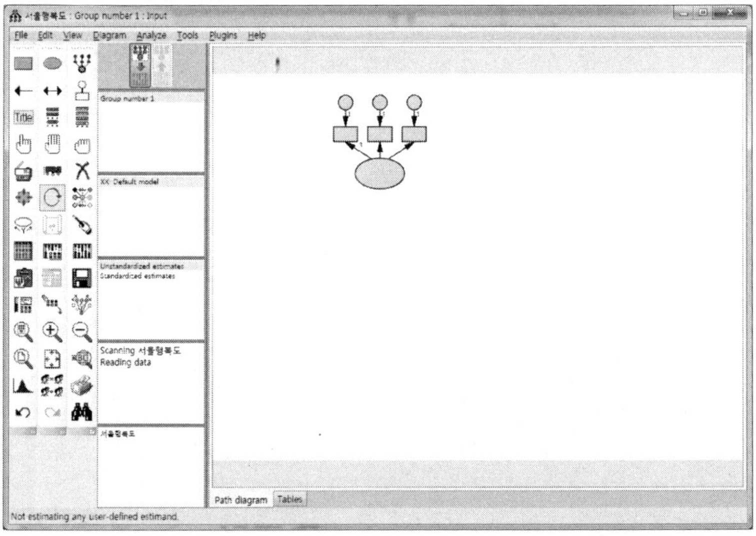

• 그림 2.35 • 잠재변수에 3개의 오차변수가 붙어 있는 관측변수 그리기

회전 아이콘(◯)을 이용하여 그림 2.35의 오차변수가 붙어 있는 관측변수를 원하는 위치에 놓기 위해 회전시키고 그림 2.36을 얻는다.

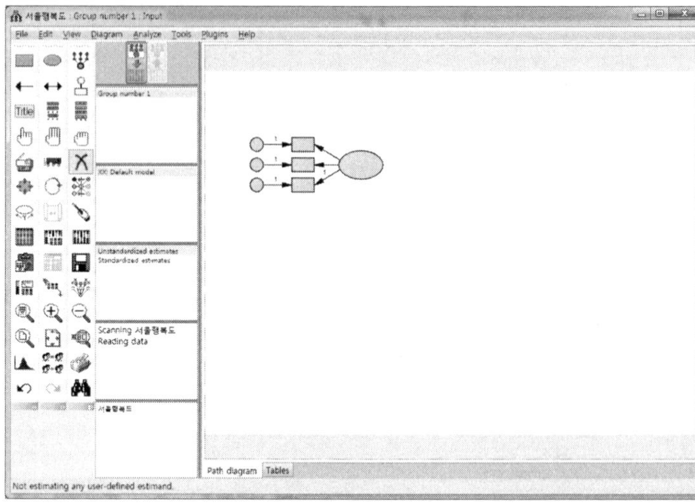

• **그림 2.36** • 회전 아이콘을 이용하여 회전

② 개체 복사 및 관측변수 그리기

전부 선택 아이콘(☐)을 이용하여 그림 2.36에 있는 경로도형 전체를 선택한 후 복사 아이콘(☐)을 선택하여 마우스로 원하는 위치에 경로도형을 복사하여 놓는다. 그림 2.37은 복사 아이콘을 3번 이용한 그림이다. 복사한 후 해제 아이콘(☐)을 이용하여 선택된 경로도형을 전부 해제한다.

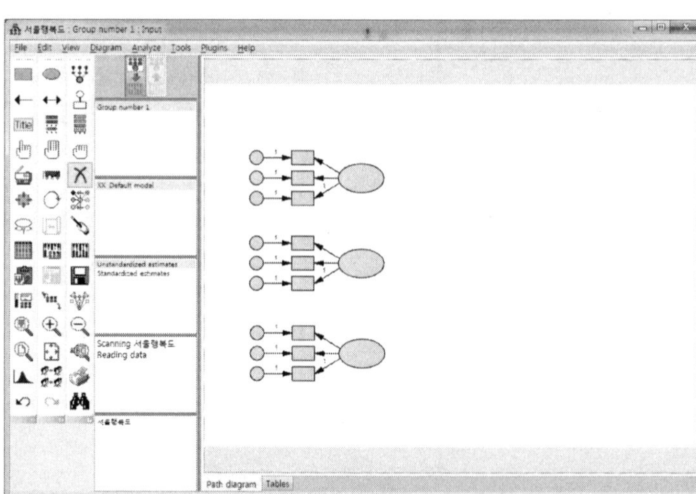

• **그림 2.37** • 복사 아이콘을 이용하여 복사

2개의 관측변수 추가는 일단 관측변수 아이콘(□)을 선택하여 관측변수를 그리고 다시 복사 아이콘(🖨)을 이용하여 그림 2.38과 같이 복사한다.

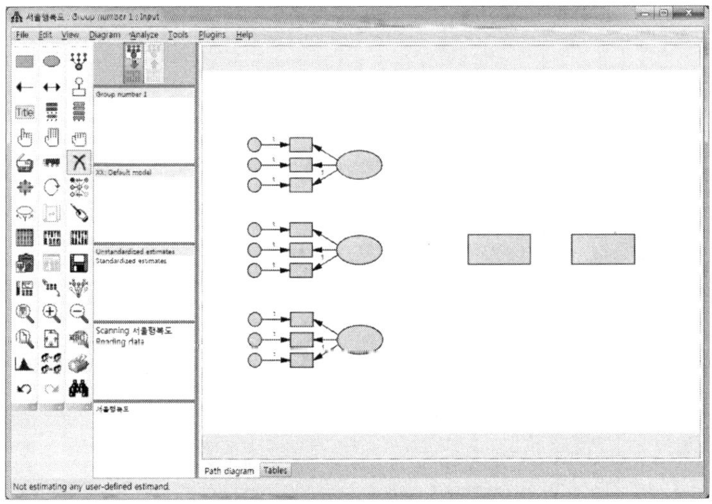

● **그림 2.38** ● 2개의 관측변수 추가

③ **관측변수에 오차변수 붙이기**

그림 2.39와 같이 오차변수 아이콘(⚲)을 선택하고 그림 2.38에 추가한 관측변수에 오차변수를 붙인다.

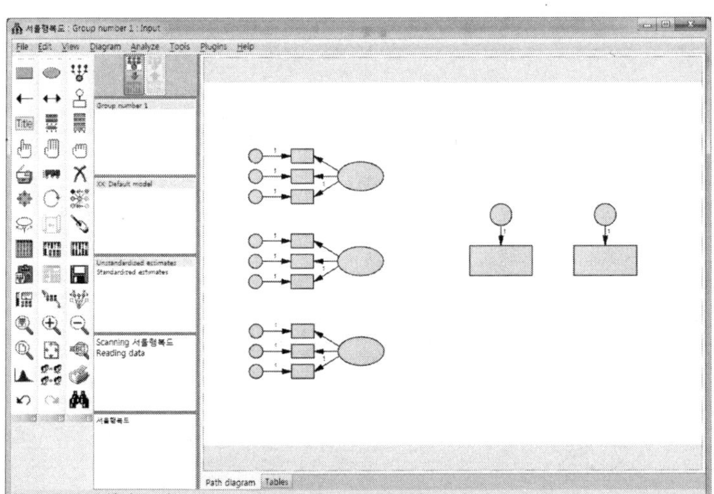

● **그림 2.39** ● 2개의 관측변수에 오차변수 추가

④ **관측변수 및 오차변수에 이름 부여**

그림 2.40과 같이 관측변수에 이름을 부여하는 방법에는 2가지 방법이 있다.

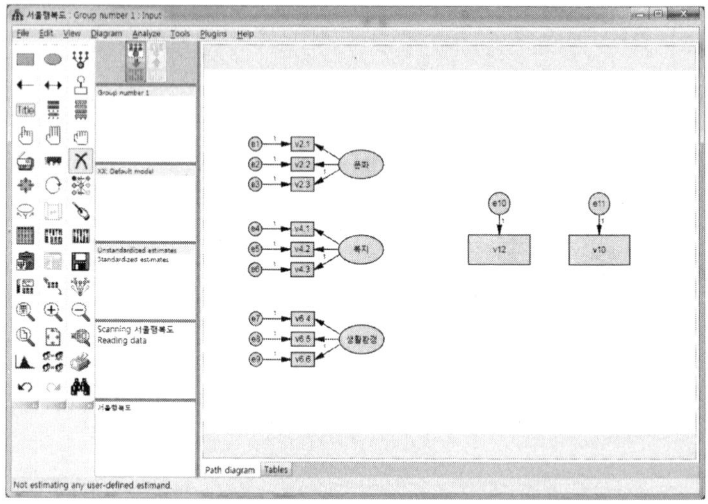

• **그림 2.40** • 변수 및 오차항에 이름을 부여한 그림

첫째, 해당 변수를 마우스로 더블클릭하거나 마우스 오른쪽 버튼을 누르면 그림 2.41과 같은 [Object Properties] 대화상자가 나타난다. [Text] 탭의 [Variable name]에 변수이름을 입력한다.

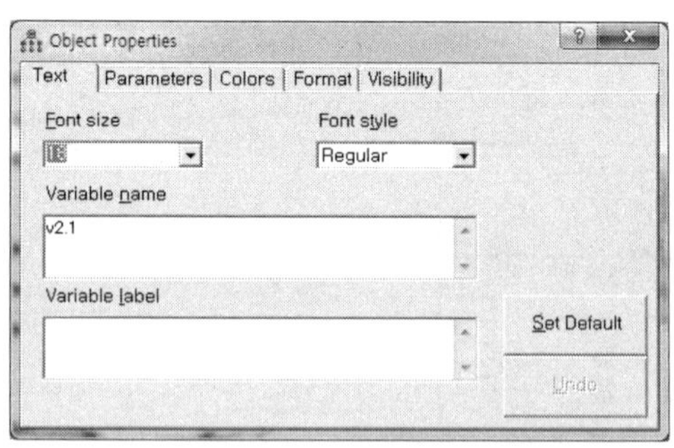

• **그림 2.41** • [Object Properties] 대화상자

잠재변수와 오차변수에 대해 이름을 부여하는 경우도 관측변수와 똑같은 방법에 의해 이름을 부여한다.

둘째, 변수 목록 아이콘(▦)을 클릭하거나 [View] → [Variables in Dataset] 메뉴를 선택하면 그림 2.42의 [Variables in Dataset] 대화상자가 나타난다.

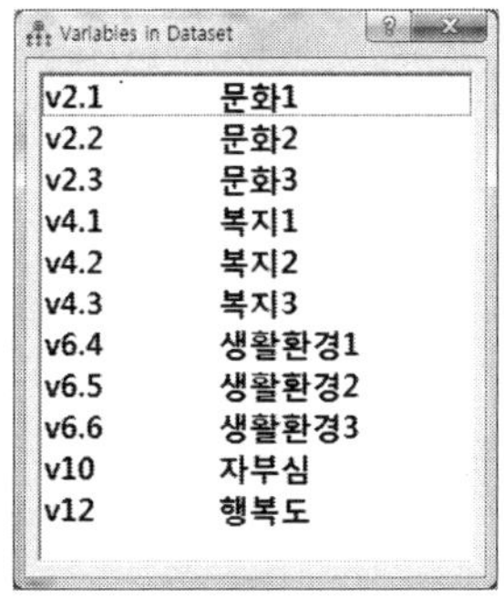

• **그림 2.42** • [Variables in Dataset] 대화상자

위 대화상자에서 해당 변수를 선택하여 경로도형상의 해당변수 위치에 갖다 놓으면 된다. 데이터 파일을 만들 때 변수에 대한 설명을 붙인 경우는 변수이름 대신 변수에 대한 설명이 부여된다. 예를 들면, "v2.1" 대신 "문화1" 혹은 "v10" 대신 "자부심", "v12" 대신 "행복도"라는 이름이 부여된다.

⑤ **경로 그리기**

그림 2.43과 같이 변수 간 경로를 그리기 위해 한방향 아이콘(←)을 이용하여 그린다.

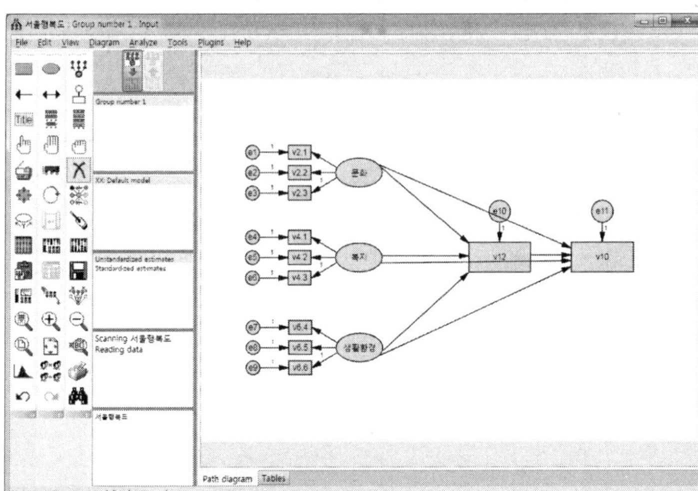

• **그림 2.43** • 경로 추가한 그림

⑥ **외생변수 간 공분산 그리기**

공분산 그리기 아이콘(↔)을 클릭하여 그림 2.44와 같이 잠재변수 간 공분산이 존재하는 것으로 연결한다. 여기서 공분산으로 연결해 주는 이유는 AMOS에서 외생변수 간에는 공분산이 존재하는 것으로 가정하고 있기 때문이다.

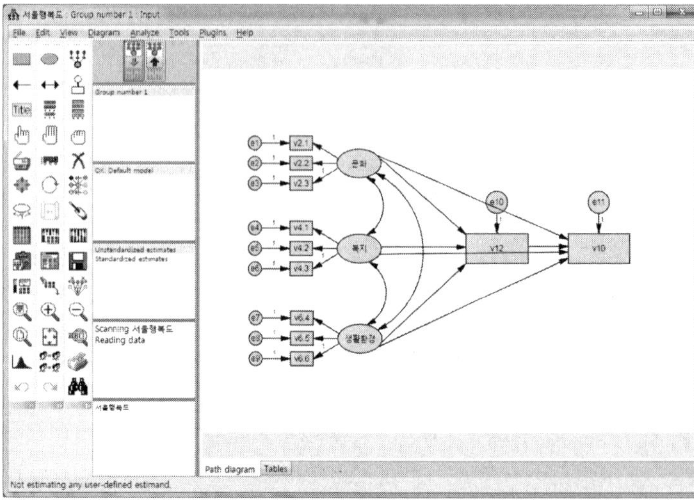

• **그림 2.44** • 외생변수 간 공분산 표시

(4) AMOS 모형 실행

연구모형에 대한 경로도형을 작성한 후 실행시키기 위해 추정치 계산 아이콘()을 클릭하거나 [Analyze] → [Calculate Estimates] 메뉴를 선택한다. 그러면 그림 2.45와 같이 모형 관리창에 실행결과를 경로도형에 보여주기 위한 아이콘이 활성화되고 실행결과가 모형 관리창에 나타난다. 굵은 사각형 안에 활성화된 결과 전환 아이콘과 실행결과를 보여주는 창을 표시하였다.

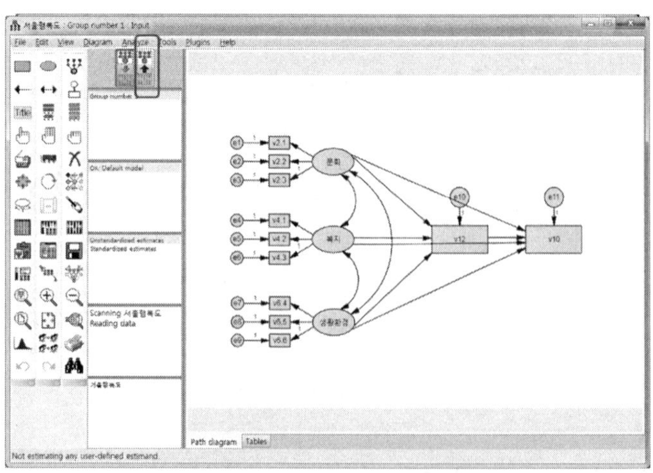

• **그림 2.45** • 실행결과 표시하는 모형 관리창

그림 2.46은 결과 전환 아이콘 아이콘을 클릭하였을 때 결과를 보여주고 있다.

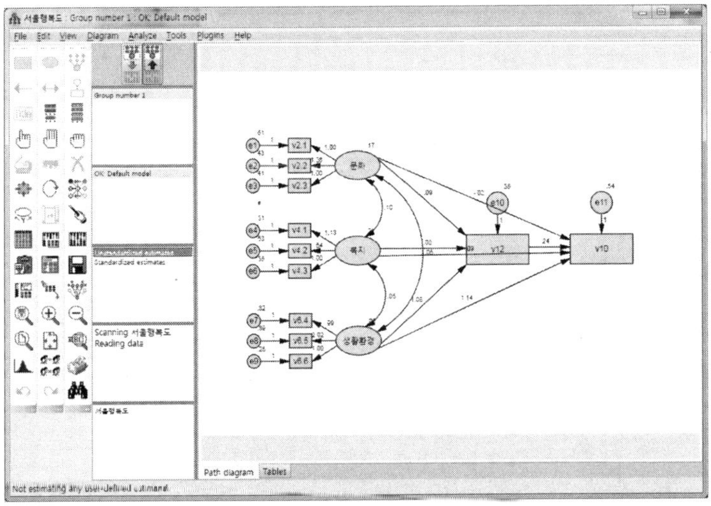

● **그림 2.46** ● 경로도형에 결과 표시화면

그림 2.46의 도형 위에 나타낸 값들은 회귀계수, 분산, 공분산 등의 추정치들을 나타낸다. 여기에 표시된 추정치들은 비표준화 추정치(unstandardized estimates)들이다. 모형에서 표준화 추정치를 구하기 위해서는 분석 속성 아이콘(▦)을 클릭하거나 [View] → [Analysis Properties] 메뉴에서 [Output] 탭을 선택한 후 그림 2.47에서처럼 [Standardized estimates]를 체크하여야 한다.

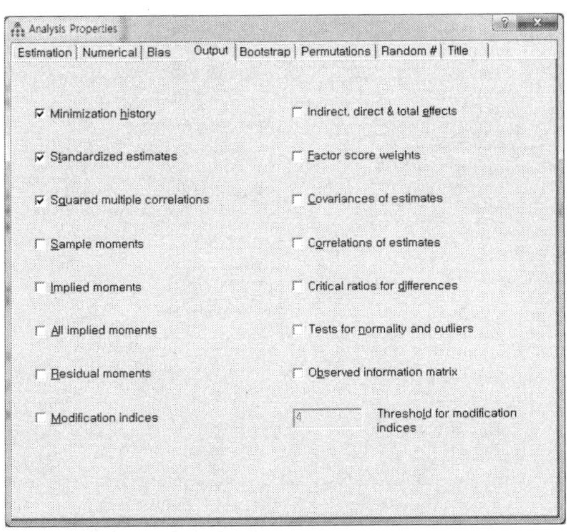

● **그림 2.47** ● [Standardized estimates] 체크

그림 2.47과 같이 [Squared multiple correlations]를 선택하면 변수들 간의 상관계수까지 계산된다. 그림 2.48의 모형 관리창에서 굵은 사각형 안에 나와 있는 [Standardized estimates]를 선택하면 모형에 표준화 추정치들이 출력된다.

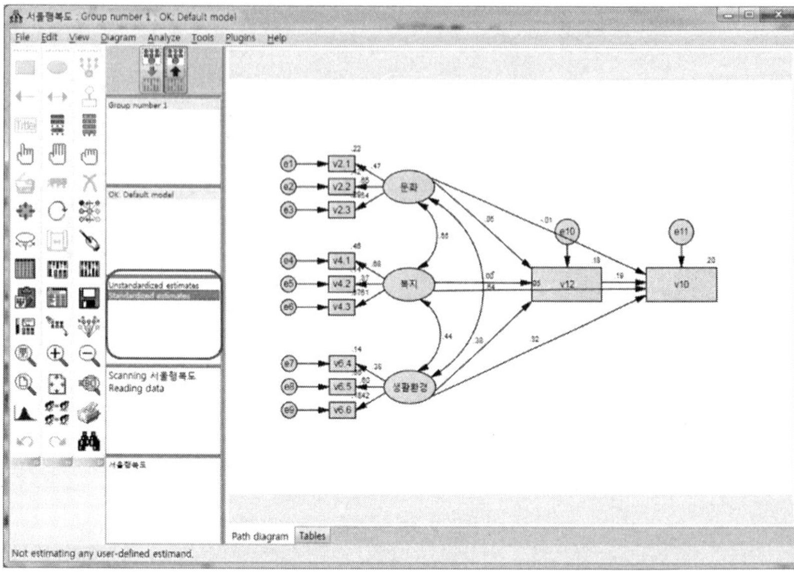

• 그림 2.48 • 표준화 추정치 표시화면

(5) 실행결과 해석

텍스트 형태의 실행결과를 보기 위해 텍스트 출력 아이콘(▦)을 클릭하거나 [View] → [Text Output] 메뉴를 선택한다. 그림 2.49는 출력창 왼쪽에 있는 “Notes for Model”을 선택하였을 때 모형적합에 대한 출력결과이다.

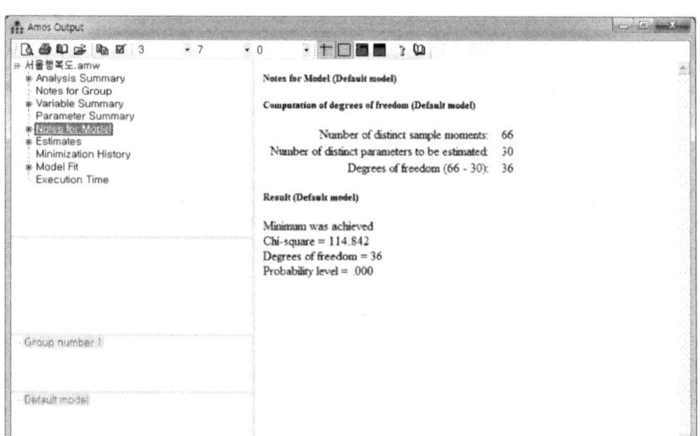

• 그림 2.49 • 연구모형에 대한 χ^2–통계량에 의한 모형적합도

그림 2.49로부터 $\chi^2 = 114.842$, $df = 36$, $p = 0.000$이므로 모형이 적합하지 않음을 알 수 있다. 그림 2.50은 출력창 왼쪽에 있는 “Estimates”를 선택하였을 때 모수의 추정치들에 대한 출력결과이다.

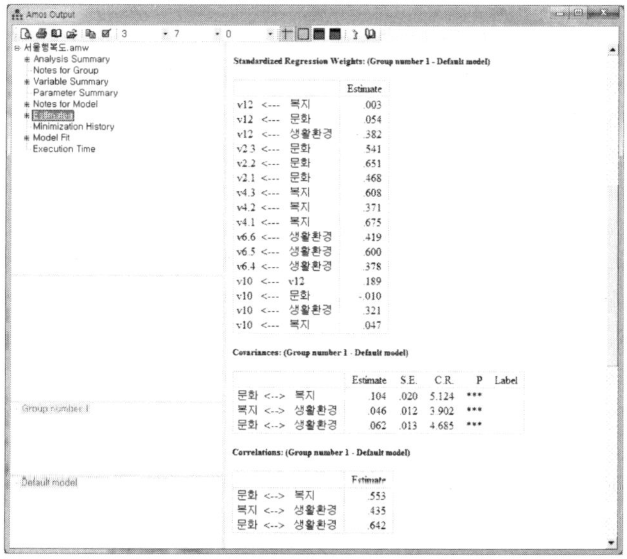

• **그림 2.50** • 연구모형의 모수추정치들에 대한 출력결과

그림 2.50의 표준화회귀계수로부터 3개의 잠재변수인 "복지", "문화", "생활환경" 중에서 "행복도"(v12)에 가장 영향을 주는 변수는 "생활환경"임을 알 수 있고, 이들 3개의 잠재변수 간의 상관계수를 보면 각각 [문화 ↔ 복지]는 0.553, [복지 ↔ 생활환경]은 0.435, [문화 ↔ 생활환경]은 0.642이다.

그림 2.51는 출력창 왼쪽에 있는 "Model Fit"을 선택하였을 때 모형적합을 판단하는 데 사용되는 여러 가지 적합지수들에 대한 출력결과이다.

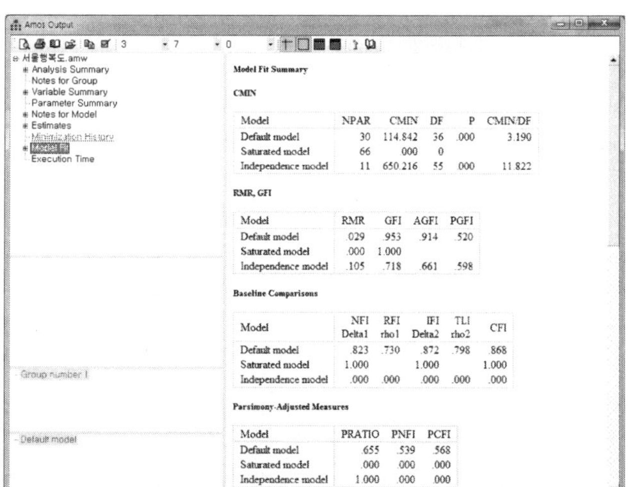

• **그림 2.51** • 여러 가지 모형적합지수

그림 2.49에서는 모형적합을 평가하는 데 χ^2-통계량만을 사용하여 적합 여부를 판단하였다. 그러나 AMOS에서는 χ^2-통계량 외에 그림 2.51에 있는 여러 가지 적합지수들을 가지고 종합적으로 평가해야 한다. 모형적합지수에 대한 설명은 6.1절에서 자세하게 다루고 있다.

03장

경로분석

3.1 경로분석의 개념

경로분석(path analysis)은 다수의 독립변수와 다수의 종속변수 간의 인과관계를 분석하는 방법으로 회귀분석(regression analysis)의 확장 형태라고 할 수 있다. 따라서 경로분석은 여러 개의 회귀분석을 한 번에 수행하는 효과를 갖고 있다.

경로분석은 관측변수들만으로 구성된 모형으로 구조방정식 모형의 가장 기초적인 형태라고 할 수 있다. 따라서 경로분석이 일반적인 구조방정식 모형과의 차이점은 경로분석에서는 잠재변수가 없다는 점이다.

한편 회귀분석과 경로분석의 차이점은 회귀분석은 독립변수와 종속변수 간의 관계에서 직접효과(direct effect)만을 알 수 있는 반면에 경로분석은 직접효과뿐만 아니라 간접효과(indirect effect)와 총효과(total effect)를 알 수 있다. 여기서 총효과는 직접효과와 간접효과를 합한 것이다.

그림 3.1은 경로분석의 예로서 Bryman and Cramer(1990)의 직업조사에서 사용된 4개의 변수, 즉 Age(나이), Autonomy(자율성), Income(수입), Job Satisfaction(직업만족) 간의 인과관계를 나타낸 것이다.

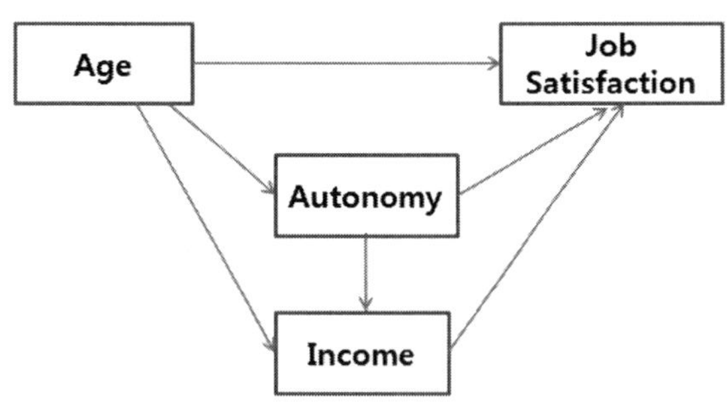

• 그림 3.1 • 경로분석에서 연구모형 예

그림 3.1에서 Age는 Job Satisfaction에 직접효과뿐만 아니라 간접효과를 갖고 있다. 즉, Age는 Autonomy에 영향을 미치고 Autonomy은 Job Satisfaction에 영향을 미치고, Age는 Income에 영향을 미치고 Income은 Job Satisfaction에 영향을 미치고 있다. 그리고 Age는 Autonomy에 영향을 미치고 Autonomy는 Income에 영향을 미치고 Income은 Job Satisfaction에 영향을 미치고 있다.

Autonomy 또한 Job Satisfaction에 직접효과뿐만 아니라 간접효과를 갖고 있다. 즉 Autonomy는 Income에 영향을 미치고 Income은 Job Satisfaction에 영향을 미치고 있다. 그리고 Income은 Job Satisfaction에 직접효과만을 갖고 있다.

그림 3.1의 모형을 다음의 3개의 회귀모형으로 표현할 수 있다.

$$\text{Job Satisfaction} = b_{11}\text{Age} + b_{12}\text{Autonomy} + b_{13}\text{Income} + e_1$$

$$\text{Income} = b_{21}\text{Age} + b_{22}\text{Autonomy} + e_2$$

$$\text{Autonomy} = b_{31}\text{Age} + e_3$$

SPSS에서 회귀분석을 하는 경우 위의 회귀모형 각각에 대해 수행해야 하나 AMOS에서는 한 번의 경로분석을 통해 똑같은 결과를 얻을 수 있다.

경로분석에서 직접효과, 간접효과, 총효과는 경로도형에서 경로계수(path coefficient)를 가지고 나타낸다. 경로계수는 위의 회귀모형에서 회귀계수 b_{ij}에 해당된다. 여기서는 표준화회귀계수를 가지고 이들 효과들에 대해 설명하고자 한다. 그림 3.2는 AMOS에서 경로도형상에 표시된 표준화회귀계수를 나타내고 있다.

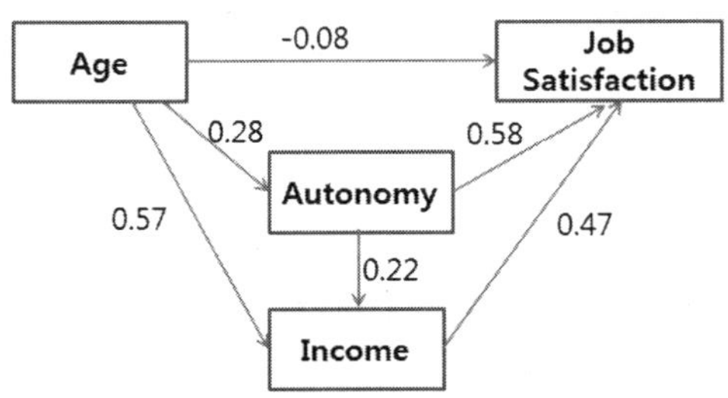

• 그림 3.2 • 경로도형 상에 표시된 표준화회귀계수

그림 3.2에서 Job Satisfaction에 대한 Age의 총효과를 구해 보자. 먼저, Job Satisfaction에 대한 Age의 직접효과는 다음과 같다.

Age → Job Satisfaction: −0.08

다음 Job Satisfaction에 대한 Age의 간접효과는 다음의 각 경로로부터 얻어진 간접효과들을 전부 더함으로써 얻어진다. 즉,

Age → Autonomy → Job Satisfaction: 0.28 × 0.58 = 0.16

Age → Income → Job Satisfaction: 0.57 × 0.47 = 0.26

Age → Autonomy → Income → Job Satisfaction: 0.28 × 0.22 × 0.47 = 0.03

따라서 구하고자 하는 총간접효과는 0.45(= 0.26 + 0.16 + 0.03)이고 Job Satisfaction에 대한 Age의 총효과는 0.37(= −0.08 + 0.45)이다.

Job Satisfaction에 대한 Age의 간접효과는 큰 양(positive)의 값을 갖는 반면에 Job Satisfaction에 대한 Age의 직접효과는 작은 음(negative)의 값을 갖고 있다. 따라서 Job Satisfaction에 대한 Age의 총효과는 비교적 큰 양의 값을 갖고 있고 이는 Job Satisfaction에 대한 Age의 효과는 직접효과보다는 간접효과 영향을 많이 받

고 있음을 알 수 있다.

AMOS는 직접효과, 간접효과, 총효과에 대한 수치를 제공하고 있지만 이들 효과의 통계적 유의성에 대해서는 직접효과의 유의성에 대해서만 제공하고 간접효과와 총효과에 대한 통계적 유의성에 대해서는 직접적으로 제공하지 않는다. 그러나 AMOS에서 붓스트래핑(bootstrapping) 방법을 사용하여 간접효과, 총효과의 유의성을 알 수 있다. 여기서 붓스트래핑 방법이란 모수의 분포가 알려지지 않은 상태에서 원자료에서 무작위로 표본을 복원추출(sampling with replacement)하여 추정량의 경험적 분포를 생성하여 모수를 추정하는 방법이다. 예를 들어 전 세계 사람들의 평균 키를 붓스트래핑 방법을 사용하여 추정하는 경우 N명(예를 들면, 1000명)을 추출한 후 뽑힌 N명 집단에서 n(예를 들면, 100명)을 복원추출한다. 위의 과정을 B번(예를 들면, 500번) 반복하면 B개의 붓스트랩 표본(bootstrapped sample)이 생성된다. B개의 각각의 붓스트랩 표본에서 표본평균을 구하고 표본평균들의 분포로부터 평균 키를 추정한다.

3.2 예제를 이용한 AMOS 경로분석

예제 3.1 표 3.1은 사회진출을 한 직장 초년생들을 대상으로 10명의 표본을 추출하여 조사한 성취감 데이터이다. 대학생활에서 동기부여, 대학 때의 성적, 사회진출 후 소득 그리고 사회진출 후 성취감과의 관계에서 대학생활에서 동기부여가 사회진출 후 성취감에 미치는 직·간접 영향 또는 대학 때의 성적이 사회진출 후 성취감에 미치는 직·간접 영향 정도에 대해 알고자 한다.

표 3.1 성취감 데이터

x1	x2	x3	x4
3.00	3.20	4.00	3.00
4.00	3.50	4.00	4.00
2.00	2.50	3.00	2.00
5.00	4.10	4.00	5.00
3.00	3.60	3.00	3.00
4.00	3.70	4.00	3.00
1.00	2.00	2.00	2.00
2.00	2.00	2.00	3.00
3.00	3.50	3.00	5.00
4.00	3.90	4.00	4.00

▸ 변수설명

x1: 대학생활에서 동기부여 x3: 사회진출 후 소득
x2: 대학 때의 성적 x4: 사회진출 후 성취감

(1) 데이터 파일 입력

표 3.1의 성취감 데이터를 SPSS에서 그림 3.3과 같이 입력하고 파일 이름을 "성취감.sav"라고 한다.

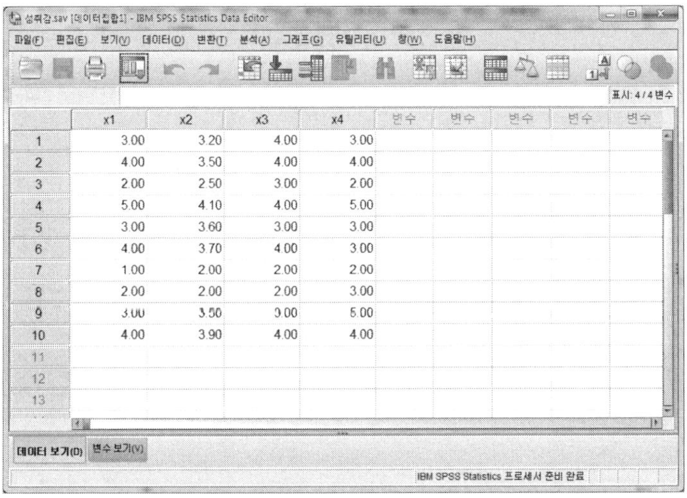

	x1	x2	x3	x4
1	3.00	3.20	4.00	3.00
2	4.00	3.50	4.00	4.00
3	2.00	2.50	3.00	2.00
4	5.00	4.10	4.00	5.00
5	3.00	3.60	3.00	3.00
6	4.00	3.70	4.00	3.00
7	1.00	2.00	2.00	2.00
8	2.00	2.00	2.00	3.00
9	3.00	3.50	3.00	5.00
10	4.00	3.90	4.00	4.00

• **그림 3.3** • 성취감 데이터("성취감.sav")

(2) 연구모형에 대한 경로도형 작성

그림 3.4는 예제 3.1의 연구모형에 대한 경로도형이다. 이 연구모형은 대학생활에서 동기부여는 대학 때의 성적, 사회진출 후의 소득, 사회진출 후의 성취감에 영향을 주고, 대학 때의 성적 또한 사회진출 후의 소득과 사회진출 후의 성취감에 영향을 주고, 사회진출 후의 소득은 사회진출 후의 성취감에 영향을 준다는 가정하에서 얻어진 모형이다.

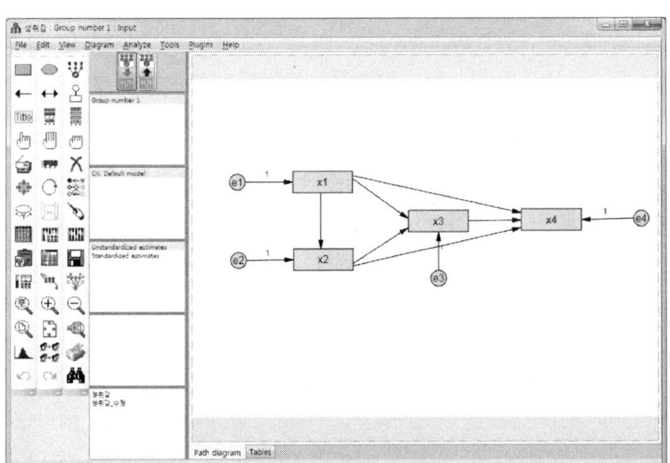

• **그림 3.4** • 성취감 데이터에 대한 연구모형

(3) AMOS 모형 실행

그림 3.4의 연구모형에 대한 경로도형을 작성한 후 도구상자에서 추정치 계산 아이콘()을 클릭하거나 [Analyze] → [Calculate Estimates] 메뉴를 선택하여 모형을 실행시킨다. 연구모형에 대한 텍스트 형태의 실행결과를 보기 위해 도구상자에서 텍스트 출력 아이콘()을 클릭하거나 [View] → [Text Output] 메뉴를 선택한다. 그림 3.5는 출력창 왼쪽에 있는 "Notes for Model"을 선택하였을 때 연구모형에 대한 χ^2 –통계량에 의한 모형적합 결과이다.

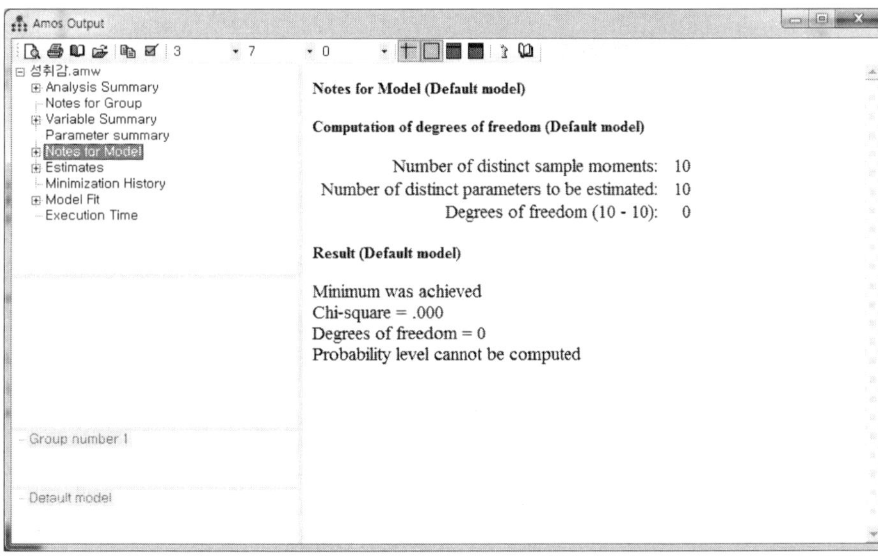

• **그림 3.5** • 연구모형에 대한 χ^2–통계량에 의한 모형적합

그림 3.5의 수행결과로부터 $\chi^2=0$이고 $df=0$이다. $\chi^2=0$은 연구모형과 표본자료와의 차이가 전혀 없는 경우에 얻어지고 이 경우 $df=0$이 된다. 이런 연구모형을 포화모형(saturated model)이라고 한다. 포화모형은 언뜻 보기에 바람직한 모형 같지만 모형식별이 가능한 모형 중에서 가장 복잡한 모형이고 따라서 간명성(parsimony) 측면에서 모형의 가치가 떨어지는 모형이다.

(4) 실행결과 해석

① 그래픽 형태의 추정치 출력

경로도형상의 비표준화회귀계수와 표준화회귀계수를 가지고 변수들 간의 직·간접 영향들에 대해 알아보고자 한다. 이를 위해 먼저 모형 관리창에 있는 결과 전환 아이콘()을 클릭하면 그림 3.6과 같이 경로도형 위에 그래픽 형태의 비표준화 경로계수들을 보여준다.

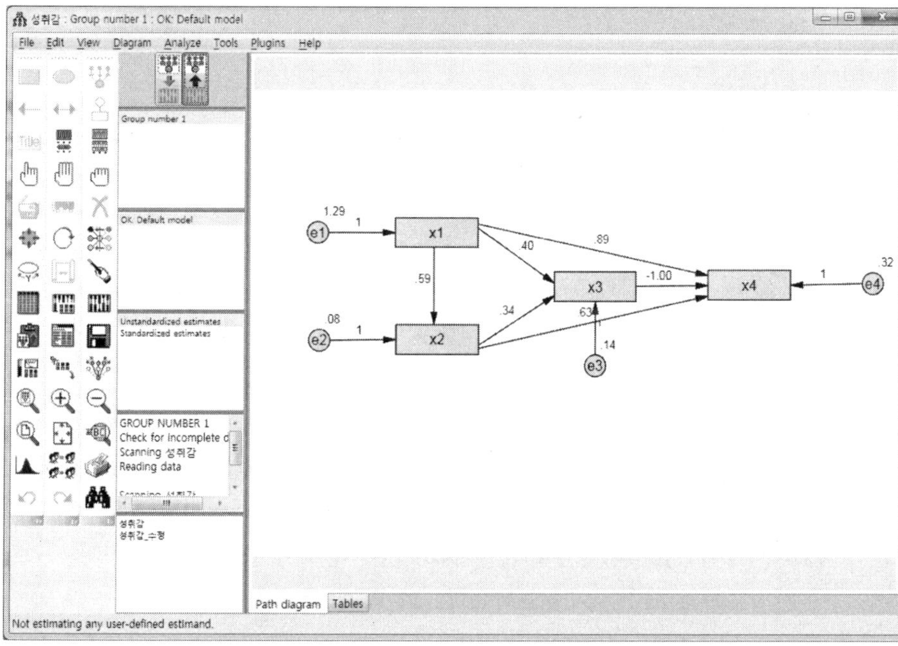

• **그림 3.6** • 그래픽 형태의 비표준화 경로계수 출력

그림 3.6의 비표준화 경로계수 출력화면에서 직접효과의 크기는 경로계수의 추정치에 의해 나타냄으로 [x1 → x2] 경로의 직접효과는 0.59, [x1 → x3] 경로의 직접효과는 0.40, [x1 → x4] 경로의 직접효과는 0.89, [x2 → x3] 경로의 직접효과는 0.34, [x2 → x4] 경로의 직접효과는 0.63, [x3 → x4] 경로의 직접효과는 -1.0이다.

간접효과의 크기는 직접효과들의 크기의 곱으로 나타냄으로 [x1 → x3 → x4] 경로의 간접효과는 $-0.4(= 0.40 \times (-1.0))$, [x1 → x2 → x4] 경로의 간접효과는 $0.372(= 0.59 \times 0.63)$, [x1 → x2 → x3 → x4] 경로의 간접효과는 $-0.201(= 0.59 \times 0.34 \times (-1.0))$이다.

그림 3.7은 모형 관리창에서 [Standardized estimates]를 선택하면 나타나는 그래픽 형태의 표준화 경로계수들을 보여준다.

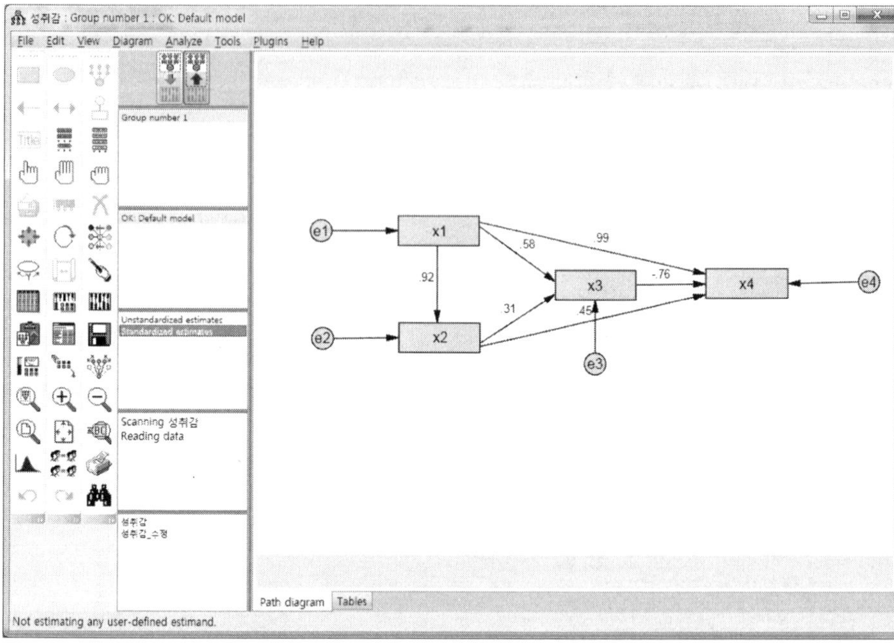

• **그림 3.7** • 그래픽 형태의 표준화 경로계수 출력

그림 3.7의 표준화 경로계수 출력화면에서 직접효과의 크기는 경로계수의 추정치에 의해 나타냄으로, [x1 → x2] 경로의 직접효과는 0.92, [x1 → x3] 경로의 직접효과는 0.58, [x1 → x4] 경로의 직접효과는 0.99, [x2 → x3] 경로의 직접효과는 0.31, [x2 → x4] 경로의 직접효과는 0.45, [x3 → x4] 경로의 직접효과는 −0.76이다.

간접효과의 크기는 직접효과들의 크기의 곱으로 나타냄으로, [x1 → x3 → x4] 경로의 간접효과는 −0.441(= 0.58 × (−0.76)), [x1 → x2 → x4] 경로의 간접효과는 0.414(= 0.92 × 0.45), [x1 → x2 → x3 → x4] 경로의 간접효과는 −0.217(= 0.92 × 0.31 × (−0.76))이다.

② 모수의 추정치 출력

그림 3.8은 출력창 왼쪽에 있는 "Estimates"를 선택하였을 때 나타나는 모수의 추정치들이다.

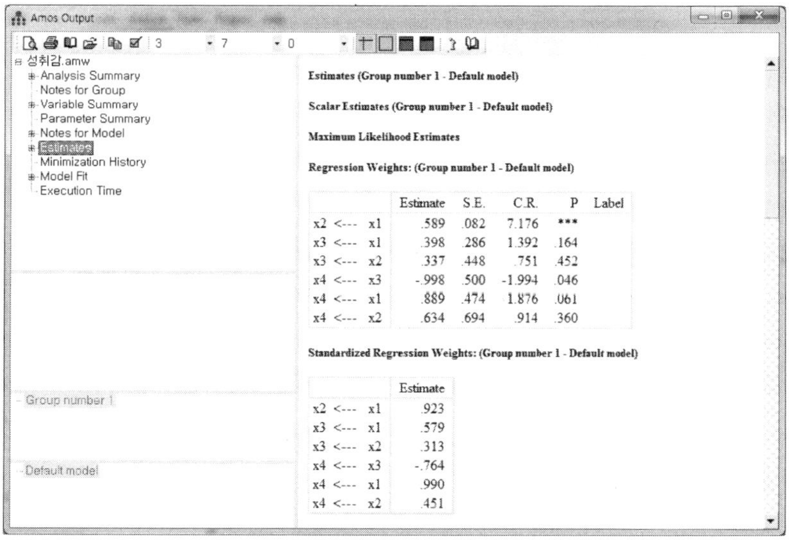

그림 3.8 모형에서 모수추정치

그림 3.8로부터 직접효과의 크기와 유의성을 알 수 있다. 먼저 비표준화회귀계수에서 경로 [x1 → x2]의 경로계수는 0.589, [x3 → x4]의 경로계수는 −0.998, 모두 유의수준 $\alpha = 0.05$에서 유의하다. 즉, 직접효과가 있다는 의미이다. 또한 경로 [x1 → x4]의 경로계수는 0.889이고 유의확률 $p = 0.061$로 유의수준 $\alpha = 0.05$에서는 유의하지 않으나 유의수준 $\alpha = 0.1$에서는 유의함을 알 수 있다.

다음 표준화회귀계수에서 경로 [x1 → x2]의 경로계수는 0.923, [x3 → x4]의 경로계수는 −0.764, 경로 [x1 → x4]의 경로계수는 0.990이다. 이들 경로의 유의성은 위에서 언급한 비표준화회귀계수에서와 똑같은 결과를 갖는다.

③ 직접효과, 간접효과, 총효과

경로분석에서 직접효과, 간접효과 및 총효과를 구하기 위해 분석 속성 아이콘(▦)을 클릭하거나 [View] → [Analysis Properties] 메뉴에서 [Output] 탭을 선택한 후 그림 3.9에서처럼 [Indirect, direct & total effects]를 체크한다.

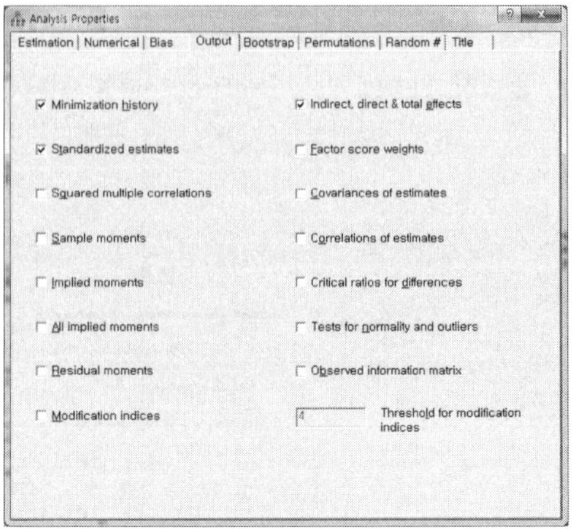

• **그림 3.9** • [Indirect, direct & total effects] 체크

그림 3.10은 비표준화회귀계수와 표준화회귀계수를 가지고 변수들 간의 직접효과, 간접효과 그리고 총효과를 나타낸다.

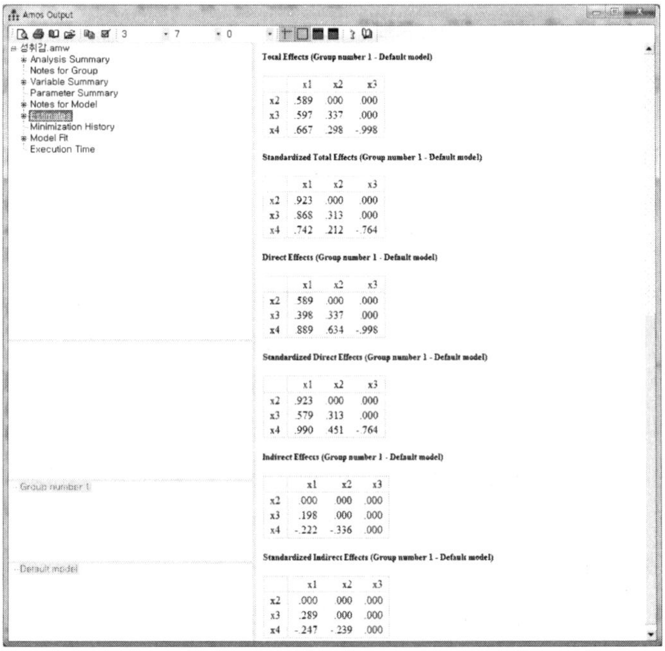

• **그림 3.10** • 총효과, 직접효과, 간접효과

그림 3.10의 비표준화회귀계수로부터 이들 효과에 대해 설명하고자 한다. [x1 → x3] 경로의 총효과는 0.597, 직접효과는 0.398, 간접효과는 0.198로 나타났다. 이들 효과의 크기는 다음과 같이 얻어진다.

총효과(0.597) = 직접효과(0.398) + 간접효과(0.198)

여기서 간접효과(0.198)는 직접효과들의 곱으로 다음과 같이 얻어진다.

간접효과(0.198) = [x1 → x2] 경로계수(0.589) × [x2 → x3] 경로계수(0.337)

다음 [x1 → x4] 경로의 총효과는 0.667, 직접효과는 0.889, 간접효과는 −0.222로 나타났다. 이들 효과의 크기는 다음과 같이 얻어진다.

총효과(0.667) = 직접효과(0.889) + 간접효과(−0.222)

여기서 간접효과(−0.222)는 다음과 같이 얻어진다.

간접효과(−0.222)=[x1 → x3 → x4] 경로계수(−0.4) + [x1 → x2 → x3 → x4] 경로계수(−0.198) + [x1 → x2 → x4] 경로계수(0.373)

다음은 그림 3.10의 표준화회귀계수로부터 이들 효과에 대해 설명하고자 한다. [x1 → x3] 경로의 총효과는 0.868, 직접효과는 0.579, 간접효과는 0.289로 나타났다. 이들 효과의 크기는 다음과 같이 얻어진다.

총효과(0.868) = 직접효과(0.579) + 간접효과(0.289)

여기서 간접효과(0.289)는 직접효과들의 곱으로 다음과 같이 얻어진다.

간접효과(0.289) = [x1 → x2] 경로계수(0.923) × [x2 → x3] 경로계수(0.313)

다음 [x1 → x4] 경로의 총효과는 0.742, 직접효과는 0.990, 간접효과는 −0.247로 나타났다. 이들 효과의 크기는 다음과 같이 얻어진다.

총효과(0.742) = 직접효과(0.990) + 간접효과(−0.247)

여기서 간접효과(−0.247)는 다음과 같이 얻어진다.

간접효과(−0.247)=[x1 → x3 → x4] 경로계수(−0.442) + [x1 → x2 → x3 → x4] 경로계수 (−0.22) + [x1 → x2 → x4] 경로계수(0.416)

④ 직접효과의 유의성

경로도형에서 각 경로 간의 경로계수는 직접효과의 크기를 나타낸다. 따라서 직접효과의 통계적 유의성은 그림 3.8에서 살펴보았듯이, $\alpha = 0.05$에서 [x1 → x2] 경로와 [x3 → x4] 경로가 유의하고 유의수준 $\alpha = 0.1$에서는 [x1 → x4] 경로까지 유의함을 알 수 있었다.

⑤ 간접효과 및 총효과의 유의성

AMOS에서 붓스트래핑 방법을 사용하여 간접효과 및 총효과에 대한 유의성을 알 수 있다. 이를 위해 도구상자에서 분석 속성 아이콘(▦)을 클릭하거나 [View] → [Analysis Properties] 메뉴에서 [Bootstrap] 탭을 선택한 후 그림 3.11에서처럼 붓스트랩 관련 항목들을 선택한다.

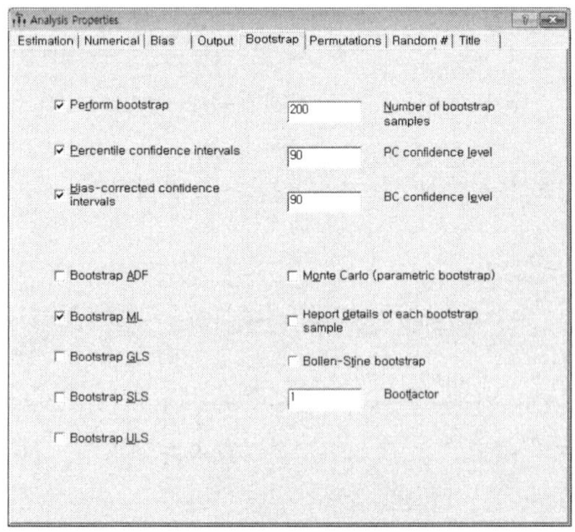

• 그림 3.11 • [Analysis Properties] 대화상자에서 [Bootstrap] 탭

AMOS 출력창 왼쪽에 있는 "Estimates"의 하위항목 "Matrices"를 선택하면 여러 가지 효과, 즉 총효과, 직접효과, 간접효과뿐만 아니라 표준화 총효과, 표준화 직접효과, 표준화 간접효과들이 나타난다. 이중에서 먼저, 간접효과의 크기를 알기 위해 그림 3.12와 같이 선택한다.

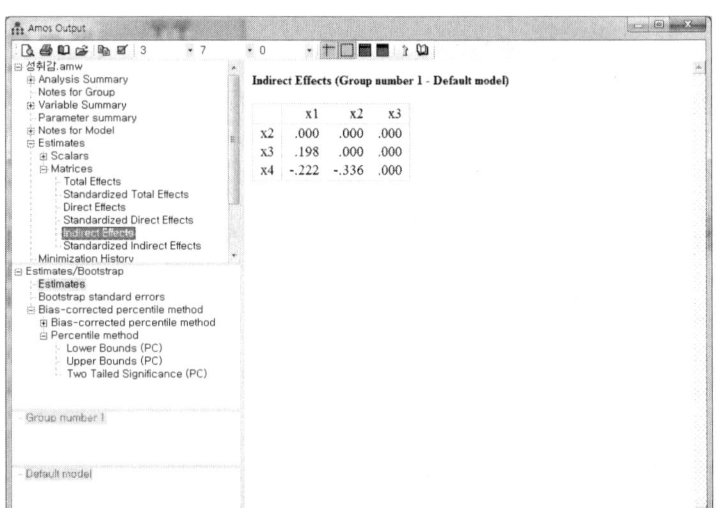

• 그림 3.12 • [Indirect Effects]선택

다음으로 간접효과 및 총효과의 유의성을 알기 위해 그림 3.13과 같이 출력창 아래에 있는 "Estimates/Bootstrap"의 하위항목 "Bias-corrected percentile method" 혹은 "Percentile method"의 하위항목 "Two Tailed Significance(PC)"를 선택한다.

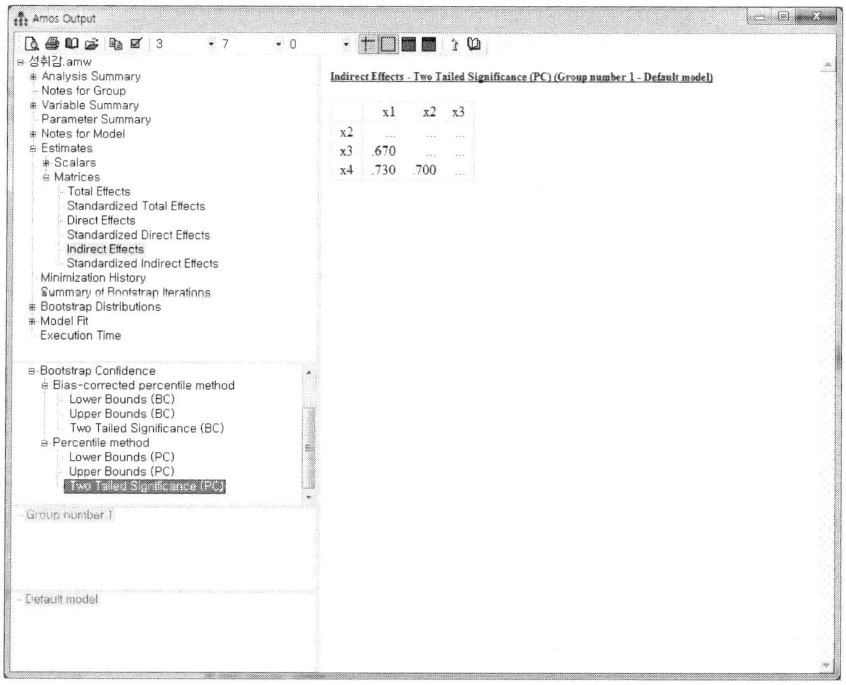

• **그림 3.13** • 간접효과에 대한 유의확률

그림 3.13에서 [x1 → x3] 경로의 간접효과에 대한 유의확률은 $p = 0.670$, [x1 → x4] 경로의 간접효과에 대한 유의확률은 $p = 0.730$, [x2 → x4] 경로의 간접효과에 대한 유의확률은 $p = 0.700$으로 모두 유의하지 않음을 알 수 있다.

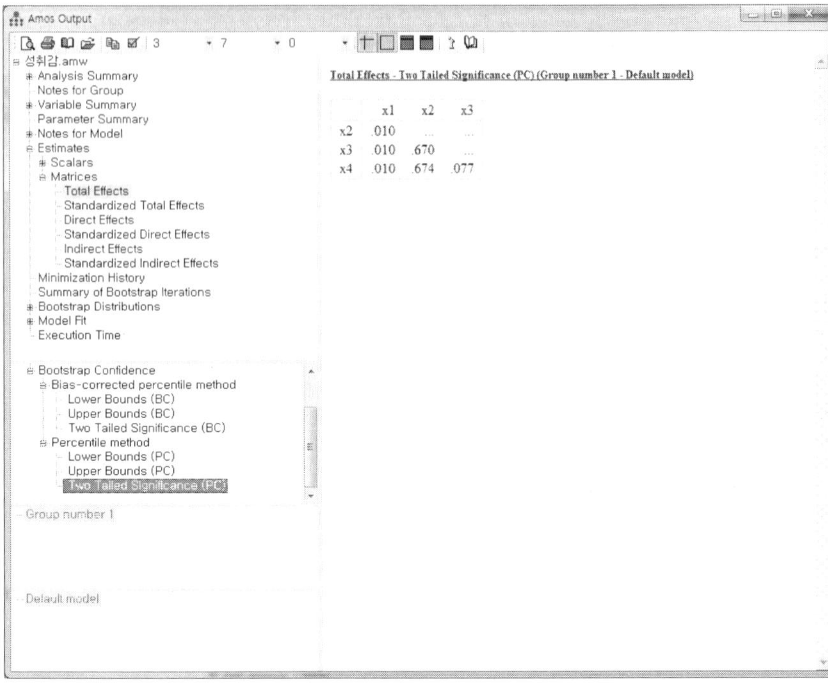

● 그림 3.14 ● 총효과에 대한 유의확률

그림 3.14에서 [x1 → x4] 경로의 총효과에 대한 유의확률은 $p = 0.01$로 유의수준 0.05에서 유의하고 [x2 → x4] 경로의 총효과에 대한 유의확률은 $p = 0.674$로 유의수준 0.05에서 유의하지 않음을 알 수 있다.

04장 자료 수집 및 검사

4.1 자료 수집: 표본의 크기

(1) 모형의 복잡성

모형이 복잡할수록 표본의 크기는 커야 한다. 일반적으로 복잡한 모형은 추정할 모수가 많은 모형을 말한다. 모형에서 추정할 모수가 많다는 의미는 기본적으로 많은 변수를 사용하여 변수들 간 복잡한 인과관계를 갖고 있는 모형을 말한다. Joreskong and Sorbom(1989)은 관측변수의 개수와 표본의 크기와의 관계에서 관측변수의 수가 12개 미만일 때는 표본의 크기가 200 정도이고 12개 이상일 때는 1.5 × 관측변수의 수 × (관측변수의 수 + 1)이다. 예를 들어, Joreskong and Sorbom(1989)의 주장에 의하면 관측변수가 15개인 모형은 표본의 크기는 적어도 360(= 1.5 × 15 × (15 + 1))은 되어야 한다.

모수를 추정할 때 모수의 추정량에 대한 정확도를 높이기 위해서는 표본의 크기가 커야 한다. 추정량의 정확도는 표준오차(standard error; SE)를 가지고 나타내는데 $\hat{\theta}$을 θ의 추정량이라고 할 때 $\hat{\theta}$의 표준오차는 다음과 같다.

$$SE(\hat{\theta}) = \frac{\sigma}{\sqrt{n}}$$

여기서 n은 표본의 크기이고 σ는 $\hat{\theta}$의 표준편차이다. 따라서 표본의 크기 n이 클수록 추정량의 표준오차는 작아진다.

추정할 모수의 개수와 표본의 크기에 대한 일률적인 공식은 없지만 Bentler and Chou(1987)은 적어도 추정할 모수의 개수의 5 ~ 10배 정도의 표본을 추출하는 것이 바람직하다고 하였다. 예를 들어 추정할 모수의 개수가 30개이면 최소 150개 이상의 표본을 추출해야 한다. 만약 추정할 모수의 개수에 비해 표본의 크기가 작은 경우, 즉 더 이상 표본을 확보하기 어려운 경우에는 원래모형에서 모수의 개수를 줄여서 보다 간명한 모형하에서 분석을 하여야 한다.

(2) 통계적 검정력

가설검정의 오류(error)에는 표 4.1에서 나타낸 것처럼 제1종 오류(Type I error) α와 제2종 오류(Type II error) β가 있다.

표 4.1 가설검정의 오류

검정결과 \ 실제현상	H_0 참	H_0 거짓
H_0 채택	옳은 결정	제2종의 오류
H_0 기각	제1종의 오류	옳은 결정

제1종 오류는 귀무가설 H_0이 참인데도 귀무가설 H_0을 기각함으로서 생기는 오류이고 제2종 오류는 귀무가설 H_0이 거짓인데도 귀무가설 H_0을 채택함으로서 생기는 오류이다. 제1종 오류가 커지면 제2종 오류는 작아지고 반대로 제1종 오류가 작아지면 제2종 오류는 커진다. 검정에서 검정력(power)은 귀무가설 H_0이 거짓일 때 귀무가설 H_0을 기각, 즉 대립가설 H_1을 채택할 확률을 말한다. 따라서 검정력과 제2종 오류와의 관계는 다음과 같다.

$$power = 1 - \beta$$

위 식으로부터 제2종 오류 β가 작아지면 검정력은 커진다. 따라서 연구자가 제2종 오류를 최소화하는 것이 검정력을 높이는 것이다.

일반적으로 검정력은 표본의 크기에 의해 영향을 받는다. 예를 들어 미국 성인의 IQ를 검정하는 경우 귀무가설 H_0과 대립가설 H_1은 각각 다음과 같다.

$$H_0 \ : \ \mu = 100 \text{ 과 } H_1 \ : \ \mu > 100$$

여기서 미국 성인의 IQ의 표준편차는 16이라고 가정한다. 만약 $\mu = 108$인 경우 검정력이 얼마나 되는지 알아보고자 한다. 먼저 제1종 오류를 범할 확률 α는 $H_0 \ : \ \mu = 100$일 때 H_0을 기각할 확률이므로 표준정규 확률변수 Z를 이용하여 다음과 같이 나타낼 수 있다.

$$\begin{aligned}\alpha &= p(\overline{X} \geq \overline{x} \,|\, \mu = 100) \\ &= p(Z \geq \frac{\overline{x} - 100}{\frac{\sigma}{\sqrt{n}}}) \\ &= p(Z \geq \frac{\overline{x} - 100}{\frac{16}{\sqrt{16}}})\end{aligned}$$

유의수준 0.05에서 검정하는 경우

$$z_{0.05} = 1.645 = \frac{\overline{x} - 100}{\frac{16}{\sqrt{16}}}$$

$$\text{즉, } \overline{x} = 100 + 1.645\left(\frac{16}{\sqrt{16}}\right) = 106.58$$

그러므로 제1종 오류 α는 $p(\overline{X} \geq 106.58 | \mu = 100)$이다. 따라서 검정력은 다음과 같이 계산된다.

$$\begin{aligned} power &= p(\overline{X} \geq 106.58 | \mu = 108) \\ &= p\left(Z \geq \frac{106.58 - 108}{\frac{\sigma}{\sqrt{n}}}\right) \\ &= p\left(Z \geq \frac{106.58 - 108}{\frac{16}{\sqrt{16}}}\right) \\ &= p(Z \geq -0.36) \\ &= 0.6406 \end{aligned} \tag{4.1}$$

우리는 식 (4.1)로부터 검정력이 표본의 크기에 영향을 받고 있음을 알 수 있다. 즉, 표본의 크기가 클수록 검정력이 증가함을 알 수 있다.

(3) 모형의 추정법

AMOS에서 사용되는 모수추정법에는 최대우도법(maximum likelihood method; ML), 일반화 최소제곱법(generalized least squares method; GLS), 비가중 최소제곱법(unweighted least squares method; ULS), 척도무관 최소제곱법(scale-free least squares method; SLS), 점근 분포무관법(asymptotically distribution-free method; ADF) 등이 있다.

최대우도법은 구조방정식 모형에서 일반적으로 사용하는 방법으로 데이터가 주어졌을 때, 모수에 대한 데이터들의 가능성(likelihood, 우도)을 최대로 하는 모수를 추정하는 기법이다. 이는 데이터의 분포가 정규성을 지닌다는 가정하에서 이루어진다. 최대우도법은 표본의 크기가 작더라도 정규성을 만족하는 경우에만 적용이 가능하다. 표본의 크기가 큰 경우라도 정규성을 만족하지 않으면 최대우도법에 의해 모수를 추정하면 안 된다.

일반적으로 최대우도법에 의해 모수를 추정하는 경우 최소한 표본의 크기는 100 ~ 150로 알려져 있다(Ding, Velicer, and Harlow, 1995). 그런데 최대우도법은 표본의 크기가 클수록 데이터들 간의 차이에 대해 민감하게 반응한다. 표본의 크기가 400 ~ 500보다 크면 최대우도법은 데이터들 간의 미세한 차이도 감지한다. 이 경우 모형의 적합지수들이 나쁘게 나타낸다(Hair et al, 1995). 따라서 최대우도법을 기준으로 표본의 크기를 정하는 경우 150 ~ 400 정도가 적당한 크기라고 할 수 있다.

점근 분포무관법은 데이터가 정규분포를 따르지 않는 경우 유용한 기법인데 표본의 크기가 충분히 큰 경우 정확한 결과를 얻을 수 있다.

4.2 자료 검사

4.2.1 결측값

결측값(missing value, 혹은 결측치)에는 두 가지 형태의 결측값, 즉 시스템 결측값(system-missing value)과 사용자 결측값(user-defined missing value)이 있다. 시스템 결측값은 응답자에게 설문이 주어지지 않아 응답할 수 없는 경우, 응답자가 설문에 응답하지 않고 그냥 지나치는(skip) 경우, 코딩과정에서 오류가 있는 경우 등이 여기에 해당되며 이 경우 사용자는 공백으로 처리하고 파일에는 점(.)으로 표시된다. 사용자 결측값은 응답자가 응답을 하였는데 분석에서 제외하고 싶은 경우 여기에 해당된다. 예를 들어 응답자가 "잘 모르겠다."로 답한 경우, 혹은 5점 척도 설문에서 7점으로 응답한 경우 등이 여기에 해당된다. 이 경우 실제 응답 데이터와 구분하기 위해 응답 가능성이 전혀 없는 특정한 데이터를 가지고 처리한다. 예를 들어, 나이 데이터에서 "-9"로 표시하는 경우 등이 여기에 해당된다.

모든 조사자들이 모든 항목에 대해 응답하여 얻어진 완전한 데이터 셋(complete data set)을 가지고 분석하는 것이 가장 이상적이다. 그러나 실제 그런 경우는 드물고 결측값이 있는 데이터 셋을 가지고 분석하는 일이 허다하다. 따라서 결측값이 있는 데이터 처리 문제는 구조방정식 모형뿐만 아니라 일반 통계학에서도 많은 논의가 이루어지고 있다.

결측값 처리에는 3가지 방법이 있다. 첫째는 결측값을 제거하는 것이고, 둘째는 결측값을 추정하는 것이고, 셋째는 결측을 고려한 모수추정 방법을 사용하는 것이다. 첫 번째 결측값 제거는 결측값 처리에서 가장 일반적인 방법인데 여기에는 목록별 제거(listwise deletion, complete deletion) 방법과 대응별 제거(pairwise deletion, available deletion) 방법이 있다. 목록별 제거 방법은 적어도 하나의 변수가 결측값을 갖고 있는 경우 케이스(case) 자체를 제거하는 방법으로 대부분의 통계프로그램에서 이 방법을 사용하고 있다. 이 경우 완전한 데이터 셋을 갖고 있는 케이스에 대해서만 분석이 이루어진다. 목록별 제거 방법의 장점은 간편하고, 일변량 통계량들의 비교가 가능하다는 것이다. 반면에 단점은 결측값으로 인해 응답한 데이터마저도 제거됨으로 데이터의 손실이 발생한다는 것이다. 대응별 제거 방법은 결측값을 갖고 있는 변수만 케이스에서 제거하는 방법이다. 대응별 제거 방법은 데이터의 크기가 작거나 결측값이 많은 경우 유용하다. 그러나 이 방법은 분석마다 표본의 크기가 변하고 또한 실용적이지 못하다는 단점을 갖고 있다.

다음은 표 4.2의 결측값이 포함된 데이터를 가지고 SPSS와 AMOS에서 결측값 처리 방법에 대해 알아보고자 한다.

표 4.2 결측값이 포함된 수입 데이터

번호	나이	성별	수입
1	29	M	4,000,000
2	45	M	3,600,000
3	81	M	
4	22		1,600,000
5	41	M	9,800,000
6		F	6,000,000
7	22	F	2,400,000
8		F	8,100,000
9	33	F	5,500,000
10	45	F	8,000,000

여기서 빈칸은 결측값을 나타낸다.

(1) SPSS에서 결측값 처리

SPSS에서 표 4.2의 데이터를 처리하기 위해 그림 4.1과 같이 입력한다.

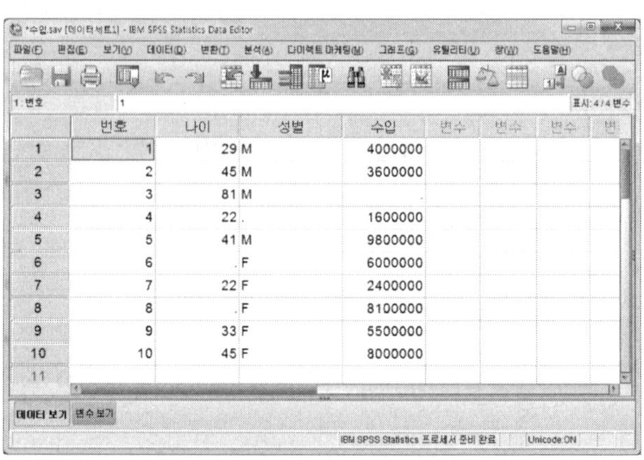

그림 4.1 SPSS 입력 데이터("수입.sav")

여기서 주의할 사항은 그림 4.1에서 양적 변수인 "나이"와 "수입"은 점(.)을 시스템 결측값으로 처리하는 데 비해 범주형 변수인 "성별"은 점(.)을 결측값이 아닌 하나의 범주형 데이터로 간주한다. 따라서 범주형 변수에서 결측값을 나타내기 위해서는 그림 4.2와 같이 따옴표를 이용하여 결측값을 지정해야 한다.

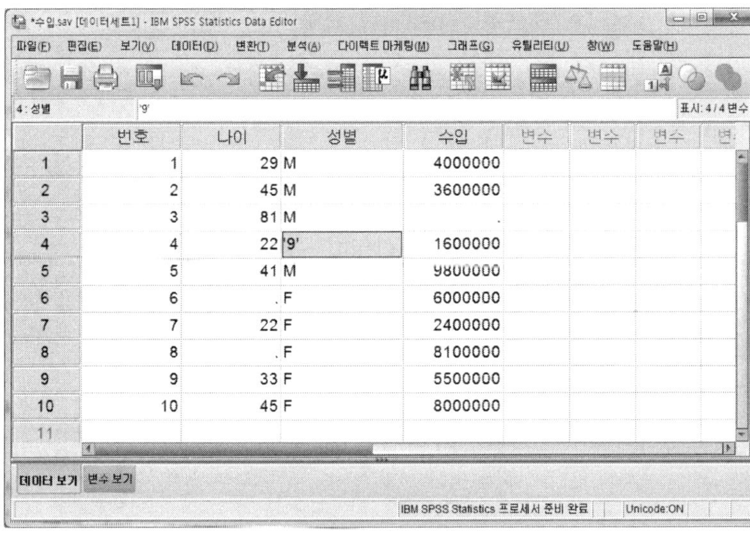

• 그림 4.2 • 범주형 변수에서 결측값 처리

그림 4.2의 변수 성별에서 결측값을 '9'로 표시한다.

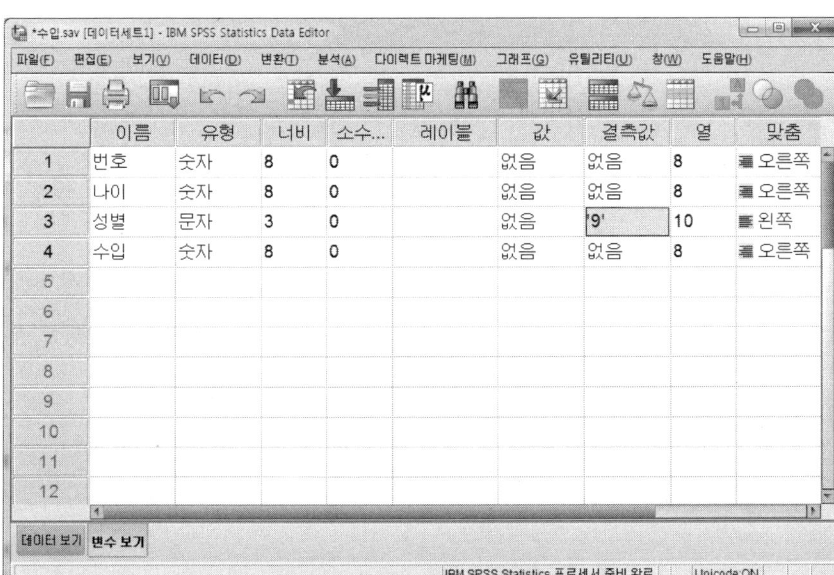

• 그림 4.3 • 범주형 변수에서 결측값 지정

그림 4.3에서는 데이터의 [변수 보기] 탭을 선택하여 그림 4.2에서 결측값으로 '9'를 지정한다.

① 목록별 제거 방법을 사용한 결측값 분석

목록별 제거 방법을 사용하는 경우 그림 4.1 혹은 그림 4.2에서 번호 3, 4, 6, 8에 해당되는 모든 자료가 제거된다. 따라서 이 경우 유효 표본의 크기는 10이 아니고 6이 된다. 이 방법의 단점은 결측값으로 인해 응답한 데이터마저도 제거됨으로 데이터의 손실이 발생한다는 것이다.

SPSS에서 결측값이 포함된 표 4.2의 수입 데이터를 가지고 목록별 제거 방법을 사용하여 결측값 분석을 하고자 한다. 이를 위해 SPSS에서 다음을 선택한다.

메뉴에서 [분석] → [결측값 분석]을 선택한다.

그림 4.4는 SPSS에서 목록별 제거 방법을 사용하여 결측값을 분석하기 위한 대화상자이다.

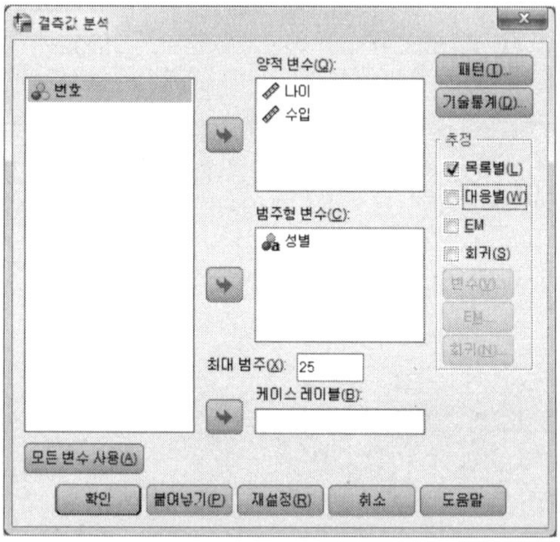

• 그림 4.4 • 목록별 제거 방법

그림 4.4에서처럼 양적변수에 "나이"와 "수입"을 선택하고 범주형 변수에 "성별"을 선택한다. 그리고 추정에서 "목록별(L)"을 선택한다. [확인]을 선택한 후 출력결과는 그림 4.5와 같다.

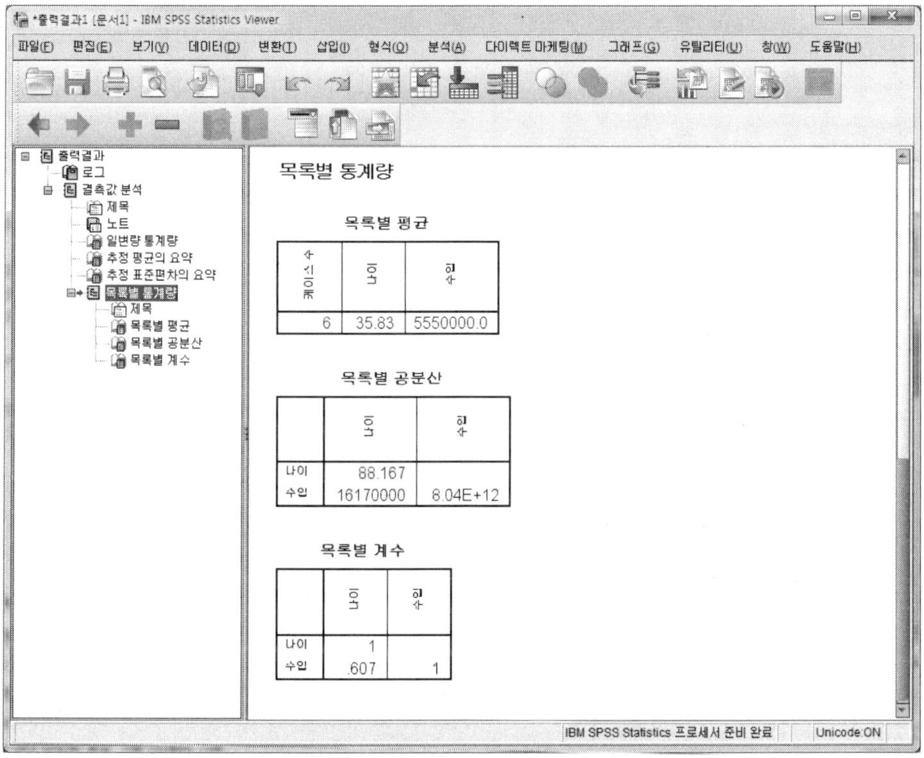

• 그림 4.5 • 목록별 제거 방법에 의한 결과

그림 4.5에서 보면 목록별 평균을 계산하는 데 사용된 케이스의 수가 6개임을 알 수 있다. 이처럼 목록별 제거 방법을 사용하는 경우 총 10개의 데이터에서 번호 3, 4, 6, 8에 해당되는 데이터가 제거되어 유효 데이터의 크기는 10이 아니고 6이 된다. 그리고 목록별 공분산과 목록별 계수 모두 6개 데이터에서 얻어진 결과이다.

② 대응별 제거 방법을 사용한 결측값 분석

대응별 제거 방법을 사용하는 경우 단지 결측값이 있는 변수만 케이스에서 제거되어 그림 4.1 혹은 그림 4.2에서 번호 3의 수입, 번호 4의 성별, 번호 6과 번호 8의 나이에 해당되는 데이터만 제거된다. 따라서 이 경우 분석에 사용되는 데이터의 크기가 다르다. 이 방법은 데이터의 크기가 작거나 결측값이 많은 경우 유용하다.

그림 4.6는 SPSS에서 대응별 제거 방법을 사용하여 결측값을 분석하기 위한 대화상자이다.

• **그림 4.6** • 대응별 제거 방법

그림 4.6에서처럼 양적변수에 "나이"와 "수입"을 선택하고 범주형 변수에 "성별"을 선택한다. 그리고 추정에서 "대응별(W)"을 선택한다. [확인]을 선택한 후 출력결과는 그림 4.7과 같다.

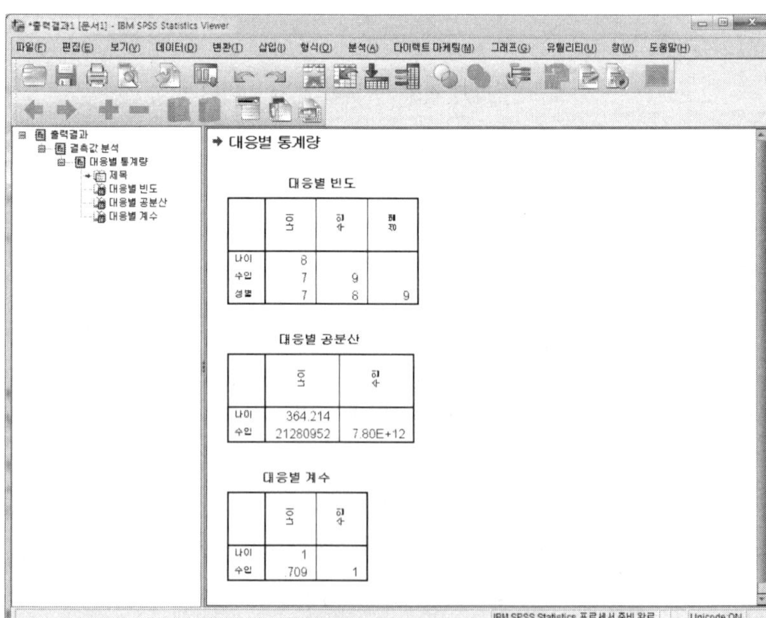

• **그림 4.7** • 대응별 제거 방법에 의한 결과

그림 4.7에서 보면 대응별 빈도에서 나이는 8개, 나이와 수입은 7개, 나이와 성별은 7개임을 알 수 있다. 이처럼 대응별 제거 방법을 사용하는 경우 단지 결측값이 있는 변수만 케이스에서 제거된 것을 알 수 있다. 나이에서는 번호 6과 번호 8에 해당되

는 데이터가 제거되어 유효 데이터의 수는 8개이고, 수입에서는 번호 3에 해당되는 데이터가 제거되어 나이와 수입, 두 개의 변수에 대해 분석하는 경우 유효 데이터의 수는 7개이다. 그리고 성별에서는 번호 4에 해당되는 데이터가 제거되어 나이와 성별, 이 두 개의 변수에 대해 분석하는 경우 유효 데이터의 수는 7개이다. 이처럼 대응별 제거 방법을 사용하는 경우 분석에 사용되는 변수의 결측 유무에 따라 유효 데이터의 크기가 다름을 알 수 있다. 나이와 수입에 대한 대응별 공분산과 대응별 계수는 7개의 유효 데이터로부터 얻어진 결과들이다.

③ 결측값 대체 방법: EM 방법을 사용한 결측값 분석

결측값을 분석에서 제외하기보다 추정된 값으로 대체하는 것이 경우에 따라서는 자료 분석의 정확성을 높일 수 있다.

EM(Expectation–Maximization) 대체 방법은 결측값의 분포 예를 들면, 정규분포하에서 불완전 데이터 셋(incomplete data set)으로부터 최대우도추정치를 반복적인 기법을 통해 구한다음 결측값을 추정하는 방법으로 두 가지 단계, 즉 E–단계(Expectation 단계)와 M–단계(Maximization 단계)를 거친다.

- **E–단계**: 관측된 데이터와 현재의 추정된 모수가 주어였다는 조건하에서 결측값에 대한 조건부 기댓값(conditional expectation)을 구한다. 그리고 이렇게 구한 기댓값을 결측값으로 대체한다.
- **M–단계**: E–단계에서 구한 완전 데이터 셋(complete dataset)하에서 로그 우도함수를 최대화하는 모수추정치를 구한다.

위의 E–단계와 M–단계를 모수추정치가 수렴할 때까지 반복한다.

그림 4.8은 SPSS에서 EM 대체 방법을 사용하여 결측값 분석을 위한 대화상자이다.

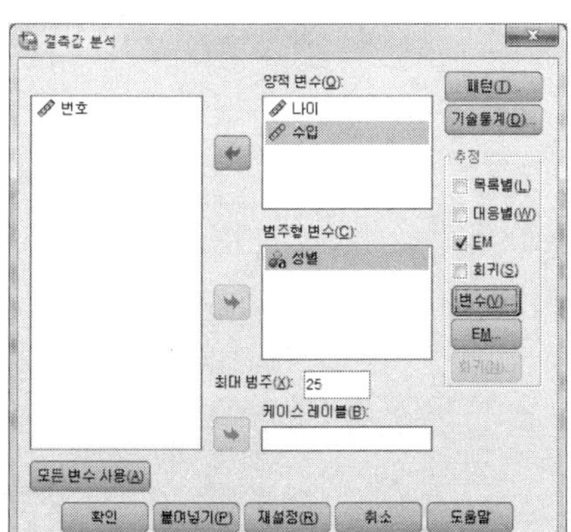

● **그림 4.8** ● EM 대체 방법

그림 4.8에서처럼 양적변수에 "나이"와 "수입"을 선택하고 범주형 변수에 "성별"을 선택한다. 그리고 추정에서 "EM"을 선택한다. 그리고 결측값이 포함된 변수를 선택하기 위해 [변수] 버튼을 선택하면 그림 4.9와 같은 결측값이 포함된 변수를 선택할 수 있는 대화상자가 나타난다.

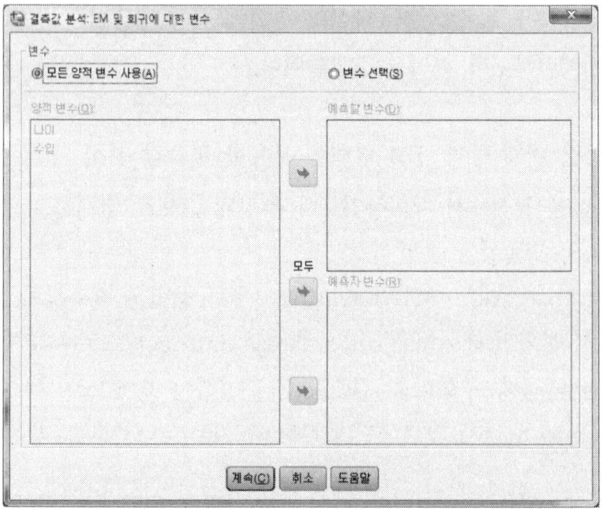

• 그림 4.9 • 변수 선택 대화상자

그림 4.9로부터 모든 양적변수 사용이 기본적으로 선택되어 있는 것을 알 수 있다. [계속] 버튼을 클릭하면 그림 4.10과 같이 모수의 분포 지정과 결측값이 EM 대체 방법에 의해 대체되어 새로 생성된 데이터 파일을 지정할 수 있는 대화상자가 나타난다.

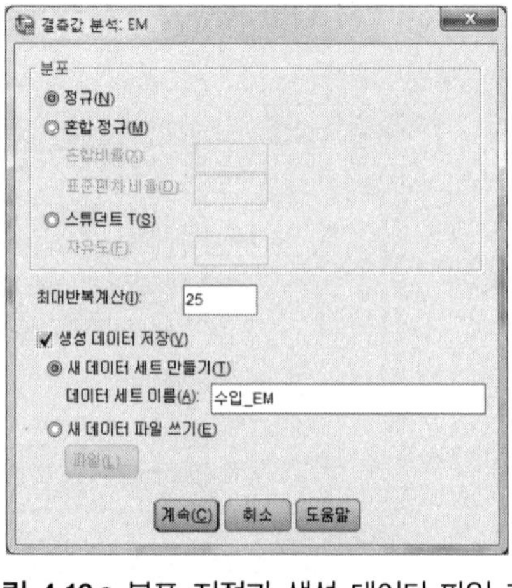

• 그림 4.10 • 분포 지정과 생성 데이터 파일 지정

그림 4.10에서 기본적으로 모수의 분포는 정규분포로 지정되어 있고 EM 대체 방법에 의해 새로 생성된 데이터 파일을 "수입_EM"으로 지정한다. 여기서 [최대반복계산]은 EM 대체 방법을 사용하여 모수를 추정하는 경우 E-단계와 M-단계의 최대 반복 횟수를 지정한다.

그림 4.11은 그림 4.10에서 [계속] 버튼을 클릭하였을 때 EM 대체 방법에 의한 생성된 데이터를 보여주고 있다.

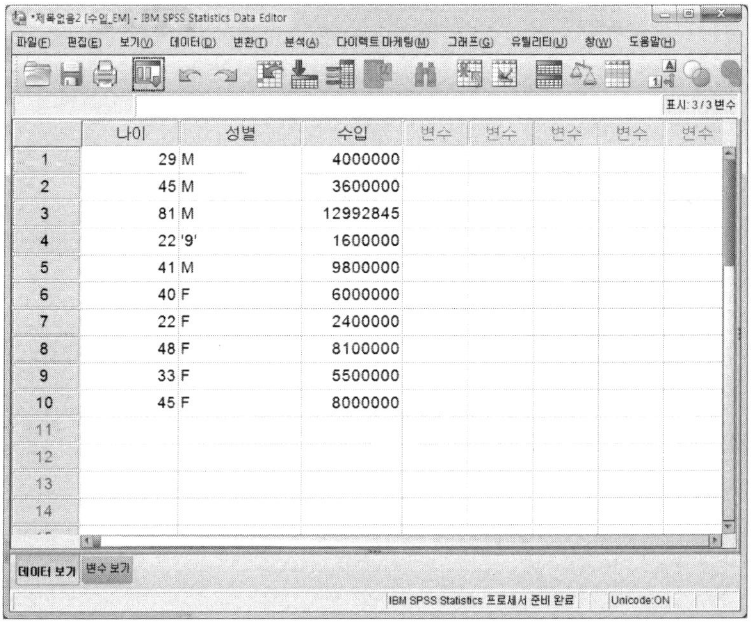

• **그림 4.11** • EM 대체 방법에 의한 생성 데이터

그림 4.11을 보면, 그림 4.1의 원래 입력 데이터에서 결측값이 새로운 값으로 대체된 것을 확인할 수 있다.

그림 4.12는 그림 4.10의 대화상자에서 [계속] 버튼을 클릭하였을 때 나타나는 출력결과이다.

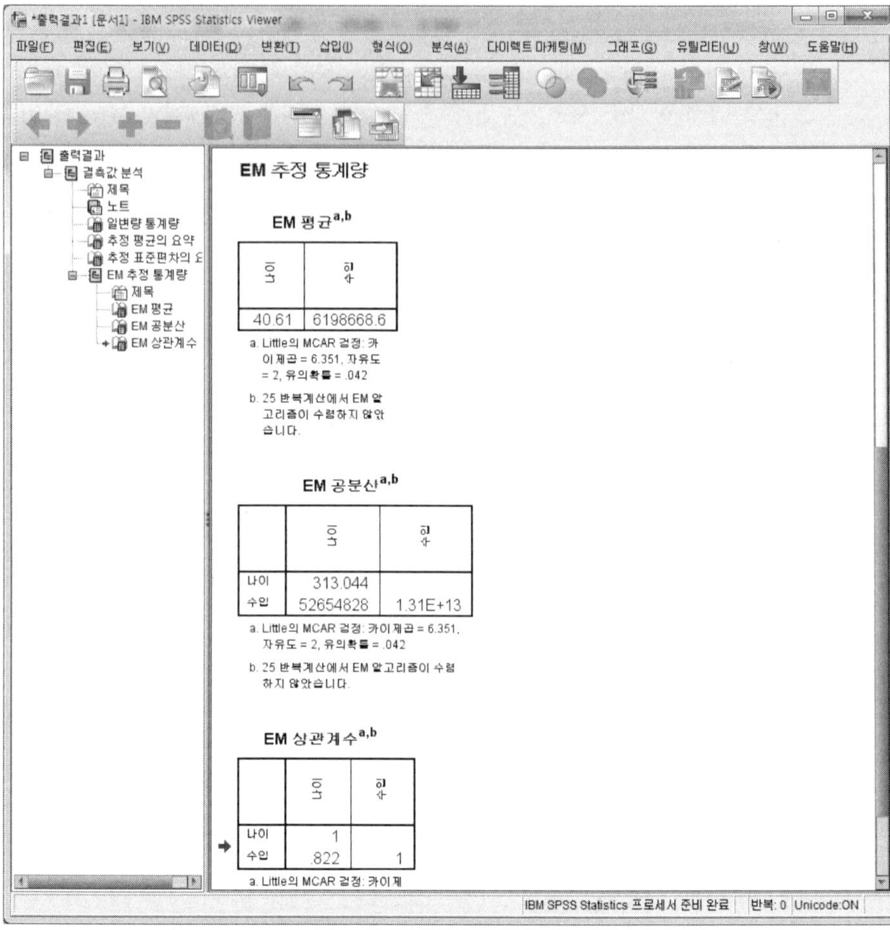

• **그림 4.12** • EM 대체 방법에 의한 결과

그림 4.12에서 EM 평균, EM 공분산, EM 상관계수 등 EM 추정치들은 결측값을 EM 대체 방법에 의해 대체된 데이터를 가지고 계산한 값들이다.

④ 결측값 대체 방법: 회귀(regression) 방법을 사용한 결측값 분석

회귀(regression) 대체 방법은 결측값을 가진 변수를 종속변수로 두고 결측값이 없는 다른 변수들을 독립변수로 두어 추정된 회귀직선을 구하여 결측값을 예측하는 방법이다.

그림 4.13은 SPSS에서 회귀대체 방법을 사용하여 결측값을 분석하기 위한 대화상자이다.

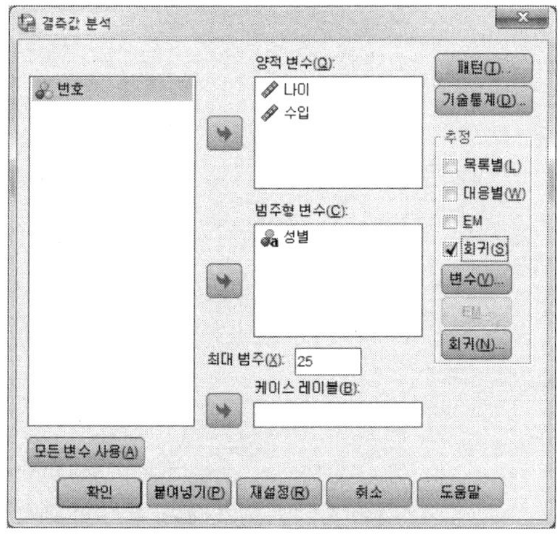

• **그림 4.13** • 회귀대체 방법

그림 4.13에서처럼 양적변수에 "나이"와 "수입"을 선택하고 범주형 변수에 "성별"을 선택한다. 그리고 추정에서 "회귀(S)"를 선택한다. 그리고 결측값이 포함된 변수를 선택하기 위해 [변수] 버튼을 선택하면 그림 4.14와 같은 결측값이 포함된 변수를 선택할 수 있는 대화상자가 나타난다.

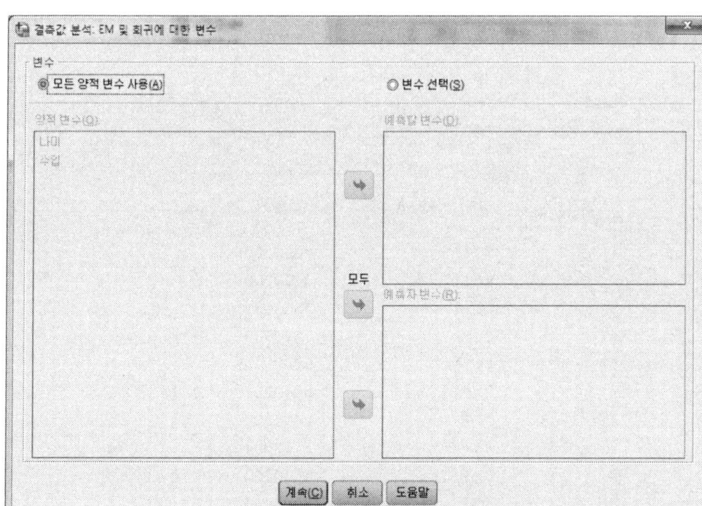

• **그림 4.14** • 변수 선택 대화상자

그림 4.14에서 기본적으로 선택된 변수에 대해 수정 없이 계속 진행하기 위해 [계속] 버튼을 클릭한다. 그림 4.13의 회귀대체 선택 대화상자에서 [회귀] 버튼을 선택하면 추정 수정 및 결측값이 회귀대체 방법에 의해 대체되어 새로 생성된 데이터 파일을 지정할 수 있는 그림 4.15의 대화상자가 나타난다.

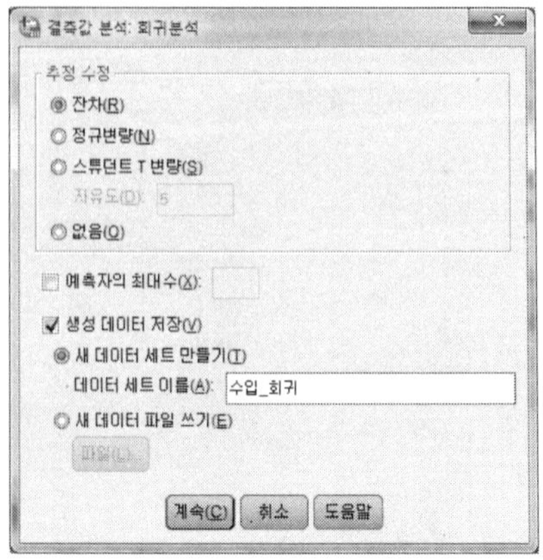

• **그림 4.15** • 추정 수정 및 생성 데이터 저장

그림 4.15의 [추정 수정]에서는 회귀분석에 의해 얻어진 추정값에 오차항을 추가할 수 있는데 이 경우 [잔차(R)]를 추가할 수도 있고 [정규변량(N)] 혹은 [스튜던트 T 변량(S)]을 추가할 수 있다. 추정값 수정을 원하지 않을 경우는 [없음(O)]을 선택하면 된다. 그리고 회귀대체 방법에 의해 새로 생성된 데이터 파일을 "수입_회귀"로 지정한다. 여기서 [예측자의 최대수(X)]는 회귀대체 방법을 사용하여 모수추정을 할 때 최대 독립변수의 개수를 지정한다.

그림 4.16은 회귀대체 방법에 의해 새로 생성된 데이터 "수입_회귀"를 보여주고 있다.

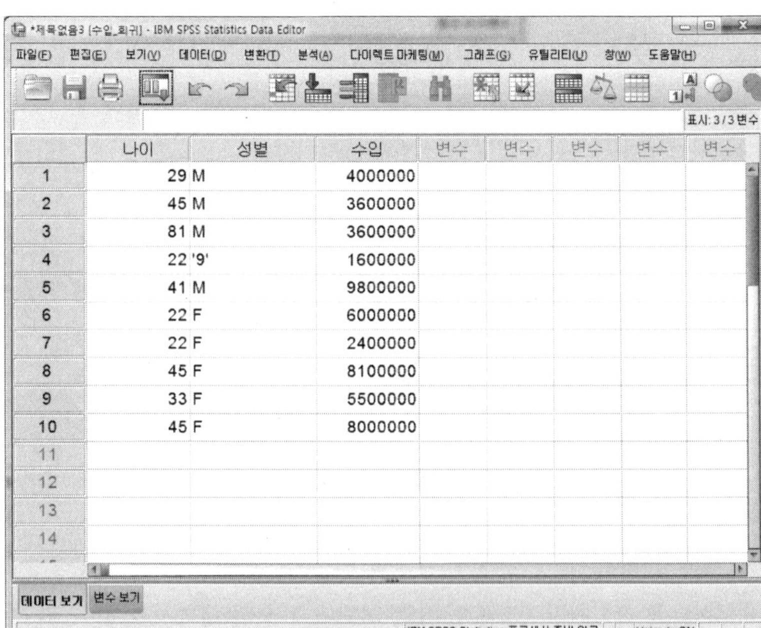

• **그림 4.16** • 회귀대체 방법에 의한 생성 데이터

그림 4.16으로부터 "나이"와 "수입"에서 결측값이 새로운 값으로 대체된 것을 알 수 있다.

그림 4.17은 그림 4.15의 대화상자에서 [계속] 버튼을 클릭하였을 때 나타나는 출력결과이다.

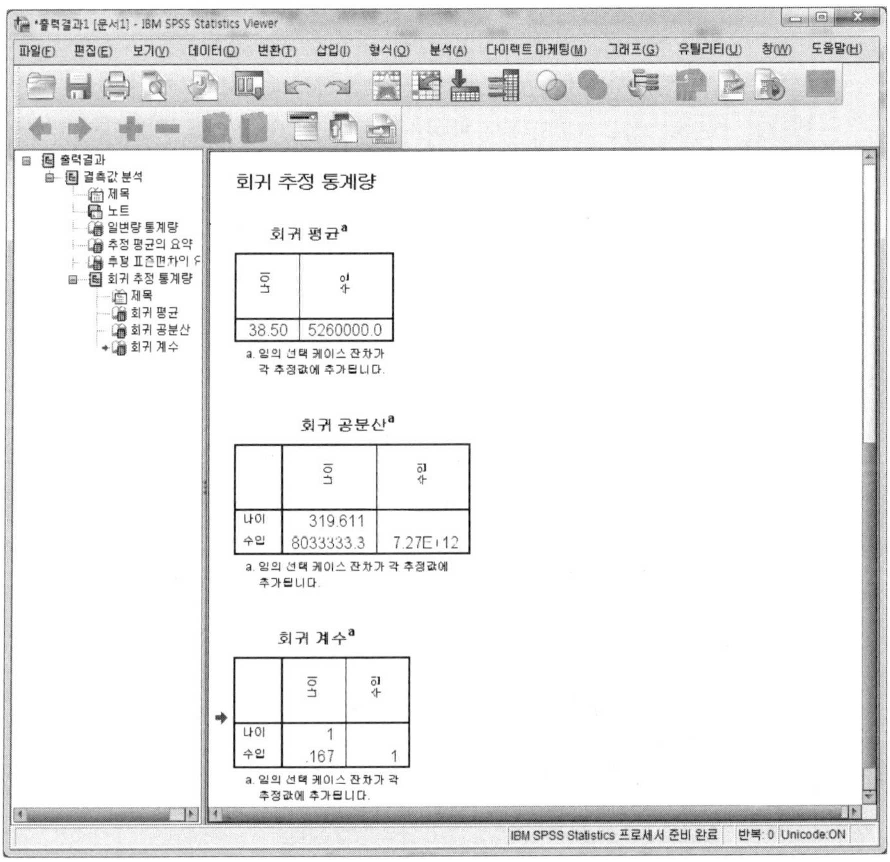

• **그림 4.17** • 회귀대체 방법에 의한 결과

그림 4.17에서 회귀 평균, 회귀 공분산, 회귀 상관계수 등 회귀 추정 통계치들은 결측값을 회귀대체 방법에 의해 얻어진 그림 4.16의 데이터에서 얻은 값들이다.

(2) AMOS에서 결측값 처리

① FIML에 의한 결측값 처리

지금까지 결측값을 처리하는 3가지 방법 중에서 두 가지 방법, 즉 결측값을 제거하는 방법과 결측값을 추정하는 방법을 SPSS에서 살펴보았다. 여기에서는 마지막으로 AMOS에서 결측값을 고려한 모수추정 방법인 FIML(full information maximum likelihood, 완전정보최대우도) 방법에 대해 살펴보고자 한다.

FIML 방법은 구조방정식 모형에서 가장 사용하기 쉽고 널리 알려진 방법이다. 이 방법은 다변량 정규분포하에서 케이스 i에서 완전 관측된 변수들만을 사용하여 우도함수를 계산한다. x_i을 케이스 i에 대한 관측 데이터라고 하고 u_i와 Σ_i을 케이스 i에서 완전 관측된 변수들에 대한 평균 벡터와 공분산행렬이라고 할 때 케이스 i에 대한 로그 우도함수는 다음과 같다.

$$\log L_i = K_i - \frac{1}{2} log|\Sigma_i| - \frac{1}{2}(x_i - u_i)' \Sigma_i^{-1}(x_i - u_i)$$

여기서 K_i는 케이스 i에서 완전 데이터의 수와 관련된 상수항이다. 따라서 전체 데이터에 대한 로그 우도함수는 케이스 i에 대한 로그함수들의 합으로 다음과 같이 나타낼 수 있다.

$$\log L(u, \Sigma) = \sum_{i=1}^{N} \log L_i$$

따라서 FIML은 $\log L(u, \Sigma)$가 최대가 되도록 모수들을 추정한다.

예제 4.1을 가지고 FIML에 의한 결측값 처리에 대해 살펴보고자 한다.

예제 4.1 다음 자료는 한국청소년정책연구원의 'NYPI 한국 아동청소년 온라인게임 및 가족여가활동 실태조사(중고등학생, 2009)'에서 게임시간, 게임중독과 가족생활에 관한 자료로서 결측값이 포함된 자료이다. 조사 대상은 전국 초중고생(초등학교 1~3학년생을 제외) 6,499명이고, 조사기간은 2009.6.15 ~ 2009.9.29이고, 조사 방법으로는 방문면접조사를 통하여 자료를 얻었다. 결측값이 있는 자료에서 게임시간, 게임중독과 가족생활의 관계에 대해 알아보고자 한다(자료출처: 한국사회과학데이터센터, http://www.ksdcdb.kr/main.do).

다음은 설문 중 일부이다.

Ⅰ. 다음은 컴퓨터나 게임기 등을 이용한 게임과 관련된 질문입니다.

1. 평일에 게임을 몇 시간 정도 하나요?

① 전혀 안 한다　② 30분 미만
③ 30분 ~ 1시간 미만　④ 1시간 ~ 1시간 30분 미만
⑤ 1시간 30분 ~ 2시간 미만　⑥ 2시간 ~ 3시간 미만
⑦ 3시간 ~ 4시간 미만　⑧ 4시간 이상

2. 일요일 또는 공휴일에 게임을 몇 시간 정도 하나요?

① 전혀 안 한다　② 30분 미만
③ 30분 ~ 1시간 미만　④ 1시간 ~ 1시간 30분 미만
⑤ 1시간 30분 ~ 2시간 미만　⑥ 2시간 ~ 3시간 미만
⑦ 3시간 ~ 4시간 미만　⑧ 4시간 이상

Ⅱ. 다음은 게임중독과 관련된 질문입니다.

내용	전혀 그렇지 않다	때때로 그렇다	자주 그렇다	항상 그렇다
5. 게임에서 사람을 사귀는 것이 더 편하고 자신 있다.	①	②	③	④
7. 게임을 하느라 해야 할 일을 못한다.	①	②	③	④
10. 게임을 그만두어야 하는 경우에도 게임을 그만두는 것이 어렵다.	①	②	③	④

Ⅵ. 다음은 평소에 여러분이 가족들과의 생활에서 느끼고 있는 점들에 관한 질문입니다.

내용	전혀 그렇지 않다	때때로 그렇다	자주 그렇다	항상 그렇다
5. 우리는 무슨 일이든 우리 가족끼리만 하려 한다.	①	②	③	④
9. 우리 가족은 자유시간을 되도록 함께 보내려 한다.	①	②	③	④
11. 우리 가족들은 서로 간에 매우 친근감을 느낀다.	①	②	③	④

SPSS을 실행시켜 데이터를 그림 4.18과 같이 입력하고 파일 이름은 “NYPI.sav”라고 한다.

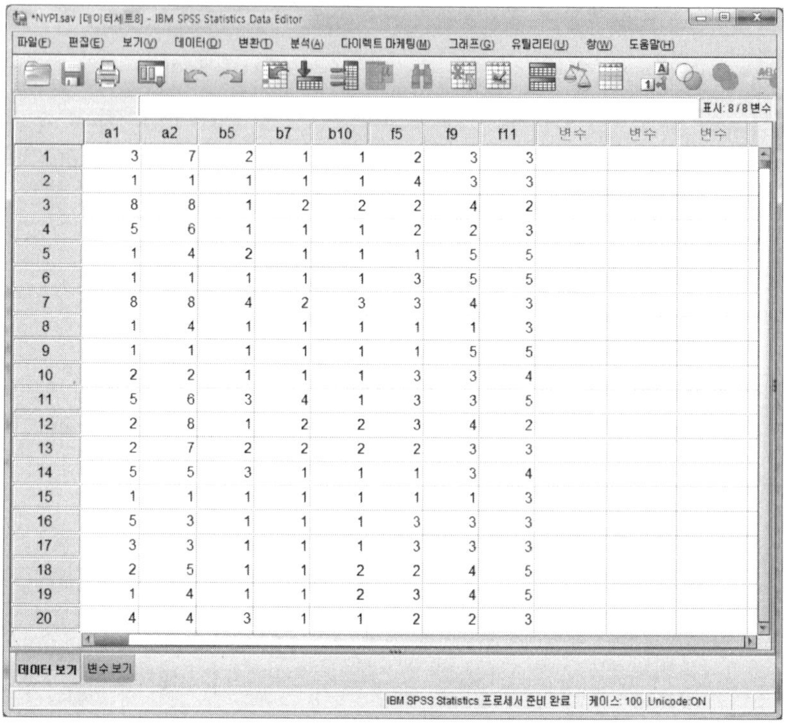

	a1	a2	b5	b7	b10	f5	f9	f11	변수	변수	변수
1	3	7	2	1	1	2	3	3			
2	1	1	1	1	1	4	3	3			
3	8	8	1	2	2	2	4	2			
4	5	6	1	1	1	2	2	3			
5	1	4	2	1	1	1	5	5			
6	1	1	1	1	1	3	5	5			
7	8	8	4	2	3	3	4	3			
8	1	4	1	1	1	1	1	3			
9	1	1	1	1	1	1	5	5			
10	2	2	1	1	1	3	3	4			
11	5	6	3	4	1	3	3	5			
12	2	8	1	2	2	3	4	2			
13	2	7	2	2	2	2	3	3			
14	5	5	3	1	1	1	3	4			
15	1	1	1	1	1	1	1	3			
16	5	3	1	1	1	3	3	3			
17	3	3	1	1	1	3	3	3			
18	2	5	1	1	2	2	4	5			
19	1	4	1	1	2	3	4	5			
20	4	4	3	1	1	2	2	3			

• **그림 4.18** • NYPI 입력 데이터(“NYPI.sav”)

▸ 변수 설명

a1: Ⅰ의 1번 문항
a2: Ⅰ의 2번 문항
b5: Ⅱ의 5번 문항
b7: Ⅱ의 7번 문항
b10: Ⅱ의 10번 문항
f5: Ⅵ의 5번 문항
f9: Ⅵ의 9번 문항
f11: Ⅵ의 11번 문항

그림 4.19는 그림 4.18의 입력 데이터에 대한 변수 설명을 나타내고 있다.

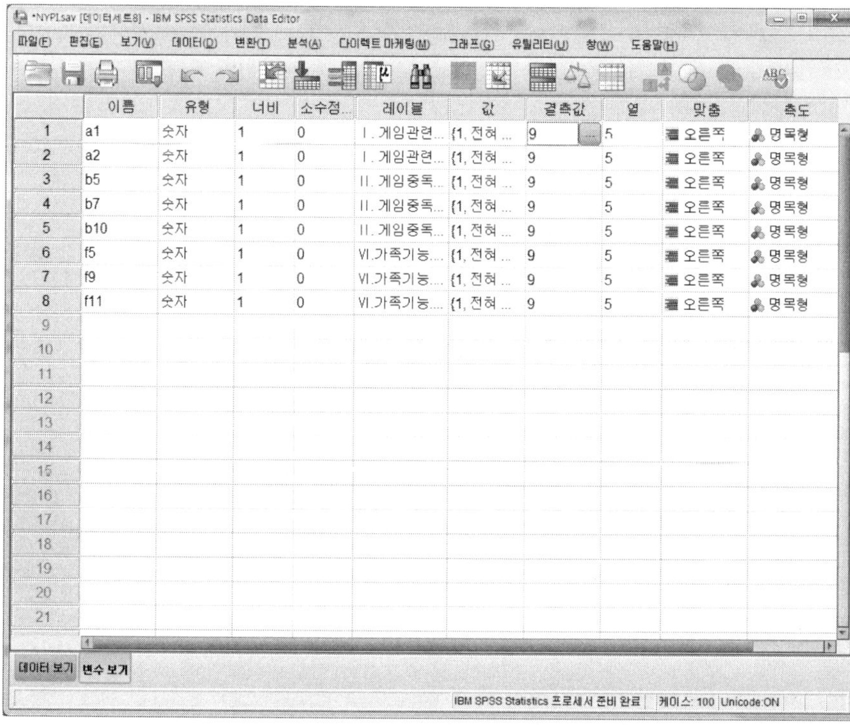

● **그림 4.19** ● NYPI 데이터에 대한 변수 설명

그림 4.19로부터 결측값이 "9"로 표시된 것을 알 수 있다. 참고로, NYPI 데이터에 대한 결측값의 빈도를 알기 위해 그림 4.20과 같이 SPSS에서 빈도분석을 수행한다.

메뉴에서 [분석] → [기술통계량] → [빈도분석]을 선택한다.

그림 4.20에서 빈도분석을 수행하기 위해 변수를 선택한다.

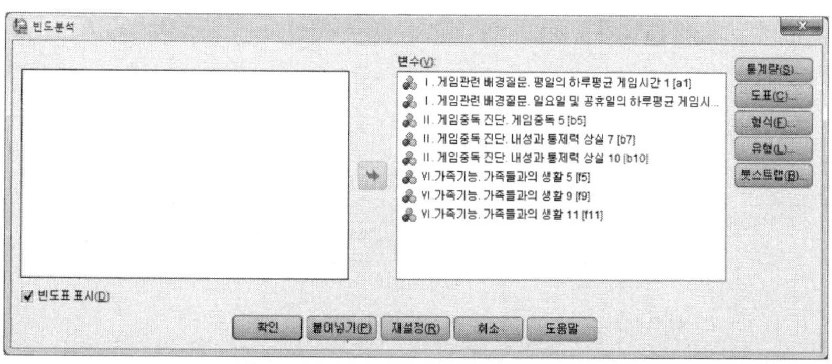

● **그림 4.20** ● 빈도분석 대화상자

그림 4.20의 빈도분석 대화상자에서 [확인] 버튼을 클릭하면 그림 4.21의 빈도분석 결과가 나타난다.

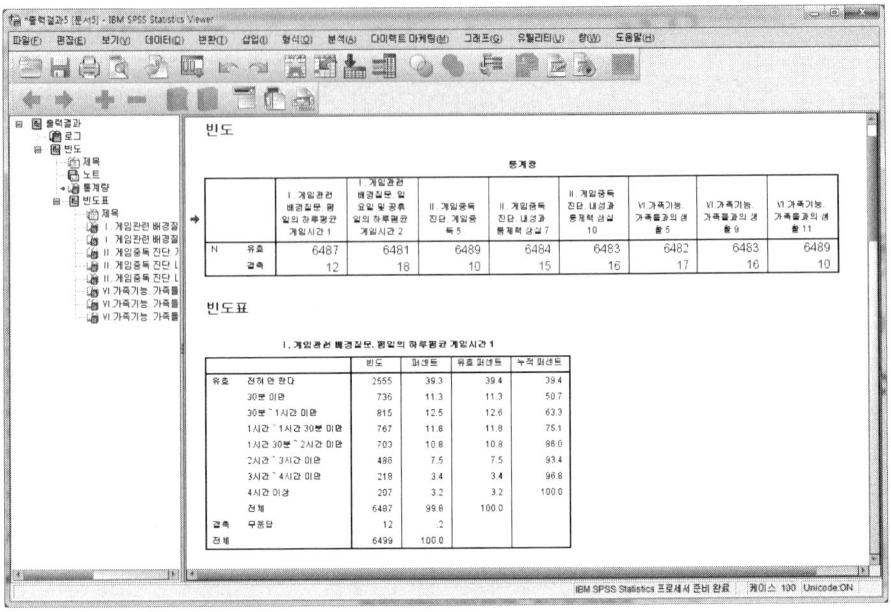

• 그림 4.21 • 빈도분석 결과

그림 4.21로부터 각 문항의 결측값의 빈도를 알 수 있다.

	a1	a2	b5	b7	b10	f5	f9	f11
유효	6487	6481	6489	6484	6483	6482	6483	6489
결측	12	18	10	15	16	17	16	10

AMOS에서 데이터 파일 지정을 위해 다음과 같이 수행한다.

메뉴에서 [File] → [Data Files]를 선택한다.

그림 4.22의 Data Files 대화상자에서 [File Name] 버튼을 선택하여 입력된 데이터 파일을 지정한다.

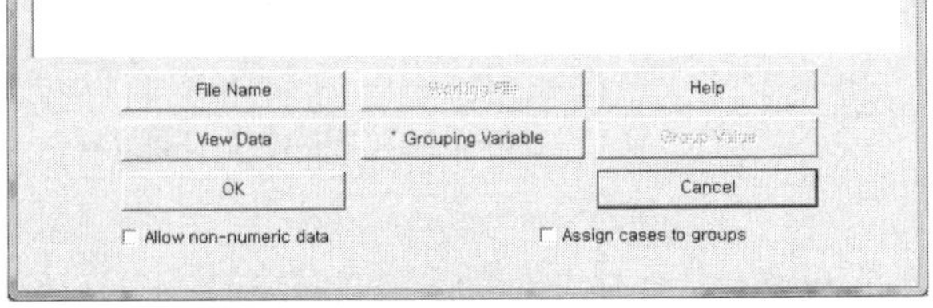

• 그림 4.22 • 데이터 파일 지정

그림 4.22로부터 "NYPY.sav" 자료는 6499명에 대해 조사한 자료임을 나타내고 있다. 그림 4.22의 [Data Files] 대화상자에서 [OK] 버튼을 클릭한다.

연구모형에 대한 경로도형을 그리기 위해 도구상자(toolbox)를 사용하여 그림 4.23과 같이 작성한다. 여기서 게임시간은 게임중독에 영향을 주고 게임중독은 가족생활에 영향을 줄 수 있으므로, 게임시간은 가족생활에 영향을 줄 수 있다고 가정하고 있다.

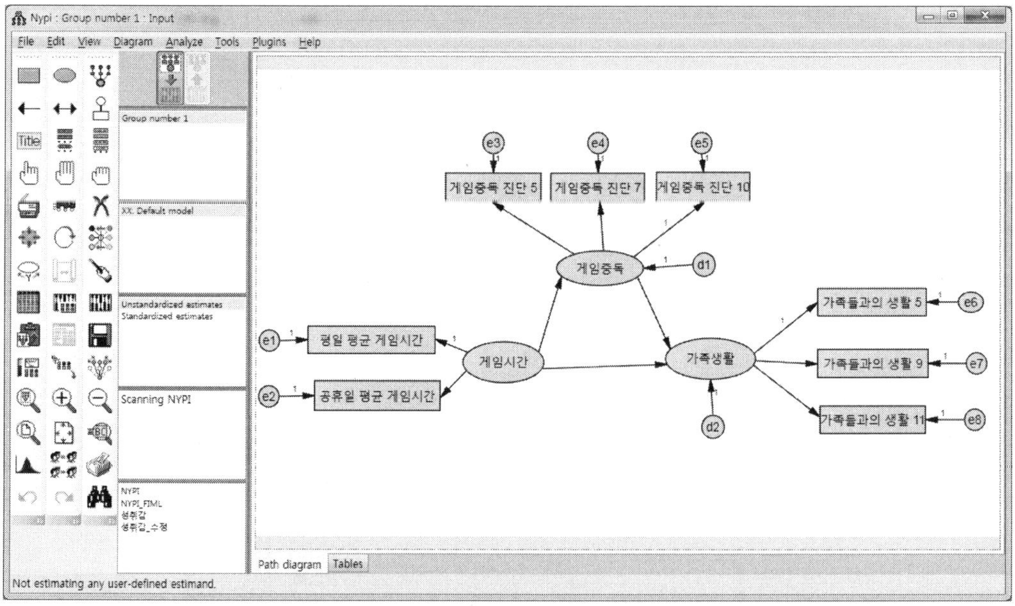

• **그림 4.23** • 연구모형에 대한 경로도형

그림 4.23의 연구모형을 실행시키기 위해 다음과 같이 수행한다.

메뉴에서 [Analyze] → [Calculate Estimates] 메뉴를 선택하면 그림 4.24와 같은 에러 메시지가 나타난다.

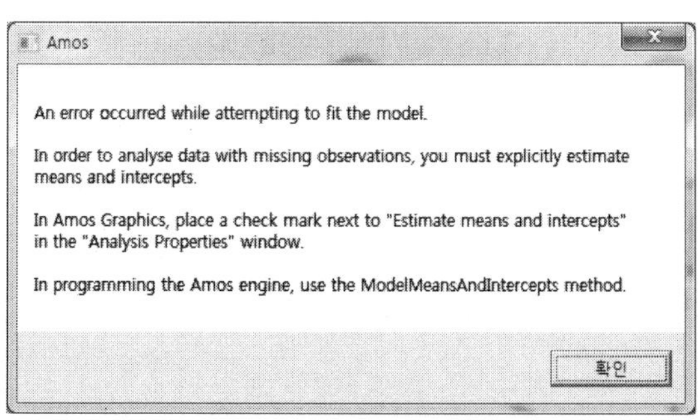

• **그림 4.24** • 에러 메시지

여기서 그림 4.24의 에러 메시지의 내용은 다음과 같다.

"결측값이 있는 데이터를 분석하기 위해서는 평균과 절편을 명확하게 추정해야 한다. 이를 위해 "Analysis Properties" 창의 "Estimation" 탭에 있는 "Estimate means and intercepts"를 체크하라."

우리는 에러를 수정하기 위해 위의 에러 메시지의 내용대로 "Analysis Properties" 창을 열어 그림 4.25와 같이 "Estimate means and intercepts"를 체크한다.

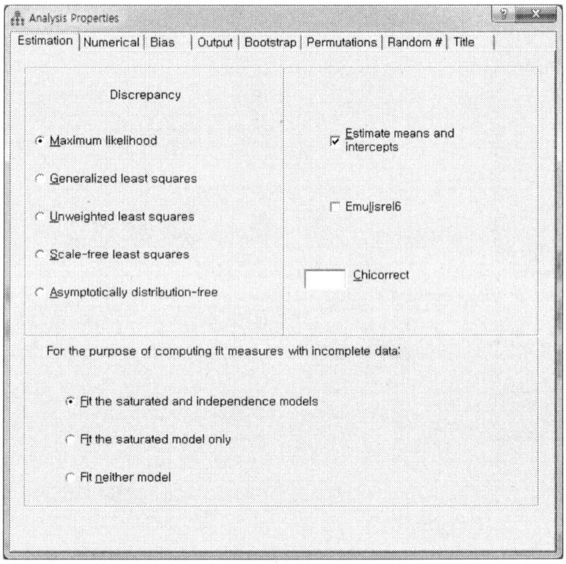

• **그림 4.25** • "Estimate means and intercepts" 체크

그림 4.23의 연구모형을 실행시키기 위해 다시 [Analyze] → [Calculate Estimates] 메뉴를 선택한다.

연구모형에 대한 텍스트 형태의 실행결과를 보기 위해 [View] → [Text Output] 메뉴를 선택한다. 그림 4.26은 AMOS 출력에서 왼쪽에 있는 "Notes for Model"을 선택하면 연구모형에 대한 결과를 보여준다.

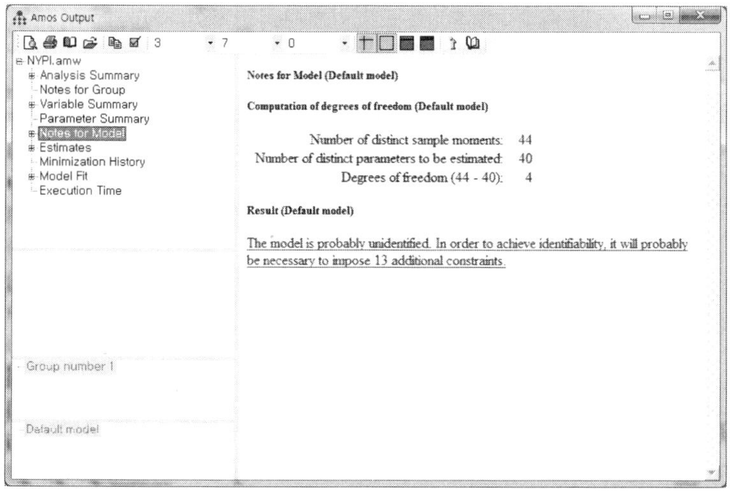

• **그림 4.26** • 모형에 대한 출력 결과

그림 4.26으로부터 연구모형은 식별불가능한 모형임을 알 수 있다. 따라서 식별가능모형이 되기 위해서는 13개의 제약조건을 추가해야 한다. 추가할 제약조건은 “Estimate means and intercepts”와 관련이 있다. 그림 4.27과 같이 모형에 평균과 설편을 “0”으로 설정함으로서 제약한다.

참고로 AMOS 버전에 따라서는 그림 4.25에서 “Estimate means and intercepts” 체크함으로서 그림 4.26과 같은 식별불가능모형이라는 알림 없이 자동으로 그림 4.27과 같이 평균과 절편이 “0”으로 설정되기도 한다.

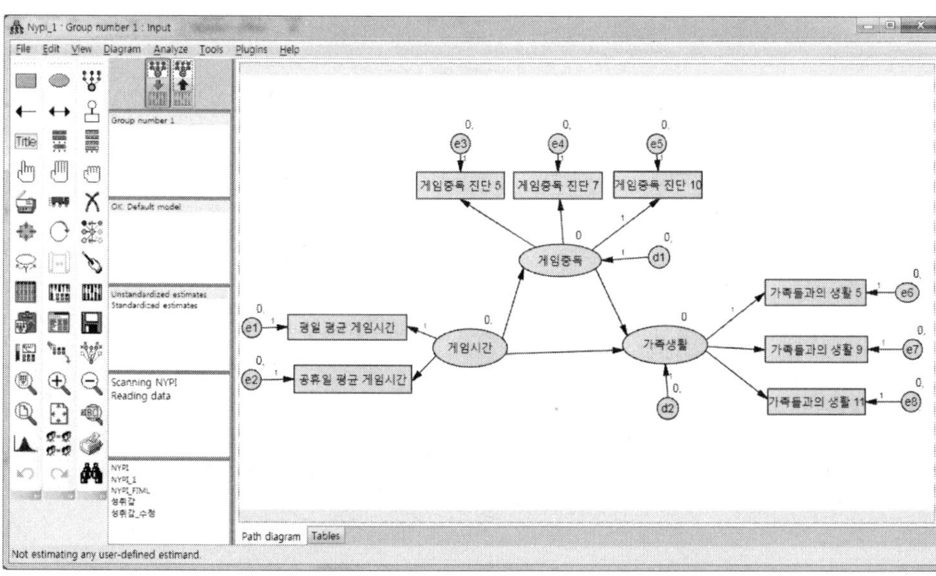

• **그림 4.27** • 평균과 절편 제약조건 추가한 모형

그림 4.27의 연구모형은 10개의 오차항과 3개의 잠재변수로 구성되어 있는데 이들의 평균을 추정하는 대신 "0"을 줌으로서 제약하였다.

[Analyze] → [Calculate Estimates] 메뉴를 선택하여 그림 4.27의 연구모형을 다시 실행시킨다. 그림 4.28은 그림 4.27의 모형에서 χ^2-통계량에 의한 모형적합의 결과이다.

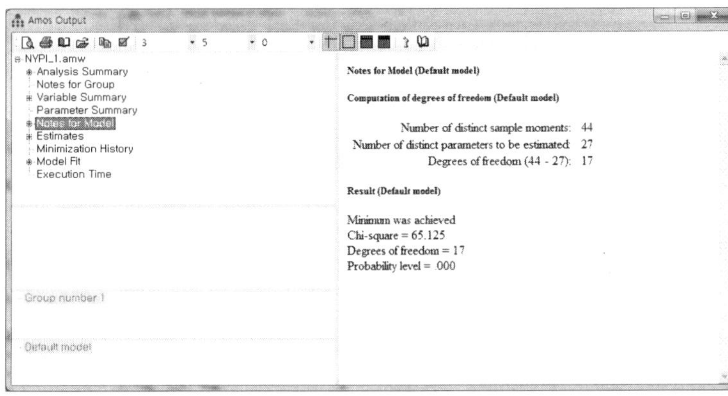

• **그림 4.28** • 그림 4.27의 모형에 대한 χ^2-통계량에 의한 모형적합

그림 4.28로부터 그림 4.27의 모형은 적합한 모형이라고 할 수 없다. 그러나 그 밖의 적합지수, 예를 들면 NFI, TLI, CFI, RMSEA 등은 모형이 적합함을 보여준다.

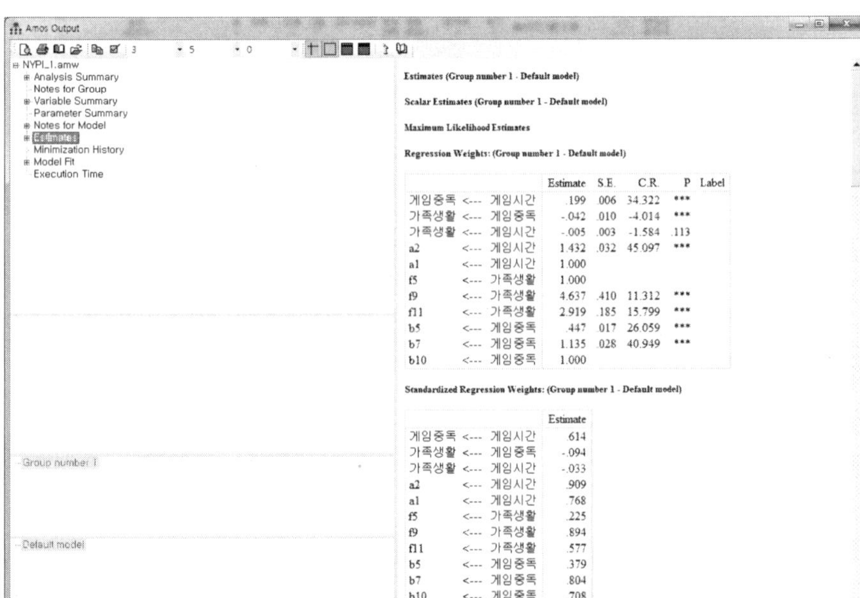

• **그림 4.29** • 모형에 대한 모수추정치

그림 4.29로부터 경로 [게임중독 ← 게임시간]의 경로계수는 0.199, C.R. = 34.322, p =*** 이고, 경로 [가족생활 ← 게임중독]의 경로계수는 −0.042, C.R. = −4.014, p =*** 로 "게임시간"은 "게임중독"에 통계적으로 유의한 영향을 미치고 또한 "게임중독"은 "가족생활"에 통계적으로 유의한 영향을 미치는 것을 알 수 있다. 그러나 경로 [가족생활 ← 게임시간]의 경로계수는 −0.005, C.R. = −1.584, $p = 0.113$ 로 "게임시간"은 "가족생활"에 통계적으로 유의한 영향을 미치지 않음을 알 수 있다.

② 대체에 의한 결측값 처리

예제 4.1을 가지고 AMOS에서 대체에 의한 결측값 처리 방법에 대해 살펴보고자 한다. 일반적으로 AMOS에서 그림 4.18의 결측값이 포함된 데이터를 가지고 그림 4.23의 연구모형을 실행시키면 그림 4.24와 같은 에러 메시지가 발생한다. 이런 에러를 해결하기 위해 그림 4.25에서처럼 "Estimate means and intercepts" 체크한 후 그림 4.27과 같이 평균에 제약조건을 추가하면 그림 4.30과 같은 식별가능모형이 생성된다.

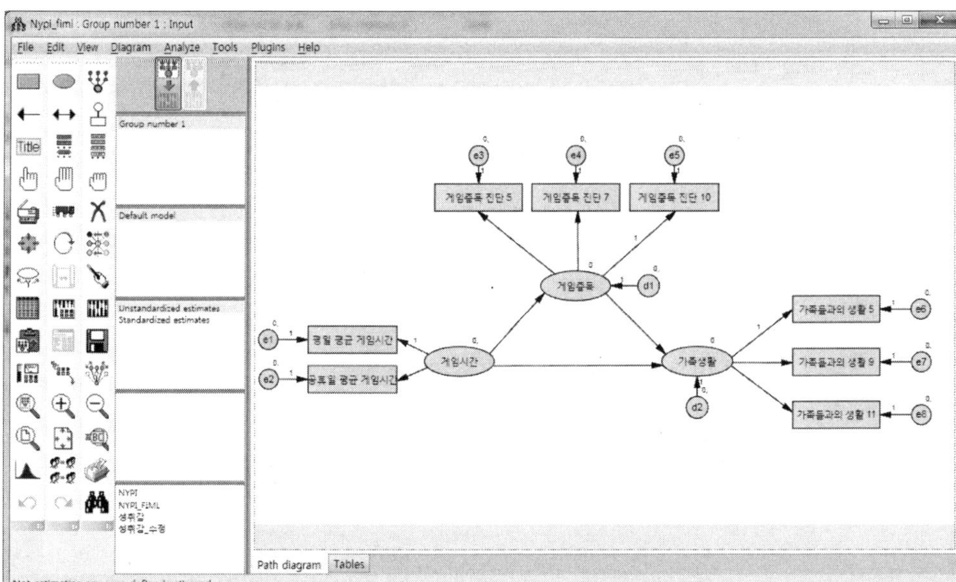

• **그림 4.30** • 식별가능모형

그림 4.30의 식별가능모형하에서 AMOS에서 대체에 의한 결측값을 처리하기 위해서는 다음을 수행한다.

메뉴에서 [Analyze] → [Data Imputation]을 선택한다.

그림 4.31은 AMOS에서 대체에 의한 결측값을 처리하기 위한 메뉴이다.

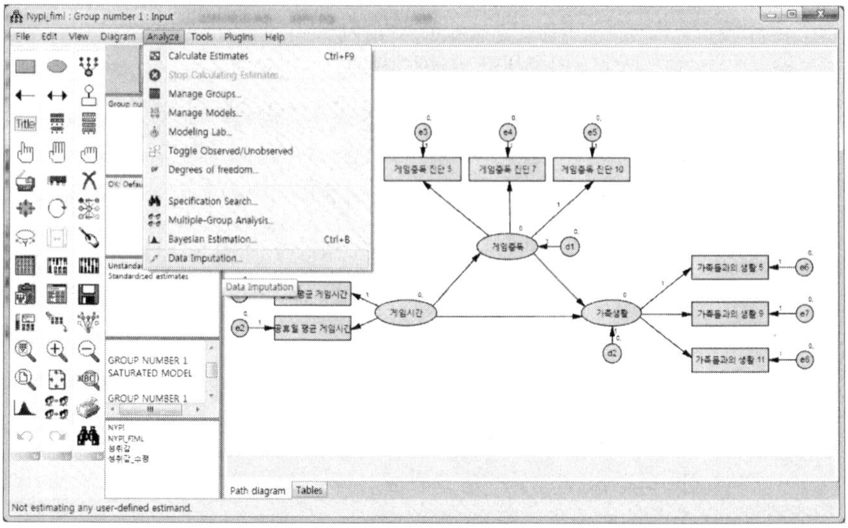

• **그림 4.31** • 대체에 의한 결측값 처리 메뉴

그림 4.31의 [Data Imputation] 메뉴를 선택하였을 때 그림 4.32와 같은 대화상자가 나타난다.

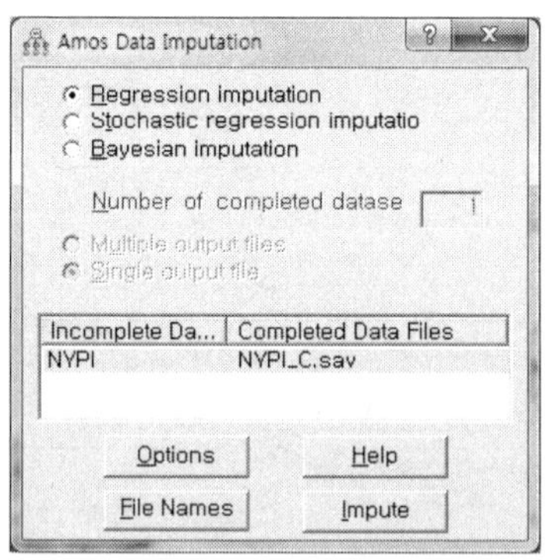

• **그림 4.32** • 3가지 결측 대체 방법

그림 4.32를 보면 AMOS에서는 결측값을 대체하는 3가지 방법이 있다. 회귀대체법(regression imputation), 확률회귀대체법(stochastic regression imputation), 베이지안대체법(bayesian imputation) 방법이다.

(a) **회귀대체법(regression imputation)**

회귀대체법은 결측값을 제외한 데이터로부터 그림 4.33과 같이 추정된 회귀직선을 구한 다음 결측값에 대한 예측값을 대체값으로 추정하는 방법이다. AMOS에서는 회귀대체법이 디폴트로 지정되어 있다.

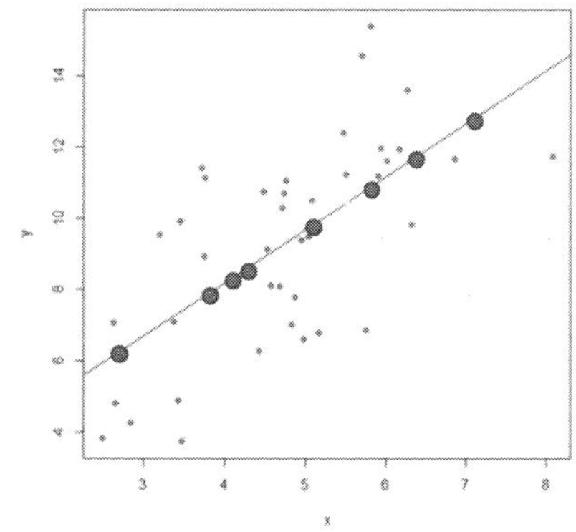

• **그림 4.33** • 회귀대체법

그림 4.33에서 추정된 회귀직선에 결측값을 대입하여 대체값을 구한다. 여기서는 8개의 결측값에 대한 대체값을 ●로 표시한다.

그림 4.32의 3가지 결측 대체 방법 중에서 회귀대체법에 의해 결측값을 대체하고자 하는 경우 [File Names] 버튼을 클릭하면 그림 4.34와 같이 새로운 데이터 파일 지정을 위한 대화상자가 나타난다.

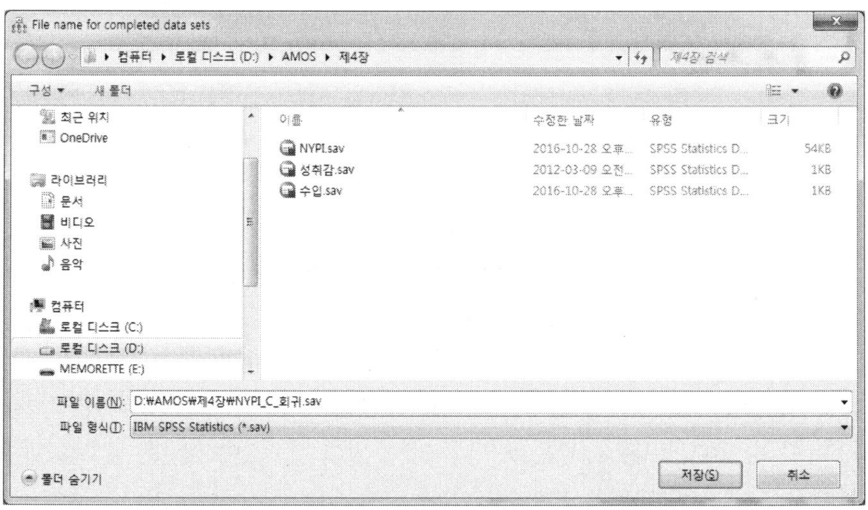

• **그림 4.34** • 회귀대체에 의한 새로운 데이터 파일 지정

그림 4.34에서처럼 파일을 지정한 후 [저장] 버튼을 클릭한다. 여기서 지정된 파일명은 “NYPI_C_회귀.sav”이다. 그리고 결측값 대체 실행을 위해 그림 4.35에서 [Impute] 버튼을 클릭한다.

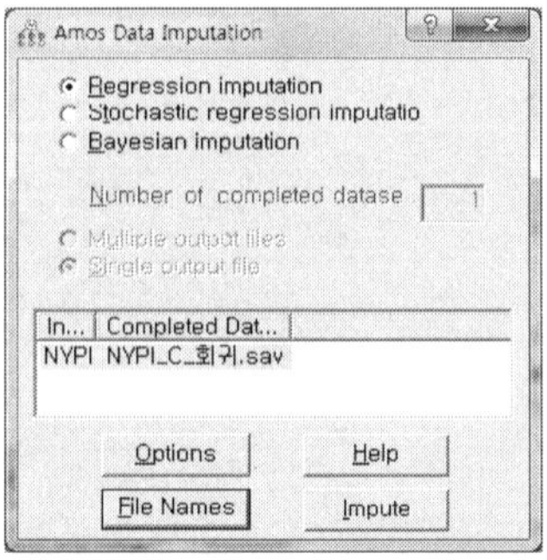

● **그림 4.35** ● [Impute] 버튼 클릭

그림 4.35의 [Impute] 버튼을 클릭하였을 때 성공적으로 대체가 이루어지는 경우에는 그림 4.36과 같은 대화상자가 나타난다.

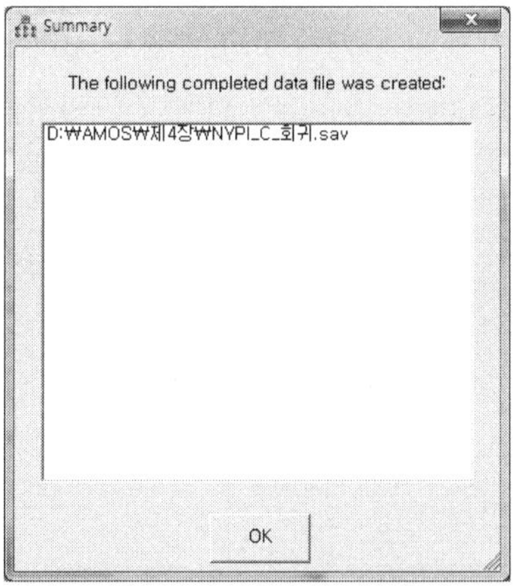

● **그림 4.36** ● 완전한 데이터 생성 알림

그림 4.36에서 보면 새로 생성된 완전한 파일이 저장된 경로명을 보여주고 있다. 여기서 [OK] 버튼을 클릭하면 새로운 파일 "NYPI_C_회귀.sav"이 생성된 것을 확인할 수 있다. 그림 4.37은 회귀대체법에 의해 결측값이 새로운 값으로 대체된 "NYPI_C_회귀.sav" 파일을 보여주고 있다.

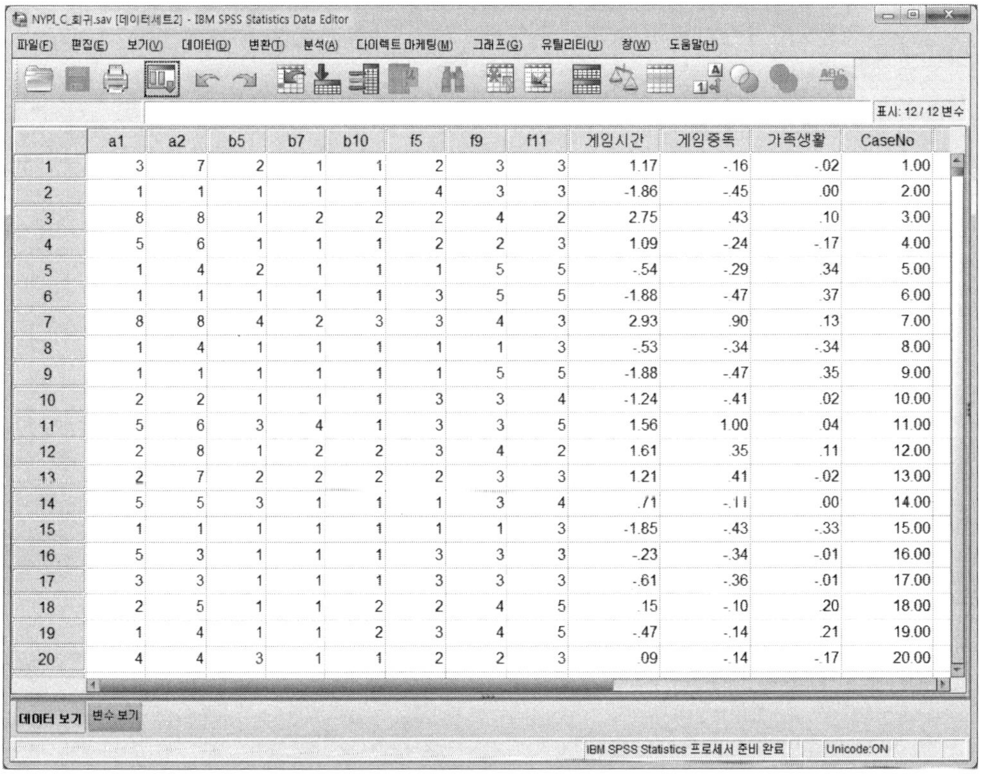

	a1	a2	b5	b7	b10	f5	f9	f11	게임시간	게임중독	가족생활	CaseNo
1	3	7	2	1	1	2	3	3	1.17	-.16	-.02	1.00
2	1	1	1	1	1	4	3	3	-1.86	-.45	.00	2.00
3	8	8	1	2	2	2	4	2	2.75	.43	.10	3.00
4	5	6	1	1	1	2	2	3	1.09	-.24	-.17	4.00
5	1	4	2	1	1	1	5	5	-.54	-.29	.34	5.00
6	1	1	1	1	1	3	5	5	-1.88	-.47	.37	6.00
7	8	8	4	2	3	3	4	3	2.93	.90	.13	7.00
8	1	4	1	1	1	1	1	3	-.53	-.34	-.34	8.00
9	1	1	1	1	1	1	5	5	-1.88	-.47	.35	9.00
10	2	2	1	1	1	3	3	4	-1.24	-.41	.02	10.00
11	5	6	3	4	1	3	3	5	1.56	1.00	.04	11.00
12	2	8	1	2	2	3	4	2	1.61	.35	.11	12.00
13	2	7	2	2	2	2	3	3	1.21	.41	-.02	13.00
14	5	5	3	1	1	1	3	4	.71	-.11	.00	14.00
15	1	1	1	1	1	1	1	3	-1.85	-.43	-.33	15.00
16	5	3	1	1	1	3	3	3	-.23	-.34	-.01	16.00
17	3	3	1	1	1	3	3	3	-.61	-.36	-.01	17.00
18	2	5	1	1	2	2	4	5	.15	-.10	.20	18.00
19	1	4	1	1	2	3	4	5	-.47	-.14	.21	19.00
20	4	4	3	1	1	2	2	3	.09	-.14	-.17	20.00

• **그림 4.37** • 회귀대체법에 의해 생성된 데이터

그림 4.37을 보면 원래의 변수들 외에 잠재변수 및 CaseNo 변수가 추가된 것을 알 수 있다. 여기서 분석에 필요한 데이터는 원래의 변수들에 대한 데이터이다. 따라서 새로 생성된 잠재변수 및 CaseNo 변수는 삭제한 후 사용해야 한다.

그림 4.38은 그림 4.37에서 잠재변수 및 CaseNo 변수를 제거하여 만든 파일이다.

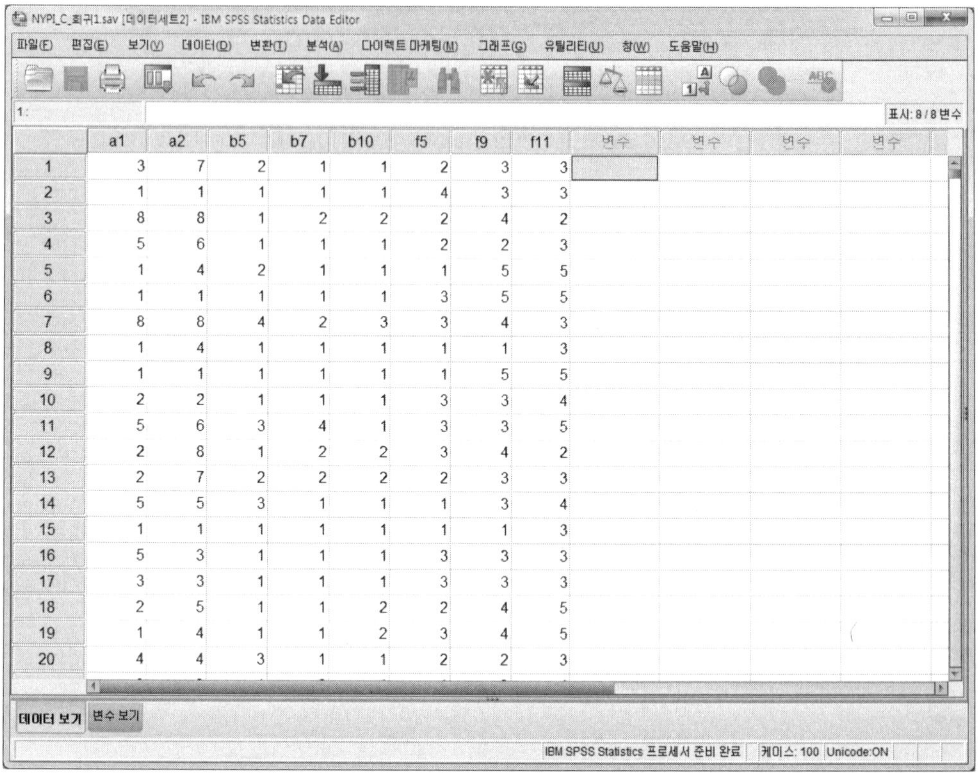

	a1	a2	b5	b7	b10	f5	f9	f11
1	3	7	2	1	1	2	3	3
2	1	1	1	1	1	4	3	3
3	8	8	1	2	2	2	4	2
4	5	6	1	1	1	2	2	3
5	1	4	2	1	1	1	5	5
6	1	1	1	1	1	3	5	5
7	8	8	4	2	3	3	4	3
8	1	4	1	1	1	1	1	3
9	1	1	1	1	1	1	5	5
10	2	2	1	1	1	3	3	4
11	5	6	3	4	1	3	3	5
12	2	8	1	2	2	3	4	2
13	2	7	2	2	2	2	3	3
14	5	5	3	1	1	1	3	4
15	1	1	1	1	1	1	1	3
16	5	3	1	1	1	3	3	3
17	3	3	1	1	1	3	3	3
18	2	5	1	1	2	2	4	5
19	1	4	1	1	2	3	4	5
20	4	4	3	1	1	2	2	3

• **그림 4.38** • 그림 4.37에서 잠재변수가 제거된 데이터

참고로 그림 4.38의 데이터 대신 그림 4.37의 잠재변수가 포함된 데이터를 가지고 수행하는 경우 그림 4.39와 같은 에러 메시지가 나타난다.

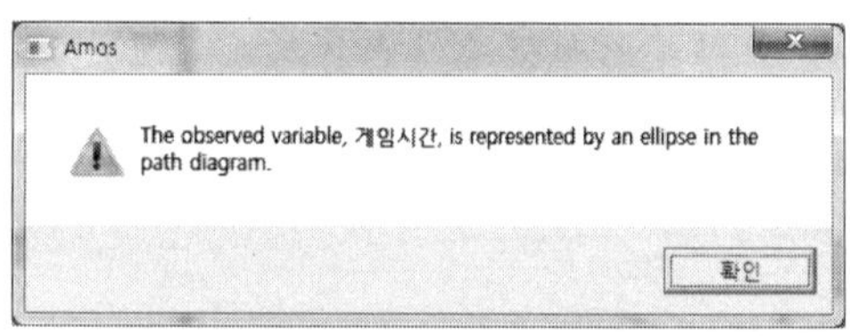

• **그림 4.39** • 에러 메시지

그림 4.39의 에러 메시지는 데이터 파일에 있는 관측변수 "게임시간"이 모형의 경로도형에서는 타원으로 표시되어 있다는 것을 알리는 메시지이다.

우리는 회귀대체법에 의해 새로 생성된 완전한 데이터를 가지고 AMOS를 수행하고자 한다. 이를 위해 [File] → [Data Files] 메뉴에서 [File Name] 버튼을 선택하여 입력된 데이터 파일을 지정한다. 여기서는 그림 4.40과 같이 "NYPI_C_회귀1.sav"를 지정한다.

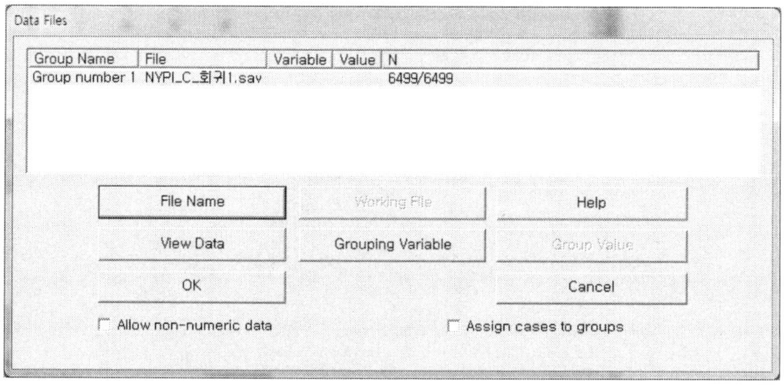

• **그림 4.40** • 회귀대체에 의해 생성된 데이터 지정

[Analyze] → [Calculate Estimates] 메뉴를 선택하여 연구모형을 실행시킨 결과 그림 4.41과 같은 모형에 대한 χ^2-통계량에 의한 모형적합 결과를 얻었다.

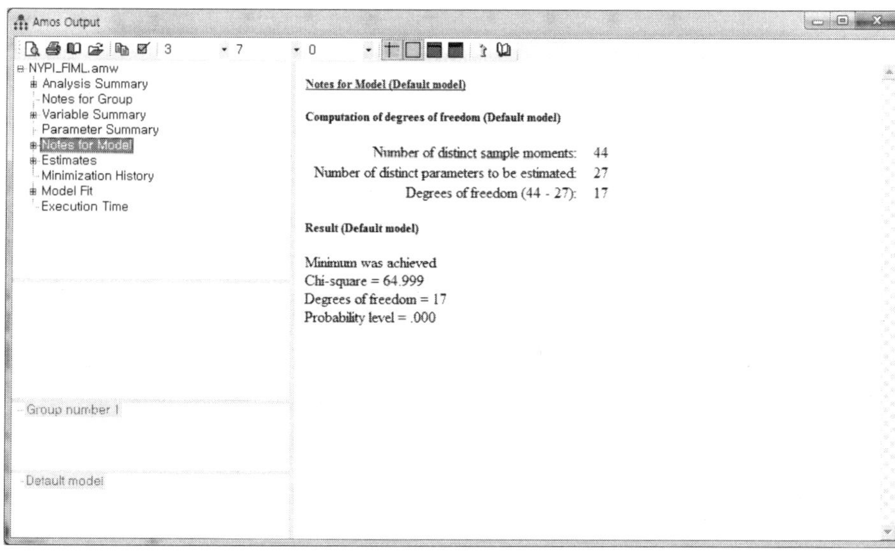

• **그림 4.41** • 회귀대체법에 의한 χ^2-통계량에 대한 모형적합도

(b) **확률회귀대체법**(stochastic regression imputation)

확률회귀대체법은 회귀대체법에 의해 결측값을 추정하는 경우 추정량의 분산이 과소추정(underestimation)되는 문제를 해결하기 위해 회귀직선으로부터 구한 예측값(predicted value)에 오차항(error term)을 추가하여 결측값을 추정하는 방법이다. 그림 4.42는 예측값에 정규분포를 따르는 오차항이 추가된 회귀모형을 나타내고 있다.

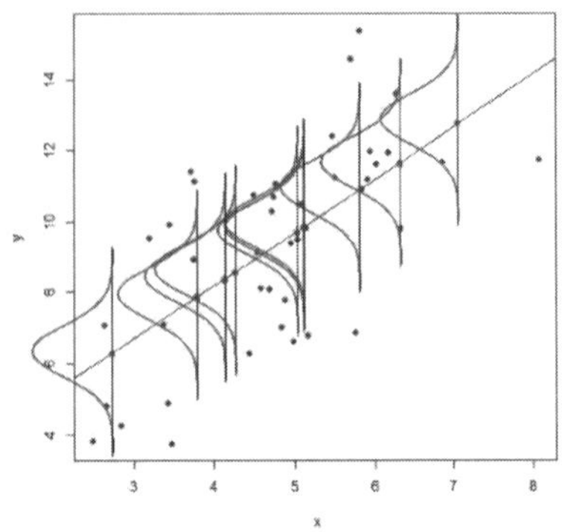

• 그림 4.42 • 확률회귀대체법

AMOS에서 확률회귀대체법에 의해 결측값을 대체하고자 하는 경우 그림 4.43에서 [Stochastic regression imputation]을 선택한다.

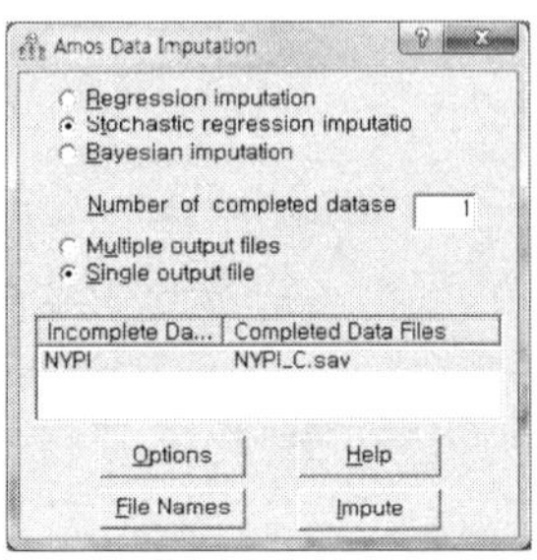

• 그림 4.43 • 확률회귀대체법 선택

그림 4.43에서 [File Names] 버튼을 클릭하면 그림 4.44와 같이 새로운 데이터 파일 지정을 위한 대화상자가 나타난다.

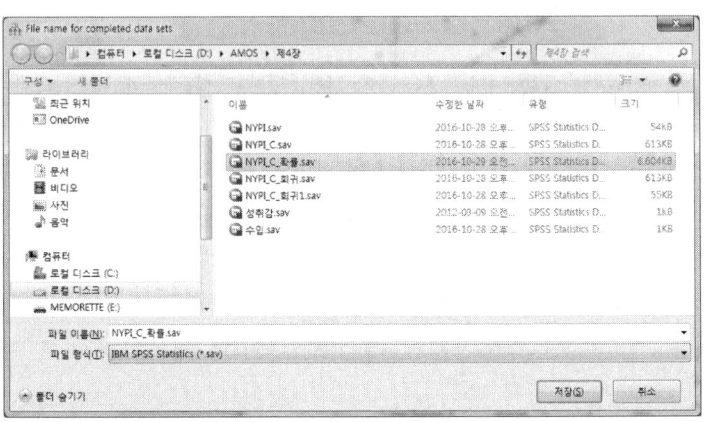

• 그림 4.44 • 확률회귀대체법에 의한 데이터 파일 지정

그림 4.44에서처럼 파일을 지정한 후 [저장] 버튼을 클릭한다. 여기서 지정된 파일명은 "NYPI_C_확률.sav"이다.

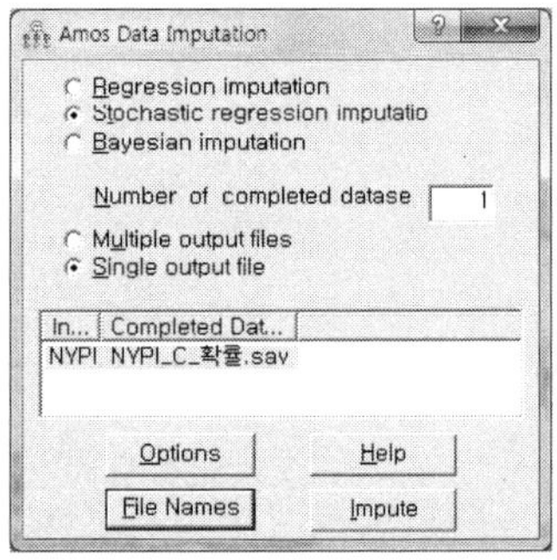

● **그림 4.45** ● 확률회귀대체법 실행

그림 4.45에서 결측값 대체 실행을 위해 [Impute] 버튼을 클릭한다. 결측값 대체가 성공적으로 이루어지는 경우 그림 4.46과 같은 대화상자가 나타난다.

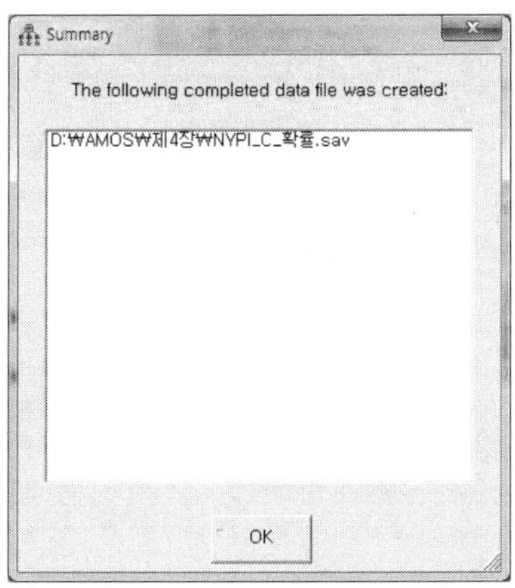

● **그림 4.46** ● 완전한 데이터 생성 알림

그림 4.46에서 보면 새로 생성된 완전한 파일이 저장된 경로명을 보여주고 있다. 여기서 [OK] 버튼을 클릭하면 새로운 파일 "NYPI_C_확률.sav"이 생성된 것을 확인할 수 있다.

그림 4.47은 확률회귀대체법에 의해 결측값이 새로운 값으로 대체된 "NYPI_C_확률.sav" 파일을 보여주고 있다.

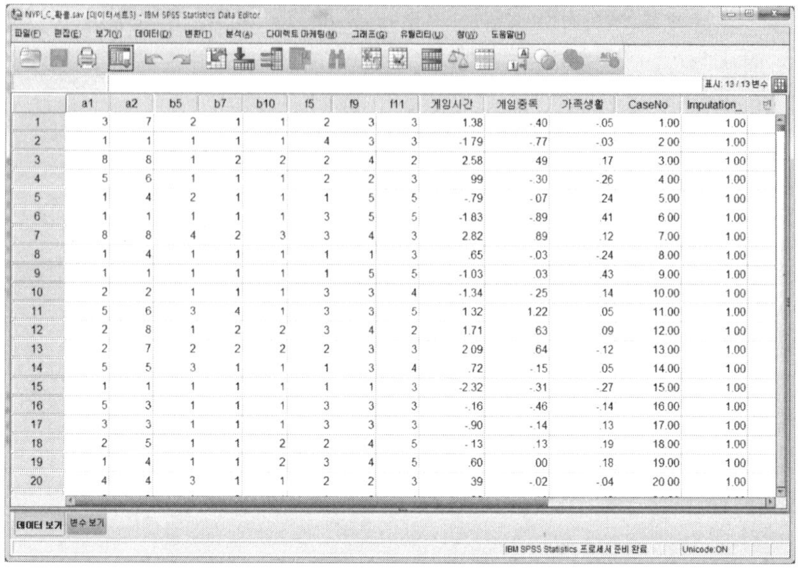

• 그림 4.47 • 확률회귀대체법에 의해 생성된 데이터

그림 4.47을 보면 원래의 변수들 외에 잠재변수, CaseNo 변수, Imputation 변수가 추가된 것을 알 수 있다. 여기서 분석에 필요한 데이터는 원래의 변수들에 대한 데이터이다. 따라서 새로 생성된 잠재변수, CaseNo 변수, Imputation 변수는 삭제한 후 사용한다. 그림 4.48은 그림 4.47에서 잠재변수, CaseNo 변수, Imputation 변수를 제거하여 만든 파일이다.

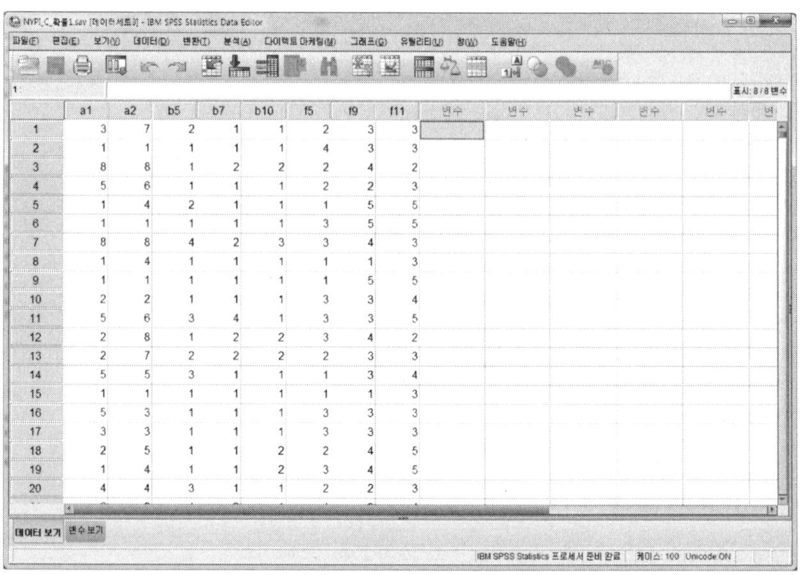

• 그림 4.48 • 그림 4.47에서 잠재변수 등이 제거된 데이터

확률회귀대체법에 의해 새로 생성된 완전한 데이터를 가지고 AMOS를 수행하고자 한다. 이를 위해 [File] → [Data Files] 메뉴에서 [File Name] 버튼을 선택하여 입력된 데이터 파일을 지정한다. 여기서는 그림 4.49와 같이 "NYPI_C_확률1.sav"를 지정한다.

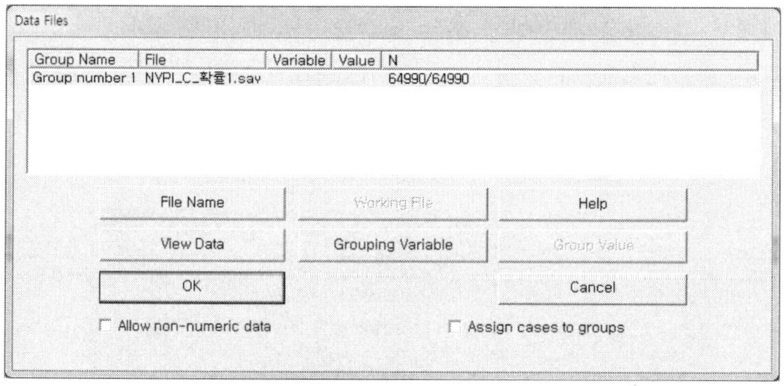

● 그림 4.49 ● 확률회귀대체에 의해 생성된 데이터 지정

[Analyze] → [Calculate Estimates] 메뉴를 선택하여 연구모형을 실행시킨 결과 그림 4.50과 같이 모형에 대한 χ^2-통계량에 의한 모형적합 결과를 얻었다.

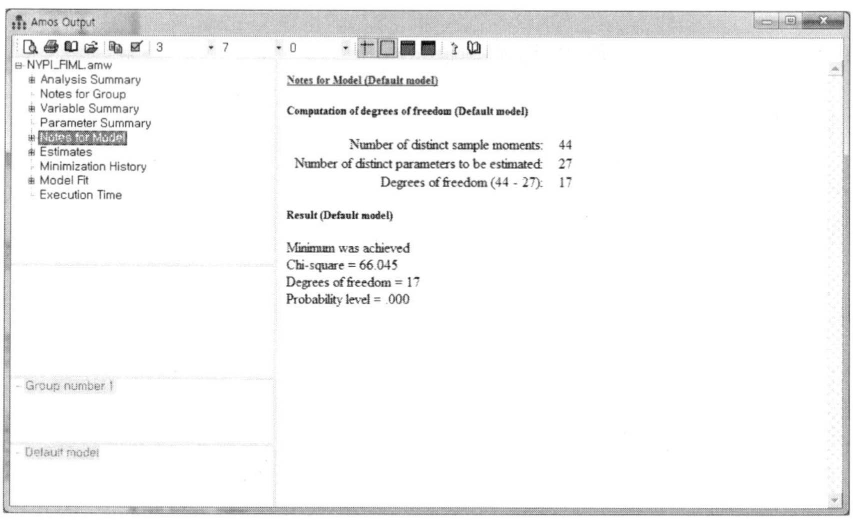

● 그림 4.50 ● 확률회귀대체법에 의한 χ^2-통계량에 대한 모형적합도

(c) 베이지안대체법(Bayesian imputation)

베이지안대체법은 모수에 대한 사전 정보(prior information)가 존재한다는 가정하에서 주어진 데이터에 대한 모수들의 사후분포(posterior distribution)를 이용하

여 결측값을 추정하는 방법이다. 즉, 주어진 데이터 Y에 대한 모수 θ의 사후분포 $p(\theta \mid Y)$는 베이즈 정리에 의해 다음과 같이 사전분포 $p(\theta)$와 우도함수 $L(\theta \mid Y)$를 결합함으로서 얻어진다.

$$p(\theta \mid Y) \propto p(\theta)L(\theta \mid Y)$$

여기서 결측값을 추정해야 하는 모수로 간주한다.

베이지안대체법에 의해 결측값을 대체하고자 하는 경우 그림 4.51에서 [Bayesian imputation]을 선택한 다음 [File Names] 버튼을 클릭한다.

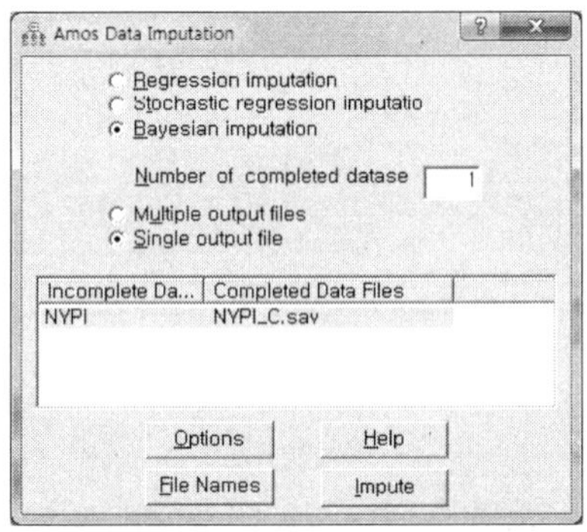

• 그림 4.51 • 베이지안대체법 선택

그림 4.52는 베이지안대체법에 의해 새로운 파일 지정을 위한 대화상자이다.

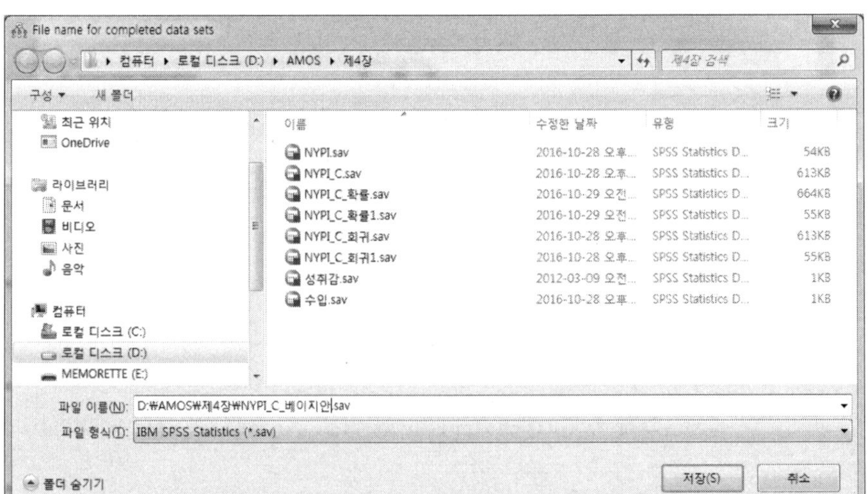

• 그림 4.52 • 베이지안대체법에 의한 새로운 파일 지정

그림 4.52에서처럼 파일을 지정한 후 [저장] 버튼을 클릭한다. 여기서 지정된 파일명은 "NYPI_C_베이지안.sav"이다.

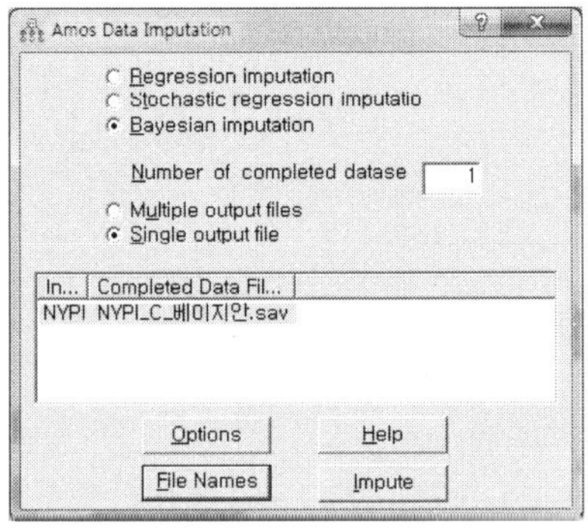

• **그림 4.53** • [Impute] 버튼 클릭

결측값 대체 실행을 위해 그림 4.53에서 [Impute] 버튼을 클릭한다. 결측값 대체가 진행되면 그림 4.54의 [Bayesian SEM] 윈도우가 나타난다. 모형에서 경로계수, 절편 그리고 분산의 추정치들에 대한 여러 가지 통계치, 즉 평균(mean), 표준오차(S.E.), 표준편차(S.D.), 수렴 통계치(convergence statistic; C.S.) 등을 보여준다.

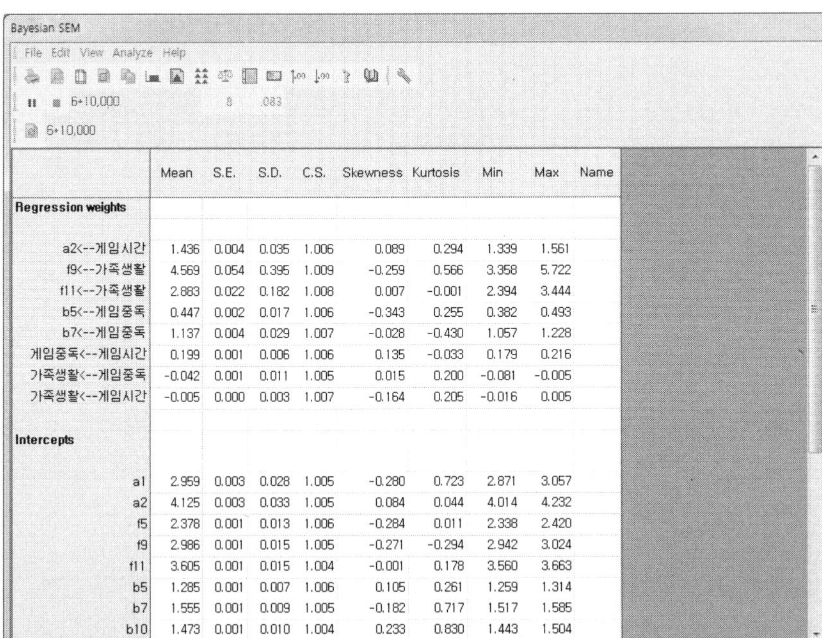

	Mean	S.E.	S.D.	C.S.	Skewness	Kurtosis	Min	Max	Name
Regression weights									
a2<--게임시간	1.436	0.004	0.035	1.006	0.089	0.294	1.339	1.561	
f9<--가족생활	4.569	0.054	0.395	1.009	-0.259	0.566	3.358	5.722	
f11<--가족생활	2.883	0.022	0.182	1.008	0.007	-0.001	2.394	3.444	
b5<--게임중독	0.447	0.002	0.017	1.006	-0.343	0.255	0.382	0.493	
b7<--게임중독	1.137	0.004	0.029	1.007	-0.028	-0.430	1.057	1.228	
게임중독<--게임시간	0.199	0.001	0.006	1.006	0.135	-0.033	0.179	0.216	
가족생활<--게임중독	-0.042	0.001	0.011	1.005	0.015	0.200	-0.081	-0.005	
가족생활<--게임시간	-0.005	0.000	0.003	1.007	-0.164	0.205	-0.016	0.005	
Intercepts									
a1	2.959	0.003	0.028	1.005	-0.280	0.723	2.871	3.057	
a2	4.125	0.003	0.033	1.005	0.084	0.044	4.014	4.232	
f5	2.378	0.001	0.013	1.006	-0.284	0.011	2.338	2.420	
f9	2.986	0.001	0.015	1.005	-0.271	-0.294	2.942	3.024	
f11	3.605	0.001	0.015	1.004	-0.001	0.178	3.560	3.663	
b5	1.285	0.001	0.007	1.006	0.105	0.261	1.259	1.314	
b7	1.555	0.001	0.009	1.005	-0.182	0.717	1.517	1.585	
b10	1.473	0.001	0.010	1.004	0.233	0.830	1.443	1.504	

• **그림 4.54** • [Bayesian SEM] 윈도우

그림 4.54의 추정치들은 그림 4.55의 수렴 조건하에서 얻어진 것이다. 만약 그림 4.54에서 여러 가지 추정치들이 원하는 결과가 아닌 경우, 그림 4.55의 수렴 조건에서 [Continue]를 클릭하면 강화된 조건하에서 보다 정확한 수렴치들을 얻을 수 있다.

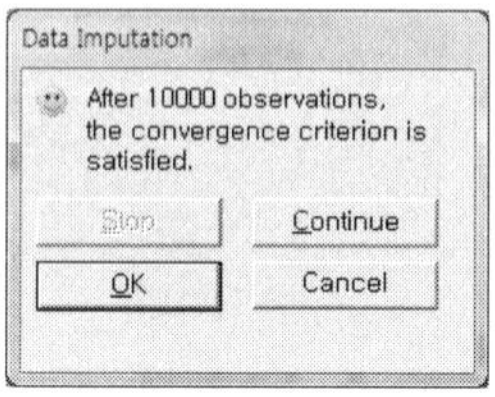

• 그림 4.55 • 수렴조건

그림 4.55에 있는 노란색의 웃는 얼굴( )은 수렴이 이루어진 경우 표시된다. 그림 4.55에서 [OK] 버튼을 클릭하면 그림 4.56이 나타난다.

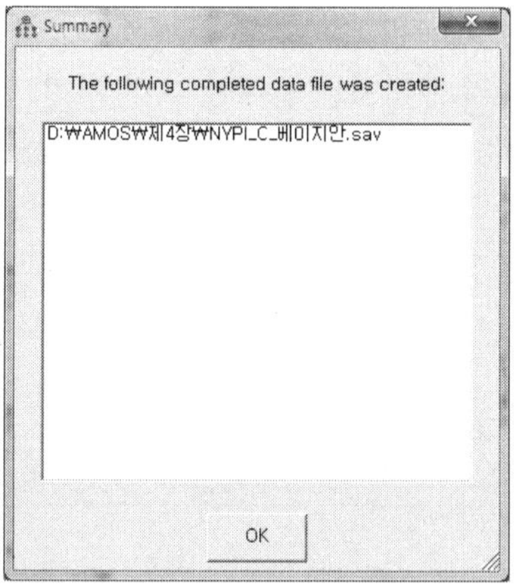

• 그림 4.56 • 완전한 데이터 생성 알림

그림 4.56에서 보면 새로 생성된 완전한 파일이 저장된 경로명을 보여주고 있다. 여기서 [OK] 버튼을 클릭하면 새로운 파일 “NYPI_C_베이지안.sav”가 생성된 것을 확인할 수 있다. 그림 4.57는 베이지안대체법에 의해 결측값이 새로운 값으로 대체된 “NYPI_C_베이지안.sav”파일을 보여주고 있다.

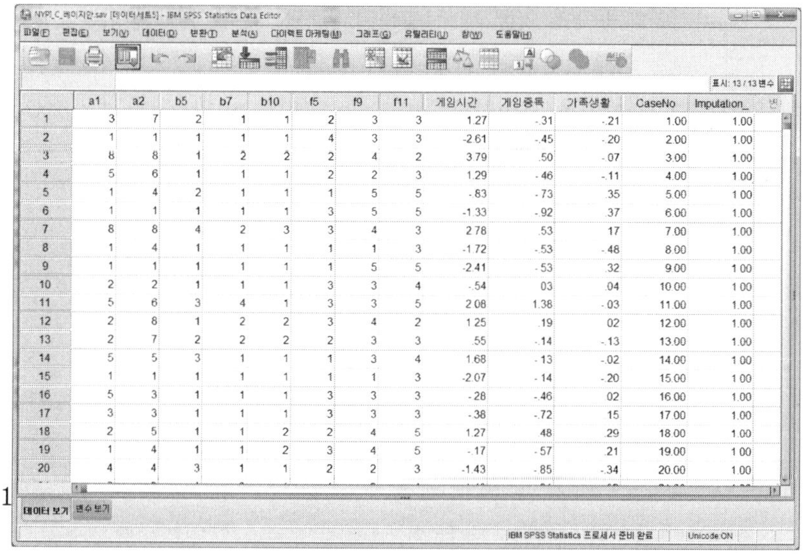

• **그림 4.57** • 베이지안대체법에 의해 생성된 데이터

그림 4.57을 보면 원래의 변수들 외에 잠재변수, CaseNo 변수, Imputation 변수가 추가된 것을 알 수 있다. 여기서 분석에 필요한 데이터는 원래의 변수들에 대한 데이터이다. 따라서 새로 생성된 잠재변수, CaseNo 변수, Imputation 변수는 삭제한 후 사용한다.

그림 4.58은 그림 4.57에서 잠재변수, CaseNo 변수, Imputation 변수를 제거하여 만든 파일이다.

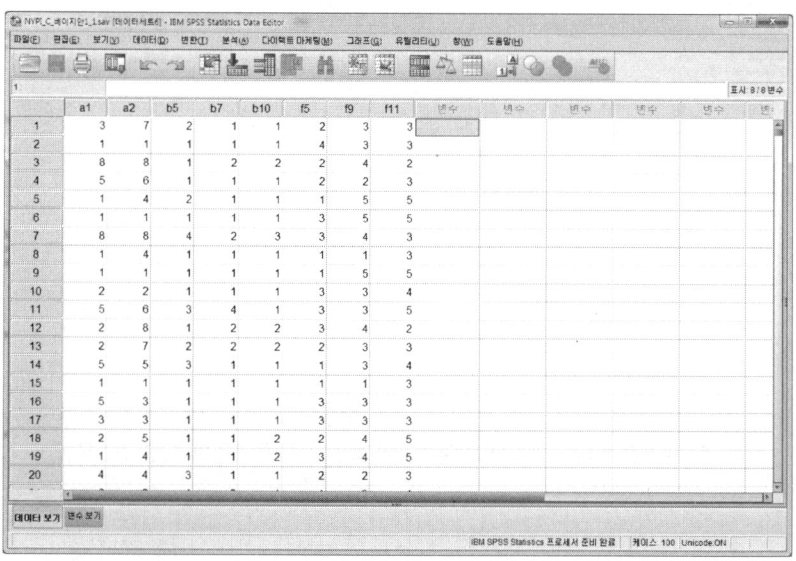

• **그림 4.58** • 그림 4.57에서 잠재변수 등이 제거된 데이터

베이지안대체법에 의해 새로 생성된 완전한 데이터를 가지고 AMOS를 수행하고자 한다. 이를 위해 [File] → [Data Files] 메뉴에서 [File Name] 버튼을 선택하여 입력된 데이터 파일을 지정한다. 여기서는 그림 4.59와 같이 "NYPI_C_베이지안1.sav"를 지정한다.

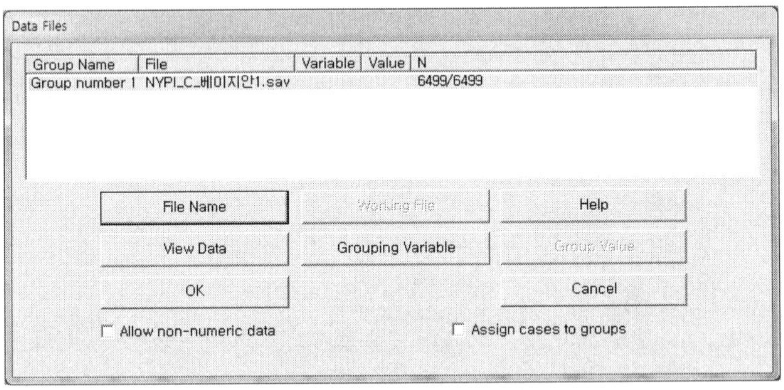

• **그림 4.59** • 베이지안대체법에 의해 생성된 데이터 지정

[Analyze] → [Calculate Estimates] 메뉴를 선택하여 연구모형을 실행시킨 결과, 그림 4.60과 같이 모형에 대한 χ^2-통계량에 의한 모형적합 결과를 얻었다.

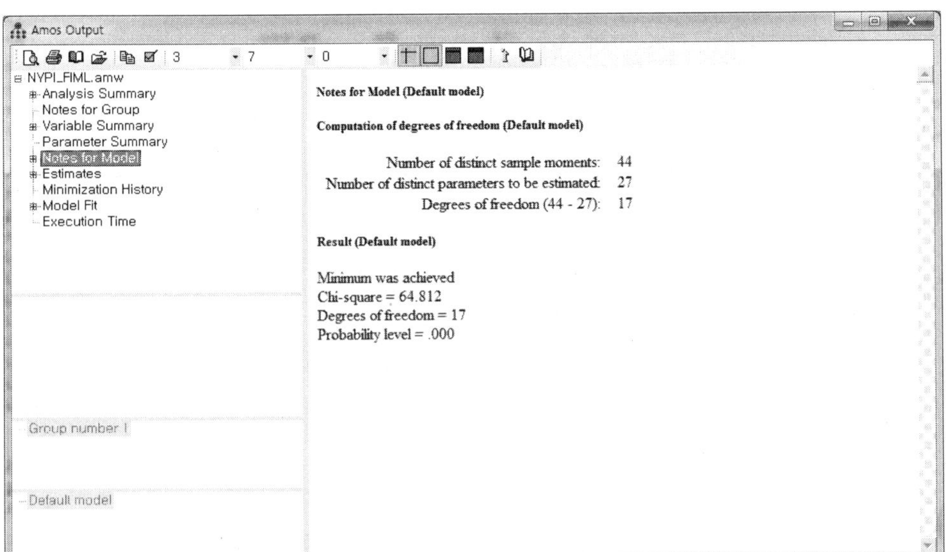

• **그림 4.60** • 베이지안대체법에 의한 χ^2-통계량에 대한 모형적합도

4.2.2 정규성

정규성(normality)이란 데이터가 정규분포를 따르는 것을 말하고 일변량정규성(univariate normality)과 다변량정규성(multivariate normality)으로 나눈다.

(1) 일변량정규성

하나의 변수에 대한 정규성을 의미하고 왜도(skewness)와 첨도(kurtosis)를 가지고 나타낸다.

① 왜도

분포에서 왜도는 분포가 중심축을 기준으로 어느 한쪽으로 치우쳐 있는 정도를 나타낸다.

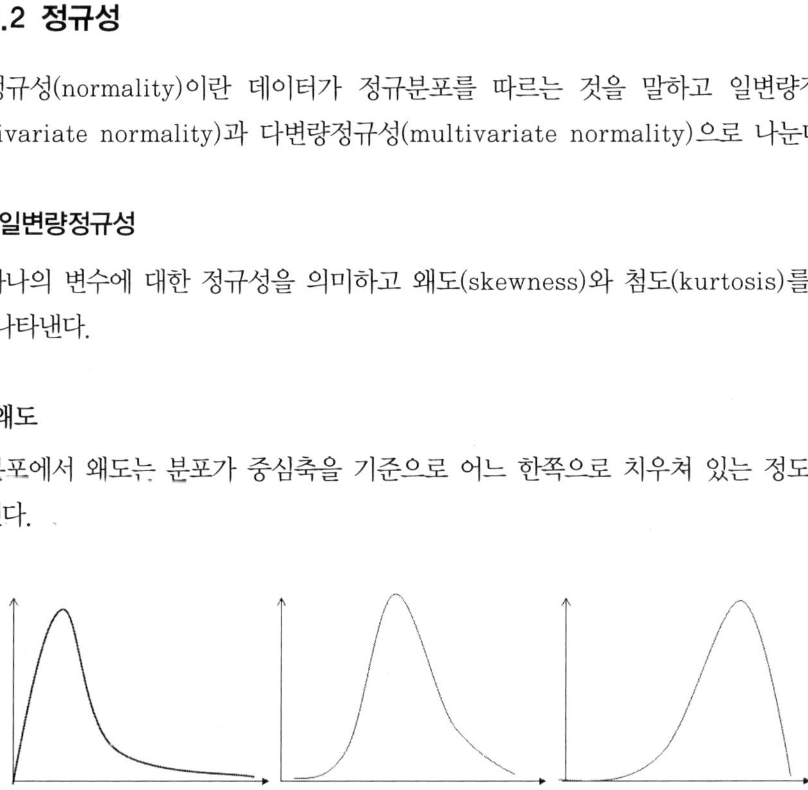

• 그림 4.61 • 왜도

그림 4.61에서 왜도가 0이면 분포가 좌우대칭이고 정규분포가 여기에 해당된다. 왜도가 0보다 클 때를 양의 왜도(positive skewness)라고 하며, 이 경우는 분포가 왼쪽으로 몰려 있고 오른쪽으로 길게 늘어져 있는 모양이다. 왜도가 0보다 작을 때를 음의 왜도(negative skewness)라고 하며, 이 경우는 분포가 오른쪽으로 몰려 있고 왼쪽으로 길게 늘어져 있는 모양이다.

왜도를 구하는 식은 다음과 같다.

$$S_k = \sum_{i=1}^{N} \frac{[(\boldsymbol{X}_i - \overline{\boldsymbol{X}})/S\,]^3}{N}$$

여기서 $\overline{X}$는 표본평균이고 S는 표본표준편차이다. 따라서

$$z = \frac{S_k}{S_k\text{의 표준오차}}$$

이다. 유의수준 $\alpha = 0.05$ 에서 $|z|$가 1.96을 초과하면 정규성을 만족하지 않고, 유의수준 $\alpha = 0.01$ 에서 $|z|$가 ± 2.58을 초과하면 정규성을 만족하지 않는다고 한다.

② **첨도**

첨도는 분포가 뾰족하거나 평평한 정도를 나타낸다.

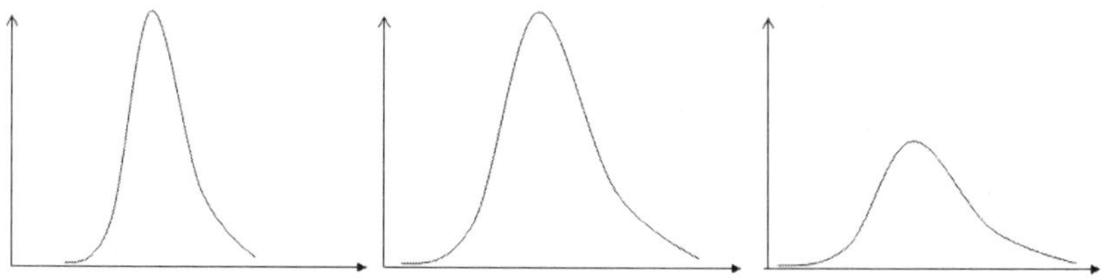

• 그림 4.62 • 첨도

그림 4.62에서 첨도값이 0이면 정규분포를 나타내고 첨도가 0보다 클 때를 양의 첨도(positive kurtosis)라고 하며, 정규분포보다 뾰족한 모양을 나타낸다. 첨도가 0보다 작을 때를 음의 첨도(negative kurtosis)라고 하며, 정규분포보다 평평한 모양을 나타낸다.

첨도를 구하는 식은 다음과 같다.

$$K = \frac{\sum_{i=1}^{N}[(\boldsymbol{X}_i - \overline{\boldsymbol{X}})/S]^4}{N} - 3$$

여기서 $\overline{X}$는 표본평균이고 S는 표본표준편차이다. 따라서

$$z = \frac{K}{K\text{의 표준오차}}$$

이다. 유의수준 $\alpha = 0.05$ 에서 $|z|$가 1.96을 초과하면 정규성을 만족하지 않고, 유의수준 $\alpha = 0.01$ 에서 $|z|$가 ± 2.58을 초과하면 정규성을 만족하지 않는다고 한다.

(2) 다변량정규성

구조방정식 모형은 다변량정규성을 기본적으로 가정하고 있다. 다변량정규성을 만족하기 위해서는 다음의 3가지 조건을 만족해야 한다.

ⓐ 모든 변수가 정규분포를 따르고

ⓑ 두 변수는 이변량 정규분포를 따르고

ⓒ 이변량 산점도는 선형이고 등분산을 갖는다.

그러나 위의 3가지 조건을 만족하는지 검토하는 것은 현실적으로 쉽지 않아 일변량 정규성을 기준으로 정규성을 평가한다.

AMOS에서는 다변량정규성의 측도로서 다변량 첨도(multivariate kurtosis)를 제공하고 있다.

$$MK = \frac{1}{N}\sum_{i=1}^{N}\left[(\boldsymbol{X}_i - \overline{\boldsymbol{X}})'\boldsymbol{S}^{-1}(\boldsymbol{X}_i - \overline{\boldsymbol{X}})\right]^2 - \frac{p(p+2)(N-1)}{N+1}$$

여기서 $\boldsymbol{X}_i$는 p개의 변수에서 i번째 관측치이고 $\overline{\boldsymbol{X}}$는 $\boldsymbol{X}_i$들의 평균이다. 따라서

$$z = \frac{MK}{MK\text{의 표준오차}}$$

이다. 유의수준 $\alpha = 0.05$에서 $|z|$가 1.96을 초과하면 정규성을 만족하지 않고, 유의수준 $\alpha = 0.01$에서 $|z|$가 ± 2.58을 초과하면 정규성을 만족하지 않는다고 한다.

예제 4.2 예제 2.1에 있는 J. D. Finn(1974)의 대학교 1학년생들의 학업성취도 자료에서 정규성을 조사하고자 한다. 이 자료는 고등학교 때의 성적, 고등학교 때의 IQ, 고등학교 때의 교육 동기 유발과 대학교의 교양 학점과 전공 학점의 인과관계에 대하여 조사한 자료이다.

① 정규성 조사를 위한 학업성취도 자료는 그림 4.63과 같다.

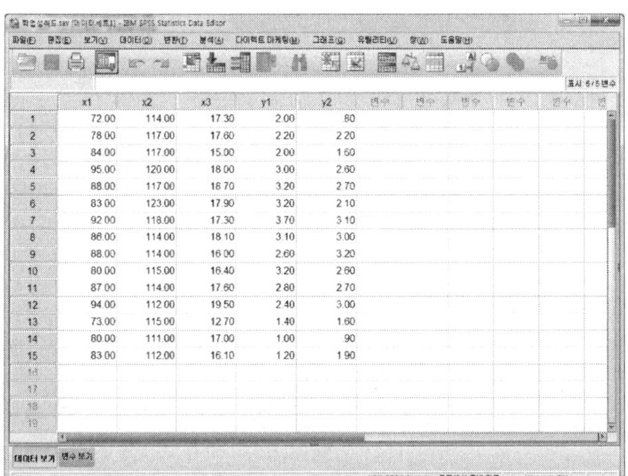

	x1	x2	x3	y1	y2
1	72.00	114.00	17.30	2.00	.80
2	78.00	117.00	17.60	2.20	2.20
3	84.00	117.00	15.00	2.00	1.60
4	95.00	120.00	18.00	3.00	2.60
5	88.00	117.00	18.70	3.20	2.70
6	83.00	123.00	17.90	3.20	2.10
7	92.00	118.00	17.30	3.70	3.10
8	86.00	114.00	18.10	3.10	3.00
9	88.00	114.00	16.00	2.60	3.20
10	80.00	115.00	16.40	3.20	2.60
11	87.00	114.00	17.60	2.80	2.70
12	94.00	112.00	19.50	2.40	3.00
13	73.00	115.00	12.70	1.40	1.60
14	80.00	111.00	17.00	1.00	.90
15	83.00	112.00	16.10	1.20	1.90

• **그림 4.63** • 학업성취도 데이터("학업성취도.sav")

② 학업성취도 자료에서 연구모형에 대한 경로도형은 그림 4.64와 같다.

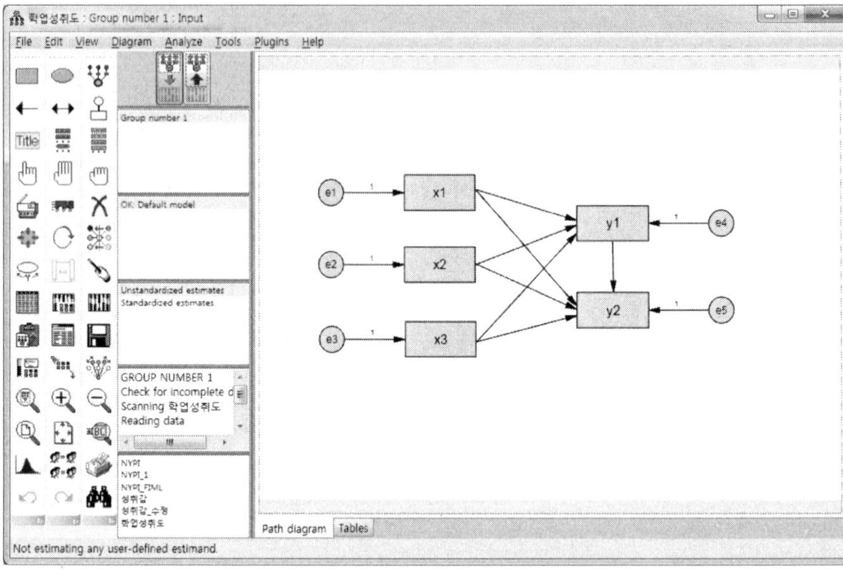

• 그림 4.64 • 연구모형에 대한 경로도형

③ AMOS에서 정규성검정을 위해 그림 4.65의 [Analysis Properties] 대화상자의 [Output] 탭에서 [Tests for normality and outliers]를 선택한다.

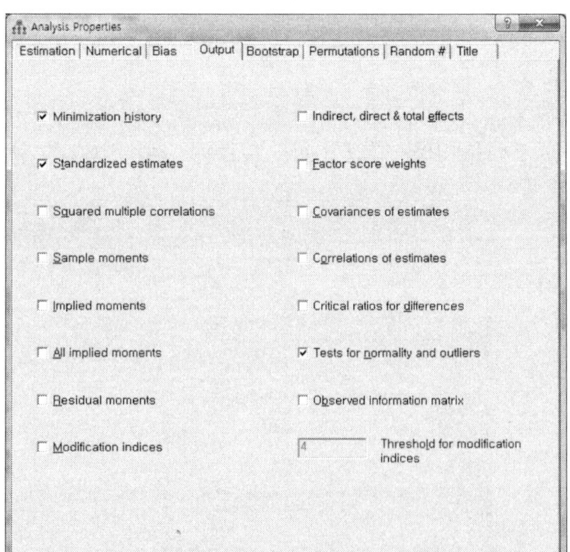

• 그림 4.65 • 정규성검정 선택

④ 실행결과를 보기 위해 [View] → [Text Output] 메뉴를 선택한다. 그림 4.66은 출력창 왼쪽에 있는 "Variable Summary"에 있는 "Assessment of normality"을 선택하였을 때 나타나는 정규성검정 결과이다.

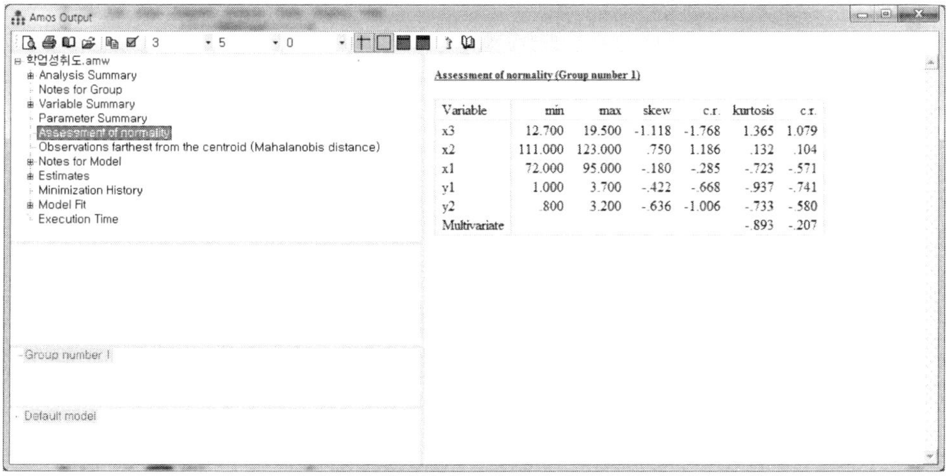

Variable	min	max	skew	c.r.	kurtosis	c.r.
x3	12.700	19.500	-1.118	-1.768	1.365	1.079
x2	111.000	123.000	.750	1.186	.132	.104
x1	72.000	95.000	-.180	-.285	-.723	-.571
y1	1.000	3.700	-.422	-.668	-.937	-.741
y2	.800	3.200	-.636	-1.006	-.733	-.580
Multivariate					-.893	-.207

• **그림 4.66** • 정규성검정

그림 4.66으로부터 모든 변수의 왜도(skew, S_k) 및 첨도(kurtosis, K)에 대한 c.r. (z)값이 유의수준 $\alpha = 0.05$에서 $z_{\alpha/2} = 1.96$보다 작다. 따라서 모든 변수가 일변량 정규성을 만족하고 있음을 알 수 있다. 그리고 다변량정규성에 대해서도 c.r. = −0.207이므로 정규성을 만족함을 알 수 있다.

예제 4.3 예제 4.1에 있는 한국청소년정책연구원의 'NYPI 한국 아동청소년 온라인 게임 및 가족여가활동 실태조사(중고등학생, 2009)' 자료에서 정규성을 조사하고자 한다. 이 자료에는 결측값이 포함되어 있다. 여기서는 목록별 제거 방법을 사용하여 결측값을 제거하고자 한다.

① 정규성 조사에 사용될 데이터("NYPI.sav")는 그림 4.67과 같다. 이 데이터는 결측값이 포함된 데이터이다.

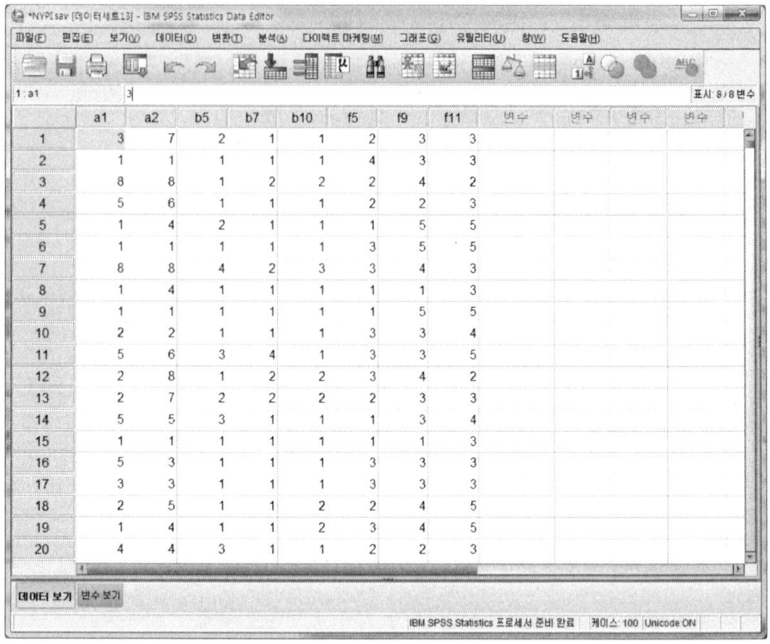

• **그림 4.67** • 결측값이 포함된 데이터

② 결측값 제거를 위해 SPSS에서 [데이터] → [케이스 선택] 메뉴를 선택한다. 그림 4.68의 케이스 선택 대화상자에서 "조건을 만족하는 케이스"를 선택한다.

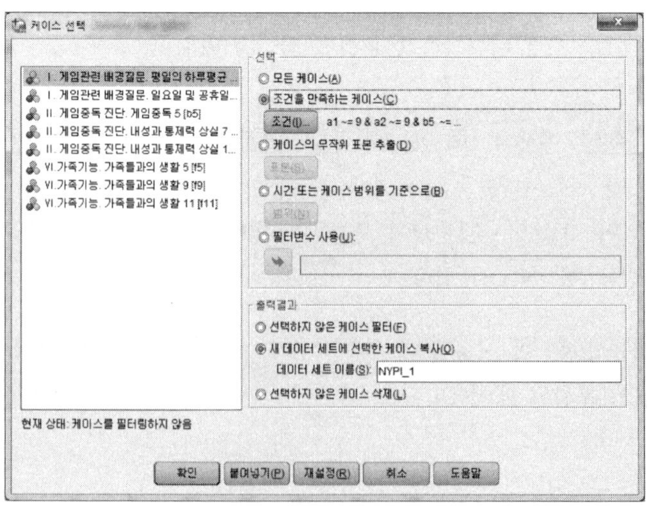

• **그림 4.68** • 케이스 선택

그림 4.68의 케이스 선택에서 [조건] 버튼을 클릭한다.

③ 그림 4.69와 같이 조건식을 입력한다.

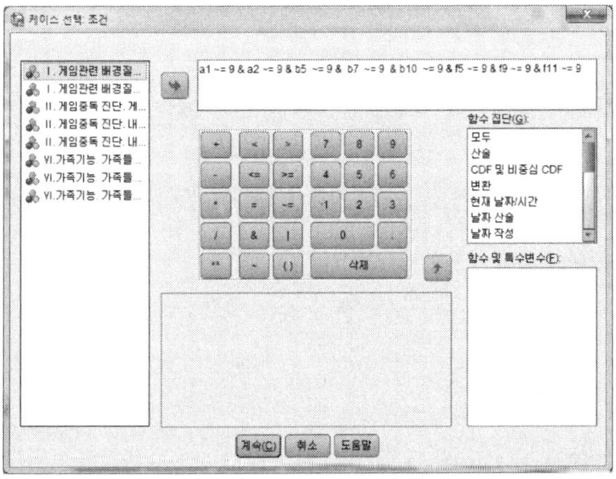

• 그림 4.69 • 케이스 선택 대화상자에서 조건식 입력

입력된 조건식은 다음과 같다.

a1 ~= 9 & a2 ~= 9 & b5 ~= 9 & b7 ~= 9 & b10 ~= 9 & f5 ~= 9 & f9 ~= 9 & f11 ~= 9

따라서 위 조건에 의해 각 문항에서 결측값을 나타내는 "9"가 포함된 항목은 케이스에서 제거된다.

④ 결측값이 제거된 데이터 셋을 생성하기 위해 그림 4.70의 [출력결과]에서 새로운 데이터 셋의 이름을 지정한다.

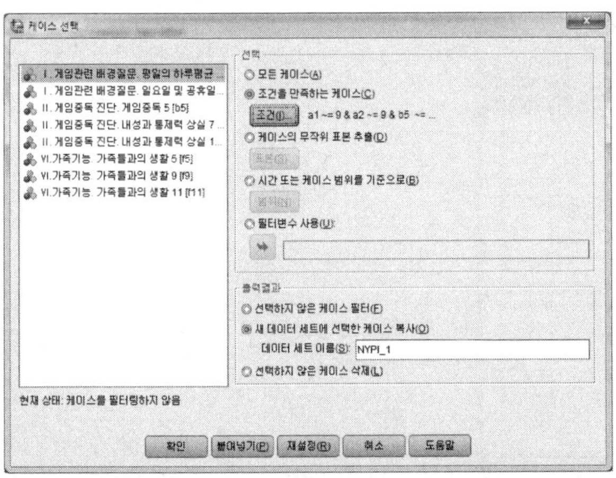

• 그림 4.70 • 결측값이 제거된 데이터 셋 생성

⑤ 그림 4.70의 결측값이 제거된 데이터 셋으로부터 그림 4.71과 같은 데이터 파일을 생성한다.

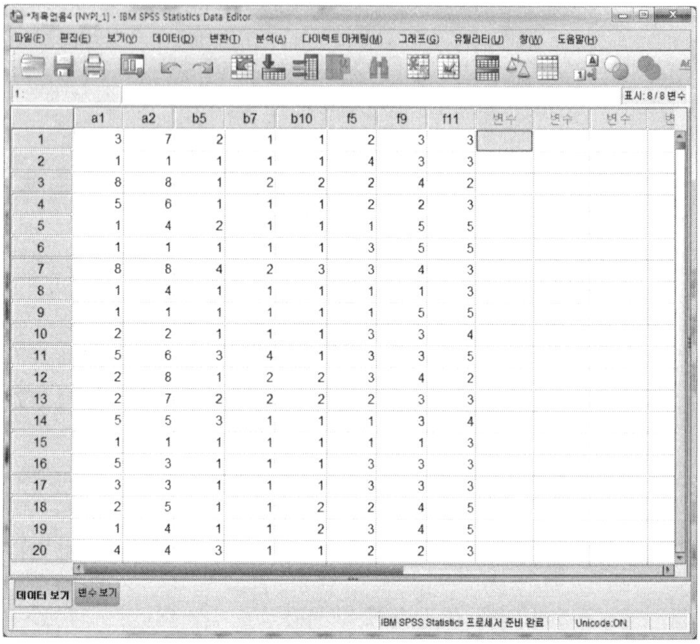

	a1	a2	b5	b7	b10	f5	f9	f11
1	3	7	2	1	1	2	3	3
2	1	1	1	1	1	4	3	3
3	8	8	1	2	2	2	4	2
4	5	6	1	1	1	2	2	3
5	1	4	2	1	1	1	5	5
6	1	1	1	1	1	3	5	5
7	8	8	4	2	3	3	4	3
8	1	4	1	1	1	1	1	3
9	1	1	1	1	1	1	5	5
10	2	2	1	1	1	3	3	4
11	5	6	3	4	1	3	3	5
12	2	8	1	2	2	3	4	2
13	2	7	2	2	2	2	3	3
14	5	5	3	1	1	1	3	4
15	1	1	1	1	1	1	1	3
16	5	3	1	1	1	3	3	3
17	3	3	1	1	1	3	3	3
18	2	5	1	1	2	2	4	5
19	1	4	1	1	2	3	4	5
20	4	4	3	1	1	2	2	3

● **그림 4.71** ● 결측값이 제거된 데이터 파일 생성

⑥ AMOS에서 그림 4.72와 같이 연구모형에 대한 경로도형을 작성한다.

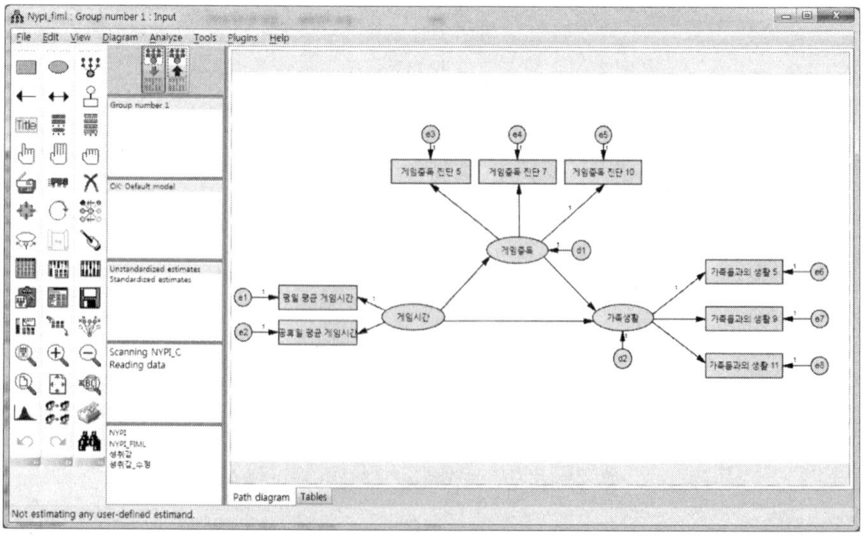

● **그림 4.72** ● 연구모형에 대한 경로도형

⑦ AMOS에서 정규성검정을 위해 그림 4.73의 [Analysis Properties] 대화상자의 [Output] 탭에서 [Tests for normality and outliers]를 선택한다.

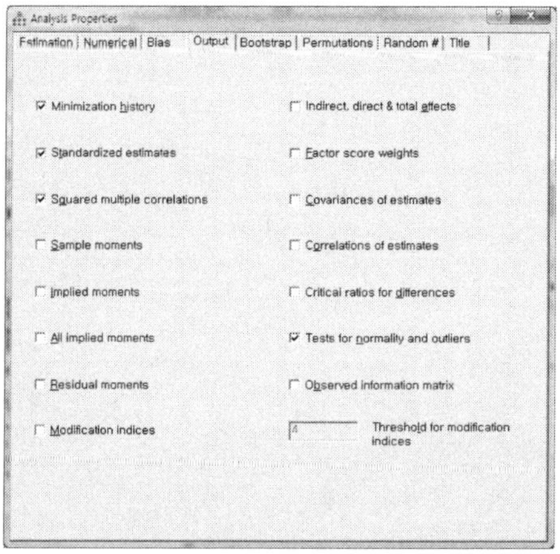

• **그림 4.73** • 정규성검정 선택

⑧ 연구모형의 실행결과를 보기 위해 [View]→[Text Output] 메뉴를 선택한다. 그림 4.74은 출력창 왼쪽에 있는 “Variable Summary”에 있는 “Assessment of normality”을 선택하였을 때 나타나는 정규성검정 결과이다.

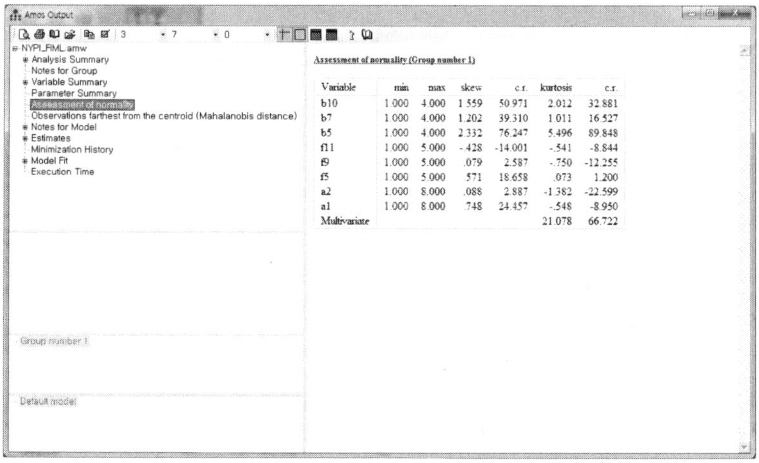

• **그림 4.74** • 정규성검정

그림 4.74로부터 변수 “f5”를 제외하고는 모든 변수가 일변량정규성을 만족하지 않음을 알 수 있다. 변수 “f5”의 kurtosis에 대한 c.r.=1.200으로 1.96보다 작다. 그리고 다변량정규성에 대해서 c.r.=66.722이므로 정규성을 만족하지 않음을 알 수 있다.

05 장

모수추정과 모형식별

5.1 모수추정

(1) 회귀모형에서 모수추정

회귀분석에서 독립변수 X와 종속변수 Y 사이의 관계가 선형이면 단순회귀모형은 다음과 같이 나타낸다.

$$Y = \beta_1 X + \epsilon \tag{5.1}$$

여기서 β_1는 회귀계수이고 오차항 ϵ는 평균이 0이고 분산이 σ_ϵ^2인 정규분포를 따른다고 가정한다. 즉, $\epsilon \sim N(0, \sigma_\epsilon^2)$이다. 식 (5.1)은 회귀분석에서 절편이 없는 단순회귀모형이다.

회귀분석에서 추정할 모수는 식 (5.1)에서 회귀계수 β_1과 ϵ의 분산 $Var(\epsilon) = \sigma_\epsilon^2$이다. 관측변수 X에는 측정오차가 존재할 수 있는데 회귀분석에서는 측정오차를 반영하지 못하는 한계를 갖고 있다. 그러나 구조방정식 모형에서는 관측변수 X에 측정오차를 반영함으로서 회귀분석의 한계를 극복할 수 있다.

구조방정식 모형에서 X의 측정오차를 δ라고 하고 $Var(\delta) = \sigma_\delta^2$라고 할 때 추정되는 모수는 기호 Θ를 사용하여 다음과 같이 표현할 수 있다.

$$\Theta = \left\{\beta_1, \sigma_\delta^2, \sigma_\epsilon^2\right\}$$

AMOS에서 모수 Θ의 추정에 대해 표 5.1의 자료를 가지고 설명하고자 한다.

표 5.1 아버지의 키와 아들의 키에 대한 자료

아버지의 키(X)	65	63	66	64	67	62	70	66	68	67	69	71
아들의 키(Y)	68	67	66	64	69	68	72	65	71	67	69	70

표 5.1은 아버지의 키(X)와 아들의 키(Y)에 대한 자료이다. X와 Y 사이의 인과관계에 대해 AMOS에서 그림 5.1과 같이 단순회귀모형을 설정한다.

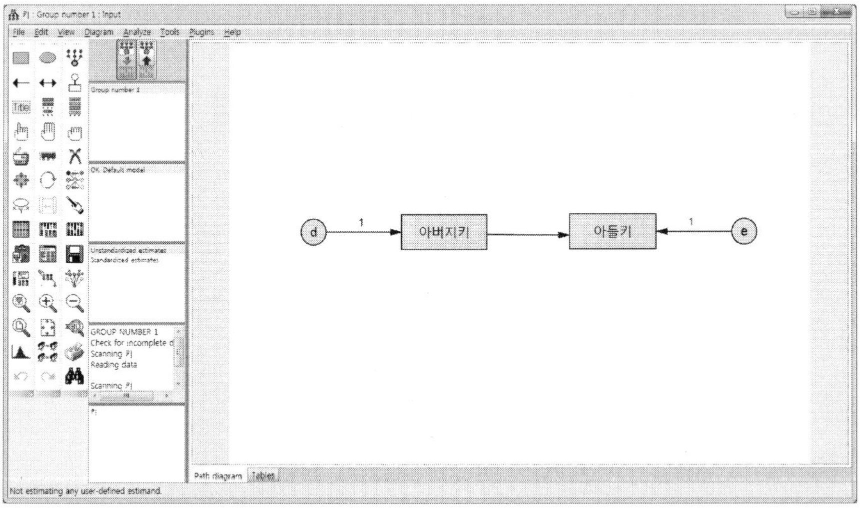

• **그림 5.1** • AMOS에서 단순회귀모형

그림 5.2는 그림 5.1의 단순회귀모형의 χ^2-통계량에 의한 적합도를 보여주고 있다.

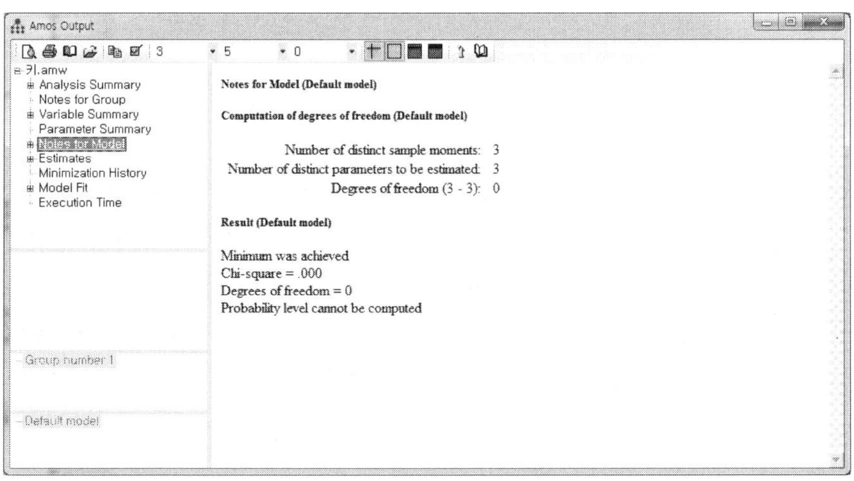

• **그림 5.2** • 단순회귀모형의 χ^2-통계량에 의한 적합도

그림 5.2에서 $\chi^2 = 0$, 자유도 $df = 0$이고, 이때 유의확률은 계산할 수 없다. 여기서 자유도 $df = 0$인 이유는 자료에서 2개의 변수 X와 Y가 사용됨으로 분산-공분산 행렬에서 분산의 개수는 2개, 공분산의 개수는 1개이다. 따라서 표본적률의 개수는 3개이고, 추정할 모수의 개수가 3개이므로 자유도 $df = 0 - 0 = 0$이다. 그리고 $\chi^2 = 0$인 모형을 포화모형(saturated model)이라고 하는데, 이는 전혀 간명함(parsimony)이 없는 모형이다.

그림 5.3은 단순회귀모형에서 모수의 추정치들에 대한 결과이다.

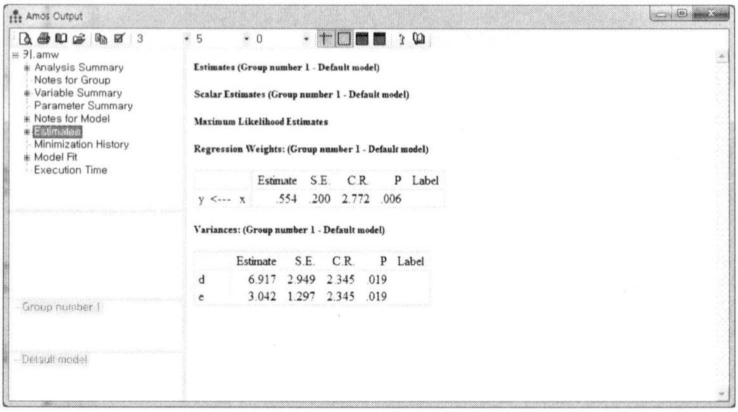

• 그림 5.3 • 단순회귀모형에서 모수추정치

그림 5.3으로부터 [y ← x] 경로계수의 추정치는 0.554, 오차 "d"의 분산에 대한 추정치는 6.917이고, "e"의 분산에 대한 추정치는 3.042이다. $\hat{\Theta}$을 Θ의 추정치들의 집합이라고 할 때 그림 5.3의 결과를 다음과 같이 표현할 수 있다.

$$\hat{\Theta}=\left\{b_1, \widehat{\sigma_\delta^2}, \widehat{\sigma_\epsilon^2}\right\}$$

여기서 $b_1 = 0.554$, $\widehat{\sigma_\delta^2} = 6.917$, $\widehat{\sigma_\epsilon^2} = 3.042$ 이다. 이들 모수추정치들은 정규분포하에서 최대우도법(maximum likelihood method)에 의해 얻어진 추정치들이다.

모수추정치의 집합 $\hat{\Theta}$이 최대우도법에 의해 어떻게 얻어졌는지 살펴보고자 한다. 그림 5.1의 연구모형하에서 변수들 간의 관계를 모분산-공분산 행렬(population variance-covariance matrix) Σ을 가지고 다음과 같이 나타낼 수 있다.

$$\Sigma = \begin{pmatrix} Var(Y) & \\ Cov(Y,X) & Var(X) \end{pmatrix} \tag{5.2}$$

Σ을 모수의 집합 Θ의 함수로서 표현하자. 그러면 $\Sigma(\Theta)$는 다음과 같다.

$$Var(Y) = \beta_1^2 Var(X) + Var(\epsilon) = \beta_1^2 Var(\delta) + Var(\epsilon) = \beta_1^2\sigma_\delta^2 + \sigma_\epsilon^2$$

$$Cov(Y,X) = Cov(\beta_1 X + \epsilon, X) = \beta_1 Var(X) = \beta_1 Var(\delta) = \beta_1\sigma_\delta^2$$

따라서

$$\Sigma(\Theta) = \begin{pmatrix} \beta_1^2\sigma_\delta^2 + \sigma_\epsilon^2 & \\ \beta_1\sigma_\delta^2 & \sigma_\delta^2 \end{pmatrix} \tag{5.3}$$

모수의 집합 Θ에 있는 모수들은 식 (5.2)과 식 (5.3)에 의해 $\Sigma = \Sigma(\Theta)$로부터 다음과 같이 구할 수 있다.

$$\begin{cases} \sigma_\delta^2 = Var(X) \\ \beta_1 = Cov(Y,X)/\,Var(X) \\ \sigma_\epsilon^2 = \dfrac{Var(X)\,Var(Y) - [Cov(Y,X)]^2}{Var(X)} \end{cases} \tag{5.4}$$

식 (5.4)의 모수들을 추정하기 위해서는 식 (5.2)에 있는 분산과 공분산들이 먼저 추정되어야 한나. 따라서 분산과 공분산은 모형과 관계없이 표본으로부터 얻은 분산-공분산 행렬 S를 이용하여 추정할 수 있다.

$$S = \begin{pmatrix} \widehat{Var}(Y) & \\ \widehat{Cov}(Y,X) & \widehat{Var}(X) \end{pmatrix}$$

따라서 연구모형하에서 얻어진 $\Sigma(\Theta)$의 추정치 $\Sigma(\hat{\Theta})$는 다음과 같다.

$$\Sigma(\hat{\Theta}) = \begin{pmatrix} b_1^2\widehat{\sigma_\delta^2} + \widehat{\sigma_\epsilon^2} & \\ b_1\widehat{\sigma_\delta^2} & \widehat{\sigma_\delta^2} \end{pmatrix}$$

여기서

$$\begin{cases} \widehat{\sigma_\delta^2} = \widehat{Var}(X) \\ b_1 = \widehat{Cov}(Y,X)/\,\widehat{Var}(X) \\ \widehat{\sigma_\epsilon^2} = \dfrac{\widehat{Var}(X)\,\widehat{Var}(Y) - [\widehat{Cov}(Y,X)]^2}{\widehat{Var}(X)} \end{cases}$$

(2) 모수추정법

AMOS에서 사용되는 추정법에는 최대우도법(maximum likelihood method) 외에도 일반화최소제곱법(generalized least squares method), 비가중 최소제곱법(unweighted least squares method), 척도무관 최소제곱법(scale-free least squares method), 점근 분포무관법(asymptotically distribution-free method) 등이 있다.

그림 5.4는 [View] → [Analysis Properties] 메뉴를 선택했을 때 여러 가지 추정법들이다.

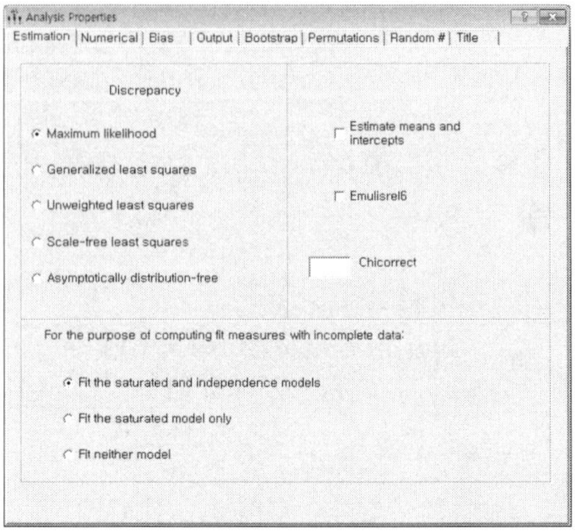

● **그림 5.4** ● 모수추정 방법

최대우도법은 AMOS에서 기본으로 지정되어 있으며 가장 보편적으로 사용되는 방법이다. 최대우도법 다음으로 많이 쓰이는 추정법은 일반화최소제곱법이다. 최대우도법과 일반화최소제곱법은 다변량정규분포를 가정하고 있다. 일반화최소제곱법은 정규분포하에서는 최대우도법과 동등한 결과를 갖고 있으며 관측변수의 분산이 이분산성(heteroscedasticity)을 갖는 경우 흔히 사용하며 대체로 최대우도법보다 로버스트(robust)한 성질을 갖고 있다.

관측변수들의 정규성(normality)을 만족하지 않을 경우 비가중 최소제곱법, 척도무관 최소제곱법, 점근 분포무관법을 사용한다. 비가중 최소제곱법은 χ^2-통계량과 같은 통계적 유의성에 대한 결과를 제공하지 않고 또한 척도에 의존한다. 여기서 척도에 의존한다는 의미는 관측변수의 척도에서 변화가 다른 결과를 낳는다는 것이다. 척도무관 최소제곱법은 척도에 의존하지 않으며 점근 분포무관법은 표본의 크기가 상당히 큰 경우에 유용하다.

(3) 헤이우드 케이스

헤이우드 케이스(Heywood case)란 측정오차의 분산이 음수값을 갖는 경우를 말한다. 구조방정식 모형에서 측정오차는 잠재변수가 여러 개의 관측변수에 의해 측정될 때 반드시 발생하는 오차인데, 측정오차의 음수분산은 통계적 상식에 맞지 않는 결과이다.

헤이우드 케이스가 존재하면 잠재변수와 관측변수 간의 표준화회귀계수가 1 이상의 값을 갖는다. 이것은 하나의 관측변수가 잠재변수에 대하여 100% 이상의 설명력을 갖고 있다는 뜻으로 상식에서 벗어난다.

구조방정식 모형에서 헤이우드 케이스가 발생하는 경우 얻어지는 해를 부적절한 해(inadmissible solution)라고 한다.

- **헤이우드 케이스가 발생하는 경우**
  - (a) 2개 관측변수를 이용하여 잠재변수를 측정하는 경우
  - (b) 표본의 크기가 작은 경우(표본의 크기가 100 이하)
  - (c) 자료에 이상값(outlier)이 존재하는 경우
  - (d) 관측변수들 간의 상관관계가 매우 강하거나 약한 경우

- **헤이우드 케이스를 해결하는 방법**
  - (a) 최소 3개 이상의 측정변수들로 잠재변수를 구성하도록 함
  - (b) 표본의 크기를 크게 함(표본의 크기가 300 이상)
  - (c) 잠재변수의 관측변수들에 대한 회귀계수들을 동일하게 제약함
  - (d) 오차분산값을 매우 작은 값, 보통 0.005로 지정함
  - (e) 해당 항목을 삭제함

예제 5.1 어느 대학교의 한방병원에서는 병원에 대한 만족도를 알아보기 위해 30명을 대상으로 표 5.2의 설문 문항을 조사하였다[4].

• 표 5.2 • 한방병원 만족도 설문조사

설문 문항	매우 불만	대체로 불만	약간 불만	보통	약간 만족	대체로 만족	매우 만족
v1 : 대기시간	①	②	③	④	⑤	⑥	⑦
v2 : 의사진료	①	②	③	④	⑤	⑥	⑦
v3 : 예약 및 접수 절차	①	②	③	④	⑤	⑥	⑦
v4 : 간호사 치료	①	②	③	④	⑤	⑥	⑦
v5 : 진료 절차	①	②	③	④	⑤	⑥	⑦
v6 : 환자 만족	①	②	③	④	⑤	⑥	⑦
v7 : 보호자 만족	①	②	③	④	⑤	⑥	⑦

"절차"(process) 서비스는 대기시간(v1), 예약 및 접수 절차(v3), 진료 절차(v5)에 의해 조사되고, "진료"(curing) 서비스는 의사진료(v2)와 간호사 치료(v4)로 나누어 조사되고, "만족"(satisfaction)은 환자 만족(v6)과 보호자 만족(v7)으로 나누어 조사되었다.

연구자는 절차 서비스가 진료 서비스에 영향을 미칠 뿐만 아니라 병원 만족도에도 영향을 미치고, 진료 서비스도 병원 만족도에 영향을 미친다고 가정하고 있다.

4) 노형진, "Amos로 배우는 구조방정식모형", 학현사, 2011

① 데이터 파일 입력

그림 5.5는 SPSS에서 입력한 한방병원 만족도에 대한 조사 자료의 일부이다.

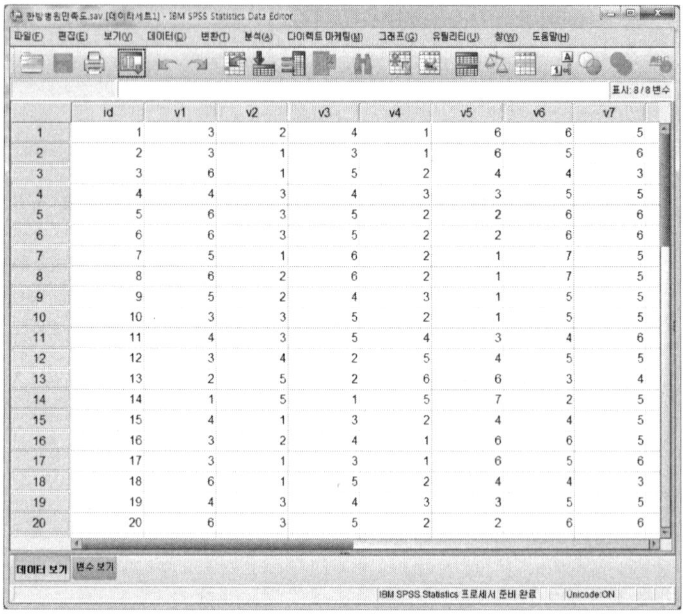

	id	v1	v2	v3	v4	v5	v6	v7
1	1	3	2	4	1	6	6	5
2	2	3	1	3	1	6	5	6
3	3	6	1	5	2	4	4	3
4	4	4	3	4	3	3	5	5
5	5	6	3	5	2	2	6	6
6	6	6	3	5	2	2	6	6
7	7	5	1	6	2	1	7	5
8	8	6	2	6	2	1	7	5
9	9	5	2	4	3	1	5	5
10	10	3	3	5	2	1	5	5
11	11	4	3	5	4	3	4	6
12	12	3	4	2	5	4	5	5
13	13	2	5	2	6	6	3	4
14	14	1	5	1	5	7	2	5
15	15	4	1	3	2	4	4	5
16	16	3	2	4	1	6	6	5
17	17	3	1	3	1	6	5	6
18	18	6	1	5	2	4	4	3
19	19	4	3	4	3	3	5	5
20	20	6	3	5	2	2	6	6

• **그림 5.5** • 한방병원 만족도 조사 데이터("한방병원만족도.sav")

② 연구모형에 대한 경로도형 작성

한방병원 만족도 조사에서 그림 5.6과 같이 연구모형에 대한 경로도형을 작성한다.

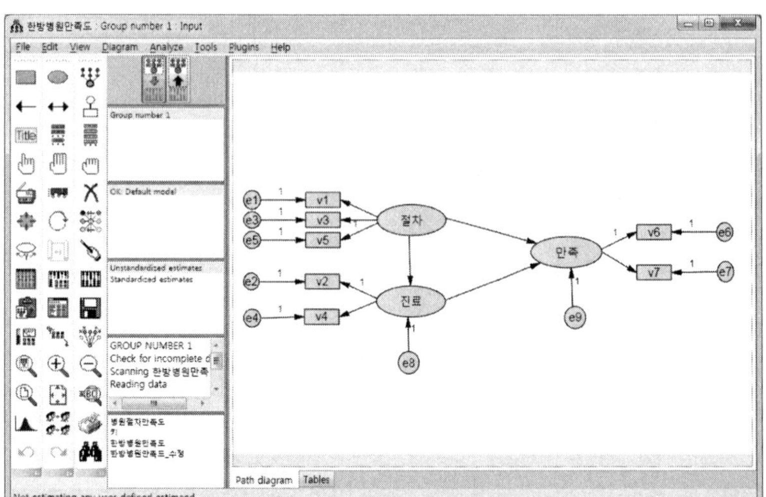

• **그림 5.6** • 연구모형에 대한 경로도형

③ AMOS 모형 실행 결과

그림 5.6의 연구모형을 실행시킨 결과는 그림 5.7과 같다.

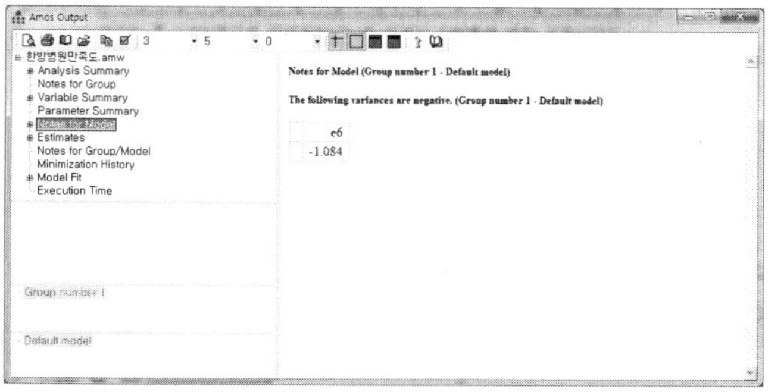

• 그림 5.7 • 오차항의 분산이 음수인 모형 결과

그림 5.7는 측정오차의 분산이 음수값을 갖는 헤이우드 케이스가 존재한다는 것을 보여주고 있다. 그림 5.8처럼 헤이우드 케이스가 존재하는 경우에도 모형의 적합도에 대한 결과가 출력되므로 이 값을 가지고 모형의 적합도를 논하는 것은 의미가 없다. 따라서 헤이우드 케이스가 존재하면 모형은 부적절한 해를 낳기 때문에 반드시 이에 대한 문제를 해결해야만 한다.

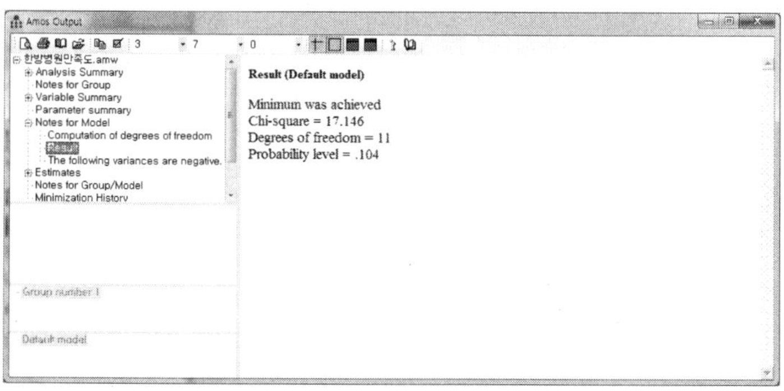

• 그림 5.8 • 연구모형에 대한 적합도

그림 5.9는 헤이우드 케이스가 존재하는 경우 모수의 추정치에 대한 출력결과이다.

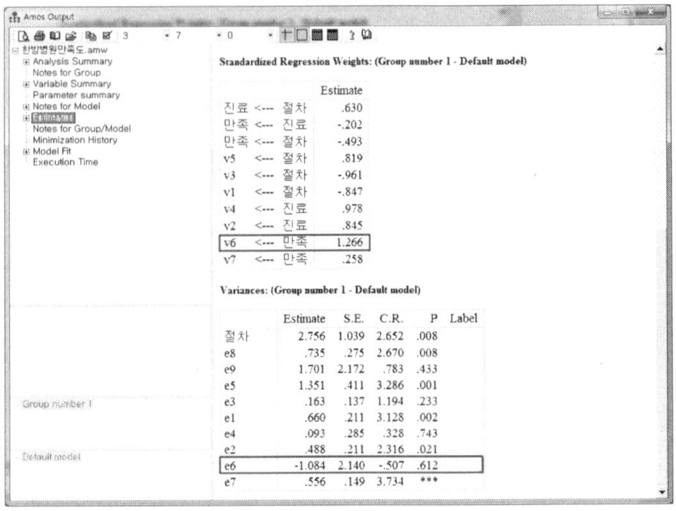

그림 5.9 연구모형의 표준화회귀계수와 분산추정치

그림 5.9에서 보면 [v6 ← 만족] 경로의 표준화회귀계수는 1.266로 1 이상의 값을 갖고 있고 e6의 분산은 −1.084임을 알 수 있다.

그림 5.10은 헤이우드 케이스가 존재하는 경우 연구모형의 해가 부적절하다는 것을 보여주고 있다.

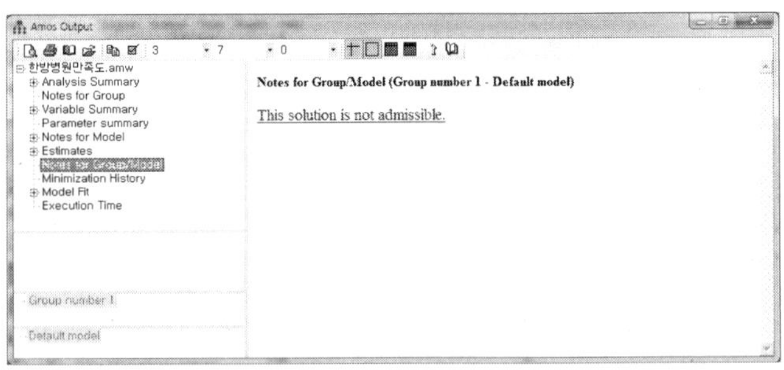

그림 5.10 부적절한 해의 존재

위에서 열거한 헤이우드 케이스 문제의 해결 방법 중에서 첫 번째인 잠재변수를 구성하는 측정변수의 개수 문제와 두 번째인 표본의 크기 문제는 설문지 작성과 자료 수집 등 예비 단계에서 고려하는 문제이므로 여기서는 다음의 두 가지 방법을 사용하여 헤이우드 케이스 문제를 해결하고자 한다.

(a) **오차분산값을 매우 작은 값, 보통 0.005로 지정하는 방법**

오차의 음수 분산을 작은 값을 갖는 양수값으로 고정시키는 방법이다. 예를 들어 그림 5.11과 같이 0.005와 같은 아주 작은 값으로 고정시킨다. 이 방법은 음수 오차분산을 해결하는 가장 일반적인 방법이지만 실제 수치와 다른 값으로 지정하는 것이기 때문에 논란의 여지가 있다.

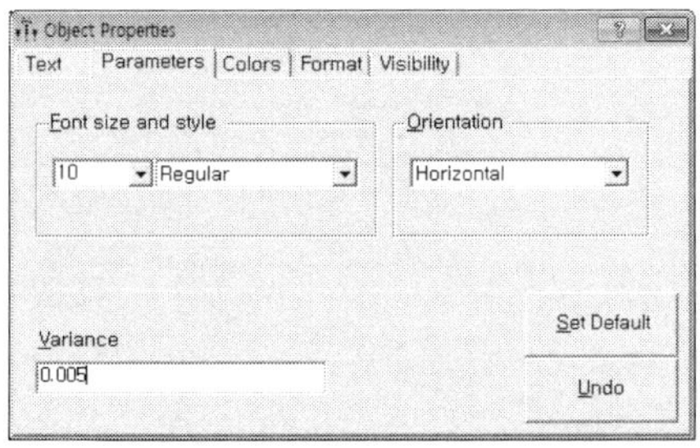

• 그림 5.11 • 오차분산값을 0.005로 제약

그림 5.12는 음수값을 갖는 오차항의 분산을 0.005로 고정시킨 것을 보여주고 있다.

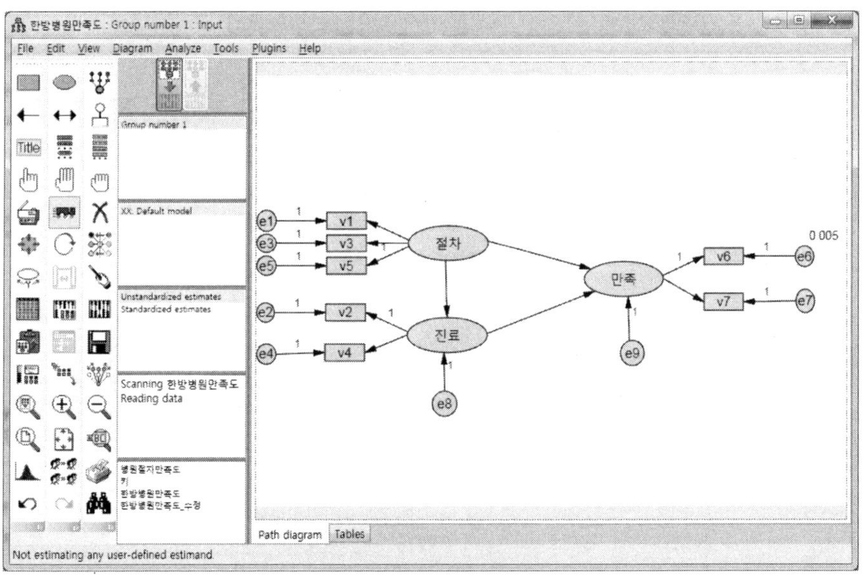

• 그림 5.12 • 오차분산값을 고정시킨 연구모형

그림 5.13는 그림 5.12의 오차분산값을 고정시켜서 얻은 모형에 대한 적합도 결과이다.

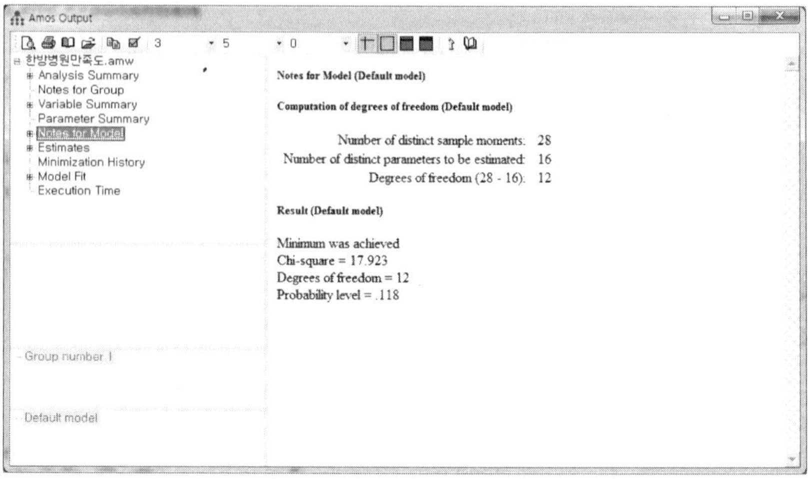

• **그림 5.13** • 오차분산값을 고정시킨 연구모형에 대한 적합도

그림 5.14는 그림 5.12의 오차분산값을 고정시킨 연구모형에 대한 모수추정치를 보여주고 있다.

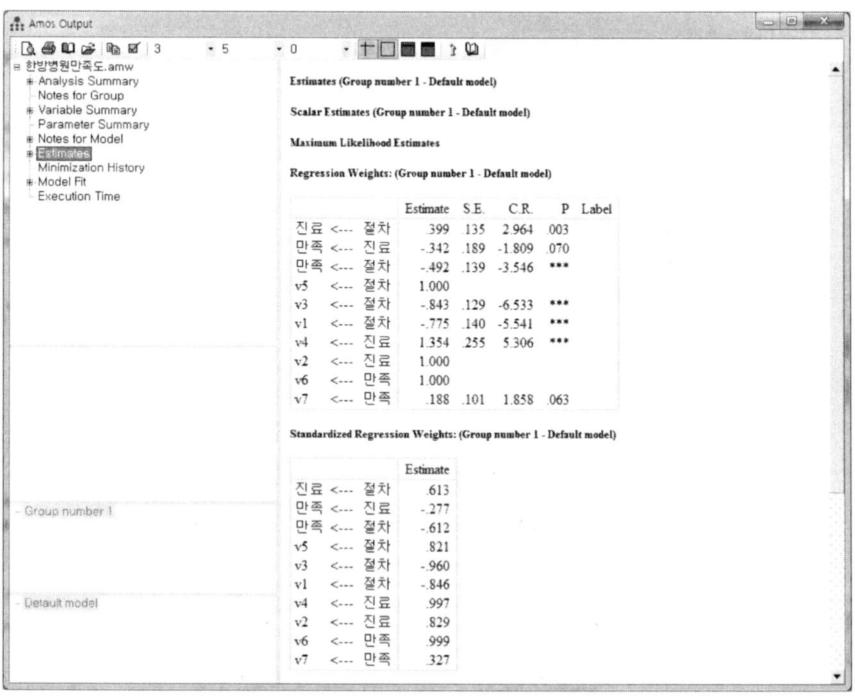

• **그림 5.14** • 연구모형에 대한 모수추정치

(b) **잠재변수의 관측변수들에 대한 경로계수들을 동일하게 제약하는 방법**

잠재변수를 측정하는 여러 개의 관측변수들 중에서 음의 분산을 갖는 오차항과 연결된 관측변수뿐만 아니라 다른 관측변수들과의 경로계수에 대해서도 모두 동일하게 1로 고정시키는 방법이다.

그림 5.15에서 [v6 ← 만족] 경로계수뿐만 아니라 [v7 ← 만족] 경로계수를 1로 고정시킨다.

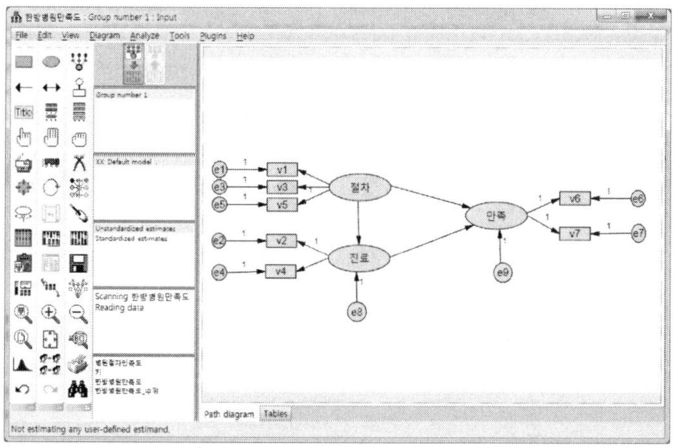

• 그림 5.15 • [v7 ← 만족] 경로계수 1로 고정

그러나 위의 방법은 그림 5.16에서 나타낸 것처럼 또 다른 오차항에 대한 음의 분산을 발생시키고 있다.

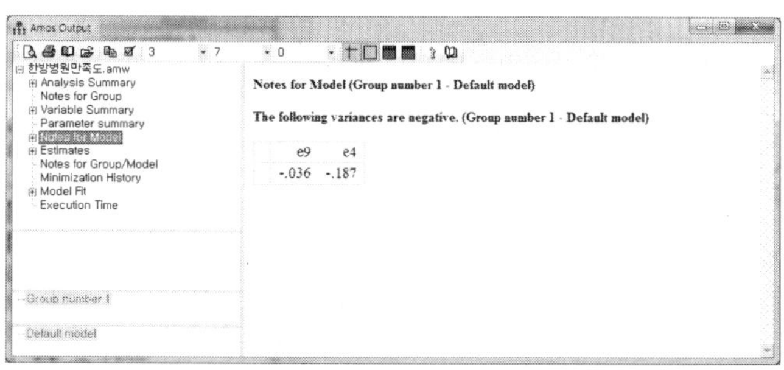

• 그림 5.16 • 오차항에 대한 음의 분산

음의 분산을 갖는 오차항 e9와 e4 중에서 e9는 그림 5.15에서 나타낸 것처럼 이미 경로계수가 1로 고정되어 있기 때문에, 여기서는 그림 5.17처럼 e4에 대해서만 경로계수를 1로 고정시킨다.

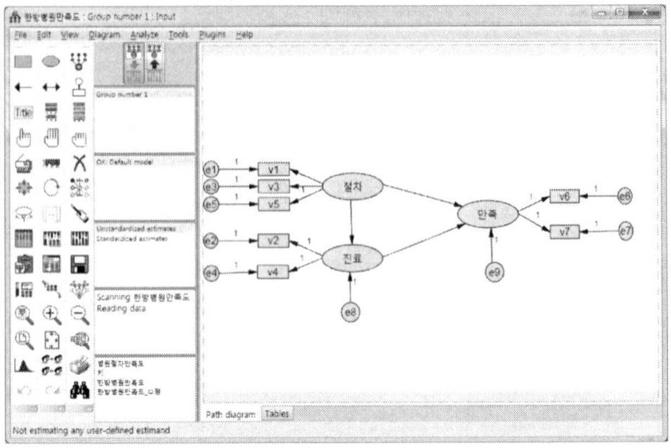

• **그림 5.17** • [v4 ← 진료] 경로계수 1로 고정

그림 5.18은 그림 5.17의 경로계수를 1로 고정한 모형에 대한 적합도 결과이다.

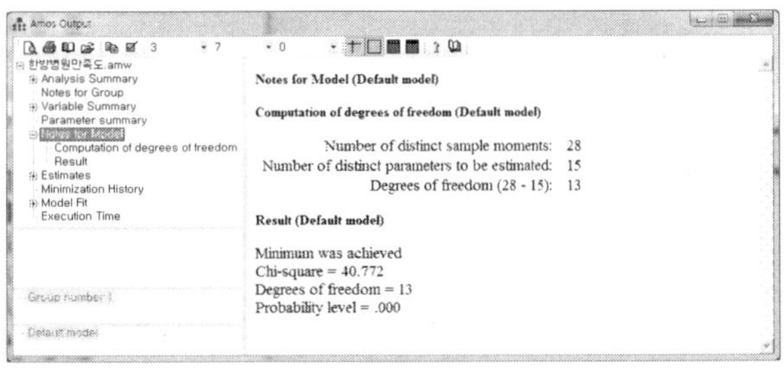

• **그림 5.18** • 그림 5.17의 모형에 대한 적합도

그림 5.19는 그림 5.17과 같이 경로계수를 고정한 연구모형에 대한 모수추정치를 보여주고 있다.

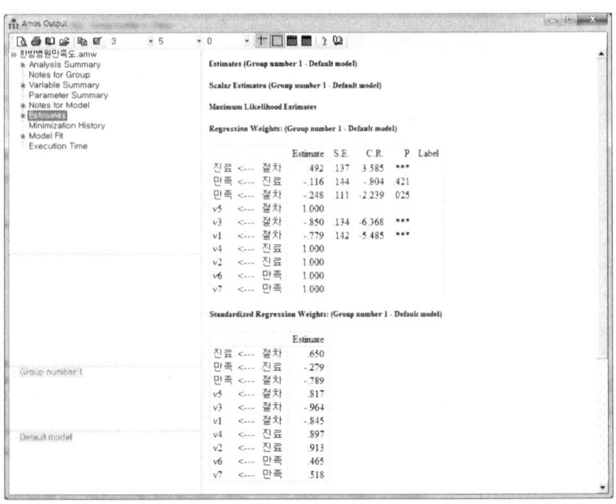

• **그림 5.19** • 경로계수 고정한 모형에 대한 모수추정치

잠재변수의 관측변수들에 대한 회귀계수들을 동일하게 1로 제약하여 헤이우드 케이스를 해결하는 방법은 회귀계수들을 자료로부터 추정해야 하는데, 특정한 값인 1로 고정하는 것이기 때문에 논란의 여지가 있다.

5.2 모형식별

연구자에 의해 설정된 연구모형에서 모수들에 대한 해(solution)가 항상 존재하는 것은 아니다. 어떤 모형은 무수히 많은 해가 존재하고, 어떤 모형은 오직 하나의 유일해가 존재하고, 어떤 모형은 해가 존재하지 않은 경우도 있다.

AMOS에서 모형의 모수는 표본으로부터 얻은 분산-공분산 행렬을 토대로 추정한다. 예를 들어, 표본에서 p개의 변수를 사용하는 경우 분산-공분산 행렬은 $p(p+1)/2$개의 원소들로 구성된다. 여기서 $p(p+1)/2 = p + \binom{p}{2}$이다. 즉 분산은 p개, 공분산은 $\binom{p}{2}$개이다. 이때 AMOS에서 연구모형을 어떻게 설정하느냐에 따라 해의 존재 여부가 결정된다. 모형에서 모수의 개수를 t라고 하면 다음의 조건을 만족하는 경우 1개 이상의 해가 존재한다.

$$p(p+1)/2 \geq t \tag{5.5}$$

모형식별(model identification)은 분산-공분산 행렬에서 분산, 공분산의 개수와 추정해야 할 모수의 개수에 따라 크게는 식별가능모형(identified model)과 식별불가능모형(unidentified model)으로 나눈다. 모형에서 조건식 (5.5)를 만족하는 경우, 즉 해가 1개 이상 존재하는 경우 모형을 식별가능모형이라고 하고 그렇지 않은 경우 식별불가능모형이라고 한다. 또한 모형을 과소식별모형(under-identified model), 적정식별모형(just-identified model), 과대식별모형(over-identified model)으로 나눌 수 있다. 과소식별모형은 분산-공분산 행렬에서 분산과 공분산의 개수가 추정해야 할 모수의 개수보다 적은 경우이고, 적정식별모형은 분산과 공분산의 개수가 추정해야 할 모수의 개수와 같은 경우이고, 과대식별모형은 분산과 공분산의 개수가 추정해야 할 모수의 개수보다 많은 경우이다.

자유도를 가지고 모형식별에 대해 설명하기 위해 식 (5.5)를 다음과 같이 나타낸다.

$$df = p(p+1)/2 - t \geq 0 \tag{5.6}$$

식 (5.6)를 만족하는 경우의 모형을 식별가능모형이고 그렇지 않는 경우 식별불가능모형이다. 과대식별모형은 자유도가 양수, 적정식별모형은 자유도가 0, 그리고 과소식별모형은 자유도가 음수이다. 과대식별모형은 모형의 적합 정도를 수치를 가지고 나타내고, 적정식별모형은 완벽한 적합도를 나타내는 수치, 예를 들면 $\chi^2 = 0$을 제공하고, 과소식별모형은 모형이 식별되지 않아 모형의 적합도를 나타내는 수치를 제공하지 않는다.

표 5.3은 위에서 설명한 과대식별모형, 적정식별모형, 과소식별모형의 특징을 표로 정리한 것이다.

표 5.3 식별모형의 특징

모형식별	표본적률의 개수와 모수의 개수 비교	자유도	적합도	분석
과대식별모형	표본적률의 개수 〉 모수의 개수 비교	양수	수치 제공	가능
적정식별모형	표본적률의 개수 = 모수의 개수 비교	0	완벽 수치 제공	가능
과소식별모형	표본적률의 개수 〈 모수의 개수 비교	음수	수치 제공 불가능	불가능

모형식별에 대해 쉽게 이해하기 위해 연립방정식의 해를 구하는 문제에 대해 생각해 보자. 예를 들어 미지수(여기서는 모수)가 A, B 2개이고 방정식의 수가 3개인 식 (5.7)의 연립방정식에서 해를 구해 보자.

$$A + 2B = 18,\ 2A + B = 24,\ A \times B = 40 \tag{5.7}$$

위의 방정식의 해는 $A = 8, B = 5$와 $A = 10, B = 4$인 2개가 존재한다. 미지수가 2개이고 방정식의 수가 2개인 식 (5.8)의 연립방정식에서 해를 구해 보자.

$$A + 2B = 18,\ 2A + B = 24 \tag{5.8}$$

위의 방정식의 해는 $A = 10, B = 4$인 1개가 존재한다. 미지수가 2개이고 방정식의 수가 1개인 식 (5.9)의 방정식에서 해를 구해 보자.

$$A + 2B = 18 \tag{5.9}$$

위의 방정식은 정확한 해가 존재하지 않고 무수히 많은 해가 존재한다.

모형식별과 연립방정식과의 관계에서 식 (5.7)에 해당되는 모형이 과대식별모형, 식 (5.8)에 해당되는 모형이 적정식별모형, 식 (5.9)에 해당되는 모형이 과소식별모형이다.

연립방정식에서 식 (5.9)에서처럼 무한히 해가 존재하는 것을 식 (5.8)과 같이 정확한 1개의 해가 존재하기 위해서는 미지수를 상수(constant)로 고정시키면 된다. 모형식별에서도 추정하고자 하는 모수를 상수로 고정시킴으로서 과소식별모형을 적정식별모형, 혹은 과대식별모형으로 변환할 수는 있다. 그러나 이 경우 임의의 값을 가질 수 있는 모수에 특정한 상수로 제약을 가함으로서 실제 수치와 다른 값을 지정하는 것이기 때문에 논란의 여지는 있다.

구조방정식 모형에서 식별가능모형이 되기 위한 몇 가지 방법에 대해 알아보자.

첫째, 모형을 재귀모형(recursive model)과 비재귀모형(non-recursive model)으로 나눌 때 대부분의 재귀모형은 식별가능모형이다. 재귀모형은 변수들 간의 관계가 한방향 모형(unidirectional model)이다. 즉, 변수들 간의 관계가 순차적인 한 방향으로만 설정되어 있는 모형이다. 비재귀모형은 변수들 간의 관계가 양방향 모형(bidirectional model)이다. 즉, 변수들 간의 관계에서 두 개의 한방향 화살표가 엇갈린 방향으로 표시되어 있는 모형이다.

둘째, 모형에서 오차항의 경로계수와 오차항의 분산을 특정값으로 제약을 주는 경우 식별가능모형이 될 수 있다. 보통 오차항의 경로계수를 1로 설정한다.

셋째, 잠재변수에 여러 개의 관측변수가 붙어 있는 모형에서 이들 경로계수 중 1개의 경로계수를 1로 설정하는 경우 식별가능모형이 될 수 있다. 이때 잠재변수에 붙어 있는 관측변수 중에서 1로 설정할 변수를 참조변수(reference variable)라고 한다. 참조변수 선택은 보통 잠재변수와 가장 강한 관계를 갖고 있는 변수를 선택하여 경로를 1로 설정하고 그런 사전지식이 없는 경우 임의의 변수를 선택하여 1로 설정한다.

예제 5.2 어느 대학교 병원에서는 환자들의 병원절차에 대한 만족도를 파악하기 위해 표 5.4의 설문내용에 대해 조사를 하였다. 3가지 문항에 대해 7단 척도를 사용하였고 설문지에 응답을 한 고객은 30명이다. 환자의 병원절차 만족도는 환자의 대기시간, 예약 및 접수처리 그리고 진료절차에 의해 조사되었다. 적당한 연구모형을 설정하고 모형을 식별하고자 한다.

• **표 5.4** • 병원절차만족도에 대한 설문내용

설문 문항	매우 불만	대체로 불만	약간 불만	보통	약간 만족	대체로 만족	매우 만족
(v1) 대기시간	①	②	③	④	⑤	⑥	⑦
(v2) 예약 및 접수처리	①	②	③	④	⑤	⑥	⑦
(v3) 진료 절차	①	②	③	④	⑤	⑥	⑦

표 5.5는 병원절차만족도에 대해 조사한 30명에 대한 데이터이다.

• 표 5.5 • 병원절차만족도에 대한 조사 데이터

id	v1	v2	v3
1	3	4	6
2	3	3	6
3	6	5	4
4	4	4	3
5	6	5	2
6	6	5	2
7	5	6	1
8	6	6	1
9	5	4	1
10	3	5	1
11	4	5	3
12	3	2	4
13	2	2	6
14	1	1	7
15	4	3	4
16	3	4	6
17	3	3	6
18	6	5	4
19	4	4	3
20	6	5	2
21	6	5	2
22	5	6	1
23	6	6	1
24	5	4	1
25	3	5	1
26	4	5	3
27	3	2	4
28	2	2	6
29	1	1	7
30	4	3	4

① 데이터 파일 입력

SPSS을 실행시켜 표 5.5의 조사 데이터를 그림 5.20과 같이 입력하고 파일 이름을 "병원절차만족도.sav"라고 한다.

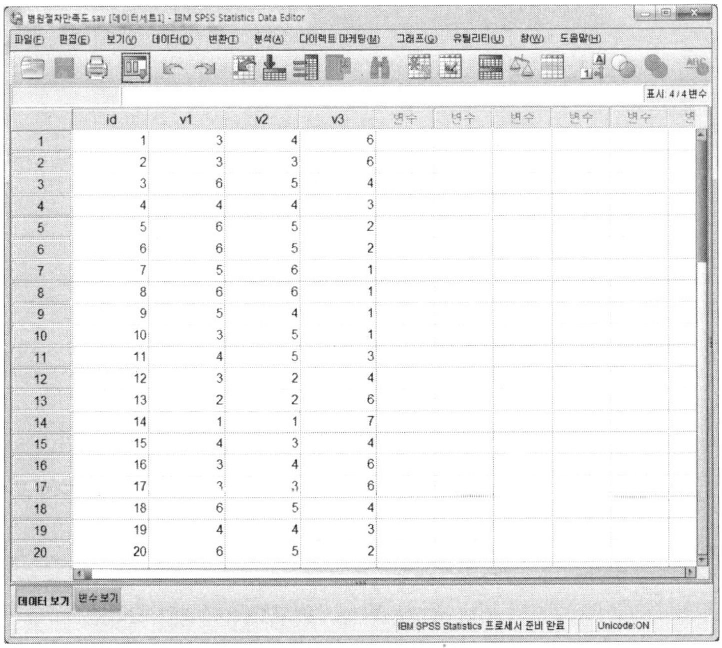

	id	v1	v2	v3
1	1	3	4	6
2	2	3	3	6
3	3	6	5	4
4	4	4	4	3
5	5	6	5	2
6	6	6	5	2
7	7	5	6	1
8	8	6	6	1
9	9	5	4	1
10	10	3	5	1
11	11	4	5	3
12	12	3	2	4
13	13	2	2	6
14	14	1	1	7
15	15	4	3	4
16	16	3	4	6
17	17	3	3	6
18	18	6	5	4
19	19	4	4	3
20	20	6	5	2

• **그림 5.20** • 병원절차만족도 데이터("병원절차만족도.sav")

② 연구모형에 대한 경로도형 작성

"병원절차만족도"는 3개의 관측변수 "대기시간", "예약접수절차", "진료절차"에 의해 측정됨으로 그림 5.21과 같이 연구모형에 대한 경로도형을 작성한다.

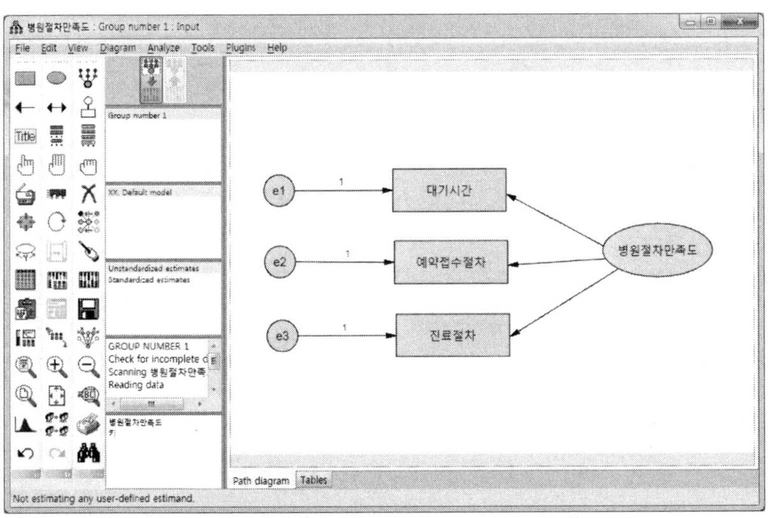

• **그림 5.21** • 연구모형에 대한 경로도형

③ AMOS 모형 실행 결과

그림 5.22는 그림 5.21의 연구모형에 대한 적합도이다.

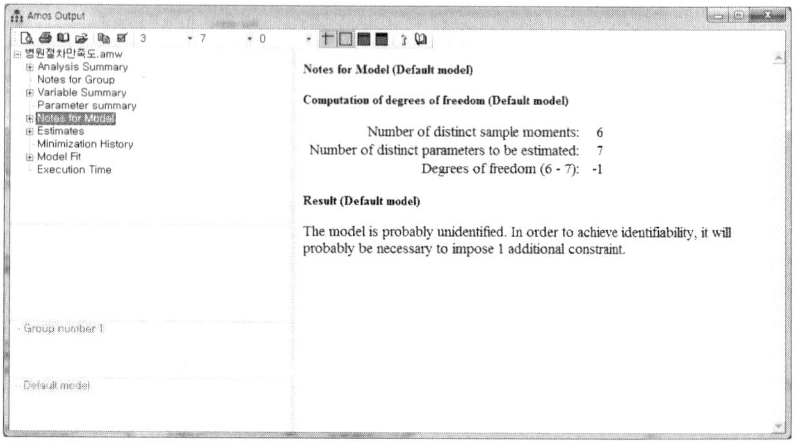

• 그림 5.22 • 연구모형에 대한 적합도

그림 5.22는 자유도 $df=-1$인 식별불가능모형을 나타내고 있다. 이 모형은 과소식별모형에 해당된다. 그림 5.22의 식별불가능모형이 식별가능모형, 여기서는 적정식별모형이 되기 위해서는 추가로 모수 1개의 제약조건이 필요하다.

그림 5.23은 적정식별모형이 되기 위해 잠재변수와 3개의 관측변수 경로 중 1개의 경로계수를 1로 설정한 모형이다.

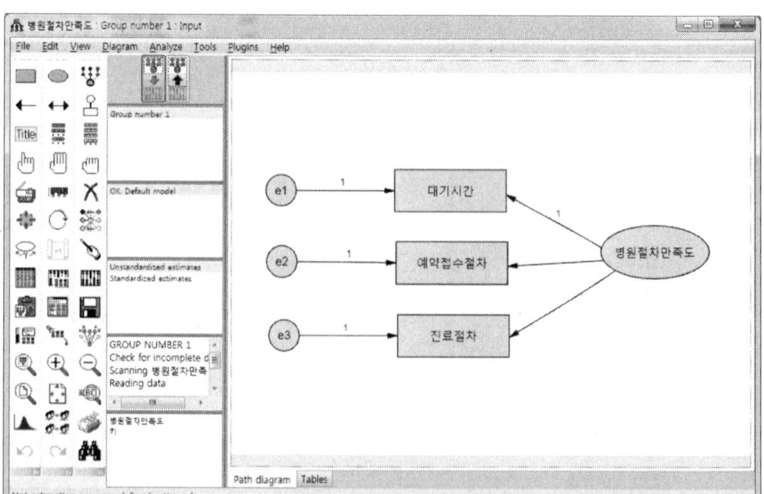

• 그림 5.23 • 적정식별모형

그림 5.24는 그림 5.23의 적정식별모형에 대한 적합도를 나타내고 있다.

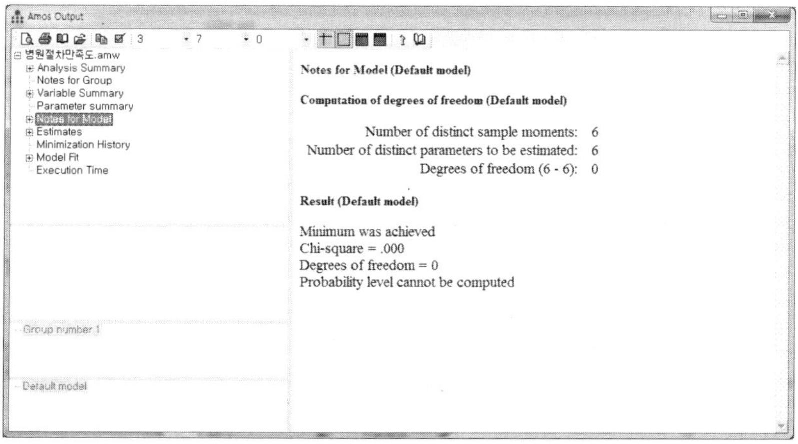

• 그림 5.24 • 적정식별모형에 대한 적합도

그림 5.24는 자유도 $df = 0$인 적정식별모형을 나타내고 있다. 과대식별가능 모형을 원한다면 별도로 모수 1개의 제약조건이 더 필요하다.

그림 5.25은 그림 5.23의 적정식별모형에 대한 모수추정치 결과이다.

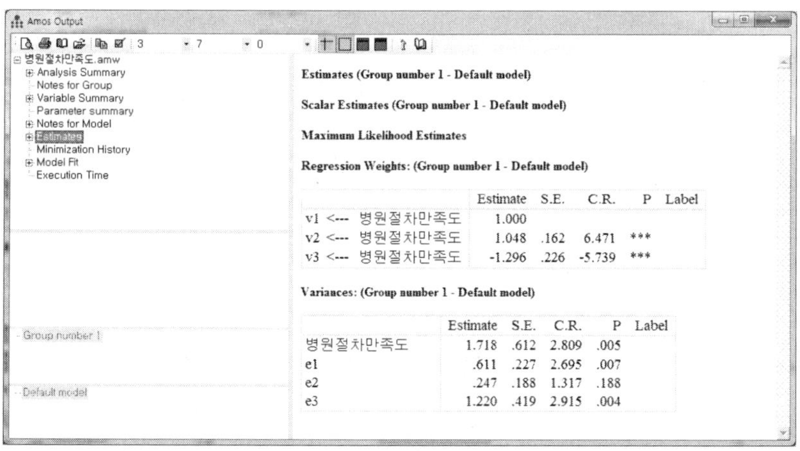

• 그림 5.25 • 적정식별모형에 대한 모수추정치

그림 5.23의 적정식별모형을 과대식별모형으로 만들기 위해 오차항의 분산을 제약하고자 한다. 이를 위해 3개의 오차항 중에서 오차분산이 1에 가까운 오차항을 선택하여 1로 지정한다. 그림 5.25의 모형 추정치 결과로부터 오차항 e1, e2, e3의 분산 중에서 e3의 분산이 1.220이므로 그림 5.26에서처럼 이 분산을 1로 지정한다.

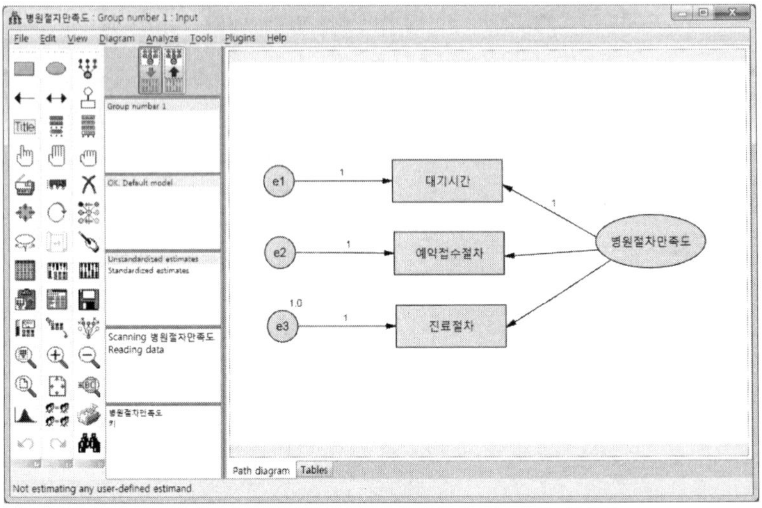

• 그림 5.26 • 과대식별모형

그림 5.27은 그림 5.26의 과대식별모형에 대한 모형적합도 결과이다.

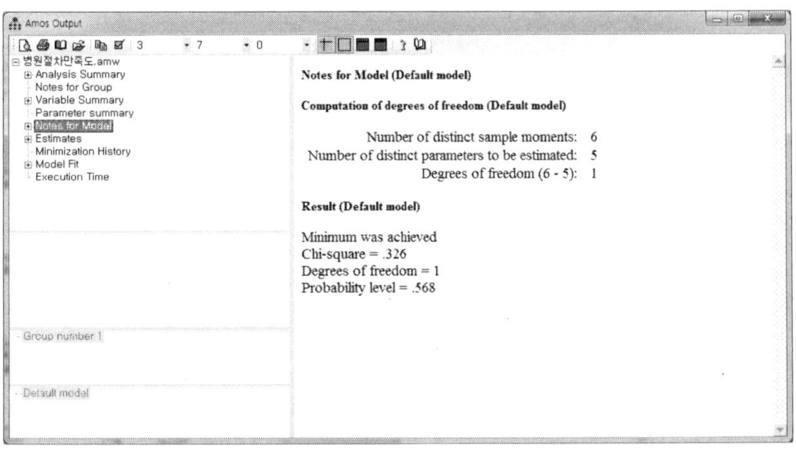

• 그림 5.27 • 과대식별모형에 대한 적합도

그림 5.27로부터 그림 5.26의 과대식별모형의 적합도는 $\chi^2 = 0.326$, $df = 1, p = 0.568$임을 나타내고 있다.

06장 모형적합도 평가

6.1 모형적합지수

지금까지 모형적합을 평가하는 데 χ^2-통계량만을 사용하여 판단하였다. 그러나 구조방정식 모형에서는 χ^2-통계량 외에 여러 가지 많은 적합지수들을 가지고 종합적으로 판단해야 한다.

모형의 적합 여부를 판단하는 지수에는 절대적합지수(absolute fit index), 증분적합지수(incremental fit index), 간명적합지수(parsimonious fit index)가 있다.

(1) 절대적합지수

모형적합도는 연구자에 의해 설정된 연구모형이 조사된 데이터를 어느 정도 잘 설명하느냐에 달려 있다. 이것은 데이터의 분산-공분산 행렬과 추정된 연구모형의 분산-공분산 행렬의 차이에 의해 결정된다.

절대적합지수는 다른 모형과 비교 없이 오직 데이터의 분산-공분산 행렬과 추정된 연구모형의 분산-공분산 행렬과의 비교를 통해 얻어지는 적합지수이다. 절대적합지수에는 χ^2(CMIN), 상대 χ^2(CMIN/DF), RMR, GFI, AGFI, RMSEA 등이 있다.

① χ^2(CMIN)

χ^2-통계량은 가장 대표적인 절대적합지수로 AMOS에서는 "CMIN"으로 표현된다. 여기서 CMIN는 Chi-square minimum discrepancy의 약자이다.

χ^2-통계량은 다음과 같이 수식으로 나타낼 수 있다.

$$\chi^2 = (N-1)F(S - \Sigma(\hat{\Theta})) \tag{6.1}$$

여기서 $F(S-\Sigma(\hat{\Theta}))$는 표본오류(sample discrepancy)로서 데이터의 분산-공분산 행렬 S와 추정된 연구모형의 분산-공분산 행렬 $\Sigma(\hat{\Theta})$과의 차이에 대한 함수이다. χ^2-통계량은 데이터의 크기가 큰 경우 자유도 $df = p(p+1)/2 - t$인 χ^2분포를 갖는다. 여기서 N는 데이터의 개수이고 p는 변수의 개수, t는 모수의 개수이다.

χ^2-통계량은 식 (6.1)에서 보듯이 표본오류 $F(S-\Sigma(\hat{\Theta}))$에 데이터의 크기(정확히는, $N-1$)를 곱하여 얻어진다. 이 경우 표본오류는 연구모형이 데이터에 대한 반영 정도를 나타내는데, 연구모형이 조금이라도 데이터를 반영하지 못하는 경우 χ^2-통계량은 예민하게 반응하여 큰 값을 갖게 된다. 또한 χ^2-통계량은 데이터의 크기에 비례하므로 데이터의 크기가 크면 χ^2-통계량은 큰 값을 갖는다. 마지막으로 χ^2-통계량은 정규분포하에서 최대우도법을 사용하여 얻어진 적합도 함수로서 데이터가 정

규분포를 벗어나는 경우 적합지수로서 적당하지 않다. 따라서 χ^2-통계량은 적합 여부를 결정하는 검정통계량보다는 모형이 데이터를 어느 정도 설명하는지에 대한 설명력 정도를 나타내는 하나의 척도로서 유용하다.

② 상대 χ^2(CMIN/DF)

상대 χ^2(relative Chi-square)은 χ^2-통계량을 자유도로 나눈 값으로 Normed-χ^2(Normed-Chi square)라고도 부르고 AMOS에서는 "CMIN/DF"로 표현한다. 상대 χ^2는 데이터의 크기에 비례하는 χ^2-통계량의 값의 단점을 보완한 지수이다. 상대 χ^2의 값이 작을수록 적합도가 좋다고 할 수 있다. 상대 χ^2의 값이 3 이하이면 괜찮은 모형이고 2 이하이면 좋은 모형이라고 할 수 있다.

③ RMR

RMR(Root Mean-square Residual)는 평균 잔차제곱합(mean-square residual)의 제곱근(root)을 말한다. 여기서 잔차(residual)란 데이터의 분산-공분산 행렬 S와 추정된 연구모형의 분산-공분산 행렬 $\hat{\Sigma}$의 원소들 간 차이를 말한다. RMR은 다음과 같이 수식으로 나타낼 수 있다.

$$RMR = \sqrt{\frac{1}{p(p+1)/2}\sum_i\sum_j(S_{ij} - \hat{\Sigma_{ij}})^2}$$

여기서 p는 변수의 개수이다. RMR은 데이터의 분산-공분산 행렬 S와 추정된 연구모형의 분산-공분산 행렬 $\hat{\Sigma}$과의 차이에 대한 수치이므로 두 행렬이 일치하면 RMR이 0이 된다. 따라서 이 값은 작으면 작을수록 적합도가 좋다. RMR 값이 0.08이하이면 좋은 모형이라고 할 수 있다.

그러나 RMR 값은 관측변수의 척도(scale)에 의존한다. 예를 들면 측정단위가 m인 경우 km인 경우보다 RMR의 값이 커진다. 따라서 표준화 RMR(standardized RMR: SRMR)을 일반적으로 사용한다. SRMR은 표준화된 관측변수의 값, 즉 관측변수의 측정값을 표준화(평균=0, 표준편차=1)한 값에서 얻어진 RMR을 의미하는데, SRMR은 0.08 이하이면 좋은 모형이라고 할 수 있다.

AMOS에서 SRMR을 얻기 위해서 [Plugins] → [Standardized RMR] 메뉴를 선택하여 활성화시킨 상태에서 [Analyze] → [Calculate Estimates] 메뉴를 선택하면 그림 6.1과 같은 SRMR 값이 출력된다.

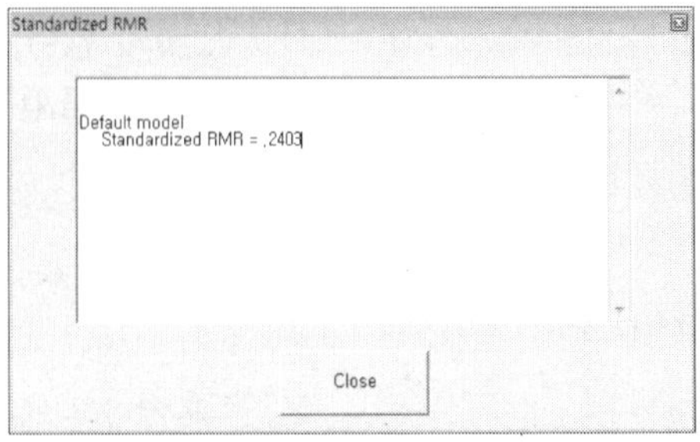

• 그림 6.1 • SRMR 출력

그림 6.1의 SRMR 값은 0.2403으로 큰 값이므로 좋은 모형이라고 할 수 없다.

④ GFI

GFI(Goodness of Fit Index)는 구조방정식 모형에서 많이 사용하는 적합도지수로서 데이터의 분산-공분산 행렬 S과 추정된 연구모형의 분산-공분산 행렬 $\hat{\Sigma}$과의 차이를 행렬의 트레이스(trace)로 나타낸 지수이다.

$$\mathrm{GFI} = 1 - \frac{Tr(S - \Sigma(\hat{\Theta}))}{Tr(S)}$$

여기서 Tr는 행렬의 트레이스이다. 행렬에서 트레이스는 행렬에서 대각성분의 합으로 나타낸다. GFI는 0과 1 사이의 값이며 1에 가까울수록 적합 정도가 좋은 것으로 간주한다. 보통 0.9 이상이면 적합 정도가 좋다고 할 수 있다. 단, GFI는 모수를 추가할수록 값이 계속 커지는 단점을 갖고 있다.

⑤ AGFI

AGFI(Adjusted Goodness of Fit Index)는 GFI를 자유도에 의해 조정한 지수이다.

$$\mathrm{AGFI} = 1 - \frac{k(k+1)}{2df_{model}}(1 - \mathrm{GFI})$$

여기서 df_{model}는 연구모형의 자유도이다.

AGFI는 GFI의 단점인 모수를 추가하면 GFI가 커지는 것을 보완하여 자유도에 의해 조정된 지수이다. AGFI도 0과 1 사이의 값이며 1에 가까울수록 적합 정도가 좋은 것으로 간주한다. 보통 0.9 이상이면 적합 정도가 좋다고 할 수 있다.

회귀분석에서 GFI는 결정계수(coefficient of determination)에 해당되고 AGFI는 수정된 결정계수에 해당된다고 생각하면 된다. 여기서 결정계수는 추정된 회귀모형이 주어진 자료에 적합한 정도를 측정하는 척도이다.

⑥ RMSEA

RMSEA(Root Mean Squared Error of Approximation)는 데이터의 크기와 모형의 복잡성에 영향을 받는다는 χ^2-통계량의 단점을 보완한 지수이다.

$$RMSEA = \sqrt{\max\left(\frac{F(S-\Sigma(\hat{\Theta}))}{df_{model}} - \frac{1}{N-1}, 0\right)}$$

모형이 완벽하게 적합하면 RMSEA 값은 0이다. RMSEA의 값이 0.05 이하이면 매우 좋고, 0.08 이하이면 양호하고, 0.1 이하이면 보통인 것으로 판단한다.

(2) 증분적합지수

증분적합지수는 기준이 되는 독립모형(independent model)과 연구모형을 비교하여 어느 정도 개선되었는지 나타내는 지수이다. 여기서 독립모형이란 변수들 간에 관계가 없다는 가정하에서 얻어진 모형으로 추정할 모수가 가장 적은 기본 모형(baseline model)을 의미한다.

① NFI

NFI(Normed Fit Index)는 독립모형의 χ^2과 연구모형의 χ^2과의 상대적인 차이를 나타내는 지수이다. "Delta1"으로 표현하기도 한다.

$$NFI = \frac{\chi^2_{indep} - \chi^2_{model}}{\chi^2_{indep}}$$

여기서 χ^2_{indep}는 독립모형의 χ^2-통계량이고 χ^2_{model}는 연구모형의 χ^2-통계량이다.

NFI는 0과 1 사이의 값이며 1에 가까울수록 적합 정도가 좋은 것으로 간주한다. 보통 0.9 이상이면 적합 정도가 좋다고 할 수 있다. 만약, NFI의 값이 0.9이면 독립모형에 비해 연구모형이 90% 향상되었다는 의미이다. NFI는 연구모형이 독립모형과 멀어질수록, 즉 복잡한 모형일수록 큰 값을 갖는다는 단점을 갖고 있다.

② NNFI(혹은 TLI)

NNFI(Non-Normed Fit Index) 혹은 TLI(Tuker-Lewis Index)는 독립모형의 χ^2/df과 연구모형의 χ^2/df와의 상대적인 차이를 나타내는 지수이다. "rho2"로 표현하기도 한다. NNFI(혹은 TLI)는 NFI와 비교해서 단지 모형의 자유도를 고려하여 나타내는 지수이다.

$$NNFI = \frac{\chi^2_{indep}/df_{indep} - \chi^2_{model}/df_{model}}{\chi^2_{indep}/df_{indep} - 1}$$

NNFI(혹은 TLI)는 0과 1 사이의 값을 가지고 $\chi^2_{indep} > \chi^2_{model}$인 경우 이 범위를 벗어날 수 있다. NNFI(혹은 TLI)의 값이 0.9 이상이면 모형이 적합하다고 할 수 있다.

③ CFI

CFI(Comparative Fit Index) 지수는 NFI의 단점인 모형의 복잡성에 민감하다는 것을 보완한 지수로서 널리 사용한다.

$$CFI = 1 - \frac{\max(\chi^2_{model} - df_{model}, 0)}{\max(\chi^2_{indep} - df_{indep}, 0)}$$

CFI는 0과 1 사이의 값을 가지고 1에 가까울수록 좋은 모형이라고 할 수 있다.

(3) 간명적합지수

모형에서 모수가 많을수록 모형은 복잡하고 따라서 과대적합(over-fitting)으로 인해 모형적합도는 높아지나 모형 재현성이 떨어져 좋은 모형이라고 할 수 없다. 좋은 모형이란 적은 수의 모수를 사용하면서 높은 적합도를 갖는 모형이라고 할 수 있다. 자유도를 가지고 설명하면, 모형에서 적은 수의 모수를 사용하면 자유도는 커지면서 모형적합도는 낮아진다. 모형에서 적은 수의 추정할 모수를 가지고 높은 수준의 적합도를 갖는 정도를 모형의 간명도(parsimony)라고 한다.

간명적합지수란 모형의 간명도를 평가하는 지표이다. 모형이 복잡할수록 간명적합지수는 낮아진다. 간명적합지수는 하나의 모형의 적합에 대한 지수보다는 여러 개의 모형을 비교하는 경우 어느 모형이 간명도 면에서 최적의 모형인가를 결정하는 데 유용한 지수이다. 간명적합지수에는 PGFI(Parsimony Goodness of Fit Index), PNFI (Parsimonious Normed Fit Index), PCFI(Parsimonious Comparative Fit Index) 등이 있다.

간명적합지수를 정의하는 데 사용되는 간명비율(parsimony ratio)을 다음과 같이 정의한다.

$$PRATIO = \frac{\text{연구모형에서 자유도}}{\text{독립모형에서 자유도}} = \frac{df_{model}}{df_{indep}}$$

이 값의 범위는 $0 \le PRATIO \le 1$이고 연구모형이 독립모형에 가까울수록 PRATIO은 크게 나타난다. 즉, 연구모형이 단순할수록 PRATIO 값은 크게 나타나고 복잡할수록 PRATIO 값은 작게 나타난다.

① PGFI

PGFI는 두 모형을 비교하기 위해 간명비율 PRATIO을 가지고 GFI를 수정한 지수이다. 즉, GFI에 연구모형의 상대적인 자유도를 고려한 지수이다.

$$PGFI = PRATIO \times GFI$$

PGFI 값의 범위는 0과 1 사이이고, 일반적으로 복잡한 모형일수록 GFI 값은 커지고 PRATIO 값은 작아진다.

Mulaik 등(1989)과 Gallagher 등(2008)에 의하면 GFI가 큰 값, 예를 들어 0.9 이상을 갖고 PGFI 값이 0.5 이상이면 모형은 간명하다고 한다.

② PNFI

PNFI는 두 모형을 비교하기 위해 간명비율 PRATIO을 가지고 NFI를 수정한 지수이다. 즉, NFI에 연구모형의 상대적인 자유도를 고려한 지수이다.

$$PNFI = PRATIO \times NFI$$

PNFI 값의 범위는 0과 1 사이이고, 일반적으로 복잡한 모형일수록 NFI 값은 커지고 PRATIO 값은 작아진다.

Mulaik 등(1989)과 Gallagher 등(2008)에 의하면 NFI가 큰 값, 예를 들어 0.9 이상을 갖고 PNFI 값이 0.5 이상이면 모형은 간명하다고 한다.

③ PCFI

PCFI는 두 모형을 비교하기 위해 간명비율 PRATIO을 가지고 CFI를 수정한 지수이다.

$$PCFI = PRATIO \times CFI$$

PCFI 값의 범위는 0과 1 사이이고, 일반적으로 복잡한 모형일수록 CFI 값은 커지고 PRATIO 값은 작아진다.

Mulaik 등(1989)과 Gallagher 등(2008)에 의하면 CFI가 큰 값, 예를 들어 0.9 이상을 갖고 PCFI 값이 0.5 이상이면 모형은 간명하다고 한다.

6.2 예제를 이용한 AMOS 모형적합도 평가

예제 6.1 예제 2.1에서 논의한 학업성취도 조사에서 고등학교 때의 성적, 고등학교 때의 IQ, 고등학교 때의 교육 동기 유발과 대학교의 교양 학점과 전공 학점과의 관계에 대한 연구모형의 적합도 지수들에 대해 알아보고자 한다. 표 6.1은 표 2.2에 주어진 학업성취도 데이터이고 그림 6.2는 이에 대한 연구모형이다.

• **표 6.1** • 학업성취도 데이터

x1	x2	x3	y1	y2
72.00	114.00	17.30	2.00	.80
78.00	117.00	17.60	2.20	2.20
84.00	117.00	15.00	2.00	1.60
95.00	120.00	18.00	3.00	2.60
88.00	117.00	18.70	3.20	2.70
83.00	123.00	17.90	3.20	2.10
92.00	118.00	17.30	3.70	3.10
86.00	114.00	18.10	3.10	3.00
88.00	114.00	16.00	2.60	3.20
80.00	115.00	16.40	3.20	2.60
87.00	114.00	17.60	2.80	2.70
94.00	112.00	19.50	2.40	3.00
73.00	115.00	12.70	1.40	1.60
80.00	111.00	17.00	1.00	.90
83.00	112.00	16.10	1.20	1.90

▸ 변수 설명

x1: 고등학교 때의 성적
x2: 고등학교 때의 IQ
x3: 고등학교 때의 교육 동기 유발
y1: 대학교의 교양과목의 학점
y2: 대학교의 전공과목의 학점

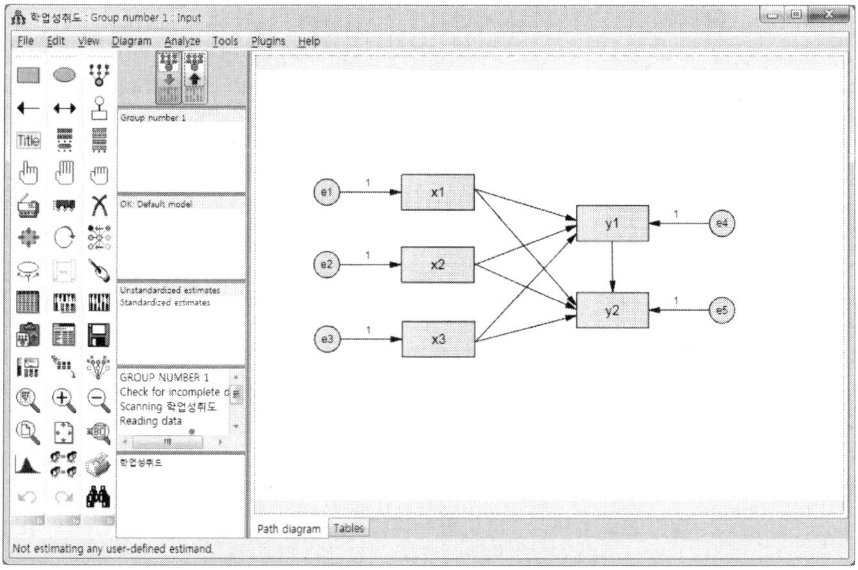

• **그림 6.2** • 예제 6.1의 연구모형에 대한 경로도형

다음은 그림 6.2의 연구모형을 실행한 후 모형의 적합지수에 대한 출력결과이다.

CMIN

Model	NPAR	CMIN	DF	P	CMIN/DF
Default model	12	5.619	3	.132	1.873
Saturated model	15	.000	0		
Independence model	5	42.018	10	.000	4.202

여기서 NPAR(number of parameter)는 모수의 개수, CMIN은 χ^2-통계량, CMIN/DF는 상대 χ^2-통계량을 나타낸다.

모형에서 Default model은 연구자가 설정한 연구모형이고 Saturated model은 포화모형, 즉 추정할 모수의 개수가 가장 많은 모형이고 Independence model은 독립모형 혹은 영모형(null model)이라고도 하고 추정할 모수의 개수가 가장 적은 모형으로 포화모형과 독립모형은 연구모형과 비교를 위한 극단적인 모형이다.

예제 6.1의 연구모형에 대해 CMIN 값, 즉 $\chi^2 = 5.619$이고 CMIN/DF 값, 즉 $\chi^2/df = 5.619/3 = 1.873$이다. 여기서 CMIN 값은 작을수록 그리고 CMIN/DF 값은 3 이하이면 괜찮은 값이고 2 이하이면 좋은 모형이라고 할 수 있다. 따라서 CMIN/DF = 1.873으로 값이 2 이하이므로 좋은 모형이다.

RMR, GFI

Model	RMR	GFI	AGFI	PGFI
Default model	1.848	.876	.382	.175
Saturated model	.000	1.000		
Independence model	2.225	.496	.244	.331

연구모형에 대해 RMR = 1.848로 이 값이 0.08 이하이면 좋은 모형인데 이 경우는 너무 높은 수치이고, GFI = 0.876, AGFI = 0.382로 0.9 이상이면 좋은 모형인데 GFI는 비교적 괜찮은 값이지만 AGFI는 낮은 수치이다. 여기서 AGFI는 다음과 같이 얻어진다.

$$AGFI = 1 - \frac{k(k+1)}{2df}(1 - GFI) = 1 - \frac{5 \times 6}{2 \times 3}(1 - 0.876) = 0.38$$

PGFI는 간명적합지수로 0.5 이상이면 모형이 간명한데 PGFI = 0.175로 간명하다고 볼 수 없다. 그리고 보통, GFI와 AGFI의 값은 0과 1 사이의 값인데 모형이 자료를 잘 설명하지 못하는 경우 1보다 크거나 혹은 음수값을 갖는다.

Baseline Comparisons

Model	NFI Delta1	RFI rho1	IFI Delta2	TLI rho2	CFI
Default model	.866	.554	.933	.727	.918
Saturated model	1.000		1.000		1.000
Independence model	.000	.000	.000	.000	.000

연구모형에 대해 NFI = 0.866, TLI = 0.727, CFI = 0.918로 다음과 같이 얻어진다.

$$NFI = \frac{\chi^2_{indep} - \chi^2_{model}}{\chi^2_{indep}} = \frac{42.018 - 5.619}{42.018} = 0.8663$$

$$NNFI(TLI) = \frac{\chi^2_{indep}/df_{indep} - \chi^2_{model}/df_{model}}{\chi^2_{indep}/df_{indep} - 1} = \frac{42.018/10 - 5.619/3}{42.018/10 - 1} = 0.7273$$

$$CFI = 1 - \frac{\max(\chi^2_{model} - df_{model}, 0)}{\max(\chi^2_{indep} - df_{indep}, 0)} = 1 - \frac{5.619 - 3}{42.018 - 10} = 0.9182$$

여기서 NNFI(TLI)를 제외하고는 NFO, CFI는 비교적 큰 값을 갖고 있음을 알 수 있다.

Parsimony-Adjusted Measures

Model	PRATIO	PNFI	PCFI
Default model	.300	.260	.275
Saturated model	.000	.000	.000
Independence model	1.000	.000	.000

연구모형에 대해 PRATIO = 0.3이고 PNFI = 0.260, PCFI = 0.275로 다음과 같이 얻어진다.

$$PRATIO = \frac{df_{model}}{df_{indep}} = \frac{3}{10} = 0.3$$

$$PNFI = PRATIO \times NFI = 0.3 \times 0.866 = 0.2598$$

$$PCFI = PRATIO \times CFI = 0.3 \times 0.918 = 0.2754$$

여기서 PNFI과 PCFI 값 모두 작은 값이므로 모형이 간명하다고 볼 수 없다.

RMSEA

Model	RMSEA	LO 90	HI 90	PCLOSE
Default model	.250	.000	.567	.143
Independence model	.478	.334	.632	.000

연구모형에 대해 RMSEA = 0.250으로 다음과 같이 얻어진다.

$$RMSEA = \sqrt{\max\left(\frac{F(S, \hat{\Sigma}(\theta))}{df_{model}} - \frac{1}{N-1}, 0\right)} = \sqrt{\frac{5.619/14}{3} - \frac{1}{14}} = 0.250$$

여기서 RMSEA는 큰 값이므로 좋은 모형이라고 할 수 없다.

07장

구조방정식 모형 수정

7.1 수정지수

구조방정식 모형에서 연구자는 선행이론에 근거하거나 현상에 대한 통찰에 기초하여 연구모형을 설정한다. 그러나 연구자가 설정한 연구모형보다 더 좋은 모형, 더 개선된 모형을 얻기 위해 경로 수정, 추가 및 삭제를 통하여 모형을 수정할 수 있다.

수정된 모형이 원래모형과 비교하여 모형이 개선되었는지 χ^2-통계량을 가지고 평가하는 경우 원래모형에서 얻은 χ^2-통계량 값과 수정된 모형에서 얻은 χ^2-통계량 값과의 차이가 크면 수정된 모형은 원래모형보다 개선되었다고 볼 수 있다. 이를 위해 다음과 같이 귀무가설 H_0과 대립가설 H_1을 세운다.

H_0: 원래모형과 수정모형은 차이가 없다.
H_1: 원래모형과 수정모형은 차이가 있다.

위의 가설을 검정하기 위해 다음과 같이 정의한다.

χ_1^2: 원래모형에서 얻어진 χ^2-통계량
χ_2^2: 수정모형에서 얻어진 χ^2-통계량

그리고

df_1: 원래모형에서 자유도
df_2: 수정모형에서 자유도

따라서 χ^2-통계량 차이 $\triangle\chi^2$와 자유도 차이 $\triangle df$를 다음과 같이 표현한다.

$$\triangle\chi^2 = \chi_1^2 - \chi_2^2$$
$$\triangle df = df_1 - df_2$$

여기서 $\triangle\chi^2 \geq \chi_\alpha^2(\triangle df)$이면 H_0을 기각하고 수정모형은 원래모형에 비해 개선되었다고 볼 수 있다.

물론, 모형 수정은 χ^2-통계량 외에 여러 가지 적합지수를 가지고 원래모형과의 비교를 통해 결정한다.

이 장에서는 선행이론 혹은 현상에 대한 통찰에 기초해 모형을 수정하는 것이 아니라 수정지수(Modification Index; M.I.)를 통하여 모형을 수정하고자 한다. 수정지수란 원래의 모형에 경로를 추가했을 때 줄어든 χ^2-통계량 값의 하한 추정치(lower bound estimate)로 경로를 추가하면 최소한 수정지수만큼 χ^2-통계량 값이 줄어든다는 의미이다. 수정지수의 값이 통계적으로 유의한지에 대한 수정지수 유의성은 다음과 같이 χ^2-검정을 통해 검정할 수 있다. 즉,

$$\text{M.I.} \geq \chi^2_\alpha(\text{df}) \text{이면 유의수준 } \alpha \text{에서 M.I.는 유의하다.}$$

모형수정에서 수정지수 사용은 여러 개의 수정지수 중에서 가장 큰 수정지수를 갖는 경로를 선택하여 수정지수 유의성을 검정한다. 만약 선택된 수정지수가 유의하다고 판단되면 모형에 해당 경로를 추가하고 다시 다음으로 큰 수정지수를 갖는 경로를 선택하여 반복적으로 유의성 검정을 통해 경로를 추가한다.

AMOS에서 수정지수는 변수 간 공분산 관계를 추가하는 경우와 변수 간 경로계수를 추가하는 경우에 제공하고 있다. 이렇게 수정지수에 의해 경로를 추가함으로서 적합모형을 찾을 수 있다. 그러나 수정지수에만 의존하여 무조건적으로 모형을 수정하는 것은 바람직하지 않다. 왜냐하면, 수정지수에 의해 얻어진 모형은 과적합(over-fitting)이 발생하여 해당 자료에 대해서는 좋은 적합도를 갖고 있지만 다른 유사한 자료에 적용하는 경우 적합하지 않을 가능성이 높다. 우리는 과적합을 피하고 일반화(generalization)가 가능한 적합모형을 찾는 것이 중요하다. 따라서 모형수정에서 유념해야 할 것은 통계적으로 모형수정이 가능하더라도 모형수정에 대한 논리적, 이론적 근거 없이 단순히 통계적 기준에 의존해서 함부로 모형을 수정해서는 안 된다.

7.2 예제를 이용한 AMOS 모형 수정

예제 7.1 예제 1.1의 서울 행복도 조사에서 "문화", "복지", "생활환경"은 "행복도"와 "자부심"에 영향을 미치고, 또한 "행복도"는 "자부심"에 영향을 미친다는 가정하에서 모형을 생성하고 수정지수에 의해 모형을 수정하고자 한다.

① 원래모형에 대한 경로도형

그림 7.1은 원래 연구모형에 대한 경로도형을 나타내고 있다.

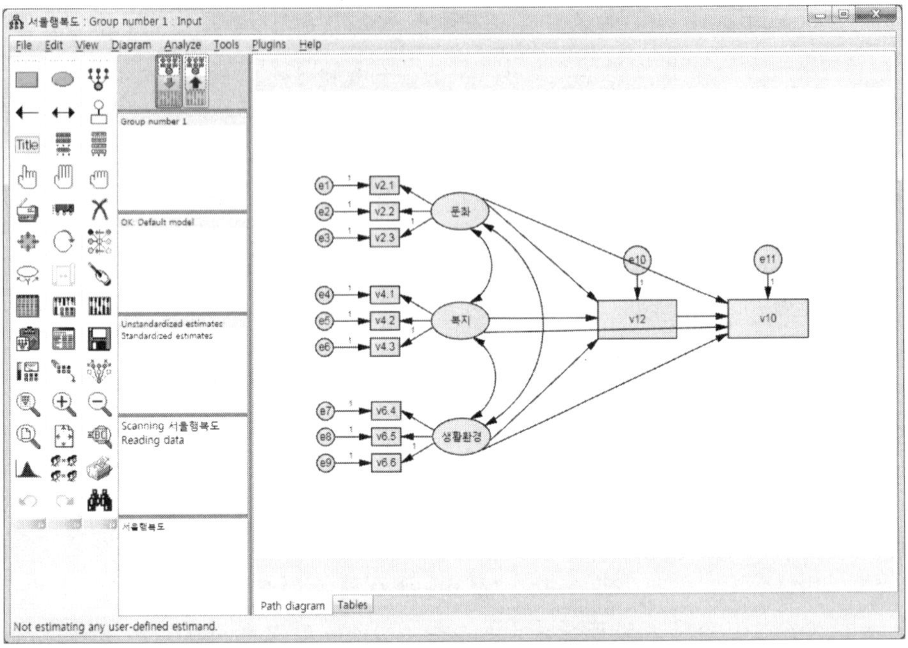

• **그림 7.1** • 원래 연구모형에 대한 경로도형

② **원래모형 수행결과**

그림 7.1의 모형에 대한 실행결과를 보기 위해 [View] → [Text Output] 메뉴를 선택한다. 그림 7.2는 출력창 왼쪽에 있는 "Notes for Model"을 선택하였을 때 모형 적합에 대한 출력결과이다.

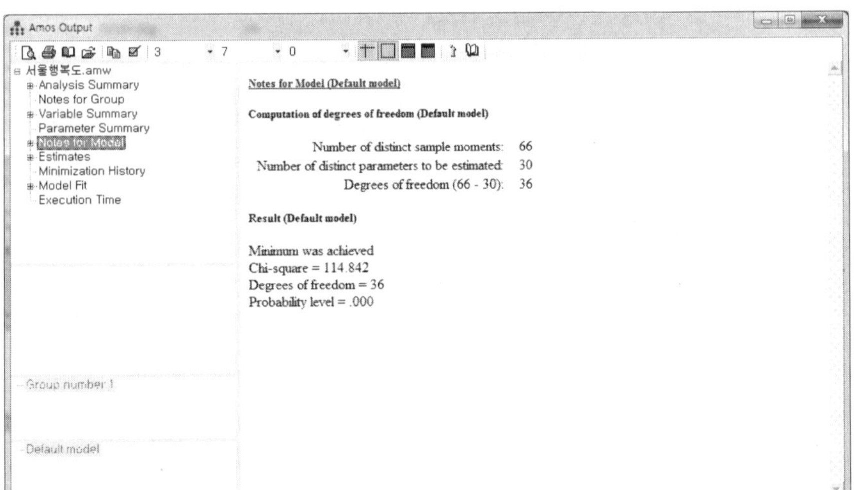

• **그림 7.2** • 원래 연구모형에 대한 χ^2–통계량에 의한 모형적합도

그림 7.3은 출력창 왼쪽에 있는 "Model Fit"을 선택하였을 때 여러 가지 모형적합 지수들에 대한 출력결과이다.

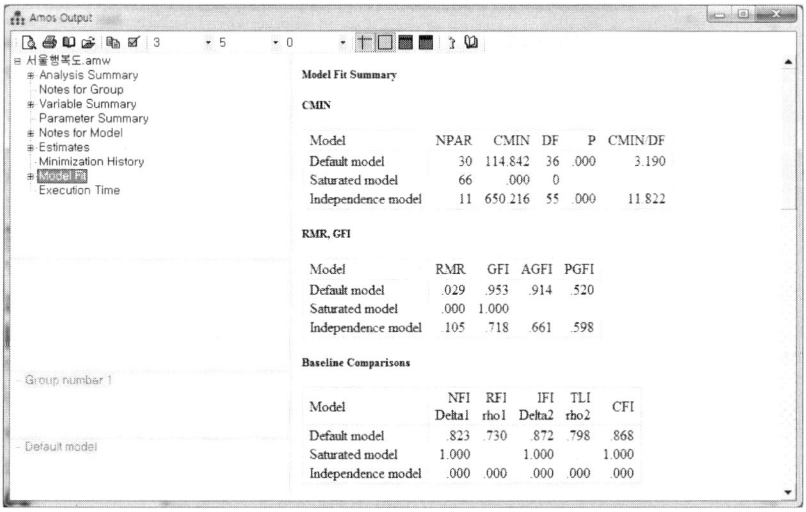

• **그림 7.3** • 원래 연구모형에 대한 여러 가지 적합지수

③ **모형 수정**

수정지수를 통해 모형을 수정하기 위해 그림 7.4의 [Analysis Properties] 대화상자의 [Output] 탭에서 [Modification indices]를 체크한다. 그리고 출력할 수정지수의 임계값은 [Threshold for modification indices]에서 지정할 수 있다. 예를 들어 임계값을 4로 지정하면 4 이상의 수정지수가 출력된다.

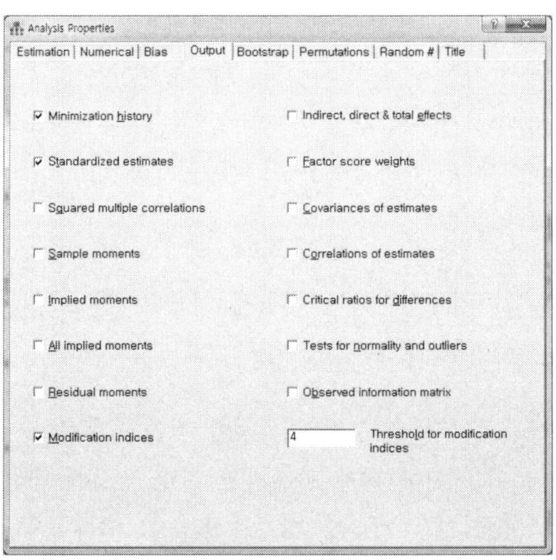

• **그림 7.4** • 수정지수 선택

그림 7.5는 출력창 왼쪽에 있는 [Modification indices] 항목을 선택하였을 때 공분산과 경로계수에서 수정지수 관련 정보를 보여주고 있다.

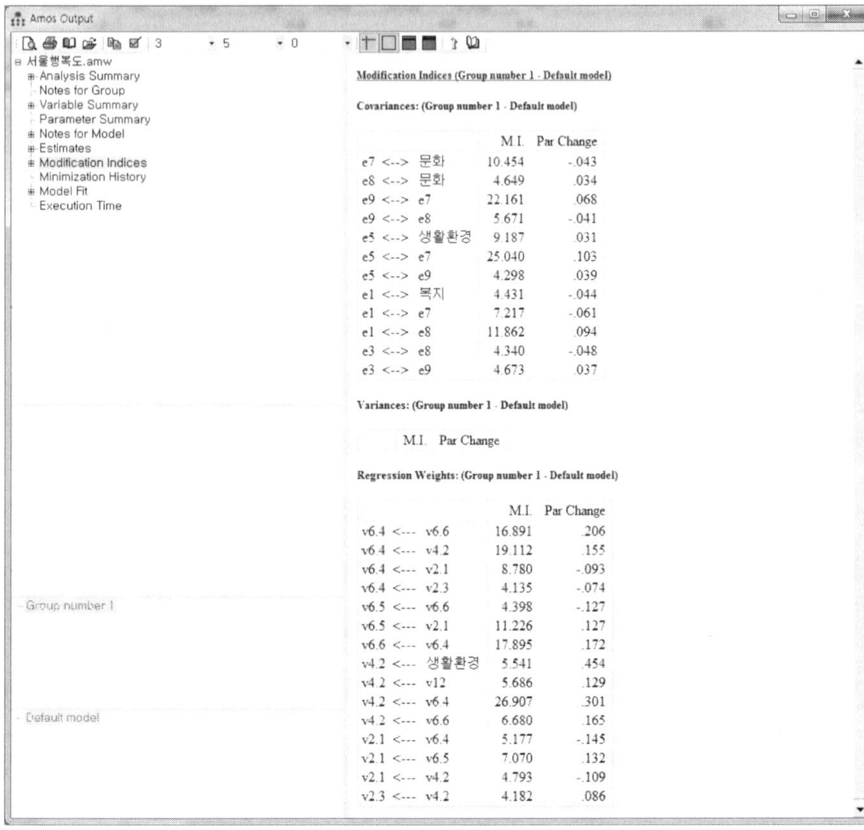

• **그림 7.5** • 공분산과 경로계수에서 수정지수 결과

그림 7.5에서 가장 큰 수정지수를 갖는 공분산은 M.I. = 25.040인 [e5 ↔ e7]이고 경로계수에서 수정지수가 가장 큰 경로는 M.I. = 26.907인 [v6.4 → v4.2]경로이다. 여기서 e5와 e7은 v4.2와 v6.4에 대한 오차항이고 이들 변수의 문항은 1장의 표 1.3에서 의해 다음과 같다.

(v4.2) 의료기관을 편리하게 이용할 수 있다.
(v6.4) 대중교통은 편리하다.

모형수정에서 공분산을 추가로 설정할 것인가 혹은 경로를 추가로 설정할 것인가는 수정지수 M.I.의 크기에 의해 결정하고 경로 추가에 대한 선행이론, 혹은 논리적, 이론적 근거가 없는 경우 경로를 추가해서는 안 된다. 우리는 경로를 추가하여 모형을 수정하고자 한다.

이 경로를 원래의 연구모형에 추가하는 경우 최소한 χ^2-통계량 값에서 26.907의 감소를 기대할 수 있다. 그리고 이 경로 추가에 대한 Par Change (parameter change)는 0.301로 이것은 [v6.4 → v4.2] 경로를 추가하는 경우 추정되는 경로계수를 의미한다. 그림 7.6은 원래의 모형에 [v6.4 → v4.2] 경로를 추가한 모형이다.

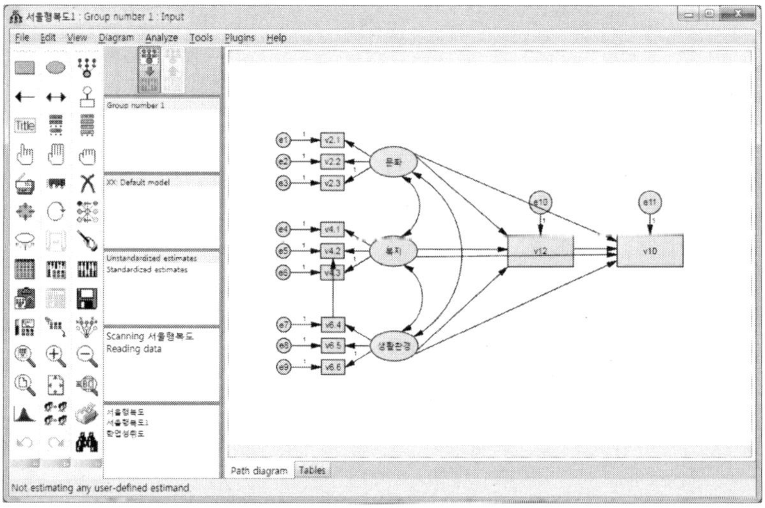

• **그림 7.6** • 수정모형에 대한 경로도형

④ **수정모형 수행결과**

그림 7.6의 모형에 대한 실행결과를 보기 위해 [View] → [Text Output] 메뉴를 선택한다. 그림 7.7은 출력창 왼쪽에 있는 "Notes for Model"을 선택하였을 때 모형 적합에 대한 출력결과이다.

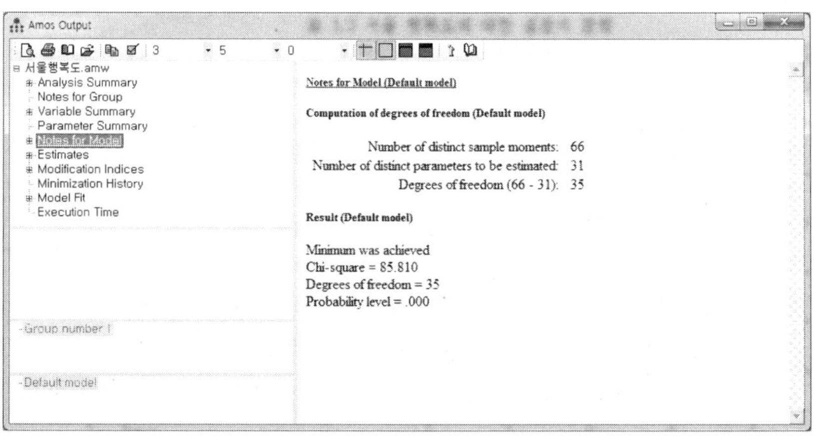

• **그림 7.7** • 수정모형에 대한 χ^2-통계량에 의한 모형적합도

그림 7.8은 출력창 왼쪽에 있는 "Model Fit"을 선택하였을 때 여러 가지 모형적합 지수들에 대한 출력결과이다.

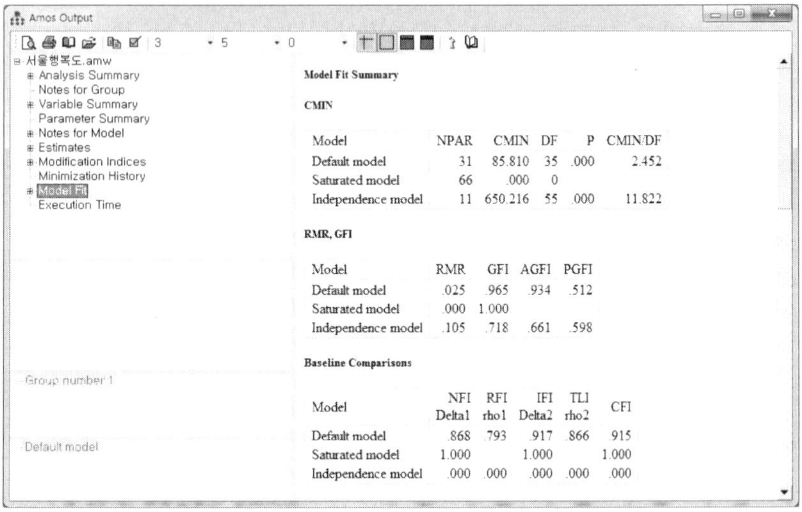

그림 7.8 수정모형에 대한 여러 가지 적합지수

⑤ 모형비교

수정모형이 원래모형에 비해 개선되었는지 χ^2-통계량을 가지고 비교하고자 한다. 원래모형에서 얻은 χ^2-통계량 값이 수정모형에서 얻은 χ^2-통계량 값보다 차이가 크면 수정모형은 원래모형보다 개선되었다고 볼 수 있다.

표 7.1은 그림 7.2와 그림 7.7로부터 원래모형과 수정모형에서 χ^2-통계량에 의한 비교를 위한 표이다.

표 7.1 χ^2-통계량에 의한 모형비교

모형	χ^2	df	p
원래모형	141.842	36	0.000
수정모형	85.810	35	0.000

위 표로부터 원래모형과 수정모형에 대한 유의확률이 둘 다 $p = 0.000$이므로 두 모형은 χ^2-통계량만을 가지고 판단하는 경우 적합모형은 아니지만 수정모형이 원래모형에 비해 통계적으로 개선된 모형인지 알 필요가 있다.

표 7.1로부터 원래모형과 수정모형 간 χ^2-통계량 차이와 자유도 차이는 다음과 같다.

$$\triangle \chi^2 = 141.842 - 85.810 = 56.032$$

$$\triangle df = 36 - 35 = 1$$

따라서 유의수준 $\alpha = 0.05$에서 $\triangle \chi^2 = 56.032 \geq \chi^2_{\alpha}(1) = 3.84$이므로 H_0을 기각한다. 따라서 수정모형이 의미가 있다고 할 수 있다.

표 7.2는 χ^2-통계량 외에 여러 가지 적합지수에 의한 모형비교를 나타내고 있다.

• 표 7.2 • 여러 가지 적합지수에 의한 모형비교

모형	CMIN/DF	RMR	GFI	AGFI
원래모형	3.190	0.029	0.953	0.914
수정모형	2.452	0.025	0.965	0.934

모형	NFI	TLI	CFI	RMSEA
원래모형	0.823	0.798	0.868	0.070
수정모형	0.868	0.866	0.915	0.057

표 7.2로부터 수정모형에 대한 적합지수를 보면, 원래모형과 비교했을 때 모든 적합지수들이 개선된 수치를 보여주고 있음을 알 수 있다.

예제 7.2 "가격(price)", "서비스(service)", "분위기(atmosphere)"가 "고객만족(customer satisfaction; CS)", "고객충성도(custom loyalty)"에 미치는 영향에 대한 연구를 위해 구내식당을 이용하는 회사원 730명을 대상으로 설문조사하였다[1]. "가격", "서비스", "분위기"는 "고객만족"에 영향을 미치고 또한 "고객만족"은 "고객충성도"에 영향을 미친다는 가정 하에서 모형을 생성하고 수정지수를 이용하여 모형을 수정하고자 한다. "가격", "서비스", "분위기", "고객만족", "고객충성도"를 측정하기 위해 각각 4개의 측정변수를 사용하였으며 각 문항은 리커트 5점 척도(Likert scale)를 사용하였다. 그림 7.9는 SPSS에서 입력한 구내식당 자료의 일부이다.

1) 김계수 "구조방정식 모형 분석" 한나래아카데미, 2011

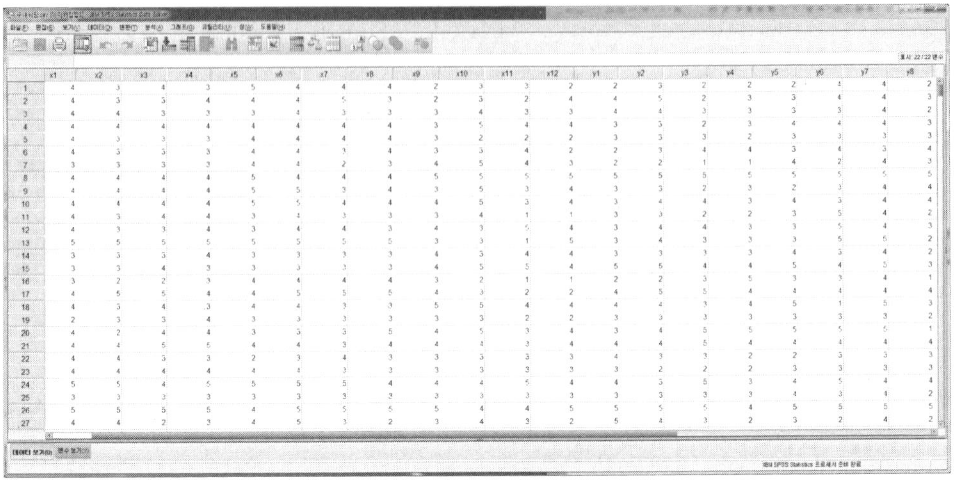

• **그림 7.9** • 구내식당 자료 ("구내식당.sav")

▸ 변수 설명

가격: x1, x2, x3, x4

서비스: x5, x6, x7, x8

분위기: x9, x10, x11, x12

고객만족: y1, y2, y3, y4

고객충성도: y5, y6, y7, y8

① 원래모형에 대한 경로도형

그림 7.10은 원래 연구모형에 대한 경로도형을 나타내고 있다.

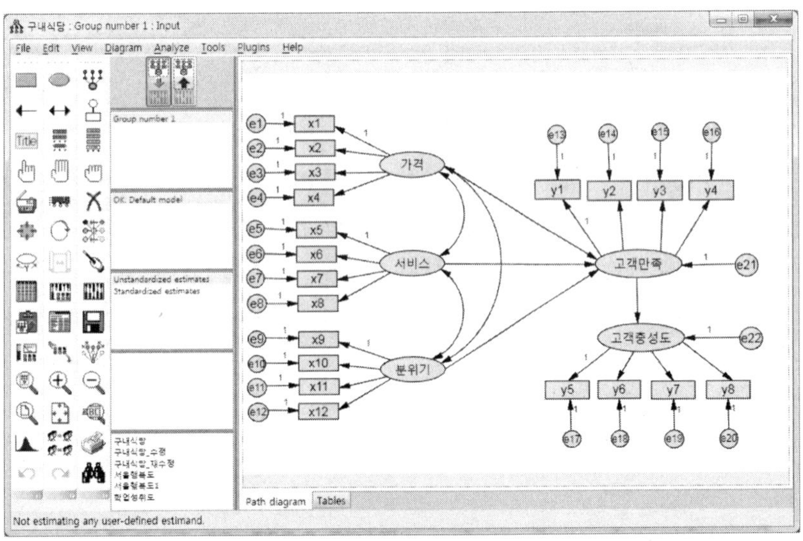

• **그림 7.10** • 원래 연구모형에 대한 경로도형

그림 7.10에서 “가격”, “서비스”, “분위기” 변수 간의 공분산 관계를 설정하였다. 만약 이들 변수 간의 공분산 관계를 설정하지 않으면 AMOS에서 경고 메시지가 나타난다. AMOS는 외생변수 간에 공분산이 존재하는 것을 가정하고 있기 때문이다.

② 원래모형 수행결과

그림 7.10의 모형에 대한 실행결과를 보기 위해 [View] → [Text Output] 메뉴를 선택한다. 그림 7.11은 출력창 왼쪽에 있는 “Notes for Model”을 선택하였을 때 모형적합에 대한 출력결과이다.

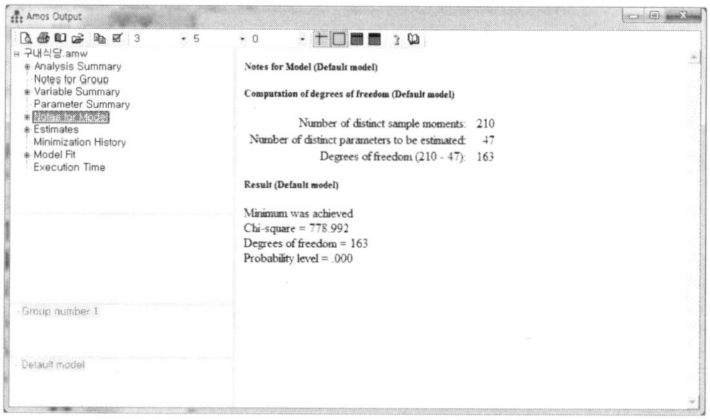

• **그림 7.11** • 원래 연구모형에 대한 χ^2–통계량에 의한 모형적합도

그림 7.12는 출력창 왼쪽에 있는 “Model Fit”을 선택하였을 때 여러 가지 모형적합지수들에 대한 출력결과이다.

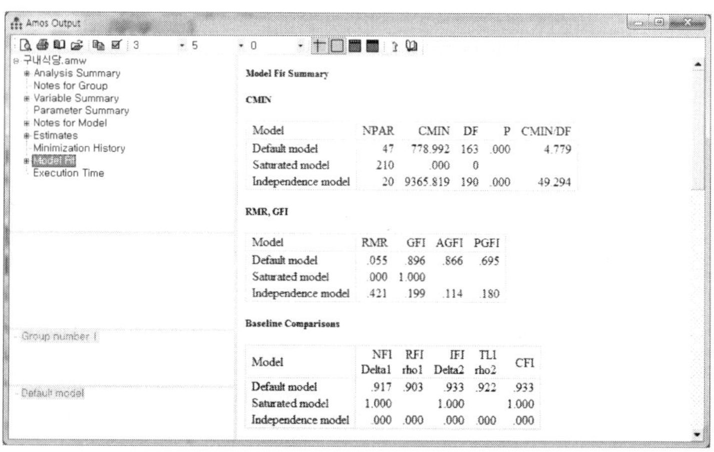

• **그림 7.12** • 원래 연구모형에 대한 여러 가지 적합지수

③ 모형수정

수정지수를 통해 모형을 수정하기 위해 그림 7.13의 [Analysis Properties] 대화상자의 [Output] 탭에서 [Modification indices]를 체크한다. 출력할 수정지수의 임계값은 [Threshold for modification indices]에서 지정할 수 있다. 예를 들어 임계값을 20으로 지정하면 20 이상의 수정지수가 출력된다.

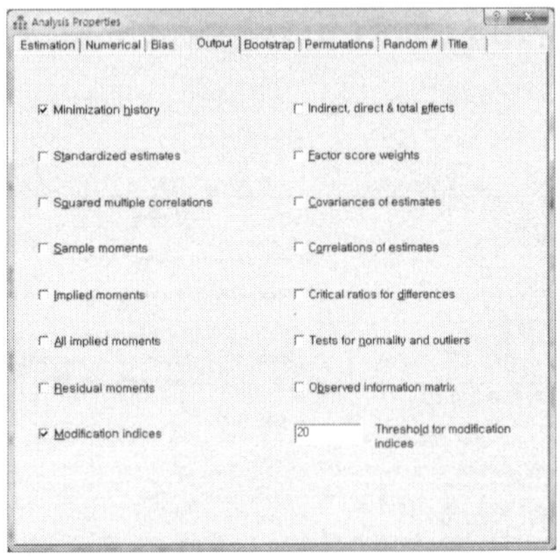

• 그림 7.13 • 수정지수 선택

그림 7.14는 출력창 왼쪽에 있는 [Modification indices] 항목을 선택하였을 때 공분산과 경로계수에서 수정지수 관련 정보를 보여주고 있다.

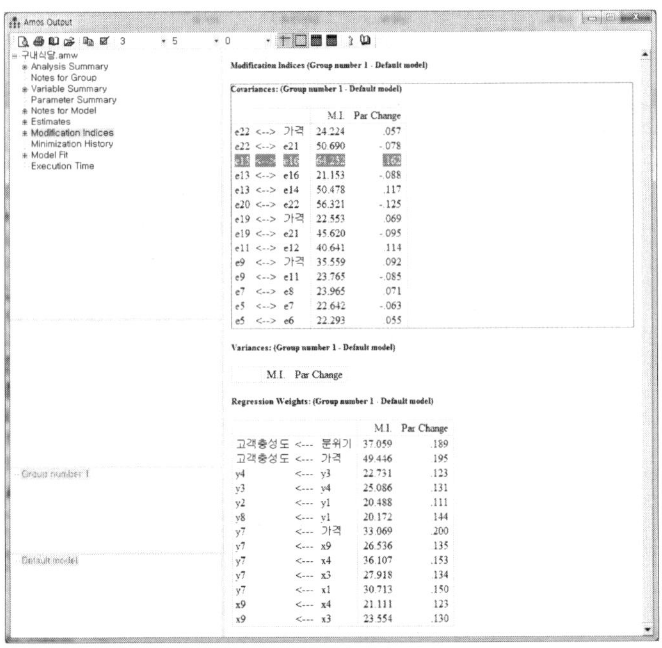

• 그림 7.14 • 공분산과 경로계수에서 수정지수 결과

그림 7.14에서 가장 큰 수정지수를 갖는 공분산은 M.I. = 64.252인 [e15 ↔ e16]이고 경로계수에서 수정지수가 가장 큰 경로는 M.I. = 49.446인 [가격 → 고객충성도] 경로이다. 여기서 e15와 e16은 y3와 y4에 대한 오차항이다.

공분산 추가 설정에 대한 수정지수 M.I.의 값이 경로 추가 설정에 대한 수정지수 M.I.의 값보다 크므로 공분산을 추가 설정하여 모형을 수정하고자 한다. 물론, y3와 y4의 공분산 관계에 대한 선행이론, 혹은 논리적, 이론적 근거가 뒷받침되어야 한다. 이 경로를 연구모형에 추가하는 경우 최소한 χ^2-통계량 값에서 64.252의 감소를 기대할 수 있다. 그림 7.15는 원래의 모형에 [e15 ↔ e16]을 추가한 모형이다.

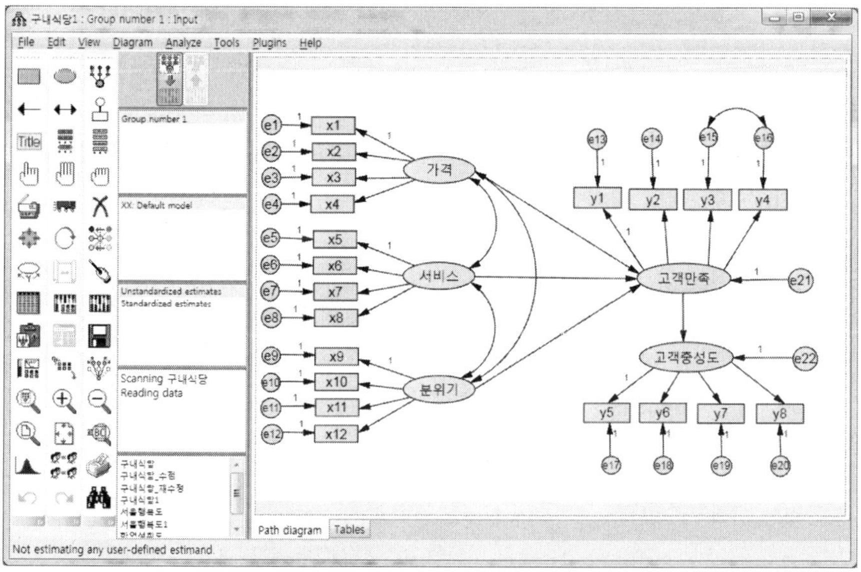

• **그림 7.15** • 수정모형에 대한 경로도형

④ 수정모형 수행결과

그림 7.15의 모형에 대한 실행결과를 보기 위해 [View] → [Text Output] 메뉴를 선택한다. 그림 7.16은 출력창 왼쪽에 있는 “Notes for Model”을 선택하였을 때 모형적합에 대한 출력결과이다.

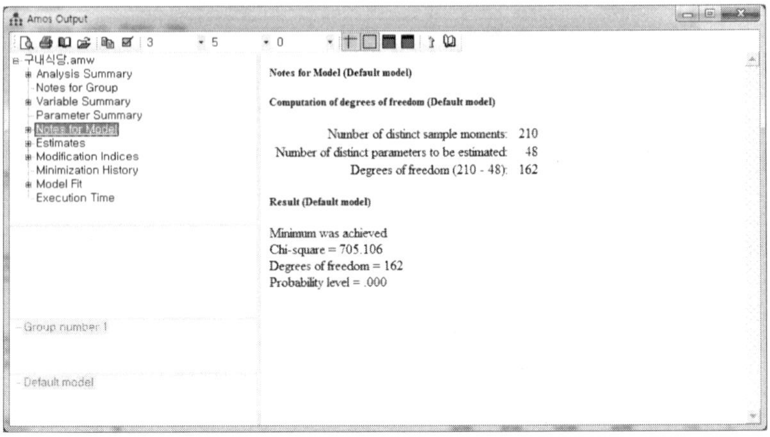

• **그림 7.16** • 수정모형에 대한 χ^2-통계량에 의한 모형적합도

그림 7.17은 출력창 왼쪽에 있는 "Model Fit"을 선택하였을 때 여러 가지 모형적합 지수들에 대한 출력결과이다.

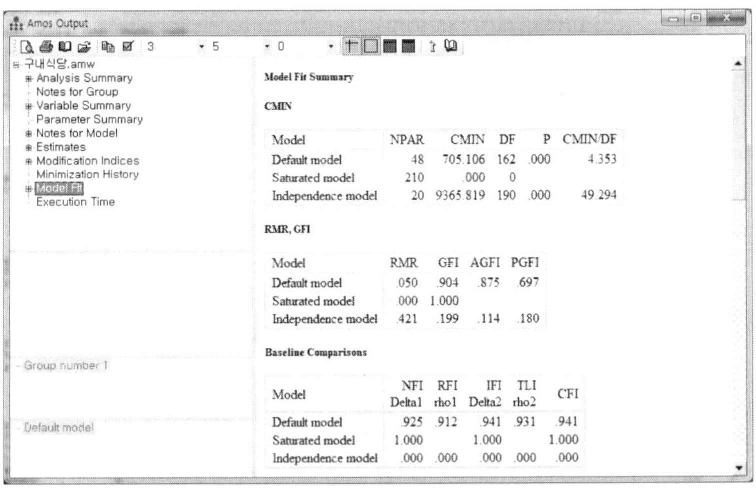

CMIN

Model	NPAR	CMIN	DF	P	CMIN/DF
Default model	48	705.106	162	.000	4.353
Saturated model	210	.000	0		
Independence model	20	9365.819	190	.000	49.294

RMR, GFI

Model	RMR	GFI	AGFI	PGFI
Default model	.050	.904	.875	.697
Saturated model	.000	1.000		
Independence model	.421	.199	.114	.180

Baseline Comparisons

Model	NFI Delta1	RFI rho1	IFI Delta2	TLI rho2	CFI
Default model	.925	.912	.941	.931	.941
Saturated model	1.000		1.000		1.000
Independence model	.000	.000	.000	.000	.000

• **그림 7.17** • 원래 연구모형에 대한 여러 가지 적합지수

⑤ 모형비교

수정모형이 원래모형에 비해 개선되었는지 χ^2-통계량을 가지고 비교하고자 한다. 원래모형에서 얻은 χ^2-통계량 값이 수정모형에서 얻은 χ^2-통계량 값보다 차이가 크면 수정모형은 원래모형보다 개선되었다고 볼 수 있다.

표 7.3은 그림 7.11과 그림 7.16으로부터 원래모형과 수정모형에서 얻어진 χ^2-통계량에 의한 모형 적합도를 나타내고 있다.

• 표 7.3 • χ^2–통계량에 의한 모형 적합도 비교

모형	χ^2	df	p
원래모형	778.992	163	0.000
수정모형	705.106	162	0.000

위 표로부터 원래모형과 수정모형에 대한 유의확률이 둘 다 $p = 0.000$이므로 두 모형은 χ^2–통계량만을 가지고 판단하는 경우 적합모형은 아니지만, 수정모형이 원래모형에 비해 통계적으로 개선된 모형인지 조사할 필요가 있다.

표 7.3으로부터 원래모형과 수정모형 간 χ^2–통계량 차이와 자유도 차이는 다음과 같다.

$$\triangle\chi^2 = 778.992 - 705.106 = 73.886$$
$$\triangle df = 163 - 162 = 1$$

따라서 유의수준 $\alpha = 0.05$에서 $\triangle\chi^2 = 73.886 \geq \chi^2_\alpha(1) = 3.84$이므로 H_0을 기각한다. 따라서 수정모형이 의미가 있다고 할 수 있다.

표 7.4는 χ^2–통계량 외에 여러 가지 적합지수에 의한 모형비교를 나타내고 있다.

• 표 7.4 • 여러 가지 적합지수에 의한 모형비교

모형	CMIN/DF	RMR	GFI	AGFI
원래모형	4.779	0.055	0.896	0.866
수정모형	4.353	0.050	0.904	0.875

모형	NFI	TLI	CFI	RMSEA
원래모형	0.917	0.922	0.933	0.072
수정모형	0.925	0.931	0.941	0.068

표 7.4로부터 수정모형에 대한 적합지수를 보면, 원래모형과 비교했을 때 모든 적합지수들이 개선된 수치를 보여주고 있음을 알 수 있다.

⑥ **재수정모형**

그림 7.18은 출력창 왼쪽에 있는 [Modification indices] 항목을 선택하였을 때 공분산과 경로계수에서 수정지수 관련 정보를 보여주고 있다.

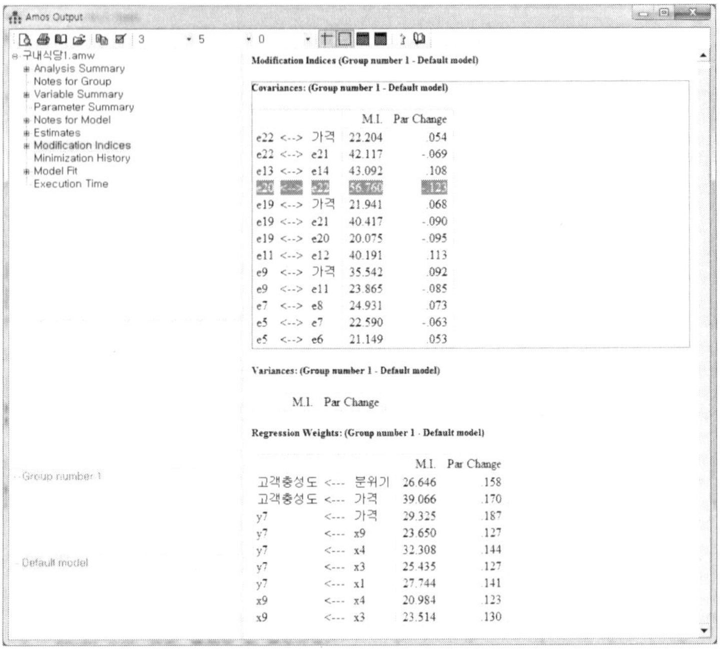

			M.I.	Par Change
e22	<-->	가격	22.204	.054
e22	<-->	e21	42.117	-.069
e13	<-->	e14	43.092	.108
e20	<-->	e22	56.760	-.123
e19	<-->	가격	21.941	.068
e19	<-->	e21	40.417	-.090
e19	<-->	e20	20.075	-.095
e11	<-->	e12	40.191	.113
e9	<-->	가격	35.542	.092
e9	<-->	e11	23.865	-.085
e7	<-->	e8	24.931	.073
e5	<-->	e7	22.590	-.063
e5	<-->	e6	21.149	.053

Variances: (Group number 1 - Default model)

M.I. Par Change

Regression Weights: (Group number 1 - Default model)

			M.I.	Par Change
고객충성도	<---	분위기	26.646	.158
고객충성도	<---	가격	39.066	.170
y7	<---	가격	29.325	.187
y7	<---	x9	23.650	.127
y7	<---	x4	32.308	.144
y7	<---	x3	25.435	.127
y7	<---	x1	27.744	.141
x9	<---	x4	20.984	.123
x9	<---	x3	23.514	.130

• **그림 7.18** • 공분산과 경로계수에서 수정지수

그림 7.18에서 가장 큰 수정지수를 갖는 공분산은 M.I. = 56.760인 [e20 ↔ e22]이다. 여기서 e20와 e22은 각각 y8와 고객충성도에 대한 오차항이다. 이 공분산 관계를 그림 7.15의 수정모형에 추가하여 얻은 모형은 그림 7.19와 같다.

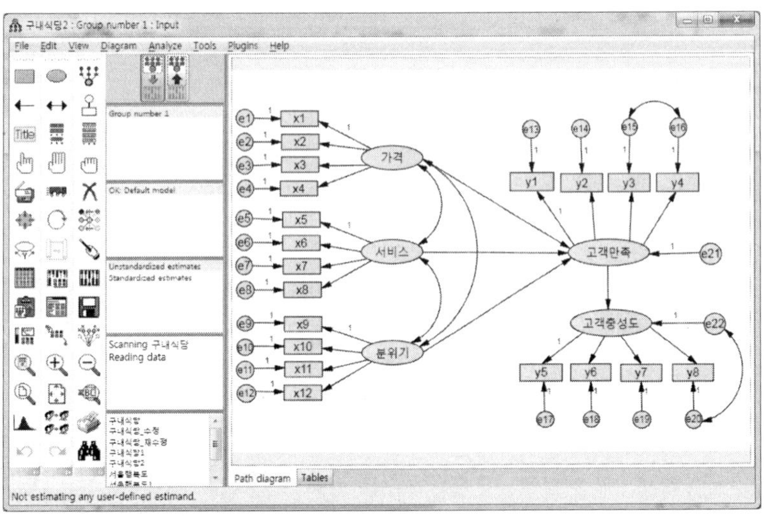

• **그림 7.19** • 재수정모형에 대한 경로도형

⑦ **재수정모형 수행결과**

그림 7.19의 재수정모형에 대한 실행결과를 보기 위해 [View] → [Text Output] 메뉴를 선택한다. 그림 7.20은 출력창 왼쪽에 있는 "Notes for Model"을 선택하였을 때 모형적합에 대한 출력결과이다.

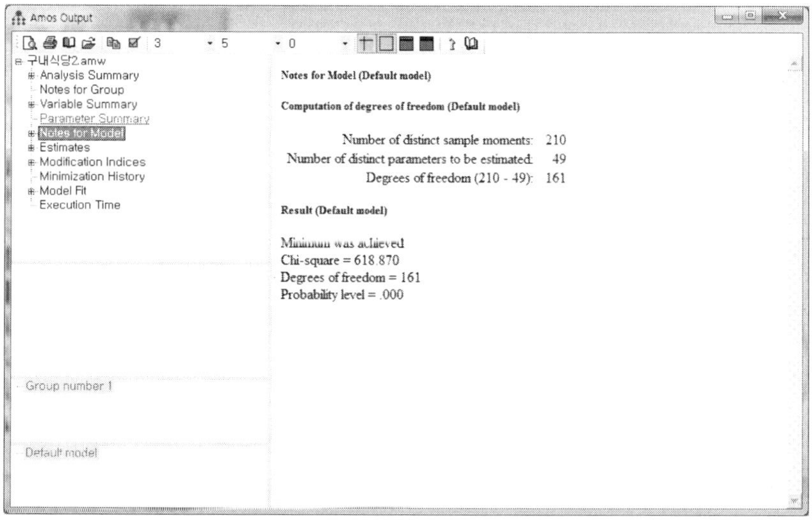

● **그림 7.20** ● 재수정모형에 대한 χ^2-통계량에 의한 모형적합도

그림 7.21은 출력창 왼쪽에 있는 "Model Fit"을 선택하였을 때 여러 가지 모형적합 지수들에 대한 출력결과이다.

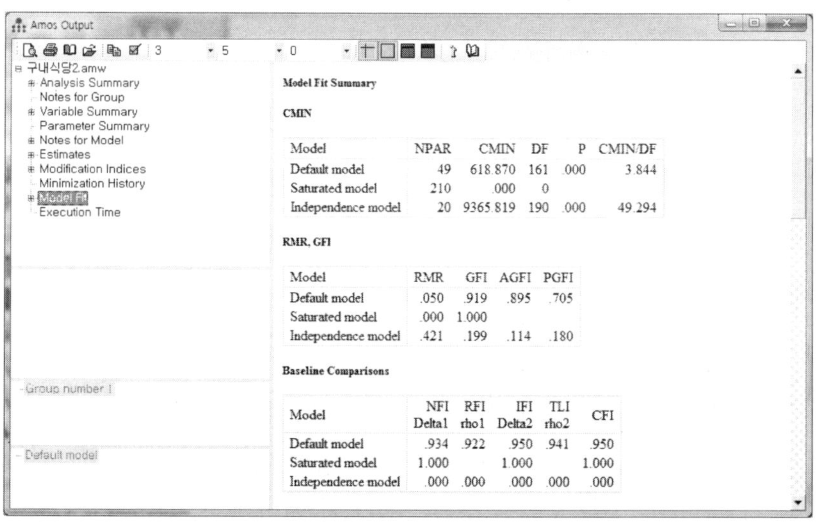

● **그림 7.21** ● 재수정모형에 대한 여러 가지 적합지수

⑧ 모형비교

재수정모형이 수정모형에 비해 개선되었는지 χ^2-통계량을 가지고 비교하고자 한다. 수정모형에서 얻은 χ^2-통계량 값이 재수정모형에서 얻은 χ^2-통계량 값보다 차이가 크면 재수정모형은 수정모형보다 개선되었다고 볼 수 있다.

표 7.5는 그림 7.16과 그림 7.20으로부터 수정모형과 재수정모형에서 얻어진 χ^2-통계량에 의한 모형 적합도를 나타내고 있다.

• 표 7.5 • χ^2-통계량에 의한 모형 적합도 비교

모형	χ^2	df	p
수정모형	705.106	162	0.000
재수정모형	618.870	161	0.000

위 표로부터 수정모형과 재수정모형에 대한 유의확률이 둘 다 $p = 0.000$임으로 두 모형은 χ^2-통계량만을 가지고 판단하는 경우 적합모형은 아니지만, 재수정모형이 수정모형에 비해 통계적으로 개선된 모형인지 조사할 필요가 있다.

표 7.5로부터 수정모형과 재수정모형 간 χ^2-통계량 차이와 자유도 차이는 다음과 같다.

$$\triangle\chi^2 = 705.106 - 618.870 = 86.236$$
$$\triangle df = 162 - 161 = 1$$

따라서 유의수준 $\alpha = 0.05$에서 $\triangle\chi^2 = 86.236 \geq \chi^2_{\alpha}(1) = 3.84$이므로 H_0을 기각한다. 따라서 재수정모형이 의미가 있다고 할 수 있다.

표 7.6은 χ^2-통계량 외에 여러 가지 적합지수에 의한 모형비교를 나타내고 있다.

• 표 7.6 • 여러 가지 적합지수에 의한 모형비교

모형	CMIN/DF	RMR	GFI	AGFI
수정모형	4.353	0.050	0.904	0.875
재수정모형	3.844	0.050	0.919	0.895

모형	NFI	TLI	CFI	RMSEA
수정모형	0.925	0.931	0.941	0.068
재수정모형	0.934	0.941	0.950	0.062

표 7.6으로부터 재수정모형에 대한 적합지수를 보면, 수정모형과 비교했을 때 모든 적합지수들이 개선된 수치를 보여주고 있음을 알 수 있다.

AMOS

08장

매개효과분석

8.1 매개효과의 개념

매개효과(mediation effect)는 하나의 변수가 다른 변수에 영향을 미칠 때 제3의 변수를 통해서 영향을 미치는 것을 말한다. 이때 제3의 변수를 매개변수(mediator variable, mediation variable)라고 한다. 따라서 매개효과는 매개변수의 효과 혹은 영향력을 의미하는데 매개효과에는 완전매개효과(complete mediation effect)와 부분매개효과(partial mediation effect)가 있다. 완전매개효과는 하나의 변수가 다른 변수에 직접 효과를 미치지 않고 반드시 매개변수를 통해서만 영향을 미치는 경우이고, 부분매개효과는 하나의 변수가 다른 변수에 직접 효과를 미치는 동시에 매개변수를 통해서 영향을 미치는 경우를 말한다.

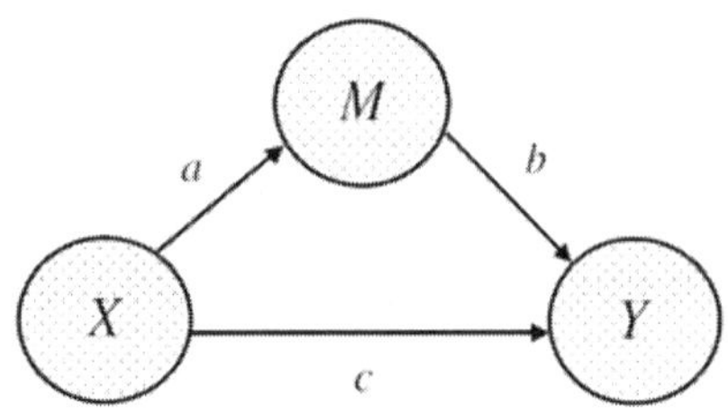

• 그림 8.1 • 매개효과 모형

그림 8.1의 매개효과 모형에서 독립변수 X와 종속변수 Y의 관계에서 매개변수 M의 효과에 의해 X가 Y에 영향을 미치는 경우 매개효과가 있다고 말한다. 매개효과가 있는 경우 독립변수 X와 종속변수 Y 간의 직접적인 관련성 여부를 파악할 필요가 있다. 예를 들어, 부유층의 자녀들이 명문대학 진학률이 높다고 한다면 부유층과 명문대학 진학률과의 직접적인 관련성보다는 부유층일수록 많은 사교육비 지출에 의해 자녀의 성적에 영향을 미쳐 명문대학 진학률이 높을 가능성이 있다. 이때 사교육비를 매개변수라고 할 수 있고 사교육비를 매개로 하여 부유층의 자녀들이 명문대학 진학률이 높다고 분석할 수 있다.

또 하나의 예를 들면 연령에 대한 직무 만족도 관계에서 연령이 많을수록 직무 만족도가 높다기보다는 연령이 많아지면서 직무 독립성 또는 월수입이 높아지면서 직무만족도가 높을 가능성이 크다. 이 경우 직무 독립성 또는 월수입을 매개변수라고 할 수 있고 이것을 매개로 하여 연령이 직무만족도에 영향을 줄 수 있다. 또 다른 예로서 부모의 학대가 사이버 비행에 미치는 영향에서 청소년 자녀들은 부모로부터 학대를 많이 받으면 우울감이 높아지고 우울은 다시 사이버 비행에 영향을 미치는 것으로 나타났다. 이 경우 청소년의 우울은 자녀에 대한 부모의 학대와 사이버 비행 간의 관계를 매개한다고 할 수 있다.

매개효과를 검정하는 방법에는 회귀분석을 이용한 방법과 구조방정식 모형을 이용한 방법이 있다. 최근에는 회귀분석을 이용한 방법보다 구조방정식 모형을 이용한 방법이 많이 사용되고 있다.

8.2 회귀분석을 이용한 매개효과분석

독립변수 X와 종속변수 Y와의 관계에서 변수 M이 매개변수로서 역할을 하는지에 대해서 그림 8.2의 회귀분석을 이용한 매개효과 모형을 가지고 알아보고자 한다.

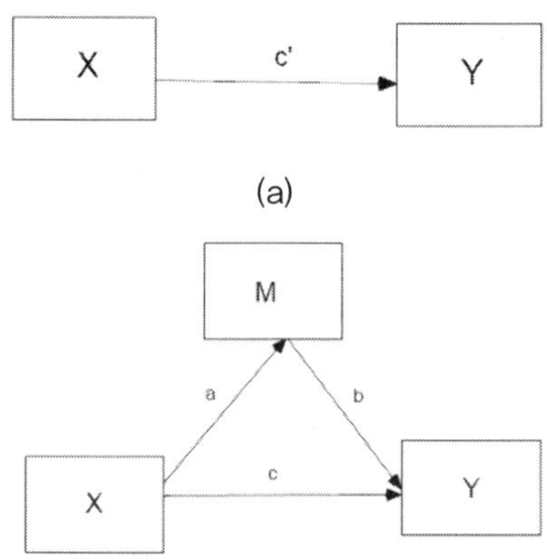

• 그림 8.2 • 회귀분석을 이용한 매개효과 모형

회귀분석을 이용한 매개효과 검정은 Baron and Kenny(1986)의 방법에 의하여 다음과 같이 단계별로 실시한다.

단계 1. 그림 8.2(a)의 독립변수 X와 종속변수 Y와의 관계에서 회귀계수(c′)가 통계적으로 유의해야 한다. 즉, 다음의 회귀모형

$$Y = \beta_1 + c'X + \epsilon_1$$

에서 가설 $H_0 : c' = 0 \quad H_1 : c' \neq 0$을 검정한다. 유의수준 α에서 $H_0 : c' = 0$을 기각하면 회귀계수(c′)가 통계적으로 유의하다고 판단한다.

단계 2. 그림 8.2(b)의 독립변수 X와 매개변수 M와의 관계에서 회귀계수(a)가 통계적으로 유의해야 한다. 즉, 다음의 회귀모형

$$M = \beta_2 + aX + \epsilon_2$$

에서 가설 $H_0 : a = 0 \quad H_1 : a \neq 0$을 검정한다. 유의수준 α에서 $H_0 : a = 0$을 기각하면 회귀계수(a)가 통계적으로 유의하다고 판단한다.

단계 3. 그림 8.2(b)에서 X와 M을 독립변수, Y을 종속변수로 간주하여 회귀분석을 실시한 후, 회귀계수(b)가 통계적으로 유의해야 한다. 즉, 다음의 회귀모형

$$Y = \beta_3 + cX + bM + \epsilon_3$$

에서 가설 $H_0 : b = 0 \quad H_1 : b \neq 0$을 검정한다. 유의수준 α에서 $H_0 : b = 0$을 기각하면 회귀계수(b)가 통계적으로 유의하다고 판단한다.

따라서 단계 1-단계 3을 만족하는 경우 변수 M은 매개효과를 갖고 있다고 한다. 만약 단계 3에서 회귀계수(c)가 통계적으로 유의하지 않으면, 즉 $c = 0$이면 M의 효과는 완전매개효과를 갖는다고 하고 회귀계수(c)가 통계적으로 유의하면, 즉 $c \neq 0$이면 부분매개효과를 갖는다고 한다.

예제 8.1 예제 4.1에 있는 한국청소년정책연구원의 'NYPI 한국 아동청소년 온라인 게임 및 가족여가활동 실태조사(중고등학생, 2009)' 자료에서 게임중독이 게임시간과 가족생활 관계에 어떤 영향을 미치는지 알아보고자 한다. 즉, 게임시간과 가족생활 관계에서 게임중독에 대한 매개효과를 회귀분석을 이용하여 분석하고자 한다. 데이터는 4장에서 결측값 처리를 한 NYPI 데이터("NYPI_1.sav")를 이용한다.

① 게임 데이터에서 회귀분석을 이용한 매개효과 모형

회귀분석을 이용한 매개효과분석을 위해 그림 8.3과 같은 모형을 생각한다.

(a)

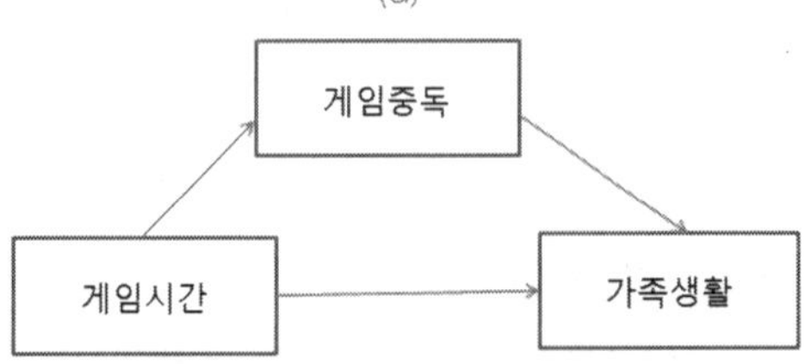

(b)

그림 8.3 게임 데이터에서 회귀분석을 이용한 매개효과 모형

② **잠재변수값 계산**

데이터 파일("NYPI_1.sav")에서 회귀분석을 이용한 매개효과분석을 위해서는 잠재변수들의 값이 필요하다. 잠재변수에 대한 값을 얻기 위해, 이를 나타내는 관측변수들의 합을 계산한다. SPSS에서 위의 작업은 다음과 같이 수행한다.

메뉴에서 [변환] → [변수 계산]을 선택한다.

그림 8.4에서 잠재변수 "게임시간"을 나타내는 변수 "a12"는 2개의 관측변수 "a1"과 "a2"의 합을 나타낸다.

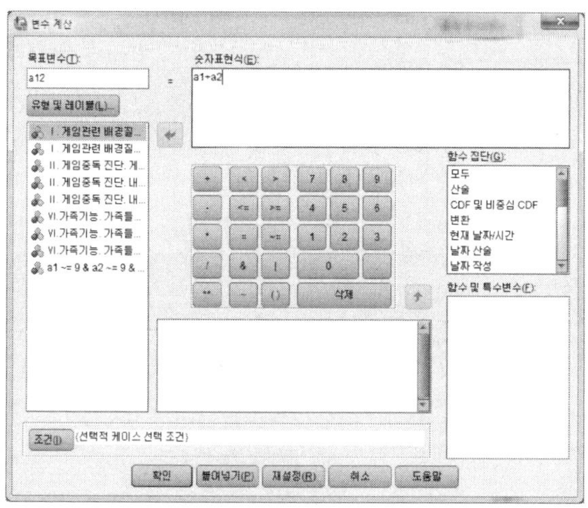

● **그림 8.4** ● "게임시간" 계산

즉, 그림 8.4를 수식으로 표현하면 다음과 같다.

$$a12 = a1 + a2$$

그림 8.5에서 잠재변수 "게임중독"을 나타내는 변수 "b5710"은 3개의 관측변수 "b5", "b7", "b10"들의 합을 나타낸다.

즉, 그림 8.5를 수식으로 표현하면 다음과 같다.

$$b5710 = b5 + b7 + b10$$

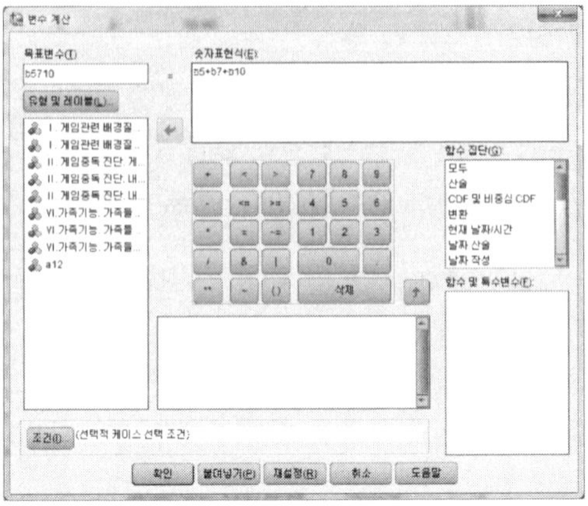

● 그림 8.5 ● "게임중독"에 대한 관측변수들의 합 계산

그림 8.6에서 잠재변수 "가족생활"을 나타내는 변수 "f5911"는 3개의 관측변수 "f5", "f9", "f11"들의 합을 나타낸다.

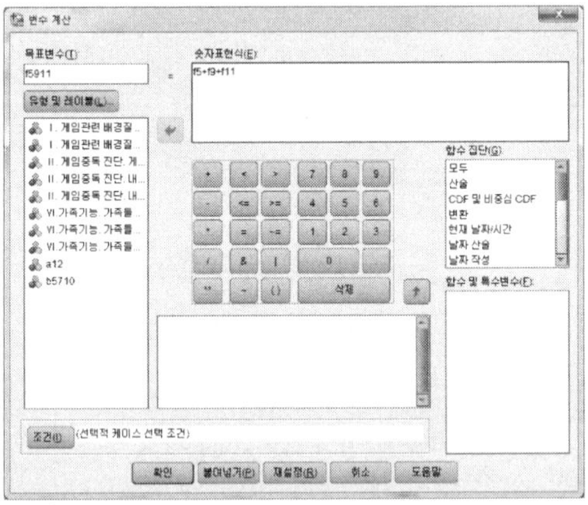

● 그림 8.6 ● "가족생활"에 대한 관측변수들의 합 계산

즉, 그림 8.6을 수식으로 표현하면 다음과 같다.

$$f5911 = f5 + f9 + f11$$

원래 데이터("NYPI_1.sav")에서 새로 생성된 변수 "a12", "b5710", "f5911"가 추가된 그림 8.7의 데이터("NYPI_2.sav")를 가지고 회귀분석을 이용한 매개효과분석을 하고자 한다.

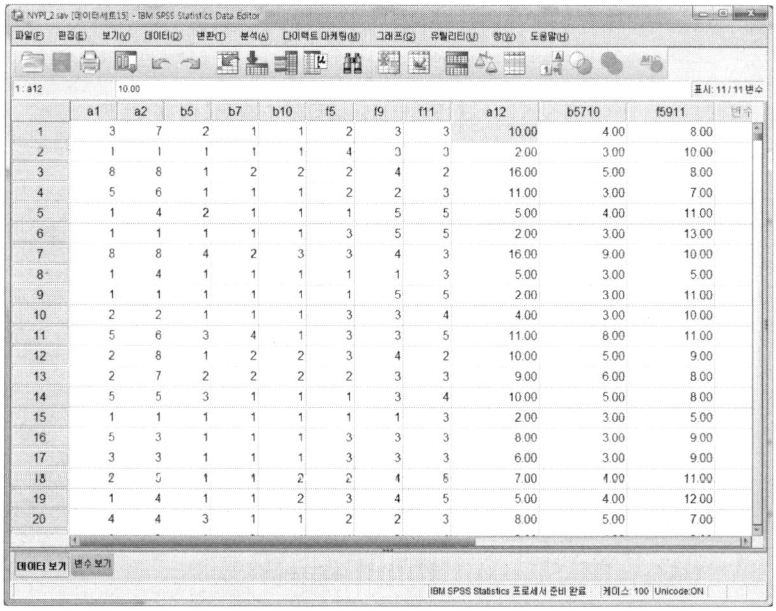

• **그림 8.7** • 회귀분석을 이용한 매개효과분석을 위한 데이터("NYPI_2.sav")

③ SPSS에서 회귀분석 수행

먼저, 그림 8.3(a)에서 "게임시간"이 "가족생활"에 직접적인 영향이 있는지에 대해 알아보기 위해 SPSS에서 다음과 같이 회귀분석을 수행한다.

메뉴에서 [분석] → [회귀분석] → [선형]을 선택한다.

그림 8.8에서 독립변수는 "게임시간"을 나타내는 "a12"이고, 종속변수는 "가족생활"을 나타내는 "f5911"이다.

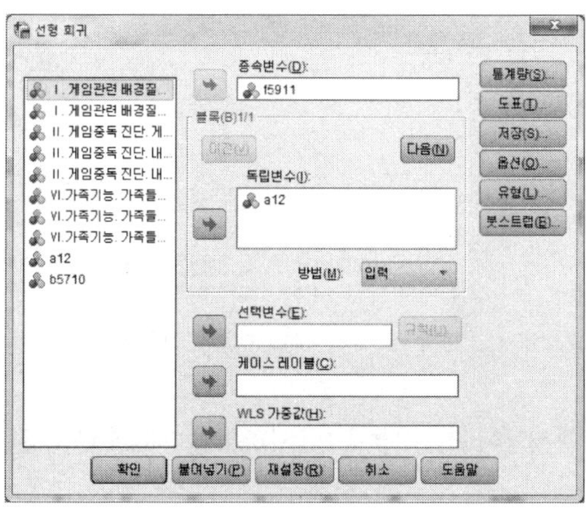

• **그림 8.8** • 선형회귀분석

그림 8.8에서 [확인] 버튼을 클릭하였을 때 결과는 표 8.1과 같다.

표 8.1 그림 8.8의 선형회귀분석 결과

계수[a]

모형		비표준화계수		표준화계수	t	유의확률
		B	표준오차	베타		
1	(상수)	9.252	.059		157.140	.000
	a12	-.039	.007	-.069	-5.507	.000

a. 종속변수: f5911

표 8.1로부터 "a12"이 "f5911"에 대한 비표준화계수 $\beta = -0.039$, 검정통계량 $t = -5.507$, 유의확률 $p = 0.000$이다. 따라서 "게임시간"은 "가족생활"에 통계적으로 유의한 영향을 주는 것으로 나타났다.

다음, 그림 8.3(b)에서 "게임시간"이 "게임중독"에 직접적인 영향이 있는지에 대해 알아보기 위해 다음과 같이 SPSS에서 회귀분석을 수행한다.

메뉴에서 [분석] → [회귀분석] → [선형]을 선택한다.

그림 8.9에서 독립변수는 "게임시간"을 나타내는 "a12"이고, 종속변수는 "게임중독"을 나타내는 "b5710"이다.

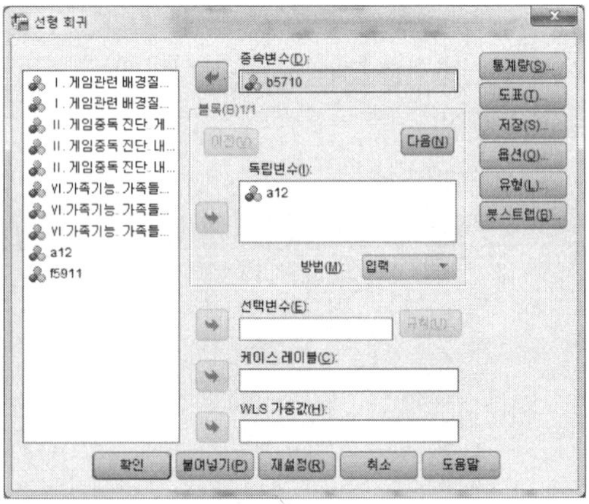

그림 8.9 선형회귀분석

그림 8.9에서 [확인] 버튼을 클릭하였을 때 결과는 표 8.2와 같다.

• 표 8.2 • 그림 8.9의 선형회귀분석 결과

계수[a]

모형		비표준화계수		표준화계수	t	유의확률
		B	표준오차	베타		
1	(상수)	3.052	.034		90.004	.000
	a12	.178	.004	.473	43.040	.000

a. 종속변수: b5710

표 8.2로부터 "a12"이 "b5710"에 대한 비표준화계수 $\beta = -0.178$, 검정통계량 $t = -43.040$, 유의확률 $p = -0.000$이다. 따라서 "게임시간"은 "게임중독"에 통계적으로 유의한 영향을 주는 것으로 나타났다.

마지막으로 그림 8.3(b)에서 "게임시간"과 "게임중독"이 "가족생활"과의 관계에서 "게임중독"이 "가족생활"에 영향을 주는지에 대해 알아보기 위해 다음과 같이 SPSS에서 회귀분석을 수행한다.

메뉴에서 [분석] → [회귀분석] → [선형]을 선택한다.

그림 8.10에서 독립변수는 2개인데, 하나는 "게임시간"을 나타내는 "a12", 또 하나는 "게임중독"을 나타내는 "b5710"이다. 그리고 종속변수는 "가족생활"을 나타내는 "f5911"이다. 이처럼 독립변수가 2개 이상인 회귀분석을 다중회귀분석이라고 한다.

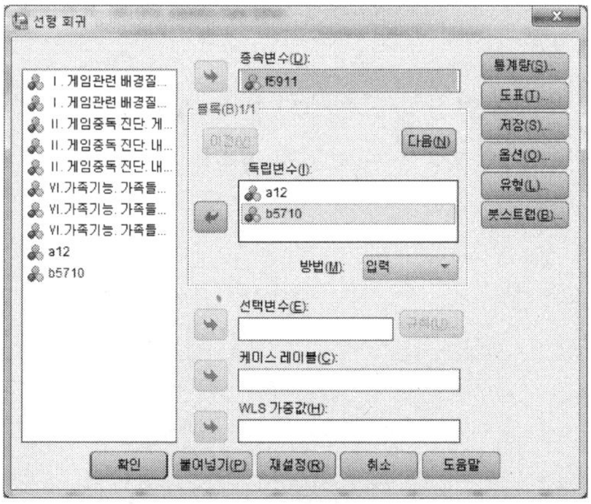

• 그림 8.10 • 다중선형회귀분석

그림 8.10에서 [확인] 버튼을 클릭하였을 때 결과는 표 8.3과 같다.

• **표 8.3** • 그림 8.10의 다중선형회귀분석 결과

계수[a]

모형		비표준화계수		표준화계수	t	유의확률
		B	표준오차	베타		
1	(상수)	9.497	.088		107.323	.000
	a12	-.025	.008	-.044	-3.098	.002
	b5710	-.080	.022	-.052	-3.712	.000

a. 종속변수: f5911

표 8.3으로부터 “b5710”이 “f5911”에 대한 조사에서 비표준화계수 $\beta = -0.080$, 검정통계량 $t \ = -3.712$, 유의확률 $p = -0.000$이다. 따라서 “게임중독”은 “가족생활”에 통계적으로 유의한 영향을 주는 것으로 나타났다. 따라서 “게임시간”과 “가족생활”의 관계에서 “게임중독”은 매개효과를 갖고 있다고 할 수 있다.

표 8.3으로부터 “게임시간”과 “가족생활”의 관계에서 비표준화계수 $= -0.025$, 검정통계량 $t = -3.098$, 유의확률 $p = 0.002$임으로 통계적으로 유의하게 나타났다. 따라서 “게임중독”은 “게임시간”과 “가족생활”의 관계에서 부분매개효과를 갖고 있다고 할 수 있다.

8.3 구조방정식 모형을 이용한 매개효과분석

그림 8.11의 구조방정식 모형에서 변수 M이 변수 X와 변수 Y와의 관계에서 매개 역할을 하는지 단계별로 알아보고자 한다.

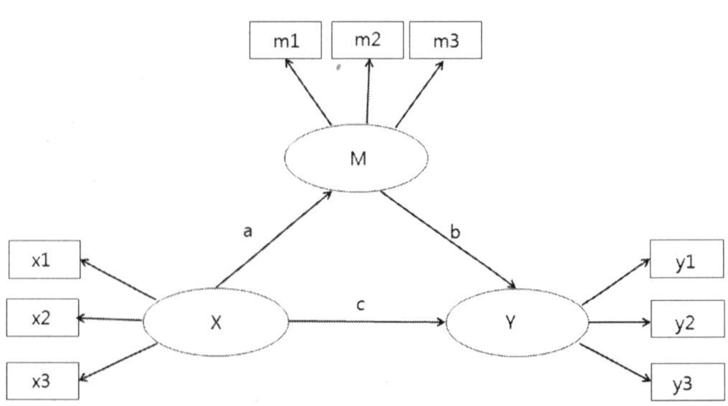

• **그림 8.11** • 구조방정식 모형을 이용한 매개효과 모형

단계 1. 그림 8.11의 연구모형에 대한 적합 여부를 조사한다. 그림 8.11의 모형이 적합하지 않으면 매개효과 검정 결과의 의미가 없다.

단계 2. 그림 8.11의 경로 [X → M], [M → Y]에서 각각의 경로계수 a, b가 통계적으로 유의해야 한다.

단계 3. 그림 8.11의 경로 [X → Y]에서 경로계수 c의 유의성을 조사한다. 만약 c가 통계적으로 유의하면 M은 부분매개효과를 갖는다고 하고, 유의하지 않으면 완전매개효과를 갖는다고 한다.

예제 8.2 예제 4.1에 있는 한국청소년정책연구원의 'NYPI 한국 아동청소년 온라인 게임 및 가족여가활동 실태조사(중고등학생, 2009)' 자료에서 구조방정식 모형을 이용하여 게임시간과 가족생활 관계에서 게임중독에 대한 매개효과분석을 하고자 한다. 데이터는 4장에서 결측값 처리를 한 NYPI 데이터("NYPI_1.sav")를 이용한다.

단계 1: 연구모형의 적합성 조사

① AMOS를 실행하여 그림 8.12와 같이 연구모형에 대한 경로도형을 그린다.

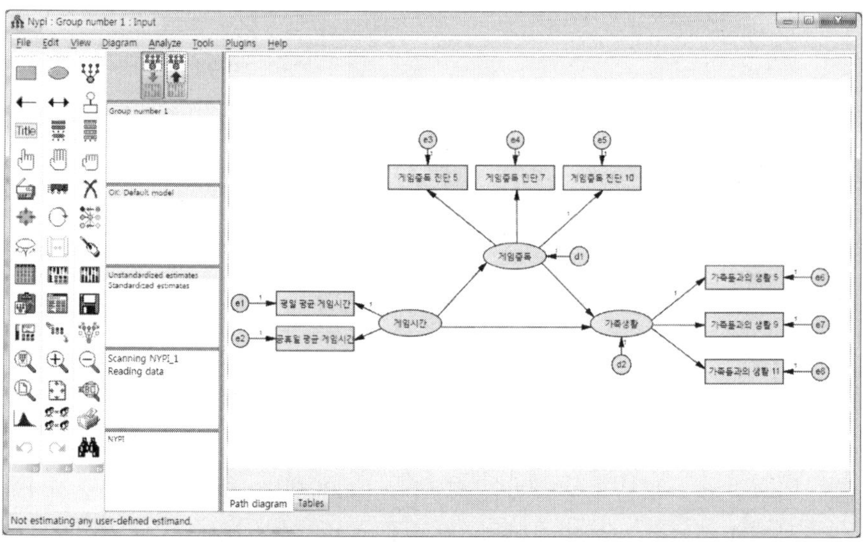

• **그림 8.12** • 연구모형에 대한 경로도형

② [File] → [Data Files] 메뉴에서 [File Name] 버튼을 선택하여 입력된 데이터 파일을 지정한다. 여기서는 그림 8.13과 같이 데이터 "NYPI_1.sav"를 지정한다.

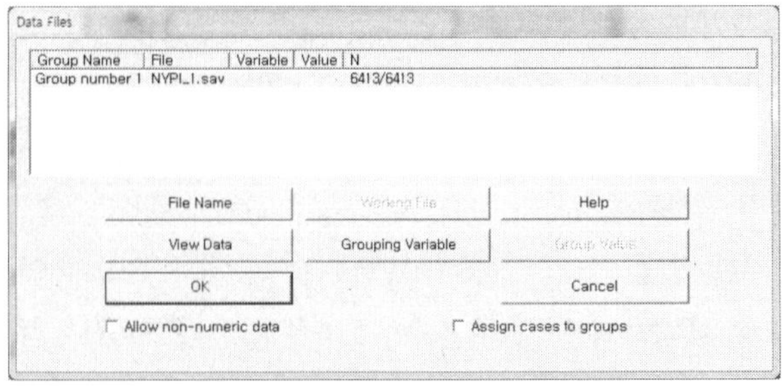

• **그림 8.13** • 데이터 파일 지정

③ [Analyze] → [Calculate Estimates] 메뉴를 선택하여 그림 8.12의 연구모형을 실행시킨다.

④ [View] → [Text Output] 메뉴를 선택하여 실행결과를 살펴본다. 그림 8.14는 연구모형에 대한 χ^2-통계량에 의한 모형적합의 결과를 보여준다.

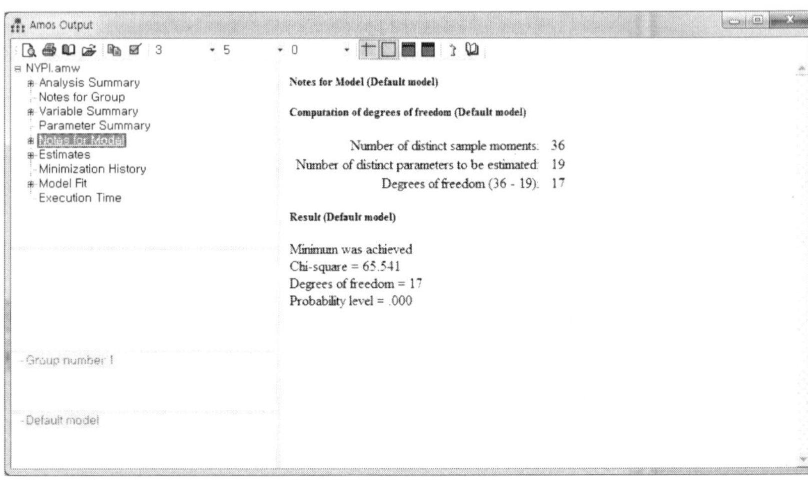

• **그림 8.14** • 연구모형에 대한 χ^2-통계량에 의한 적합도

그림 8.14로부터 $\chi^2 = 65.541$, $p = 0.000$이다. 이 경우 χ^2-통계량을 가지고 판단하면 모형이 적합하지 않다. 그러나 구조방정식 모형에서는 χ^2-통계량 외에 여러 가지 많은 적합지수들을 가지고 종합적으로 판단해야 한다.

그림 8.15는 연구모형에 대한 여러 가지 적합지수들을 보여준다.

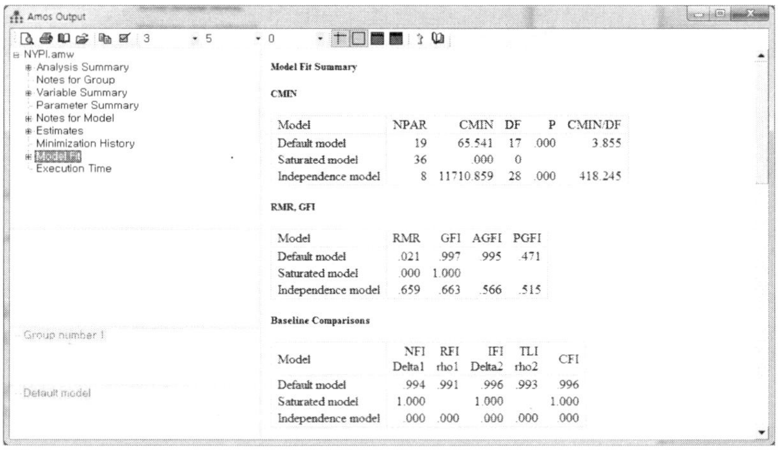

● 그림 8.15 ● 연구모형에 대한 여러 가지 적합지수

그림 8.15로부터 χ^2-통계량, CMIN/DF를 제외하고 그 밖의 적합지수를 예로 들면, RMR, GFI, AGFI, NFI, TLI, CFI, RMSEA 등은 모형이 적합함을 보여준다.

우리는 수정지수를 사용하여 보다 적합한 모형을 찾은 다음, 수정된 모형하에서 매개효과 검정을 하고자 한다. 그림 8.16의 수정지수 출력으로부터 경로 [a1 → b10]을 추가할지 여부를 검토한다.

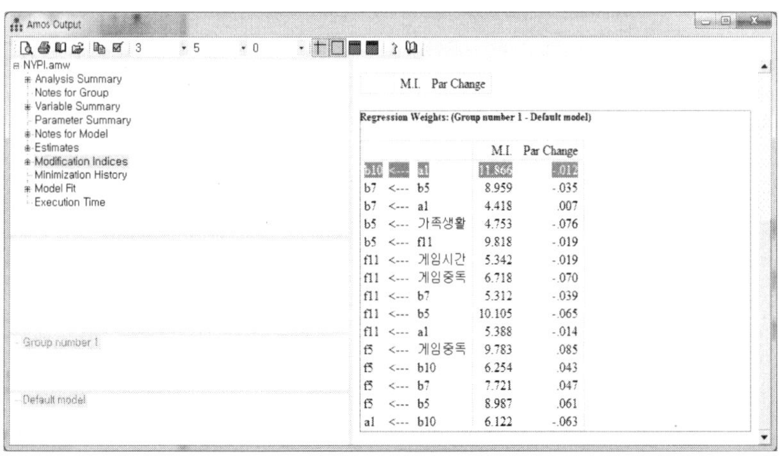

● 그림 8.16 ● 수정지수 결과

그림 8.16의 수정지수에서 변수 a1은 "평일에 게임을 몇 시간 정도 하나요?"에 대한 설문을 나타내는 변수이고 변수 b10은 "게임을 그만두어야 하는 경우에도 게임을 그만두는 것이 어렵다."에 대한 설문을 나타내는 변수이다. 이 두 변수 간에는 인과관계가 존재한다고 볼 수 있으므로 기존 모형에 경로 [a1 → b10]을 추가한다.

그림 8.17의 수정지수 출력으로부터 경로 [b5 → f11]을 추가할지 여부를 검토한다.

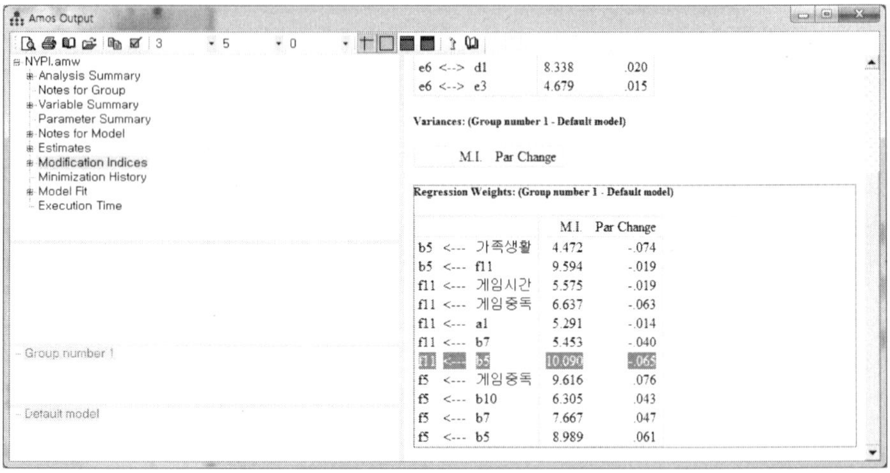

• **그림 8.17** • 수정지수 결과

그림 8.17의 수정지수 출력에서 변수 b5은 "게임에서 사람을 사귀는 것이 더 편하고 자신 있다."에 대한 변수이고 변수 f11은 "우리 가족들은 서로 간에 매우 친근감을 느낀다."에 대한 변수이다. 이 두 변수 간에도 인과관계가 존재한다고 볼 수 있으므로 기존 모형에 경로 [b5 → f11]을 추가한다.

그림 8.12의 원래의 연구모형에서 수정지수에 의해 얻은 2개의 경로를 추가하여 그림 8.18의 수정된 모형을 얻을 수 있다.

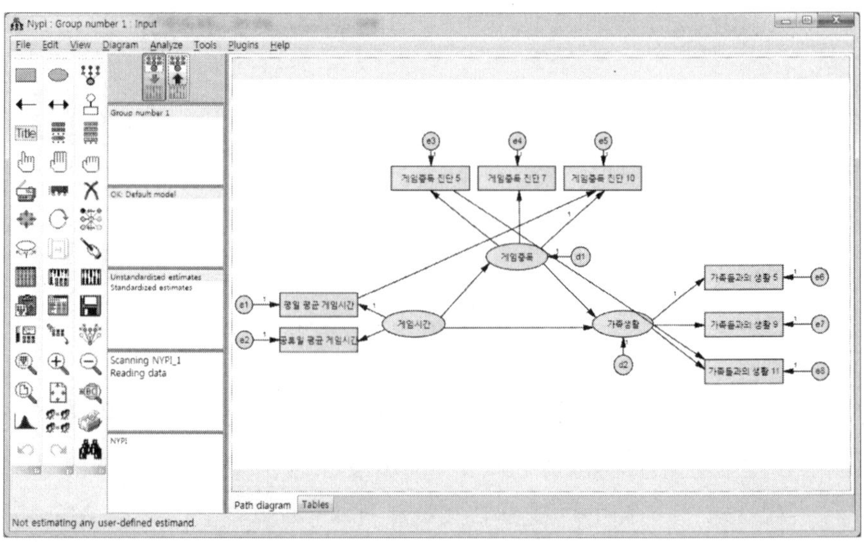

• **그림 8.18** • 수정된 모형에 대한 경로도형

그림 8.19는 그림 8.18의 수정된 연구모형에 대한 χ^2-통계량에 의한 모형적합도를 나타내고 있다.

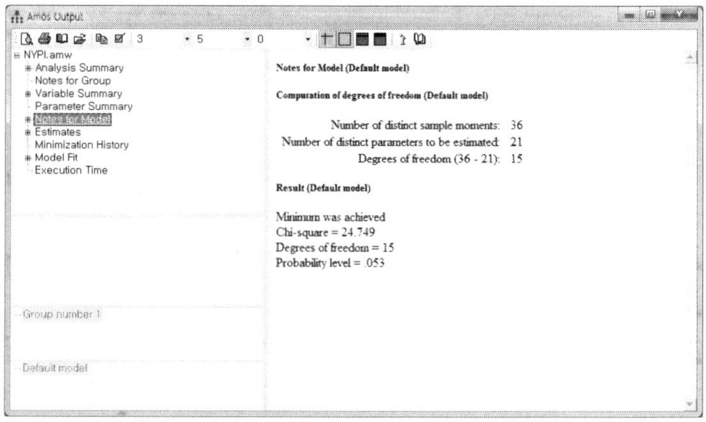

그림 8.19 수정된 연구모형에 대한 χ^2-통계량에 의한 적합도

그림 8.19로부터 수정된 연구모형에 대해 $\chi^2 = 24.749$, $p = 0.053$이다. 이 경우 χ^2-통계량을 가지고 판단하면 모형이 적합하다고 할 수 있다. 그림 8.20처럼 그 밖의 적합지수들에 대해 살펴보고자 한다.

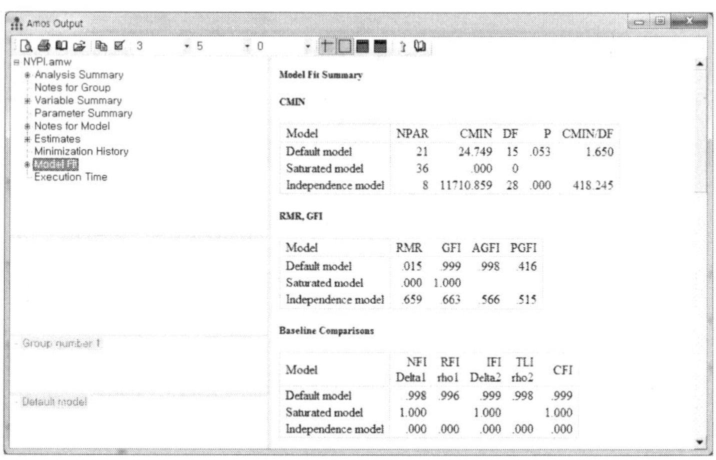

그림 8.20 수정모형에 대한 여러 가지 적합지수

그림 8.20으로부터 χ^2-통계량, CMIN/DF를 포함하여 그 밖의 여러 가지 적합지수를 예로 들면, RMR, GFI, AGFI, NFI, TLI, CFI, RMSEA 등에서 모형이 적합함을 보여준다.

단계 2: 경로 [게임시간 → 게임중독], [게임중독 → 가족생활] 관계에서 경로계수의 유의성 조사

그림 8.18의 수정된 연구모형에서 경로 [게임시간 → 게임중독], [게임중독 → 가족생활] 관계에서 각각의 경로계수에 대해 통계적인 유의성을 조사한다.

그림 8.21은 그림 8.18의 수정된 연구모형에서 경로계수들의 추정치를 보여주고 있다.

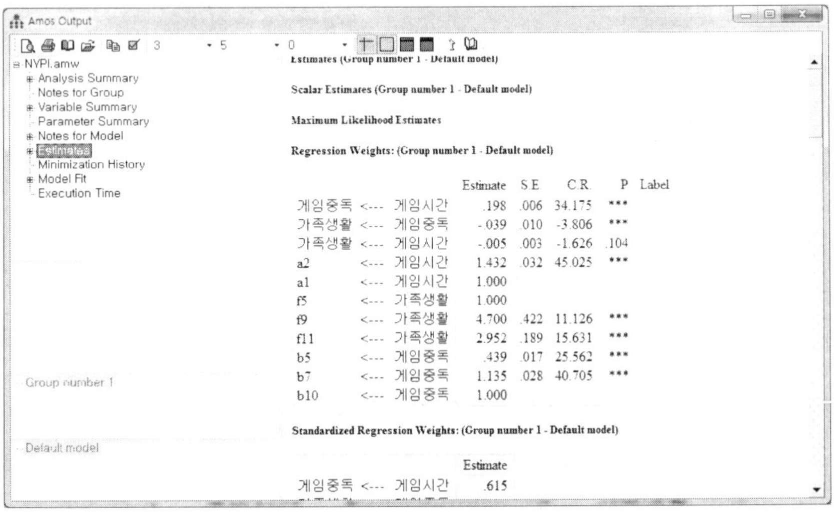

● **그림 8.21** ● 경로계수 추정치

그림 8.21의 경로계수 출력으로부터 경로 [게임시간 → 게임중독]의 경로계수는 0.198, p=*** 그리고 경로 [게임중독 → 가족생활]의 경로계수는 −0.039, p=*** 이므로 이 두 회귀계수는 통계적으로 유의함을 알 수 있다.

단계 3: 경로 [게임시간 → 가족생활]에서 경로계수의 유의성 조사

그림 8.21의 회귀계수 출력으로부터 경로 [게임시간 → 가족생활]의 경로계수는 −0.005, $p = 0.104$이므로 유의수준 $\alpha = 0.05$에서 통계적으로 유의하지 않다. 따라서 경로 [게임시간 → 가족생활] 관계에서 게임중독의 효과는 완전매개효과를 갖고 있다고 할 수 있다.

8.4 다중매개효과 검정

지금까지는 하나의 변수가 다른 변수에 영향을 미칠 때 매개변수가 1개인 매개효과, 즉, 단순 매개효과에 대해 다루었다. 여기서는 다중매개효과(multiple mediator effect)에 대해 다루고자 한다. 다중매개효과란 매개변수가 여러 개인 매개효과를 말한다. 예를 들면, 청소년의 스트레스와 인터넷 게임 중독과의 관계에서 가족관계 혹은 친구관계가 매개요인으로 작용하여 청소년의 인터넷 게임중독의 문제를 줄일 수 있는 경우 가족관계 혹은 친구관계는 다중매개변수에 해당된다.

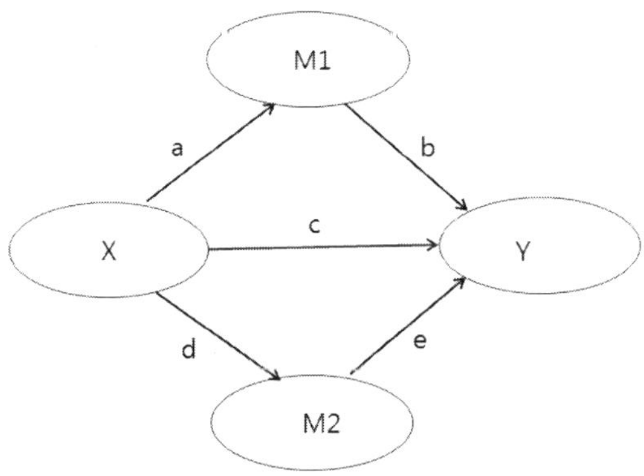

• 그림 8.22 • 다중매개효과 모형

그림 8.22의 다중매개효과 모형에서 변수 X와 변수 Y의 관계에서 변수 M1 혹은 M2의 효과에 의해 X가 Y에 영향을 미치는 경우를 다중매개효과라고 한다. 여기서 매개변수는 2개이므로 이중매개효과가 있다고 말한다.

AMOS는 다중매개효과 모형에서 변수 X가 변수 Y에 미치는 간접효과를 변수 M1을 통한 간접효과와 변수 M2를 통한 간접효과를 구분하지 않고 두 간접효과를 합한 전체 간접효과(total indirect effect)에 대한 결과를 출력한다. 이때 M1 효과와 M2 효과 중 구체적으로 어느 매개변수에 의한 간접효과인지 알 수 없다. 다시 말하면, AMOS에서는 다중매개효과 모형에서 개별간접효과(specific indirect effect), 여기서는 개별매개효과에 대한 결과를 명시적으로 출력하지 않는다.

AMOS에서 개별매개효과 검정을 하기 위해서는 별도의 방법, 여기서는 Sobel 방법과 팬텀변수(phantom variable)를 이용한 방법을 사용하여 분석하고자 한다.

① Sobel 방법

그림 8.22의 다중매개효과 모형에서 변수 X가 변수 M1을 매개로 변수 Y에 영향을 미치는 간접경로를 생각하자. 간접효과를 ab로 정의하면 이에 대한 검정을 위한 귀무

가설 H_0과 대립가설 H_1은 각각 다음과 같다.

$$H_0 : \mathrm{ab} = 0 \qquad H_1 : \mathrm{ab} \neq 0$$

위의 가설을 검정하기 위한 검정통계량은 다음과 같다.

$$t = \frac{\mathrm{ab}}{SE(\mathrm{ab})} = \frac{\mathrm{ab}}{\sqrt{\mathrm{a}^2\sigma_{\mathrm{b}}^2 + \mathrm{b}^2\sigma_{\mathrm{a}}^2}}$$

여기서 $SE(\mathrm{ab})$는 ab의 표준오차이고 σ_{a}^2은 a의 분산, σ_{b}^2은 b의 분산이다. 참고로, 델타법(delta method)에 의해 $SE(\mathrm{ab}) = \sqrt{\mathrm{a}^2\sigma_{\mathrm{b}}^2 + \mathrm{b}^2\sigma_{\mathrm{a}}^2}$ 이 얻어진다.

표본의 크기가 큰 경우 검정통계량 t는 근사적으로 표준정규분포를 따르기 때문에 표준 정규분포표를 이용하여 검정할 수 있다. 따라서 유의수준 $\alpha = 0.05$에서 $z_{\alpha/2} = 1.96$이므로 $|t| \geq z_{\alpha/2} = 1.96$이면 유의수준 5%에서 H_0을 기각하여 간접효과가 있다고 할 수 있다.

Sobel 방법은 간접효과 ab의 분포에 대한 정규성을 만족하고 또한 표본의 크기가 크다는 가정하에서 검정이 이루어지고 있다. 따라서 정규성을 만족하지 않고 또한 표본의 크기가 작은 경우 Sobel 방법을 적용하는데 주의가 필요하다.

Sobel 방법은 간접경로에 단지 매개변수 1개가 존재하는 단순한 경로에서 간접효과의 유의성 검정만이 가능하다. 따라서 Sobel 방법에 의해 한 개의 간접경로에 여러 개의 매개변수가 존재하는 복잡한 경로에서는 간접효과의 유의성 검정을 할 수 없다.

② 팬텀변수를 이용한 방법

원래의 연구모형을 팬텀변수(phantom variable)를 사용하여 모형을 변형한 후 붓스트랩핑을 적용하여 검정하는 방법이다. 여기서 팬텀변수는 일종의 가상의 변수로서 모형적합도 및 모수추정치에 영향을 주지 않는다.

그림 8.23은 그림 8.22의 모형을 팬텀변수를 사용하여 변형한 모형이다.

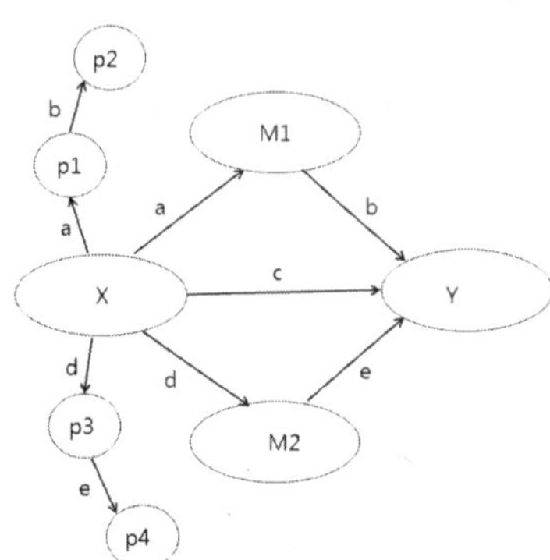

• **그림 8.23** • 팬텀변수가 추가된 다중매개효과 모형

그림 8.23에서 [X → M1 → Y]의 경로에서 매개효과 ab를 팬텀변수 p2의 계수를 가지고 나타내고 [X → M2→ Y]의 경로에서 매개효과 de를 팬텀변수 p4의 계수를 가지고 나타낸다. 따라서 p2와 p4의 계수의 유의성을 붓스트랩핑을 적용하여 조사한다.

예제 8.3 한국청소년정책연구원의 조사한 'NYPI 한국 아동청소년 온라인게임 및 가족여가활동 실태조사(중고등학생, 2009)'에서 게임시간, 게임중독, 여가활동장애와 가족생활에 관한 자료에서 게임시간과 가족생활 관계에서 게임중독과 여가활동장애에 대한 매개효과에 대해 Sobel 방법과 팬텀변수를 이용한 방법을 사용하여 분석하고자 한다[자료출처: 한국사회과학데이터센터(Korean Social Science Data Center, KSDC) 사이트 http://www.ksdcdb.kr/main.do].

다음은 전체 설문 중 위의 해당 설문을 나타낸다.

Ⅰ. 다음은 컴퓨터나 게임기 등을 이용한 게임과 관련된 질문입니다.

(x1) 평일에 게임을 몇 시간 정도 하나요?

① 전혀 안 한다 ② 30분 미만
③ 30분 ~ 1시간 미만 ④ 1시간 ~ 1시간 30분 미만
⑤ 1시간 30분 ~ 2시간 미만 ⑥ 2시간 ~ 3시간 미만
⑦ 3시간 ~ 4시간 미만 ⑧ 4시간 이상

(x2) 일요일 또는 공휴일에 게임을 몇 시간 정도 하나요?

① 전혀 안 한다 ② 30분 미만
③ 30분 ~ 1시간 미만 ④ 1시간 ~ 1시간 30분 미만
⑤ 1시간 30분 ~ 2시간 미만 ⑥ 2시간 ~ 3시간 미만
⑦ 3시간 ~ 4시간 미만 ⑧ 4시간 이상

(x3) 게임을 한 번 하면 얼마나 오랫동안 하나요?

① 전혀 안 한다 ② 30분 미만
③ 30분 ~ 1시간 미만 ④ 1시간 ~ 1시간 30분 미만
⑤ 1시간 30분 ~ 2시간 미만 ⑥ 2시간 ~ 3시간 미만
⑦ 3시간 ~ 4시간 미만 ⑧ 4시간 이상

Ⅱ. 다음은 게임중독과 관련된 질문입니다.

설문내용	전혀 그렇지 않다	때때로 그렇다	자주 그렇다	항상 그렇다
(x4) 게임에서 사람을 사귀는 것이 더 편하고 자신 있다.	①	②	③	④
(x5) 게임을 하느라 해야 할 일을 못한다.	①	②	③	④
(x6) 게임을 그만두어야 하는 경우에도 게임을 그만두는 것이 어렵다.	①	②	③	④

Ⅳ. 다음은 여가활동을 하지 못하는 것과 관련된 질문입니다.

설문내용	전혀 그렇지 않다	때때로 그렇다	자주 그렇다	항상 그렇다
(x7) 나는 공부 걱정 때문에 여가생활을 하기 어렵다.	①	②	③	④
(x8) 나는 화가 나거나 스트레스를 받아 마음이 혼란스러울 때에는 여가활동을 안하게 된다.	①	②	③	④
(x9) 나는 나와 성격이나 흥미가 다른 사람들과는 여가활동에 같이 참여하기가 어렵다고 생각한다.	①	②	③	④

Ⅵ. 다음은 평소에 여러분이 가족들과의 생활에서 느끼고 있는 점들에 관한 질문입니다.

설문내용	전혀 그렇지 않다	때때로 그렇다	자주 그렇다	항상 그렇다
(x10) 우리는 무슨 일이든 우리 가족끼리만 하려 한다.	①	②	③	④
(x11) 우리 가족은 자유시간을 되도록 함께 보내려 한다.	①	②	③	④
(x12) 우리 가족들은 서로 간에 매우 친근감을 느낀다.	①	②	③	④

(1) 연구모형의 적합성 조사

① 한국사회과학데이터센터(KSDC)로부터 데이터를 다운로드 받는다. 그림 8.24는 해당 설문에 대한 데이터("게임매개효과2.sav")이다.

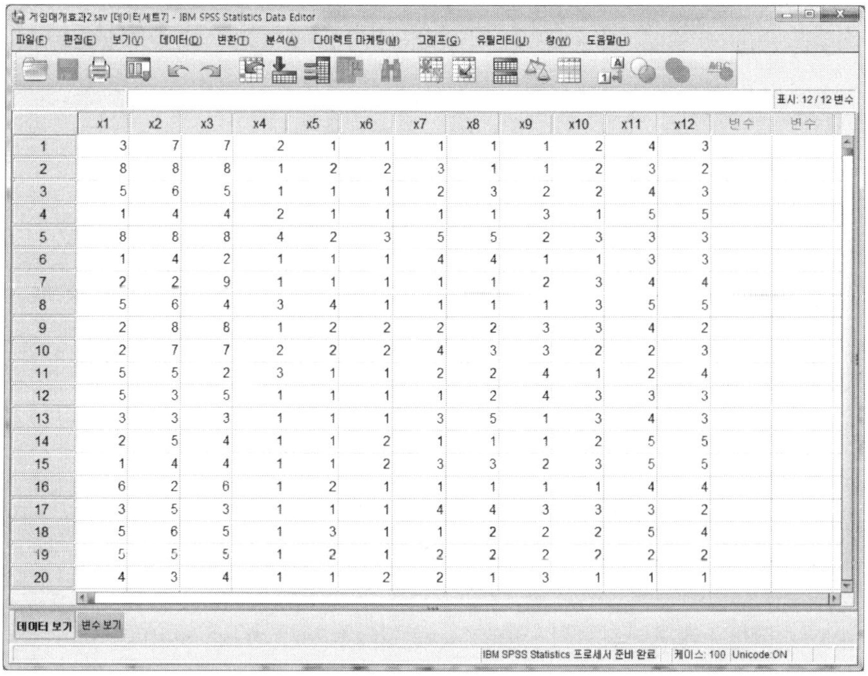

	x1	x2	x3	x4	x5	x6	x7	x8	x9	x10	x11	x12	변수	변수
1	3	7	7	2	1	1	1	1	1	2	4	3		
2	8	8	8	1	2	2	3	1	1	2	3	2		
3	5	6	5	1	1	1	2	3	2	2	4	3		
4	1	4	4	2	1	1	1	1	3	1	5	5		
5	8	8	8	4	2	3	5	5	2	3	3	3		
6	1	4	2	1	1	1	4	4	1	1	3	3		
7	2	2	9	1	1	1	1	1	2	3	4	4		
8	5	6	4	3	4	1	1	1	1	3	5	5		
9	2	8	8	1	2	2	2	2	3	3	4	2		
10	2	7	7	2	2	2	4	3	3	2	2	3		
11	5	5	2	3	1	1	2	2	4	1	2	4		
12	5	3	5	1	1	1	1	2	4	3	3	3		
13	3	3	3	1	1	1	3	5	1	3	4	3		
14	2	5	4	1	1	2	1	1	1	2	5	5		
15	1	4	4	1	1	2	3	3	2	3	5	5		
16	6	2	6	1	2	1	1	1	1	1	4	4		
17	3	5	3	1	1	1	4	4	3	3	3	2		
18	5	6	5	1	3	1	1	2	2	2	5	4		
19	5	5	5	1	2	1	2	2	2	2	2	2		
20	4	3	4	1	1	2	2	1	3	1	1	1		

● **그림 8.24** ● KSDC에서 다운로드 받은 데이터("게임매개효과2.sav")

그림 8.24는 결측값이 포함된 데이터이다. 그림 8.25는 목록별 결측값이 처리된 데이터("게임매개효과2_1.sav")이다.

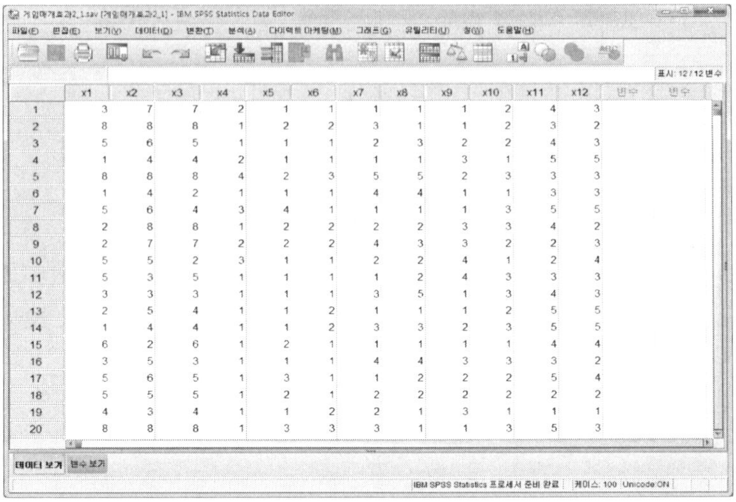

	x1	x2	x3	x4	x5	x6	x7	x8	x9	x10	x11	x12
1	3	7	7	2	1	1	1	1	1	2	4	3
2	8	8	8	1	2	2	3	1	1	2	3	2
3	5	6	5	1	1	1	2	3	2	2	4	3
4	1	4	4	2	1	1	1	1	3	1	5	5
5	8	8	8	4	2	3	5	5	2	3	3	3
6	1	4	2	1	1	1	4	4	1	1	3	3
7	5	6	4	3	4	1	1	1	1	3	5	5
8	2	8	8	1	2	2	2	2	3	3	4	2
9	2	7	7	2	2	2	4	3	3	2	2	3
10	5	5	2	3	1	1	2	2	4	1	2	4
11	5	3	5	1	1	1	1	2	4	3	3	3
12	3	3	3	1	1	1	3	5	1	3	4	3
13	2	5	4	1	1	2	1	1	1	2	5	5
14	1	4	4	1	1	2	3	3	2	3	5	5
15	6	2	6	1	2	1	1	1	1	1	4	4
16	3	5	3	1	1	1	4	4	3	3	3	2
17	5	6	5	1	3	1	1	2	2	2	5	4
18	5	5	5	1	2	1	2	2	2	2	2	2
19	4	3	4	1	1	2	2	1	3	1	1	1
20	8	8	8	1	3	3	3	1	1	3	5	3

• **그림 8.25** • 결측값 처리된 데이터("게임매개효과2_1.sav")

참고로, 그림 8.25의 결측값 처리 데이터는 SPSS에서 다음과 같이 목록별 결측 제거 방법을 사용하여 얻었다.

메뉴에서 [데이터] → [케이스 선택]을 선택한 후 "조건을 만족하는 케이스"를 선택하여 다음의 조건을 입력한다.

"x1 ~=9 & x2 ~=9 & x3 ~=9 & x4 ~=9 & x5 ~=9 & x6 ~=9 & x7 ~=9 & x8 ~=9 & x9 ~=9 & x10 ~=9 & x11 ~=9 & x11 ~=9"

그리고 출력결과에서 새 데이터 셋의 이름을 지정하면 결측이 제거된 데이터가 얻어진다.

② AMOS에서 그림 8.26과 같이 다중매개효과를 나타내는 연구모형을 작성한다.

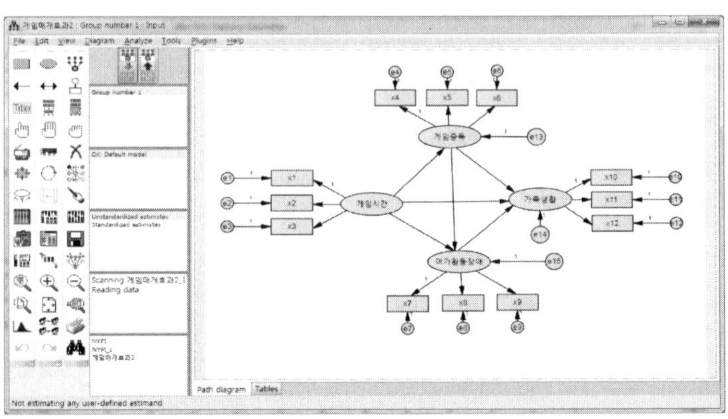

• **그림 8.26** • 다중매개효과 모형

③ [File] → [Data Files] 메뉴에서 [File Name] 버튼을 선택하여 입력된 데이터 파일을 지정한다. 여기서는 그림 8.27과 같이 결측값 처리를 한 "게임매개효과2_1.sav"를 선택한다.

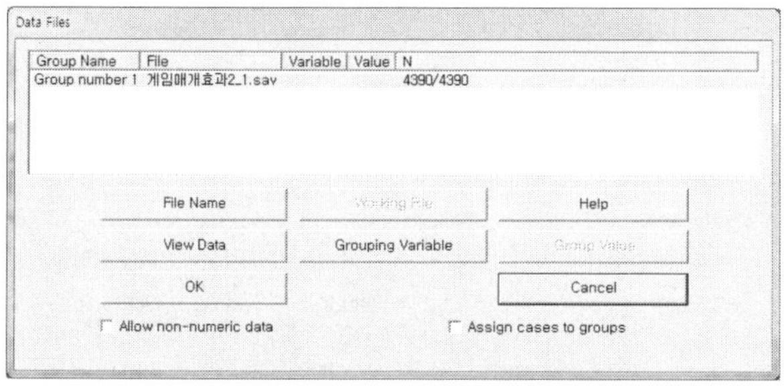

• 그림 8.27 • 데이터 파일 지정

④ 그림 8.26의 연구모형을 실행시키기 위해 [Analyze] → [Calculate Estimates] 메뉴를 선택한다.

⑤ [View] → [Text Output] 메뉴를 선택하여 실행결과를 살펴본다. 그림 8.28은 연구모형에 대한 χ^2-통계량에 의한 모형적합에 대한 결과를 보여준다.

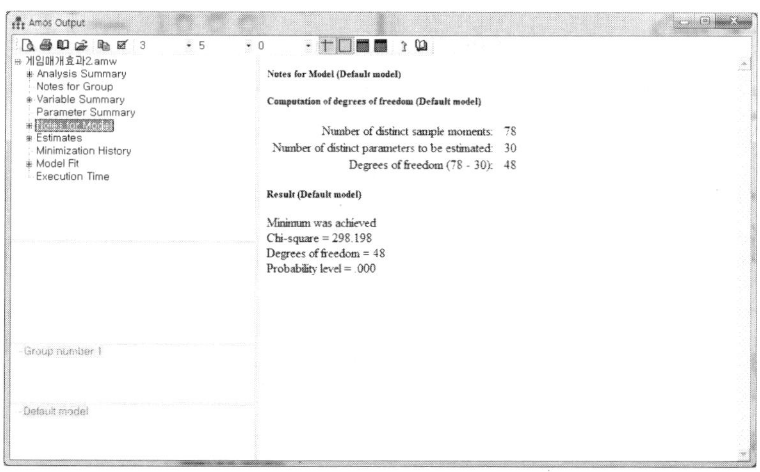

• 그림 8.28 • 연구모형에 대한 χ^2-통계량에 의한 적합도

그림 8.28로부터 $\chi^2 = 298.198$, $p = 0.000$이다. 이 경우 χ^2-통계량만을 가지고 판단한다면 그림 8.26의 모형은 적합하지 않다. 그러나 구조방정식 모형에서는 χ^2-통계량 외에 여러 가지 많은 적합지수들을 가지고 종합적으로 판단해야 한다.

그림 8.29는 연구모형에 대한 여러 가지 적합지수들에 대해 보여준다.

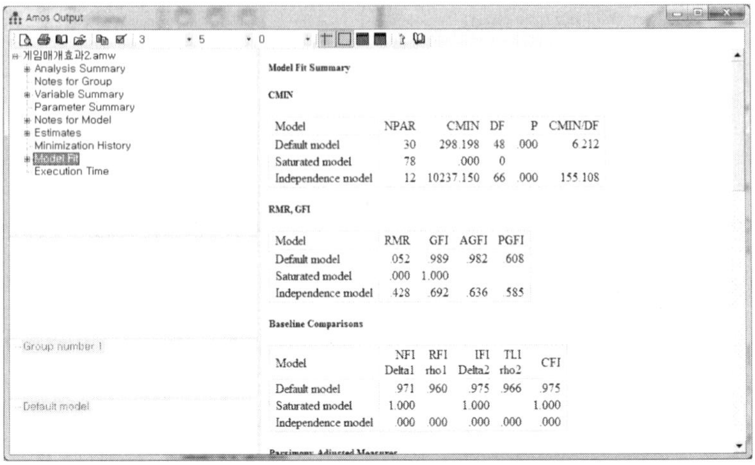

Model Fit Summary

CMIN

Model	NPAR	CMIN	DF	P	CMIN/DF
Default model	30	298.198	48	.000	6.212
Saturated model	78	.000	0		
Independence model	12	10237.150	66	.000	155.108

RMR, GFI

Model	RMR	GFI	AGFI	PGFI
Default model	.052	.989	.982	.608
Saturated model	.000	1.000		
Independence model	.428	.692	.636	.585

Baseline Comparisons

Model	NFI Delta1	RFI rho1	IFI Delta2	TLI rho2	CFI
Default model	.971	.960	.975	.966	.975
Saturated model	1.000		1.000		1.000
Independence model	.000	.000	.000	.000	.000

• **그림 8.29** • 연구모형에 대한 여러 가지 적합지수

그림 8.29로부터 χ^2-통계량, CMIN/DF를 제외하고 그 밖의 여러 가지 적합지수를 예로 들면, RMR, GFI, AGFI, NFI, TLI, CFI, RMSEA 등에서 모형이 적합함을 보여준다.

(2) 수정 연구모형의 적합성 조사

우리는 수정지수를 사용하여 보다 적합한 수정 모형하에서 매개효과 검정을 하고자 한다. 그림 8.30의 수정지수 출력으로부터 경로 [x1 → x7]을 추가할지 여부를 검토한다.

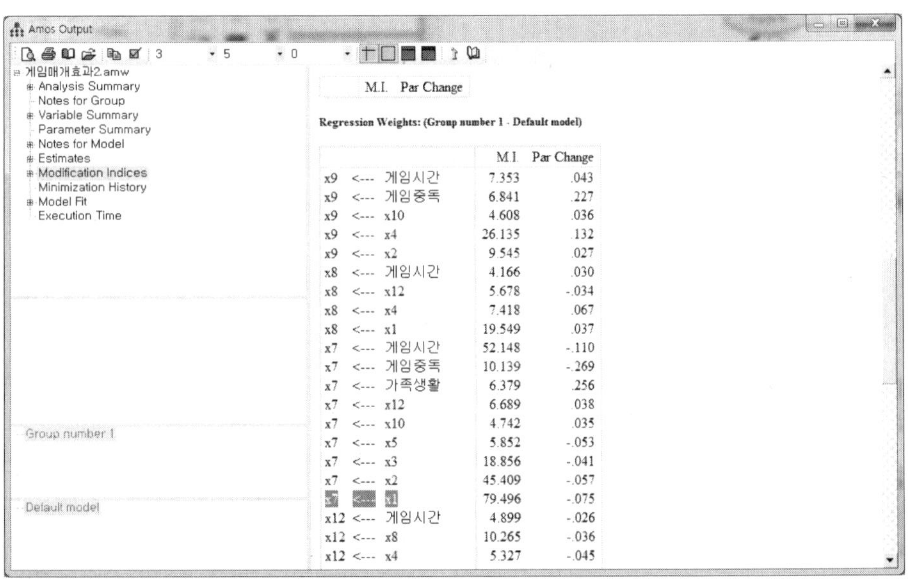

Regression Weights: (Group number 1 - Default model)

			M.I.	Par Change
x9	<---	게임시간	7.353	.043
x9	<---	게임중독	6.841	.227
x9	<---	x10	4.608	.036
x9	<---	x4	26.135	.132
x9	<---	x2	9.545	.027
x8	<---	게임시간	4.166	.030
x8	<---	x12	5.678	-.034
x8	<---	x4	7.418	.067
x8	<---	x1	19.549	.037
x7	<---	게임시간	52.148	-.110
x7	<---	게임중독	10.139	-.269
x7	<---	가족생활	6.379	.256
x7	<---	x12	6.689	.038
x7	<---	x10	4.742	.035
x7	<---	x5	5.852	-.053
x7	<---	x3	18.856	-.041
x7	<---	x2	45.409	-.057
x7	<---	x1	79.496	-.075
x12	<---	게임시간	4.899	-.026
x12	<---	x8	10.265	-.036
x12	<---	x4	5.327	-.045

• **그림 8.30** • 수정지수 결과

그림 8.30의 수정지수에서 변수 "x1"은 "평일에 게임을 몇 시간 정도 하나요?"에 대한 변수이고 변수 "x7"은 "나는 공부 걱정 때문에 여가생활을 하기 어렵다."에 대한 변수이다. 이 두 변수 간 인과관계가 존재한다고 볼 수 있다. 따라서 기존 모형에 경로 [x1 → x7]을 추가한다.

그림 8.31의 수정지수로부터 경로 [여가활동장애 → x4]를 추가할지 여부를 검토한다.

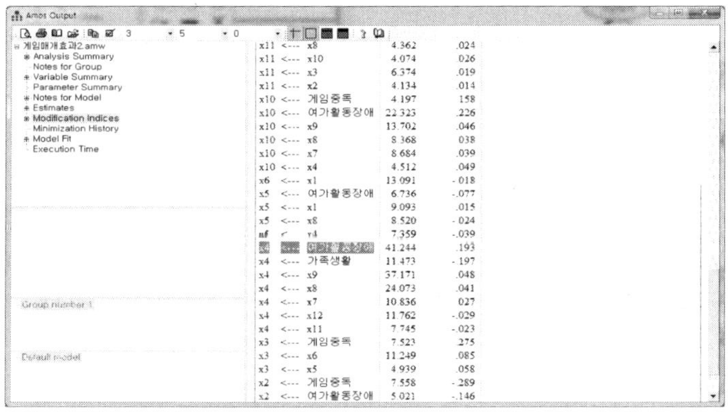

• 그림 8.31 • 수정지수 결과

그림 8.31의 수정지수에서 변수 "x4"는 "게임에서 사람을 사귀는 것이 더 편하고 자신 있다."에 대한 변수이므로 "여가활동장애"와 "x4"는 인과관계가 존재한다고 볼 수 있다. 따라서 기존 모형에 경로 [여가활동장애 → x4]를 추가한다.

그림 8.32의 수정지수로부터 경로 [여가활동장애 → x10]을 추가할지 여부를 검토한다.

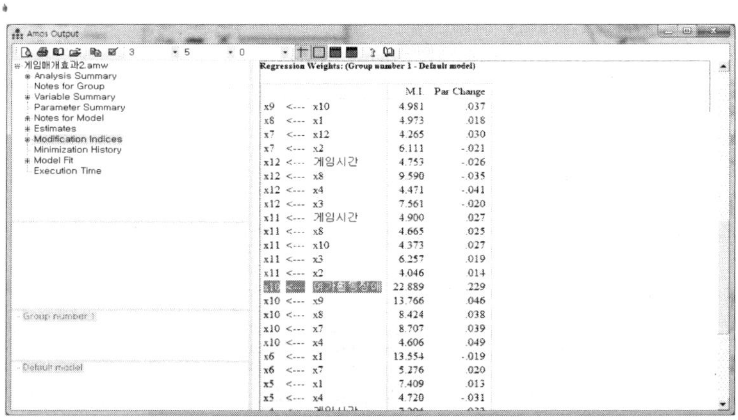

• 그림 8.32 • 수정지수 결과

그림 8.32의 수정지수에서 "x10"은 "우리는 무슨 일이든 우리 가족끼리만 하려 한다."에 대한 변수이므로 "여가활동장애"와 "x10"은 인과관계가 존재한다고 볼 수 있다. 따라서 기존 모형에 경로 [여가활동장애 → x10]을 추가한다.

그림 8.33의 수정된 연구모형은 그림 8.26의 원래의 연구모형에서 그림 8.30, 그림 8.31, 그림 8.32의 수정지수에 의해 3개의 경로가 추가된 모형을 보여주고 있다.

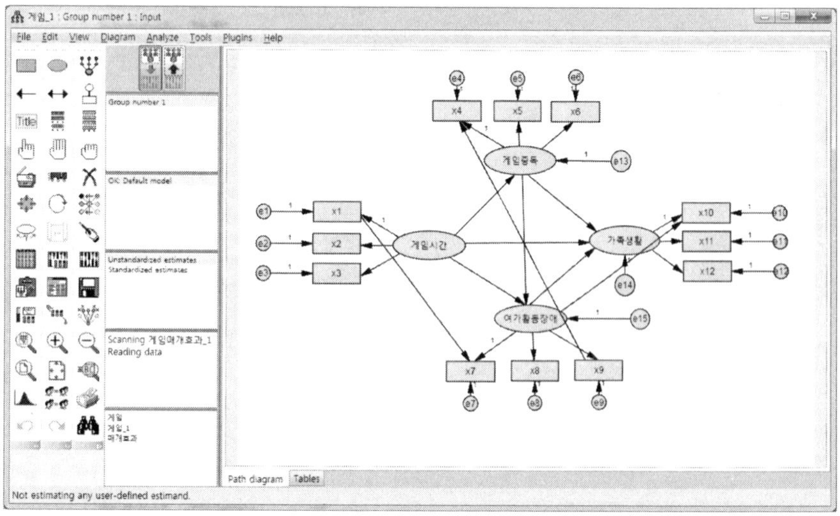

• **그림 8.33** • 수정된 연구모형에 대한 경로도형

그림 8.34는 그림 8.33의 수정된 연구모형의 여러 가지 적합지수들을 보여주고 있다.

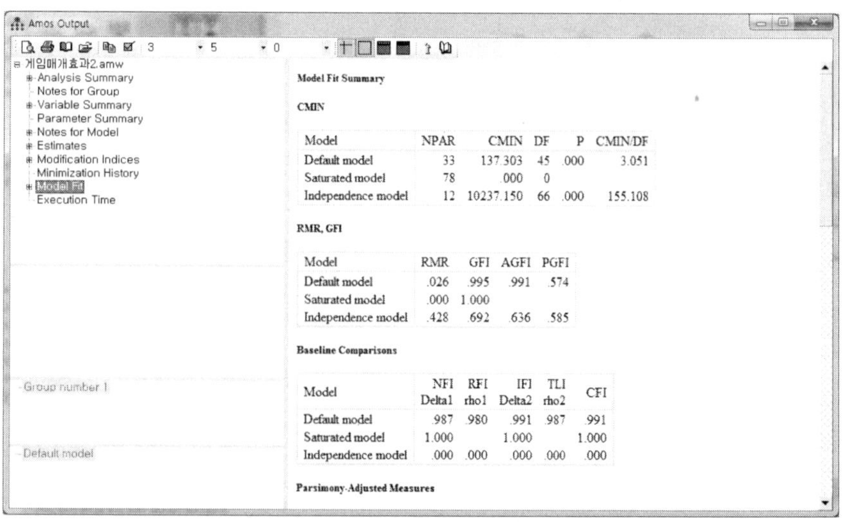

Model Fit Summary

CMIN

Model	NPAR	CMIN	DF	P	CMIN/DF
Default model	33	137.303	45	.000	3.051
Saturated model	78	.000	0		
Independence model	12	10237.150	66	.000	155.108

RMR, GFI

Model	RMR	GFI	AGFI	PGFI
Default model	.026	.995	.991	.574
Saturated model	.000	1.000		
Independence model	.428	.692	.636	.585

Baseline Comparisons

Model	NFI Delta1	RFI rho1	IFI Delta2	TLI rho2	CFI
Default model	.987	.980	.991	.987	.991
Saturated model	1.000		1.000		1.000
Independence model	.000	.000	.000	.000	.000

Parsimony-Adjusted Measures

• **그림 8.34** • 수정된 연구모형에 대한 여러 가지 적합지수

그림 8.34로부터 그림 8.26의 원래의 연구모형과 비교해서 CMIN/DF에서 낮은 수치를 갖고 있고 그 밖의 여러 가지 적합지수를 예로 들면, RMR, GFI, AGFI, NFI, TLI, CFI, RMSEA 등에서 모형이 적합함을 보여준다. 우리는 그림 8.33의 수정된 연구모형을 가지고 매개효과 검정을 하고자 한다.

(3) Sobel 방법에 의한 매개효과 검정

그림 8.35는 그림 8.33의 수정된 연구모형으로부터 얻어진 경로계수 추정치들이다.

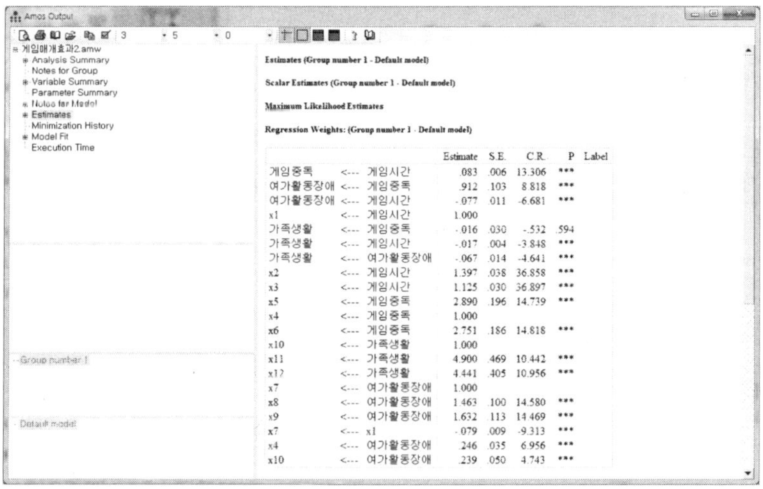

Estimates (Group number 1 - Default model)

Scalar Estimates (Group number 1 - Default model)

Maximum Likelihood Estimates

Regression Weights: (Group number 1 - Default model)

			Estimate	S.E.	C.R.	P	Label
게임중독	<---	게임시간	.083	.006	13.306	***	
여가활동장애	<---	게임중독	.912	.103	8.818	***	
여가활동장애	<---	게임시간	-.077	.011	-6.681	***	
x1	<---	게임시간	1.000				
가족생활	<---	게임중독	-.016	.030	-.532	.594	
가족생활	<---	게임시간	-.017	.004	-3.848	***	
가족생활	<---	여가활동장애	-.067	.014	-4.641	***	
x2	<---	게임시간	1.397	.038	36.858	***	
x3	<---	게임시간	1.125	.030	36.897	***	
x5	<---	게임중독	2.890	.196	14.739	***	
x4	<---	게임중독	1.000				
x6	<---	게임중독	2.751	.186	14.818	***	
x10	<---	가족생활	1.000				
x11	<---	가족생활	4.900	.469	10.442	***	
x12	<---	가족생활	4.441	.405	10.956	***	
x7	<---	여가활동장애	1.000				
x8	<---	여가활동장애	1.463	.100	14.580	***	
x9	<---	여가활동장애	1.632	.113	14.469	***	
x7	<---	x1	-.079	.009	-9.313	***	
x4	<---	여가활동장애	.246	.035	6.956	***	
x10	<---	여가활동장애	.239	.050	4.743	***	

• 그림 8.35 • 수정된 연구모형에서 경로계수 추정치

그림 8.33의 수정된 연구모형에서 다음의 2가지 간접매개효과 검정을 하고자 한다.

(a) 경로 [게임시간 → 게임중독 → 가족생활]에서 간접효과 검정

검정통계량은 다음과 같다.

$$t = \frac{ab}{\sqrt{a^2\sigma_b^2 + b^2\sigma_a^2}} = \frac{0.083 \times (-0.016)}{\sqrt{0.083^2 \times 0.03^2 + (-0.016)^2 \times 0.006^2}} = -0.53$$

따라서 유의수준 $\alpha = 0.05$에서 $|t| \le 1.96$이므로 매개효과가 있다고 할 수 없다.

(b) **경로 [게임시간 → 여가활동장애 → 가족생활]에서 간접효과 검정**

검정통계량은 다음과 같다.

$$t=\frac{ab}{\sqrt{a^2\sigma_b^2+b^2\sigma_a^2}}=\frac{(-0.077)\times(-0.067)}{\sqrt{(-0.077)^2\times0.014^2+(-0.067)^2\times0.011^2}}=3.95$$

따라서 유의수준 $\alpha=0.05$에서 $|t|\geq 1.96$이므로 매개효과가 있다고 할 수 있다.

참고로, 경로 [게임시간 → 게임중독 → 여가활동장애 → 가족생활]에 대한 간접효과 검정은 경로에 2개의 매개변수가 존재하여 이 경우는 Sobel 방법을 사용할 수 없다.

(4) 팬텀변수를 이용한 매개효과 검정

그림 8.36은 그림 8.33의 수정된 연구모형에서 팬텀변수를 추가하여 변형된 모형이다. 이 변형모형은 3개의 간접경로 [게임시간 → 게임중독 → 가족생활], [게임시간 → 게임중독 → 여가활동장애 → 가족생활], [게임시간 → 여가활동장애 → 가족생활]에서 각각의 개별 간접효과를 팬텀변수 p2, p5, p7을 생성하여 만든다.

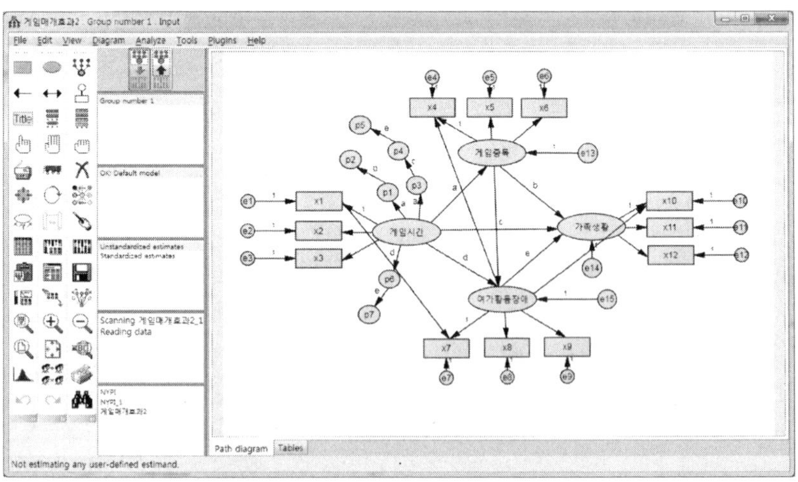

● **그림 8.36** ● 팬텀변수 사용한 연구모형

그림 8.36의 연구모형 실행에 앞서 간접효과 출력을 위해 그림 8.37처럼 [View] → [Analysis Properties] 메뉴에서 [Output] 탭을 선택하여 [indirect, direct & total effects]를 선택한다.

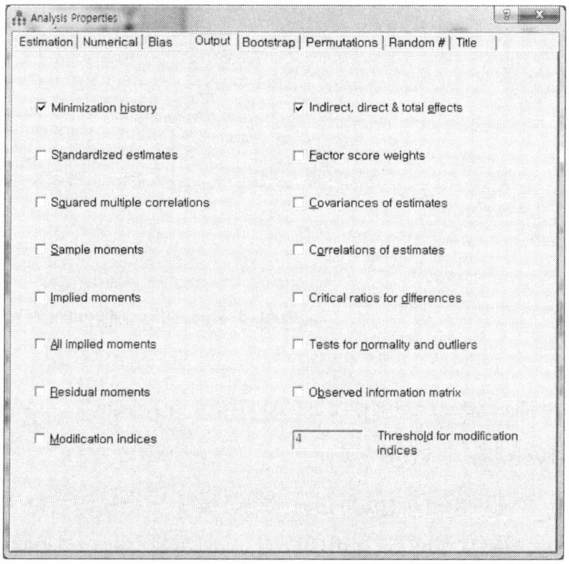

• **그림 8.37** • [indirect, direct & total effects] 선택

우리는 팬텀변수를 생성하여 개별매개효과를 구하고 붓스트랩핑을 적용하여 매개효과의 유의성을 조사하고자 한다. 이를 위해 그림 8.38과 같이 [Bootstrap] 탭을 선택한다.

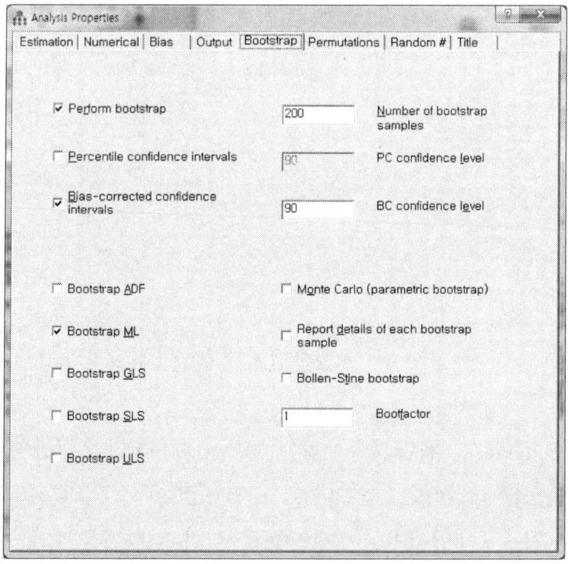

• **그림 8.38** • 붓스트랩핑 적용을 위한 [Bootstrap] 탭

[Analyze] → [Calculate Estimates] 메뉴를 선택하여 그림 8.36의 연구모형을 실행시키면 그림 8.39와 같은 경고 메시지가 출력된다.

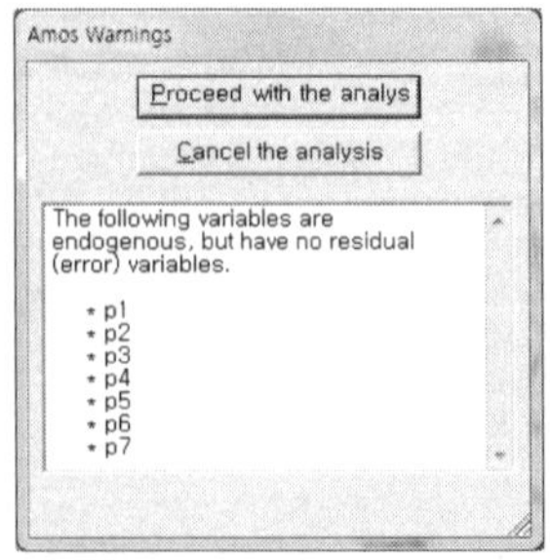

• 그림 8.39 • 경고 메시지

이 경고 메시지는 무시해도 아무 상관없다. 따라서 계속 진행하기 위해 [Proceed with the analysis]을 클릭한다.

[View] → [Text Output] 메뉴를 선택하여 실행결과를 살펴본다. 그림 8.40은 그림 8.36의 연구모형에서 팬텀변수의 유의성에 대한 결과를 보여준다.

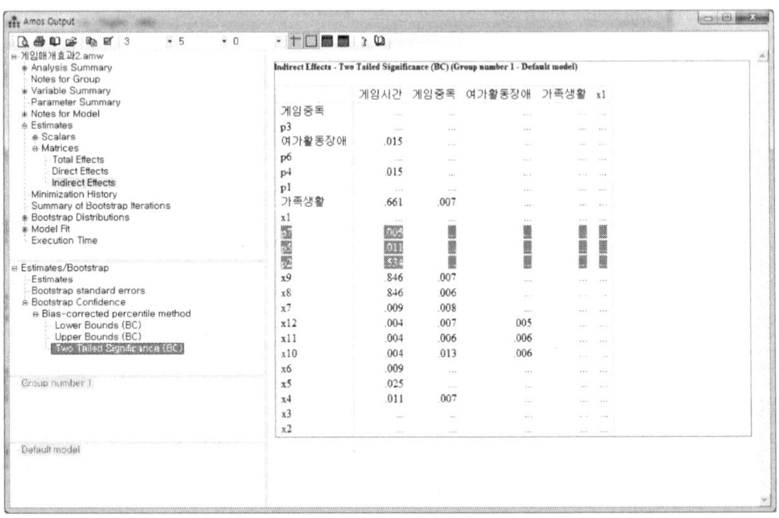

• 그림 8.40 • 팬텀변수의 유의성

그림 8.40에서 팬텀변수 p2는 $p = 0.534$로 유의하지 않고 p5와 p7은 각각 $p = 0.011$, $p = 0.005$로 유의수준 $\alpha = 0.05$에서 유의함을 알 수 있다. 따라서 p2에 해당되는 경로 [게임시간 → 게임중독→ 가족생활]은 유의하지 않고, p5에 해당되는 [게임시간 → 게임중독 → 여가활동장애 → 가족생활]과 p7에 해당되는 [게임시간 → 여가활동장애 → 가족생활]은 유의함을 알 수 있다.

09 장

조절효과분석

9.1 조절효과의 개념

조절효과(moderating effect)는 독립변수와 종속변수의 관계에서 제3의 변수의 수준에 따라 영향의 강도와 방향이 달라지는 것을 말한다. 이때 제3의 변수를 조절변수(moderator, moderating variable)라고 한다. 조절변수는 종속변수에 대한 독립변수의 효과를 중간에서 조절하는 역할을 한다.

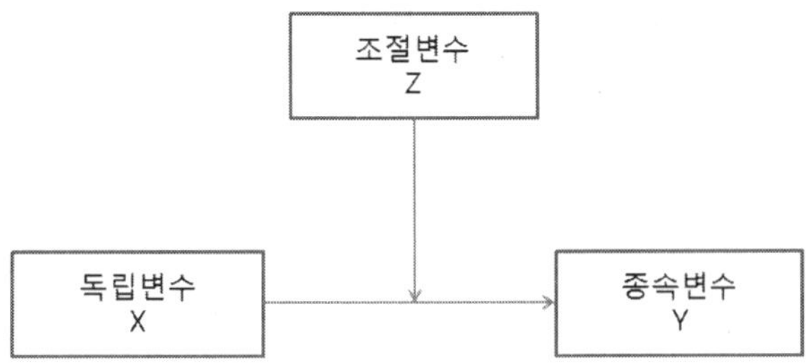

● 그림 9.1 ● 조절효과 모형

그림 9.1의 조절효과 모형에서 독립변수 X와 종속변수 Y의 관계에서 조절변수 Z에 의해 X와 Y 간 관계의 강도가 강해질 수도 있고 혹은 약해질 수도 있는 경우, 또는 강도의 방향이 양(+)의 방향에서 음(−)의 방향으로 바뀌거나 음(−)의 방향에서 양(+)의 방향으로 바뀌는 경우에 조절효과가 있다고 말한다.

조절효과에 대한 몇 가지 예를 들어 보자. 첫 번째 예로서, 학생의 '학습시간'과 '시험성적'의 관계에서 부모로부터 받는 '보상'의 정도에 따라 학생의 '시험성적'이 영향을 받을 수도 있다. 즉, '보상'이 크면 클수록 학생의 '시험성적'은 올라갈 수 있다. 이 경우 '보상'은 학생의 '학습시간'과 '시험성적'의 관계에 영향을 주는 조절변수에 해당되고 '보상'의 효과가 바로 조절효과에 해당된다. 두 번째 예로서, '월수입'과 '행복'의 관계가 '성별'에 따라 다를 경우 즉, 남성에게서 '월수입'이 '행복'에 미치는 영향과 여성에게서 '월수입'이 '행복'에 미치는 영향 정도가 다를 경우, '성별'은 '월수입'과 '행복' 간의 관계의 강도를 조절하는 조절변수에 해당된다. 이 경우 '월수입'과 '행복'의 관계에서 '성별'의 효과가 조절효과에 해당된다. 마지막 예로서, 일상생활에서 받는 '스트레스' 개인이 느끼는 '우울'의 관계에서 '사회적 지지'의 수준에 따라 '우울'의 정도가 달라진다고 할 때, 여기서 '사회적 지지'는 '스트레스'와 '우울' 간의 조절효과를 갖는다고 한다. 여기서 사회적 지지란 주변사람들로부터 받는 긍정적인 도움 등을 말한다.

조절효과분석은 조절변수가 범주형 변수(예: 성별, 인종, 계층 등)인지, 아니면 연속형 변수(예: 보상)인지에 따라 분석방법이 달라진다. 조절변수가 범주형 변수인 경우 10장의 다중집단분석에 의해 분석할 수 있고, 조절변수가 연속형 변수인 경우 회귀분석과 구조방정식 모형을 이용한 상호작용효과를 분석하여 조절효과분석을 하고자 한다.

9.2 회귀분석을 이용한 조절효과분석

조절변수가 연속형 변수인 경우 회귀분석을 이용한 상호작용효과에 의해 조절효과를 분석하는 방법에 대해 설명하고자 한다. 이 방법은 회귀분석에서 독립변수와 조절변수를 곱한 상호작용(interaction) 변수를 추가하여 종속변수에 대한 상호작용 변수의 효과, 즉 상호작용효과(interaction effect)를 통해 조절효과를 분석하는 방법이다.

예를 들어 학생의 '학습시간'과 '시험성적'과의 관계에서 부모로부터 받는 '보상'에 대한 분석에서 그림 9.2와 같이 상호작용 변수 '학습시간*보상'을 회귀분석에 추가하여 3개의 항, 즉 '학습시간', '보상' 그리고 '학습시간*보상'과 '시험성적'의 관계에서 '학습시간*보상'의 효과가 바로 조절효과에 해당한다.

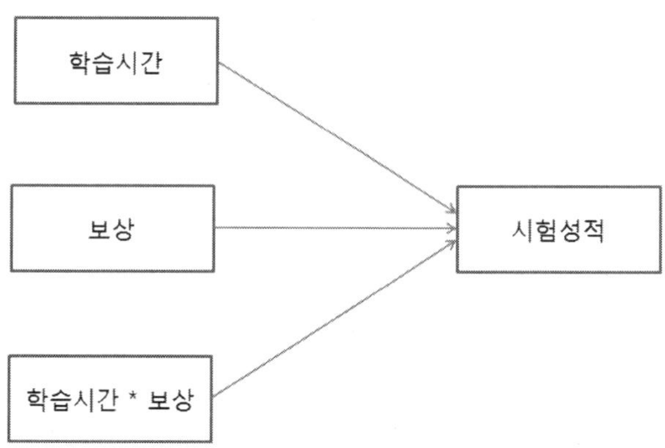

• **그림 9.2** • 회귀분석에서 상호작용효과 모형

그림 9.2로부터 다음과 같은 회귀모형을 생각한다.

$$시험성적 = \alpha + \beta_1 학습시간 + \beta_2 보상 + \beta_3 학습시간*보상 + \epsilon$$

여기서 α는 절편이고 $\beta_1, \beta_2, \beta_3$는 회귀계수이고 ϵ는 오차항이다. 이 경우 '보상'이 조절변수인지 여부는 상호작용 변수 '학습시간*보상'의 회귀계수 β_3에 대한 다음과 같은 검정으로 알 수 있다.

$$H_0: \beta_3 = 0$$
$$H_1: \beta_3 \neq 0$$

위의 검정에 앞서 상호작용 변수 '학습시간*보상'는 '학습시간'과 '보상'으로부터 생성된 변수이므로 이들 변수와 상관관계가 높을 수가 있다. 회귀분석에서 독립변수들 간의 높은 상관관계가 존재하는 것을 다중공선성(multicollinearity)이라고 한다. 이는 회귀분석의 전제 가정을 위배하는 것이므로 적절한 회귀분석을 위해 해결해야 하는 문제이다. 이를 해결하기 위해 평균 중심화(mean centering)와 표준화(standardization) 방법 등이 주로 사용된다. 평균 중심화는 원래 변수에서 평균을 빼는 것을 말하고, 표준화는 원래 변수에서 평균을 뺀 다음 표준편차로 나누는 것을 말한다.

예제 9.1 한국청소년정책연구원에서 실시한 'NYPI 한국 아동청소년 온라인게임 및 가족여가활동 실태조사(중고등학생, 2009)'를 통해 게임시간과 게임중독의 관계에서 게임지속시간이 어떤 영향을 미치는지 알아보고자 한다. 여기서는 SPSS에서 회귀분석을 이용하여 게임지속기간에 대한 조절효과분석을 하고자 한다[자료출처: 한국사회과학데이터센터(Korean Social Science Data Center, KSDC), http://www.ksdcdb.kr/main.do].

Ⅰ. 다음은 컴퓨터나 게임기 등을 이용한 게임과 관련된 질문입니다.

(x1) 평일에 게임을 몇 시간 정도 하나요?

① 전혀 안 한다 ② 30분 미만
③ 30분 ~ 1시간 미만 ④ 1시간 ~ 1시간 30분 미만
⑤ 1시간 30분 ~ 2시간 미만 ⑥ 2시간 ~ 3시간 미만
⑦ 3시간 ~ 4시간 미만 ⑧ 4시간 이상

(x2) 일요일 또는 공휴일에 게임을 몇 시간 정도 하나요?

① 전혀 안 한다 ② 30분 미만
③ 30분 ~ 1시간 미만 ④ 1시간 ~ 1시간 30분 미만
⑤ 1시간 30분 ~ 2시간 미만 ⑥ 2시간 ~ 3시간 미만
⑦ 3시간 ~ 4시간 미만 ⑧ 4시간 이상

(z) 게임을 한 번 하면 얼마나 오랫동안 하나요?

① 전혀 안 한다 ② 30분 미만
③ 30분 ~ 1시간 미만 ④ 1시간 ~ 1시간 30분 미만
⑤ 1시간 30분 ~ 2시간 미만 ⑥ 2시간 ~ 3시간 미만
⑦ 3시간 ~ 4시간 미만 ⑧ 4시간 이상

Ⅱ. 다음은 게임중독과 관련된 질문입니다.

내용	전혀 그렇지 않다	때때로 그렇다	자주 그렇다	항상 그렇다
(y1) 게임에서 사람을 사귀는 것이 더 편하고 자신 있다.	①	②	③	④
(y2) 게임을 하느라 해야 할 일을 못한다.	①	②	③	④
(y3) 게임을 그만두어야 하는 경우에도 게임을 그만두는 것이 어렵다.	①	②	③	④

위의 설문에서 x1, x2는 "게임시간", z은 "게임지속시간", y1, y2, y3는 "게임중독"을 나타낸다.

① SPSS를 이용하여 그림 9.3과 같이 게임 데이터를 입력한다. 여기서 입력된 데이터 파일은 "게임조절효과.sav"이다.

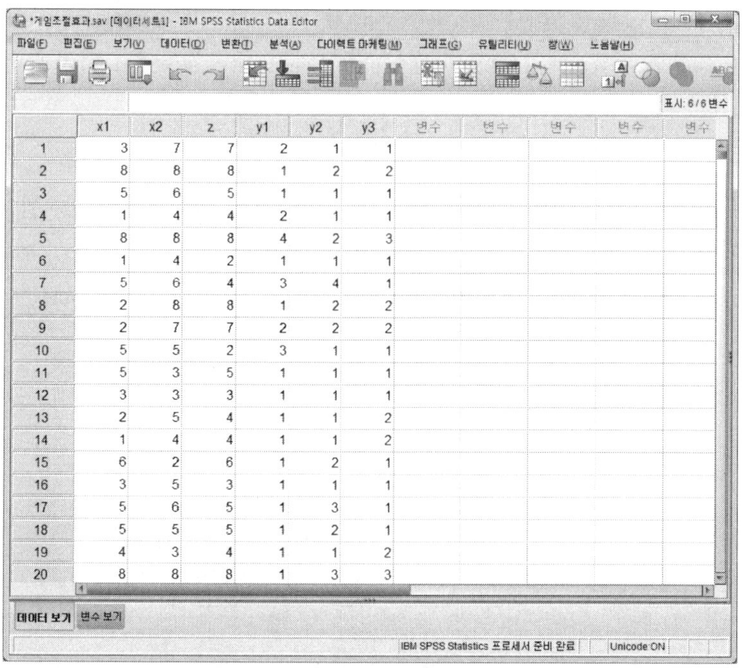

	x1	x2	z	y1	y2	y3
1	3	7	7	2	1	1
2	8	8	8	1	2	2
3	5	6	5	1	1	1
4	1	4	4	2	1	1
5	8	8	8	4	2	3
6	1	4	2	1	1	1
7	5	6	4	3	4	1
8	2	8	8	1	2	2
9	2	7	7	2	2	2
10	5	5	2	3	1	1
11	5	3	5	1	1	1
12	3	3	3	1	1	1
13	2	5	4	1	1	2
14	1	4	4	1	1	2
15	6	2	6	1	2	1
16	3	5	3	1	1	1
17	5	6	5	1	3	1
18	5	5	5	1	2	1
19	4	3	4	1	1	2
20	8	8	8	1	3	3

• **그림 9.3** • 게임 데이터 ("게임조절효과.sav")

▸ 변수 설명

x1, x2: 게임시간

z: 게임지속시간

y1, y2, y3: 게임중독

② 잠재변수를 하나의 값으로 나타내기 위해 해당 관측변수들의 합을 계산한다. 먼저, 게임시간을 나타내는 두 개의 변수 x1, x2에 대해 하나의 변수로 나타내기 위해 SPSS에서 다음과 같이 수행한다.
메뉴에서 [변환] → [변수 계산]을 클릭한다.

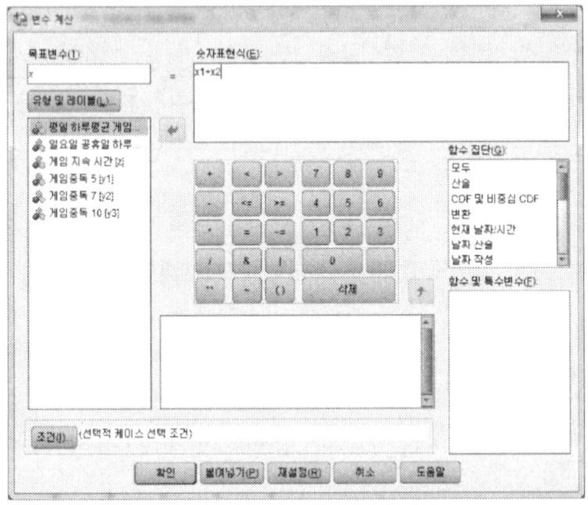

• **그림 9.4** • "게임시간"에 대한 변수 계산 대화상자

그림 9.4의 "게임시간"에 대한 변수 계산 대화상자에서 다음을 계산한다.

x = x1+x2

다음으로 게임중독을 나타내는 y1, y2, y3에 대해 3개의 변수를 하나의 변수로 나타내기 위해 SPSS에서 다음과 같이 수행한다.

메뉴에서 [변환] → [변수 계산]을 클릭한다.

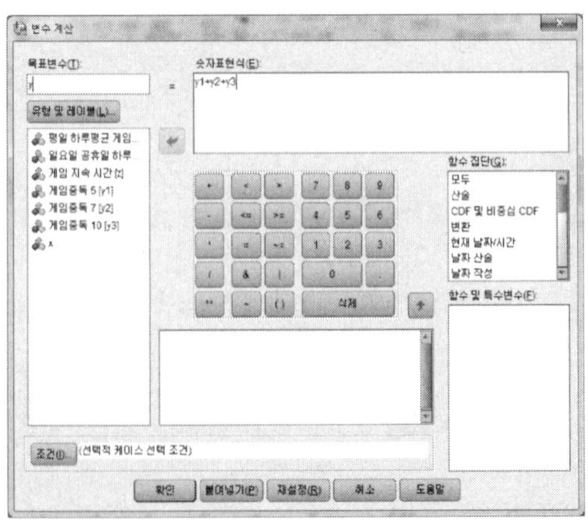

• **그림 9.5** • "게임중독"에 대한 변수 계산 대화상자

그림 9.5의 “게임중독”에 대한 변수 계산 대화상자에서 다음을 계산한다.

y = y1+y2+y3

그리고 상호작용 변수를 생성하기 위해 그림 9.4와 그림 9.5에서 각각 생성된 게임 시간과 게임중독을 나타내는 변수 x와 변수 z를 곱하여 새로운 변수 xz를 만든다. 이를 위해 SPSS에서 다음을 수행한다.

메뉴에서 [변환] → [변수 계산]을 클릭한다.

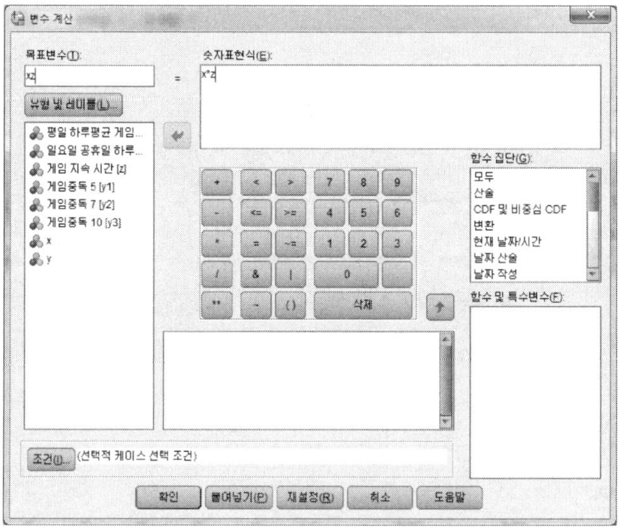

• **그림 9.6** • 상호작용 변수 계산 대화상자

그림 9.6의 상호작용 변수 계산 대화상자에서 다음을 계산한다.

xz = x*z

그림 9.7는 입력된 게임 데이터(“게임조절효과.sav”)에서 상호작용 효과를 위해 그림 9.4, 그림 9.5, 그림 9.6에서 생성된 데이터이다.

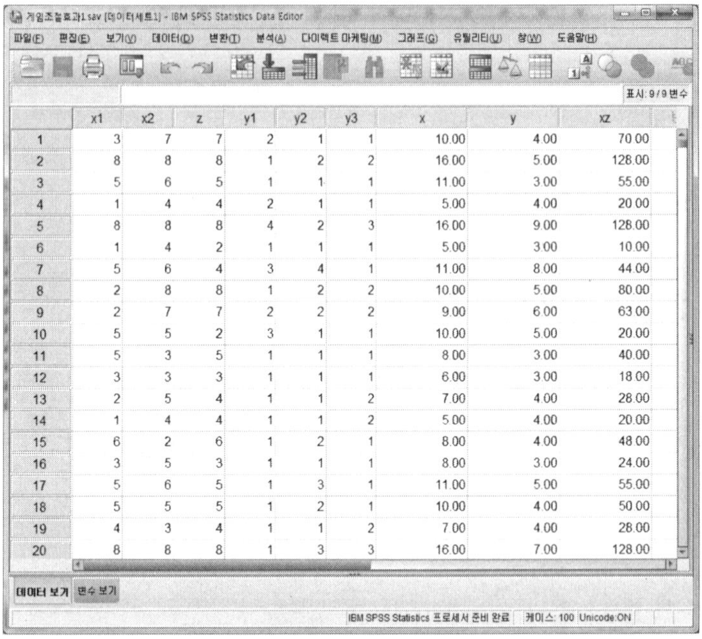

• 그림 9.7 • 상호작용효과를 위한 데이터("게임조절효과1.sav")

▸ 변수 설명

x: 게임시간

z: 게임지속시간

xz: 게임시간 × 게임지속시간

y: 게임중독

③ SPSS에서 회귀분석을 수행한다.

메뉴에서 [분석] → [회귀분석] → [선형]을 클릭한다.

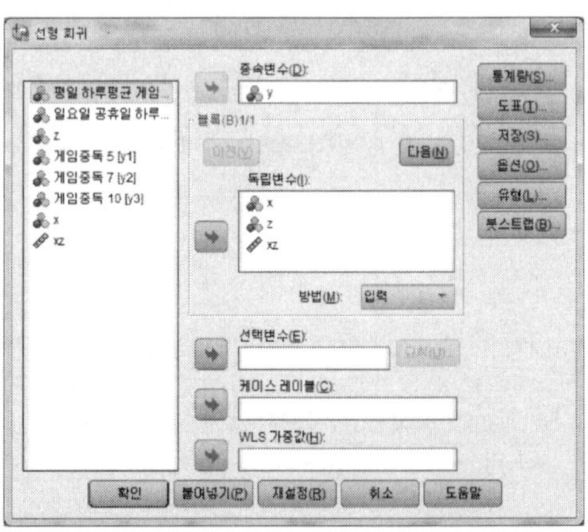

• 그림 9.8 • 선형 회귀 대화상자

그림 9.8의 선형 회귀 대화상자에서 회귀분석을 위한 독립변수와 종속변수를 선택한다. 여기서 3개의 변수, 즉 x, z, xz가 독립변수로 선택된 것을 알 수 있다. 그리고 [통계량]을 클릭한다.

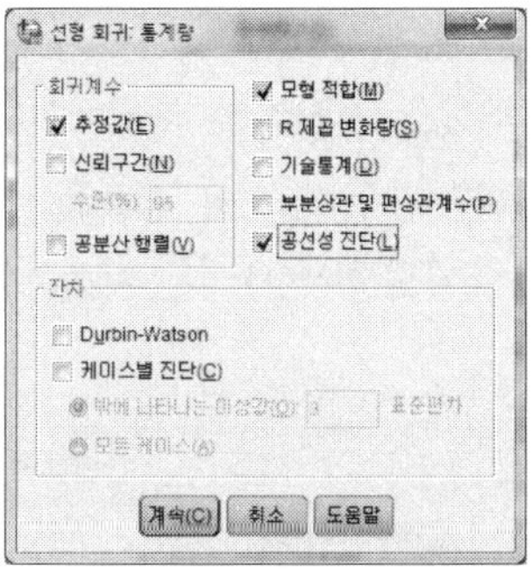

• **그림 9.9** • 선형 회귀: 통계량 대화상자

그림 9.9의 선형 회귀: 통계량 대화상자에서 회귀분석에서 흔히 발생하는 다중공선성 문제를 살펴보기 위해 [공선성 진단(L)]을 체크한다.

표 9.1은 회귀분석 수행결과로서 회귀계수의 비표준화계수와 표준화계수, t-통계량과 유의확률, 공선성통계량을 보여주고 있다.

• **표 9.1** • 회귀계수 추정치

계수[a]

모형		비표준화계수		표준화계수	t	유의확률	공선성통계량	
		B	표준오차	베타			공차	VIF
1	(상수)	3.411	.167		20.373	.000		
	x	.038	.020	.079	1.906	.057	.113	8.833
	z	.073	.037	.079	1.974	.048	.122	8.190
	xz	.013	.004	.237	3.507	.000	.043	23.326

a. 종속변수: y

회귀분석에서 다중공선성 진단으로 흔히 사용되는 공선성통계량에는 공차(tolerance)와 VIF(Variance Inflation Factor; 분산팽창계수)가 있다. 회귀분석에서 VIF는 다음과 같다.

$$VIF = \frac{1}{1 - R_i^2}$$

여기서 R_i는 변수 i의 결정계수를 나타낸다. 따라서 VIF값이 크면 변수 i는 다른 변수들로부터 설명력이 높다는 뜻으로 보통 10 이상이면 다중공선성이 존재한다고 한다. 공차는 VIF의 역수이므로 1 이하이면 다중공선성이 존재한다고 말할 수 있다.

표 9.1의 회귀계수 추정치에서 변수 x, z의 VIF가 각각 8.833, 8.190으로 비록 10보다 작지만 큰 수치이고 변수 xz의 VIF = 23.326이므로 다중공선성이 존재한다고 볼 수 있다. 여기서는 평균 중심화를 통해 다중공선성 문제를 해결하고자 한다.

평균 중심화에 필요한 변수 x, z의 평균은 다음과 같이 구한다.

메뉴에서 [분석] → [기술통계량] → [기술통계]를 클릭한다.

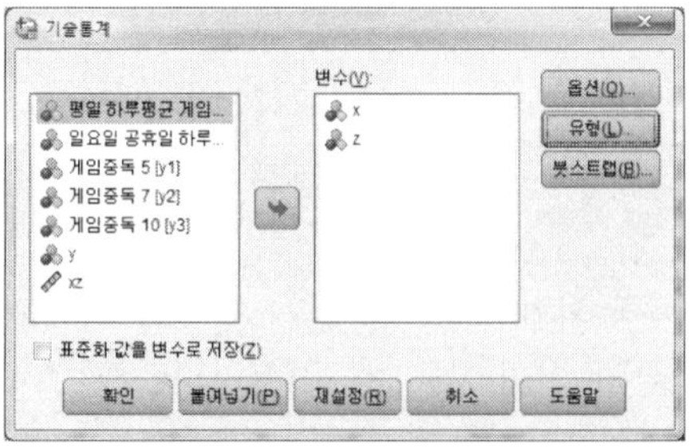

● 그림 9.10 ● 기술통계 대화상자

표 9.2의 기술통계량은 그림 9.10의 기술통계 대화상자에서 [확인] 버튼을 클릭하였을 때 나타나는 통계량이다.

● 표 9.2 ● 기술통계량

기술통계량

	N	최솟값	최댓값	평균	표준편차
x	4390	3.00	16.00	9.0162	3.42074
z	4390	1	8	4.76	1.767
유효N(목록별)	4390				

표 9.2의 기술통계량에서 변수 x와 z의 평균은 각각 9.0162, 4.76임을 알 수 있다. 따라서 그림 9.11의 변수계산 대화상자에서 변수 x에 대한 평균 중심화 작업을 수행한다.

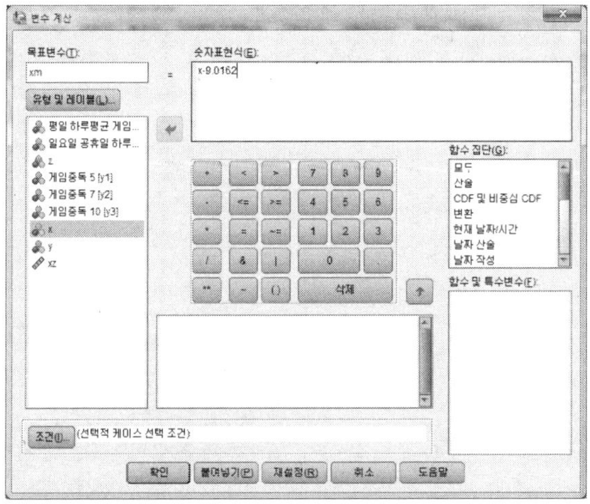

• **그림 9.11** • 변수 계산 대화상자

그림 9.11의 변수 x에 대한 평균 중심화 작업을 수식으로 표현하면 다음과 같다.

$$xm = x - 9.0162$$

미찬가지로 변수 z에 대한 평균 중심화 작업을 그림 9.12와 같이 수행한다.

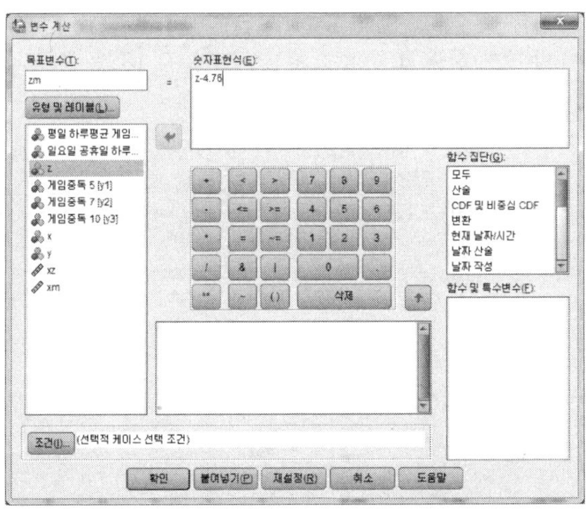

• **그림 9.12** • 변수 계산 대화상자

그림 9.12의 변수 z에 대한 평균 중심화를 수식으로 표현하면 다음과 같다.

$$zm = z - 4.76$$

그림 9.11과 그림 9.12로부터 변수 x와 z에 대한 평균 중심화하여 얻은 수치들의 곱을 통해 새로운 상호작용 변수를 생성한다. 그림 9.13은 새로운 상호작용 변수를 생성하기 위한 변수 계산 대화상자이다.

• **그림 9.13** • 상호작용 변수 계산

그림 9.13의 상호작용에 대한 평균 중심화를 수식으로 표현하면 다음과 같다.

$$xzm = xm * zm$$

그림 9.14는 그림 9.11, 그림 9.12, 그림 9.13의 평균 중심화 작업을 통해 얻어진 데이터이다.

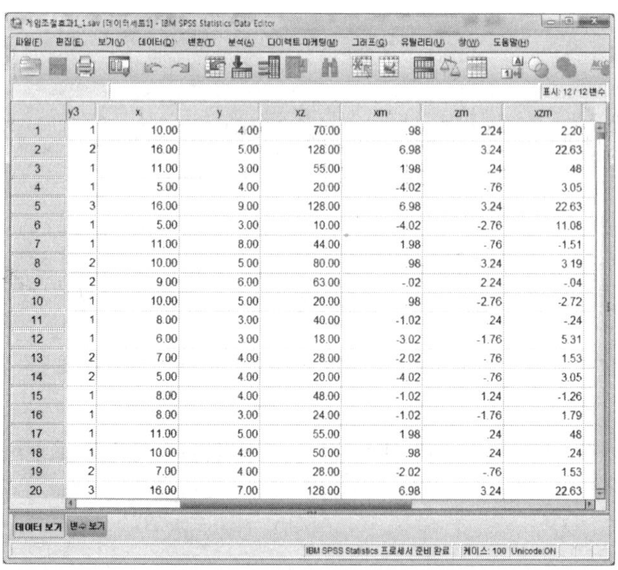

	y3	x	y	xz	xm	zm	xzm
1	1	10.00	4.00	70.00	.98	2.24	2.20
2	2	16.00	5.00	128.00	6.98	3.24	22.63
3	1	11.00	3.00	55.00	1.98	.24	.48
4	1	5.00	4.00	20.00	-4.02	-.76	3.05
5	3	16.00	9.00	128.00	6.98	3.24	22.63
6	1	5.00	3.00	10.00	-4.02	-2.76	11.08
7	1	11.00	8.00	44.00	1.98	-.76	-1.51
8	2	10.00	5.00	80.00	.98	3.24	3.19
9	2	9.00	6.00	63.00	-.02	2.24	-.04
10	1	10.00	5.00	20.00	.98	-2.76	-2.72
11	1	8.00	3.00	40.00	-1.02	.24	-.24
12	1	6.00	3.00	18.00	-3.02	-1.76	5.31
13	2	7.00	4.00	28.00	-2.02	-.76	1.53
14	2	5.00	4.00	20.00	-4.02	-.76	3.05
15	1	8.00	4.00	48.00	-1.02	1.24	-1.26
16	1	8.00	3.00	24.00	-1.02	-1.76	1.79
17	1	11.00	5.00	55.00	1.98	.24	.48
18	1	10.00	4.00	50.00	.98	.24	.24
19	2	7.00	4.00	28.00	-2.02	-.76	1.53
20	3	16.00	7.00	128.00	6.98	3.24	22.63

• **그림 9.14** • 평균 중심화된 데이터("게임조절효과1_1.sav")

④ 그림 9.14의 평균 중심화된 데이터를 가지고 회귀분석을 수행한다.
메뉴에서 [분석] → [회귀분석] → [선형]을 클릭한다.

그림 9.15의 선형 회귀분석 대화상자에서 독립변수와 종속변수를 선택한다.

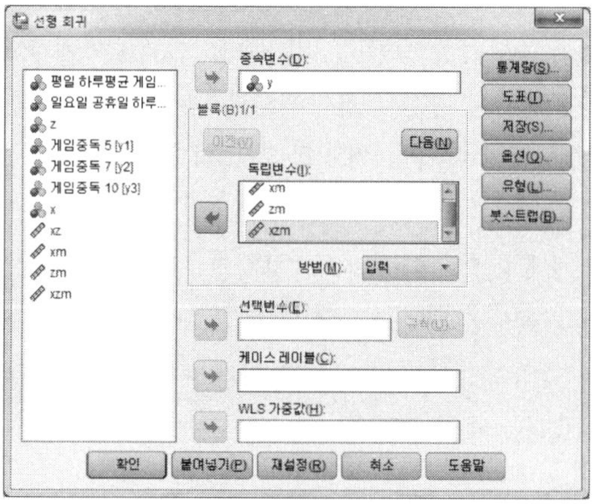

• **그림 9.15** • 선형 회귀분석 수행

그림 9.15으로부터 3개의 변수 즉, xm, zm, xzm가 독립변수로 선택된 것을 알 수 있다. 표 9.3은 그림 9.15에서 [확인] 버튼을 클릭하였을 때 나타나는 회귀계수 추정치들이다.

• **표 9.3** • 회귀계수 추정치

계수[a]

모형		비표준화계수		표준화계수	t	유의확률
		B	표준오차	베타		
1	(상수)	4.646	.027		173.963	.000
	xm	.098	.009	.205	11.357	.000
	zm	.187	.017	.202	11.232	.000
	xzm	.013	.004	.050	3.507	.000

a. 종속변수: y

표 9.3의 회귀계수 추정치에서 관심있는 상호작용항 xzm의 비표준화 회귀계수는 0.013이고 $t = 3.507$, $p = 0.000$로 매우 유의함을 알 수 있다. 따라서 상호작용 효과가 있다고 할 수 있다. 즉, 게임시간과 게임중독 관계에서 게임지속시간에 대한 조절효과가 있다고 할 수 있다.

9.3 구조방정식 모형을 이용한 조절효과분석

잠재변수가 있는 구조방정식 모형에서 조절효과분석을 위해 회귀분석에서 상호작용 효과를 분석하듯이 AMOS에서 연구모형을 생성하여 적합 모형하에서 상호작용 효과를 통해 조절효과분석을 수행하고자 한다. 회귀분석에서 독립변수들 간 다중공선성 문제가 발생하듯이 구조방정식 모형에서도 발생할 수 있다. 여기서도 평균 중심화 작업을 통해 다중공선성 문제를 해결하고자 한다.

예제 9.2 예제 9.1의 한국청소년정책연구원에서 실시한 'NYPI 한국 아동청소년 온라인게임 및 가족여가활동 실태조사(중고등학생, 2009)'를 통해 게임시간과 게임중독의 관계에서 게임지속시간이 어떤 영향을 미치는지 AMOS에서 구조방정식 모형을 이용하여 조절효과분석을 수행하고자 한다.

① 평균 중심화 작업을 통해 그림 9.16과 같은 새로운 데이터를 얻는다.

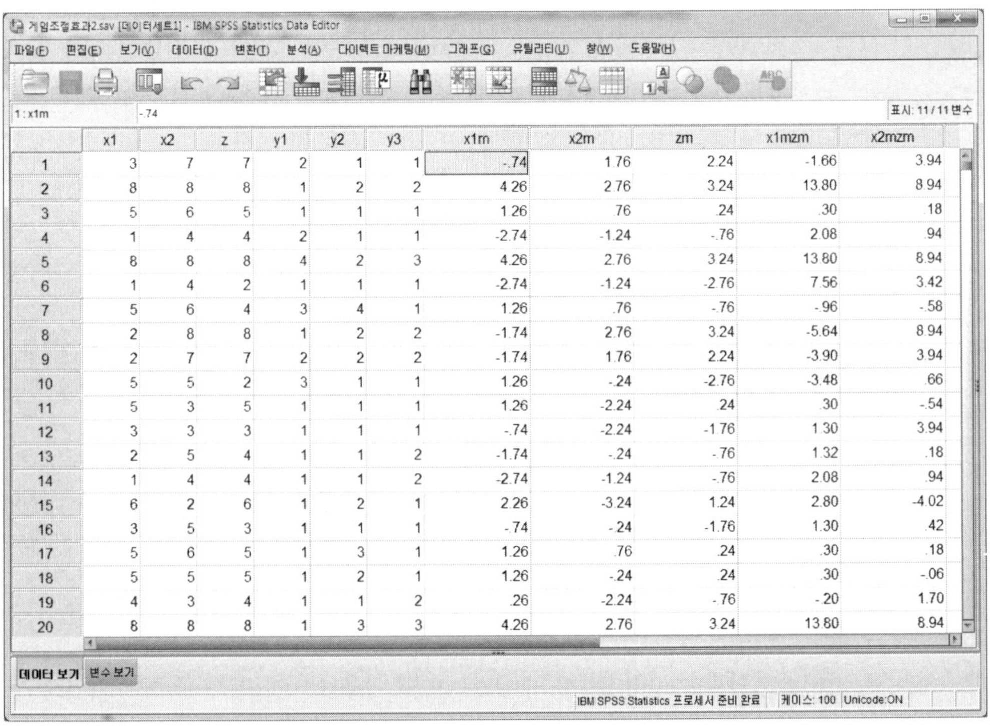

	x1	x2	z	y1	y2	y3	x1m	x2m	zm	x1mzm	x2mzm
1	3	7	7	2	1	1	-.74	1.76	2.24	-1.66	3.94
2	8	8	8	1	2	2	4.26	2.76	3.24	13.80	8.94
3	5	6	5	1	1	1	1.26	.76	.24	.30	.18
4	1	4	4	2	1	1	-2.74	-1.24	-.76	2.08	.94
5	8	8	8	4	2	3	4.26	2.76	3.24	13.80	8.94
6	1	4	2	1	1	1	-2.74	-1.24	-2.76	7.56	3.42
7	5	6	4	3	4	1	1.26	.76	-.76	-.96	-.58
8	2	8	8	1	2	2	-1.74	2.76	3.24	-5.64	8.94
9	2	7	7	2	2	2	-1.74	1.76	2.24	-3.90	3.94
10	5	5	2	3	1	1	1.26	-.24	-2.76	-3.48	.66
11	5	3	5	1	1	1	1.26	-2.24	.24	.30	-.54
12	3	3	3	1	1	1	-.74	-2.24	-1.76	1.30	3.94
13	2	5	4	1	1	2	-1.74	-.24	-.76	1.32	.18
14	1	4	4	1	1	2	-2.74	-1.24	-.76	2.08	.94
15	6	2	6	1	2	1	2.26	-3.24	1.24	2.80	-4.02
16	3	5	3	1	1	1	-.74	-.24	-1.76	1.30	.42
17	5	6	5	1	3	1	1.26	.76	.24	.30	.18
18	5	5	5	1	2	1	1.26	-.24	.24	.30	-.06
19	4	3	4	1	1	2	.26	-2.24	-.76	-.20	1.70
20	8	8	8	1	3	3	4.26	2.76	3.24	13.80	8.94

• **그림 9.16** • 평균 중심화된 게임 데이터("게임조절효과2.sav")

그림 9.16의 데이터에서 각 변수들의 평균은 다음과 같이 얻는다.

메뉴에서 [분석] → [기술통계량] → [기술통계]를 클릭한다.

표 9.4는 각 변수에 대한 기술통계량이다.

표 9.4 기술통계량

기술통계량

	N	최솟값	최댓값	평균	표준편차
평일 하루 평균 게임시간	4390	1	8	3.74	1.963
일요일 공휴일 하루 평균 게임시간	4390	1	8	5.28	1.949
z	4390	1	8	4.76	1.767
유효N(목록별)	4390				

표 9.4의 기술통계량에서 평균을 이용하여 다음과 같이 평균 중심화 변수 x1m, x2m, zm가 얻어진다.

$$x1m = x1 - 3.74$$
$$x2m = x2 - 5.28$$
$$zm = z - 4.76$$

그리고 상호작용 변수는 위에서 구한 평균 중심화된 변수들의 곱에 의해 다음과 같이 얻어진다.

$$x1mzm = (x1 - 3.74) \times (z - 4.76)$$
$$x2mzm = (x2 - 5.28) \times (z - 4.76)$$

② AMOS에서 조절효과분석을 위한 그림 9.17과 같이 모형을 작성한다.

그림 9.17로부터 "게임시간", "게임지속시간", 그리고 이들의 상호작용 변수인 "게임시간×게임지속시간"과 "게임중독"의 관계를 알 수 있다.

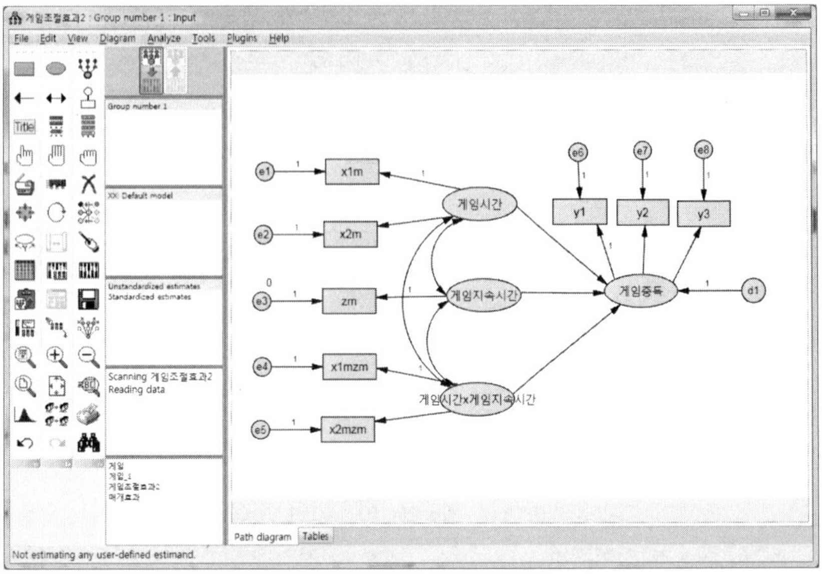

• **그림 9.17** • 조절효과분석을 위한 모형

그림 9.17에서 보면, 잠재변수 "게임지속시간"은 한 개의 관측변수로 구성되어 있다. 이와 같이 잠재변수가 하나의 관측변수로 구성되는 경우 측정오차의 분산을 '0'으로 고정하고 잠재변수에서 관측변수로 가는 경로는 '1'로 고정한다.

③ 그림 9.17의 조절효과분석을 위한 모형의 적합도 결과는 그림 9.18과 같다.

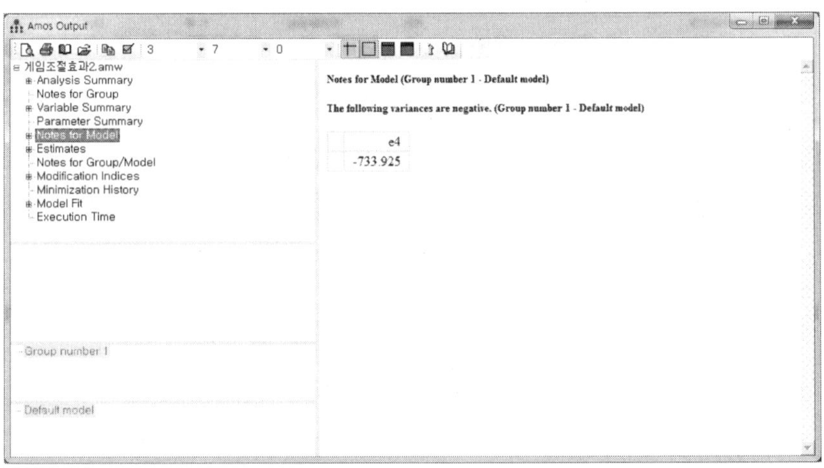

• **그림 9.18** • 헤이우드 케이스 발생

그림 9.18에서와 같이 오차항 e4의 오차분산이 음수값을 갖는 헤이우드 케이스가 발생한다. 여기서는 오차분산의 값을 0.005로 고정하여 이 문제를 해결한다.

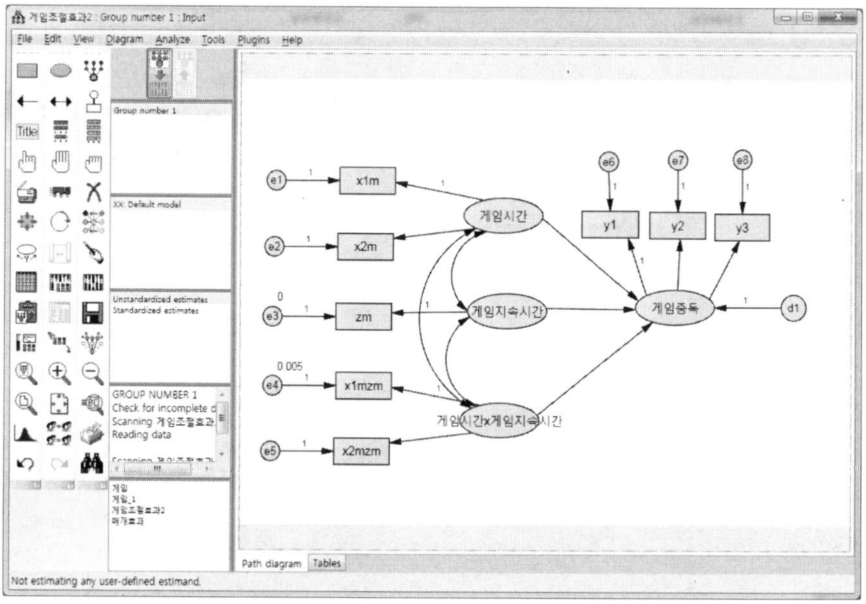

• **그림 9.19** • 연구모형에서 헤이우드 케이스 문제 해결

그림 9.19를 보면 오차항 e4의 분산을 0.005로 고정했음을 알 수 있다.

④ 그림 9.20은 그림 9.19의 연구모형에 대한 χ^2-통계량에 의한 모형적합 결과를 보여주고 있다.

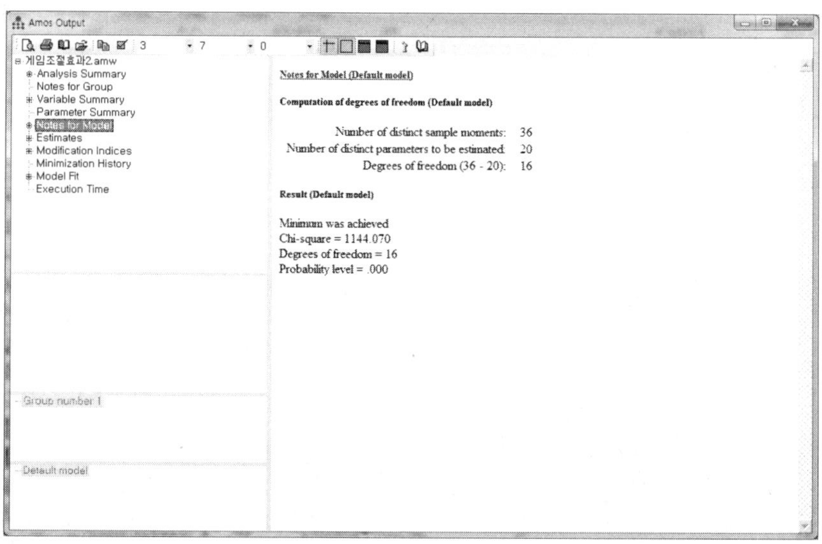

• **그림 9.20** • 연구모형에 대한 χ^2-통계량에 의한 모형적합 결과

그림 9.20으로부터 $\chi^2 = 1144.070$, $p = 0.000$로 모형이 적합하지 않음을 알 수 있다. 그러나 그 밖의 여러 가지 적합지수들을 살펴보고자 한다.

그림 9.21은 그림 9.19의 모형에 대한 여러 가지 적합지수들을 보여주고 있다.

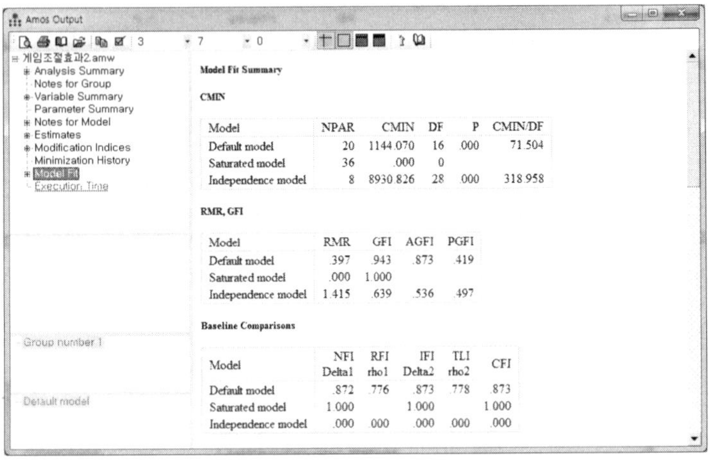

Model Fit Summary

CMIN

Model	NPAR	CMIN	DF	P	CMIN/DF
Default model	20	1144.070	16	.000	71.504
Saturated model	36	.000	0		
Independence model	8	8930.826	28	.000	318.958

RMR, GFI

Model	RMR	GFI	AGFI	PGFI
Default model	.397	.943	.873	.419
Saturated model	.000	1.000		
Independence model	1.415	.639	.536	.497

Baseline Comparisons

Model	NFI Delta1	RFI rho1	IFI Delta2	TLI rho2	CFI
Default model	.872	.776	.873	.778	.873
Saturated model	1.000		1.000		1.000
Independence model	.000	.000	.000	.000	.000

• **그림 9.21** • 여러 가지 적합지수

그림 9.21로부터 모형이 적합하지 않음을 알 수 있다.

⑤ 수정지수를 통해 적합모형을 찾고자 한다. 그림 9.22는 적합모형을 찾기 위해 수정지수를 통해 5번의 모형수정을 거쳐 얻어진 모형이다.

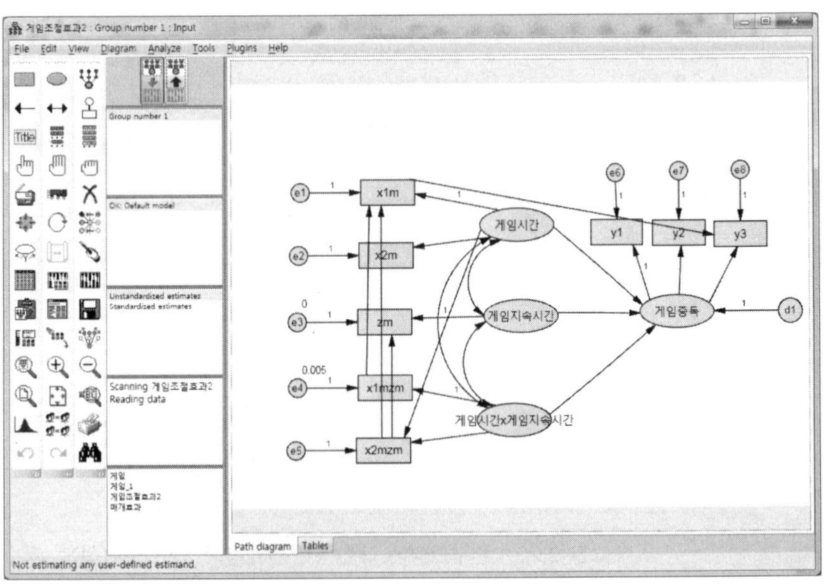

• **그림 9.22** • 수정모형에 대한 경로도형

그림 9.23은 그림 9.22의 수정모형에 대한 χ^2-통계량에 의한 모형 적합도를 나타내고 있다.

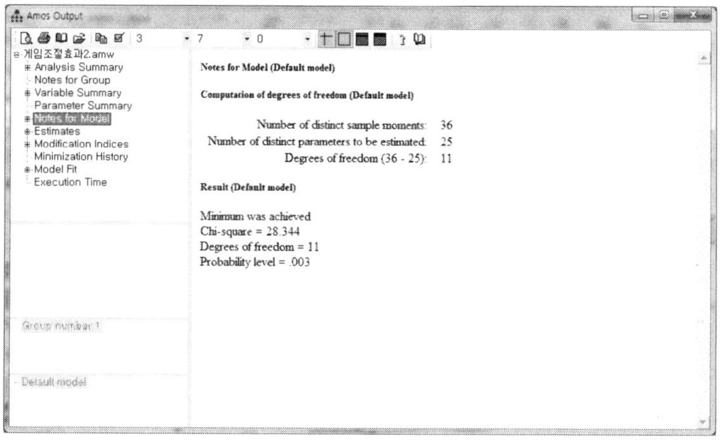

• **그림 9.23** • 수정모형에 대한 χ^2-통계량에 의한 모형적합도

그림 9.23으로부터 그림 9.22의 수정모형은 $\chi^2 = 28.344$, $p = 0.003$로 모형이 적합하지 않음을 알 수 있다. 그러나 그 밖의 여러 가지 적합지수들을 살펴볼 필요가 있다.

그림 9.24는 그림 9.22의 수정된 연구모형에 대한 여러 가지 적합지수들을 보여주고 있다.

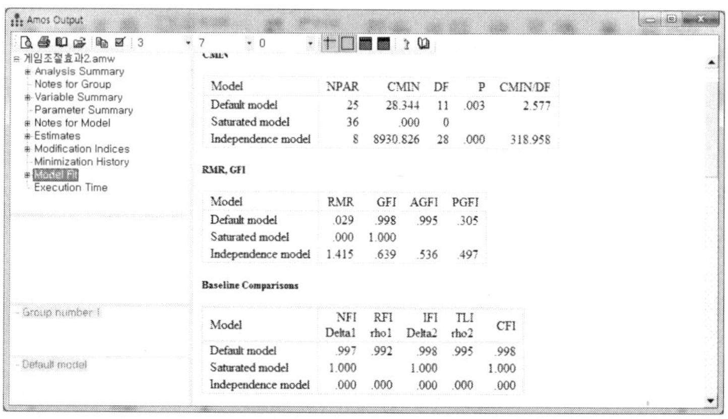

• **그림 9.24** • 여러 가지 적합지수

그림 9.24의 여러 가지 적합지수들을 살펴보면 모형이 적합하다고 판단할 수 있다.

⑥ 그림 9.22의 수정된 적합모형으로부터 상호작용 효과를 분석한다. 그림 9.25는 수정모형에 대한 회귀계수 추정치들이다.

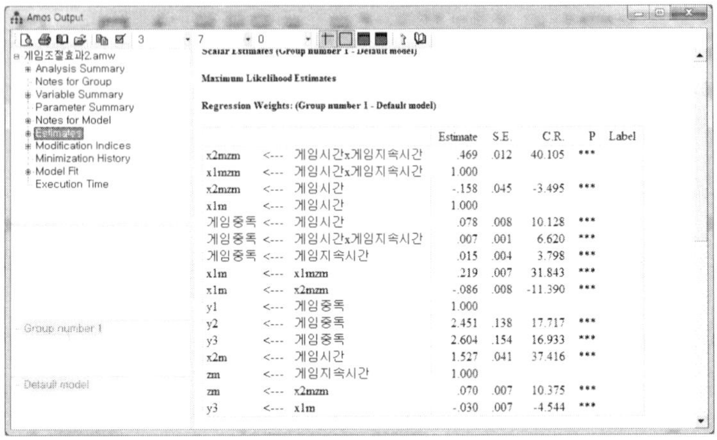

			Estimate	S.E.	C.R.	P	Label
x2mzm	<---	게임시간x게임지속시간	.469	.012	40.105	***	
x1mzm	<---	게임시간x게임지속시간	1.000				
x2mzm	<---	게임시간	-.158	.045	-3.495	***	
x1m	<---	게임시간	1.000				
게임중독	<---	게임시간	.078	.008	10.128	***	
게임중독	<---	게임시간x게임지속시간	.007	.001	6.620	***	
게임중독	<---	게임지속시간	.015	.004	3.798	***	
x1m	<---	x1mzm	.219	.007	31.843	***	
x1m	<---	x2mzm	-.086	.008	-11.390	***	
y1	<---	게임중독	1.000				
y2	<---	게임중독	2.451	.138	17.717	***	
y3	<---	게임중독	2.604	.154	16.933	***	
x2m	<---	게임시간	1.527	.041	37.416	***	
zm	<---	게임지속시간	1.000				
zm	<---	x2mzm	.070	.007	10.375	***	
y3	<---	x1m	-.030	.007	-4.544	***	

그림 9.25 수정모형에 대한 회귀계수 추정치

그림 9.25로부터 상호작용 효과를 알기 위해 경로 [게임시간x게임지속시간 → 게임중독]의 회귀계수는 0.007이고 유의확률은 p =***로 통계적으로 매우 유의함을 알 수 있다. 따라서 게임지속시간은 게임시간과 게임중독의 관계에서 조절효과를 갖고 있다고 할 수 있다.

10장 다중집단분석

10.1 다중집단분석의 개념

10.2 다중집단 요인분석

10.3 다중집단 경로분석

10.4 다중집단 구조방정식 모형분석

10.1 다중집단분석의 개념

다중집단분석(multiple group analysis)이란 연구자가 설정한 연구모형이 집단 간 통계적으로 유의한 차이가 있는지 알기 위해 사용하는 방법으로 다집단분석이라고도 한다. 예를 들어 연구모형에서 성별, 연령별, 계층별 집단 간 차이가 있는지를 알아보고자 하는 경우 사용한다. 여기서 집단 간 차이는 집단 간 모형의 경로계수 차이를 포함한 모수들 간의 비교를 통하여 이루어진다.

다중집단분석은 아래와 같이 크게 세 가지 분석으로 분류된다.

- **다중집단 요인분석**

확인적 요인분석 모형에서 집단 간 차이를 알고자 하는 경우 사용하는 방법이다.

- **다중집단 경로분석**

경로분석 모형에서 집단 간 차이를 알고자 하는 경우 사용하는 방법이다.

- **다중집단 구조방정식 모형분석**

확인적 요인분석, 경로분석 모형을 포함하여 그 밖의 구조방정식 모형에서 집단 간 차이를 알고자 하는 경우 사용하는 방법이다.

일반통계학에서 평균비교를 위해 t-검정을 하기 전에 전제조건으로 정규성(normality)을 조사하듯이 다중집단분석을 위한 전제조건으로 측정 동일성(measurement equivalence) 혹은 측정 불변성(measurement invariance)을 조사하여야 한다.

측정 동일성이란 집단별로 측정도구(예, 설문지)에 대하여 측정문항들이 동일하게 측정되고 있는지 검정하는 과정으로 집단별로 측정이 동일하지 않는 경우 집단 간 비교는 의미가 없다.

다중집단분석에서 측정 동일성검정은 두 개의 내포모형(nested model) 간의 χ^2-차이 검정(χ^2-difference test)을 통하여 이루어진다. 여기서 내포모형이란 두 개의 모형이 똑같은 변수를 갖고 있는 경우, 단지 첫 번째 모형의 모수에 제약조건을 부과하여 두 번째 모형으로 변환될 수 있는 모형을 말한다. 이 경우 첫 번째 모형을 완전모형(full model) 혹은 기저모형(baseline model)이라고 하고, 두 번째 모형을 축소모형(reduced model)이라고 한다. 완전모형은 축소모형에 비해 적은 제약조건을 갖고 있는 모형이다. 다시 말하면 완전모형은 축소모형에 비해 많은 자유 모수(free parameter)를 갖고 있는 모형(즉, 작은 자유도를 갖고 있는 모형)이다. 이 경우 축소모형은 완전모형 안에 내포되었다고 말한다.

χ^2-차이 검정은 축소모형과 완전모형하에서 χ^2-통계량의 차이를 가지고 검정한다.

$$\triangle\chi^2 = \chi^2_{reduced} - \chi^2_{full}$$
$$\triangle df = df_{reduced} - df_{full}$$

여기서 $\chi^2_{reduced}$, χ^2_{full}은 각각 축소모형과 완전모형하에서 χ^2-통계량이고 $df_{reduced}$, df_{full}은 각각 축소모형과 완전모형하에서 자유도이다. 따라서 유의수준 α에서 $\triangle\chi^2 \leq \chi^2_{\alpha}(\triangle df)$이면 측정 동일성에서 각 단계별 동일성을 만족한다고 볼 수 있다.

다중집단분석에서 측정 동일성검정은 다음과 같이 3단계에 걸쳐 진행된다.

단계 1: 요인계수의 동일성검정

집단별로 모형에서 요인계수(혹은 요인 적재량, 요인 부하량)가 동일한지를 검정하는 단계이다. 요인계수 동일성검정은 전체 데이터에서 아무런 제약이 없는 모형, 즉 완전모형과 이 완전모형에 추가적으로 동일한 요인계수를 갖고 있는 모형, 즉 축소모형의 χ^2-차이 검정을 통해 두 모형 간에 차이가 없으면 집단 간 요인계수의 동일성을 만족한다고 할 수 있다.

단계 2: 잠재변수의 분산-공분산의 동일성검정

집단별로 모형에서 잠재변수의 분산-공분산이 동일한지를 검정하는 단계이다. 잠재변수의 분산-공분산 검정은 단계 1에서 검정한 전체 데이터에서 동일한 요인계수를 갖고 있는 모형, 즉 완전모형과 기존 완전모형에 추가적으로 동일한 분산-공분산을 갖고 있는 모형, 즉 축소모형의 χ^2-차이 검정을 통해 두 모형 간에 차이가 없으면 집단 간 잠재변수의 분산-공분산 동일성을 만족한다고 할 수 있다.

단계 3: 측정오차 분산의 동일성검정

집단별로 모형에서 오차항의 분산이 동일한지를 검정하는 단계이다. 오차분산의 동일성검정은 단계 2에서 검정한 전체 데이터에서 동일한 분산-공분산을 갖고 있는 모형, 즉 완전모형과 기존 완전모형에 추가적으로 동일한 오차분산을 갖고 있는 모형, 즉 축소모형의 χ^2-차이 검정을 통해 두 모형 간에 차이가 없으면 집단 간 오차분산의 동일성을 만족한다고 할 수 있다.

측정 동일성검정을 위해 위에서 열거한 3단계는 단계가 높아질수록 만족하기가 쉽지 않다. 물론, 다중집단분석을 위해 전제조건으로 위의 3가지 조건을 모두 만족하면 좋겠지만 연구 분야에 따라서는 그 중에서 최소한 단계 1에 해당되는 요인계수의 동일성을 만족하면 측정 동일성을 만족한다고 하고, 어떤 분야는 단계 1과 단계 2를 만족하는 경우 측정 동일성을 만족한다고 할 수 있다.

10.2 다중집단 요인분석

다중집단 요인분석은 집단 간 요인분석을 실시하는 것으로, 다중집단 확인적 요인분석이라고도 한다. AMOS에서 다중집단 요인분석을 어떻게 수행하는지 예제 10.1을 가지고 알아보고자 한다.

예제 10.1 Holzinger and Swineford(1939)는 미국 시카고의 2개의 학교에 재학중인 301명의 7학년과 8학년을 대상으로 26개의 심리검사 항목에 대해 심리검사를 실시하였다. 표 10.1은 Grant-White 학교 학생에게 실시된 6개 심리검사 항목이다. 본 자료[1]는 73명의 여학생과 72명의 남학생의 심리검사 자료이고 이 자료에서 남학생과 여학생 간의 차이 여부를 알고자 한다.

• 표 10.1 • 6개 심리검사 항목

심리검사 항목	설 명	비 고
visperc	visual perception (시각 인지 검사 점수)	공간지각력 (spatial ability)
cubes	cubes perception (공간 인지 검사 점수, (정육면체 인지 점수)	
lozenges	lozenges perception (공간 적응 검사 점수, (마름모 인지 점수)	
paragraph	paragraph comprehension (문단 이해 검사 점수)	언어능력 (verbal ability)
sentence	sentence completion (문장 완성 검사 점수)	
wordmean	word meaning (단어 뜻 검사 점수)	

1) SPSS Korea 컨설팅팀 "AMOS 매뉴얼" 2009

그림 10.1은 SPSS에서 입력한 여학생의 심리검사 자료의 일부이다.

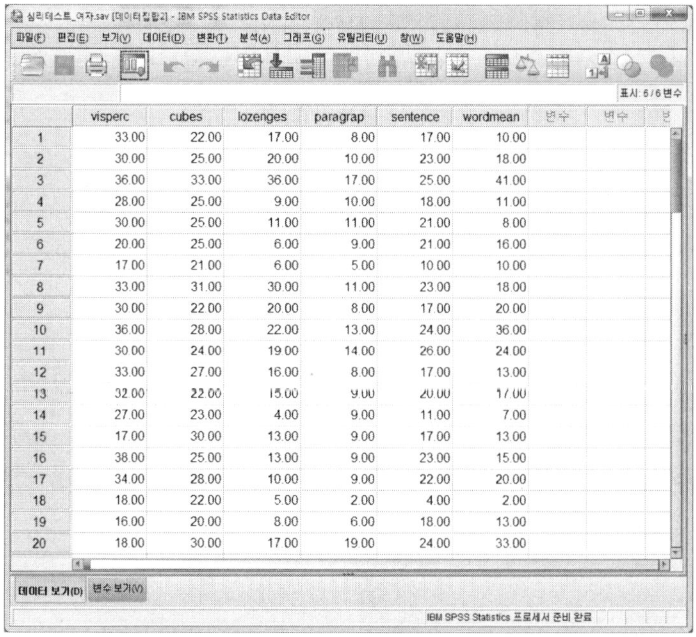

	visperc	cubes	lozenges	paragrap	sentence	wordmean
1	33.00	22.00	17.00	8.00	17.00	10.00
2	30.00	25.00	20.00	10.00	23.00	18.00
3	36.00	33.00	36.00	17.00	25.00	41.00
4	28.00	25.00	9.00	10.00	18.00	11.00
5	30.00	25.00	11.00	11.00	21.00	8.00
6	20.00	25.00	6.00	9.00	21.00	16.00
7	17.00	21.00	6.00	5.00	10.00	10.00
8	33.00	31.00	30.00	11.00	23.00	18.00
9	30.00	22.00	20.00	8.00	17.00	20.00
10	36.00	28.00	22.00	13.00	24.00	36.00
11	30.00	24.00	19.00	14.00	26.00	24.00
12	33.00	27.00	16.00	8.00	17.00	13.00
13	32.00	22.00	15.00	9.00	20.00	17.00
14	27.00	23.00	4.00	9.00	11.00	7.00
15	17.00	30.00	13.00	9.00	17.00	13.00
16	38.00	25.00	13.00	9.00	23.00	15.00
17	34.00	28.00	10.00	9.00	22.00	20.00
18	18.00	22.00	5.00	2.00	4.00	2.00
19	16.00	20.00	8.00	6.00	18.00	13.00
20	18.00	30.00	17.00	19.00	24.00	33.00

• **그림 10.1** • 여학생 데이터("심리테스트_여자.sav")

그림 10.2는 SPSS에서 입력한 남학생의 심리검사 자료의 일부이다.

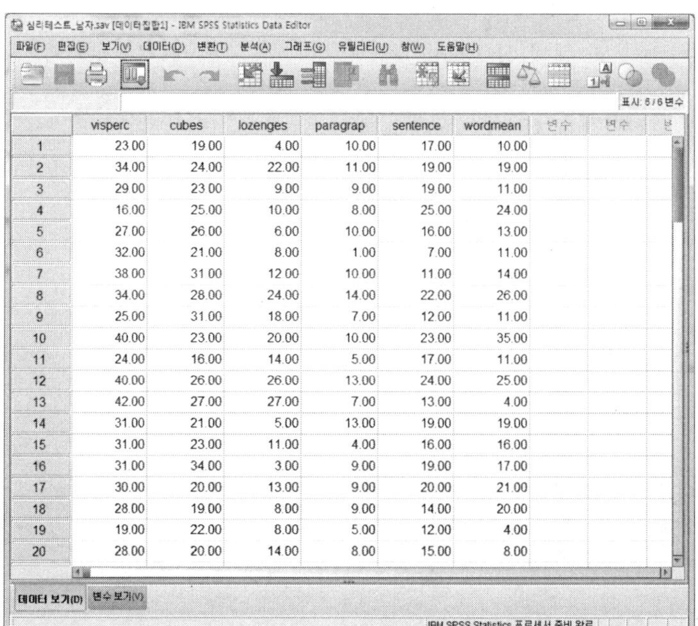

	visperc	cubes	lozenges	paragrap	sentence	wordmean
1	23.00	19.00	4.00	10.00	17.00	10.00
2	34.00	24.00	22.00	11.00	19.00	19.00
3	29.00	23.00	9.00	9.00	19.00	11.00
4	16.00	25.00	10.00	8.00	25.00	24.00
5	27.00	26.00	6.00	10.00	16.00	13.00
6	32.00	21.00	8.00	1.00	7.00	11.00
7	38.00	31.00	12.00	10.00	11.00	14.00
8	34.00	28.00	24.00	14.00	22.00	26.00
9	25.00	31.00	18.00	7.00	12.00	11.00
10	40.00	23.00	20.00	10.00	23.00	35.00
11	24.00	16.00	14.00	5.00	17.00	11.00
12	40.00	26.00	26.00	13.00	24.00	25.00
13	42.00	27.00	27.00	7.00	13.00	4.00
14	31.00	21.00	5.00	13.00	19.00	19.00
15	31.00	23.00	11.00	4.00	16.00	16.00
16	31.00	34.00	3.00	9.00	19.00	17.00
17	30.00	20.00	13.00	9.00	20.00	21.00
18	28.00	19.00	8.00	9.00	14.00	20.00
19	19.00	22.00	8.00	5.00	12.00	4.00
20	28.00	20.00	14.00	8.00	15.00	8.00

• **그림 10.2** • 남학생 데이터("심리테스트_남자.sav")

(1) 모형 작성

① 집단 이름 부여하기

[Analyze] → [Manage Groups] 메뉴를 선택하여 집단이름을 입력한다. 그림 10.3은 [Manage Groups] 대화상자에서 "Group Name"에 "여자"를 입력한다.

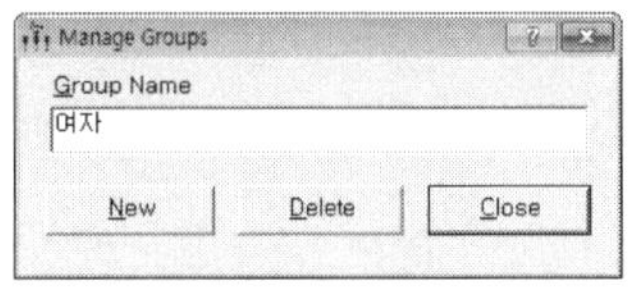

• 그림 10.3 • "여자" 집단

그림 10.3의 [New] 버튼을 클릭하여 다른 집단이름을 입력한다. 그림 10.4는 [Manage Groups] 대화상자에서 "Group Name"에 "남자"를 입력한다.

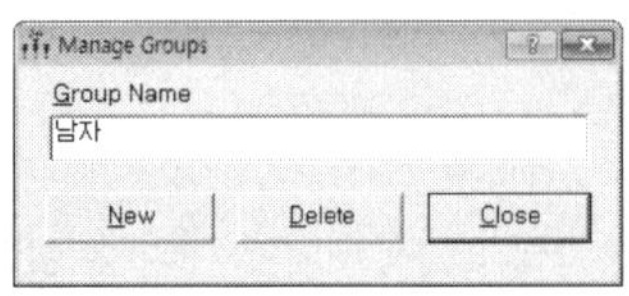

• 그림 10.4 • "남자" 집단

집단이름 입력이 끝나면 그림 10.4의 [Close] 버튼을 클릭하여 대화상자를 닫는다. 그림 10.5와 같이 집단관리창에 "남자"와 "여자" 집단이 새로 등록된 것을 알 수 있다.

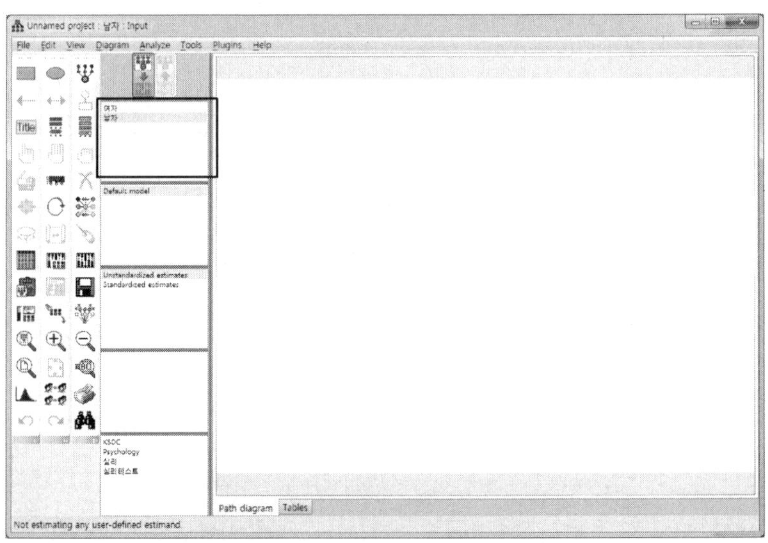

• 그림 10.5 • 집단관리창에 집단등록 확인

② 데이터 파일 불러오기

[File] → [Data Files] 메뉴를 선택하여 데이터 파일을 지정한다. 이를 위해 그림 10.6의 [Data Files] 대화상자에서 "여자"를 선택한 후 데이터 파일을 지정하고 "남자"를 선택한 후 데이터 파일을 지정한다. [OK] 버튼을 클릭하여 대화상자를 닫는다.

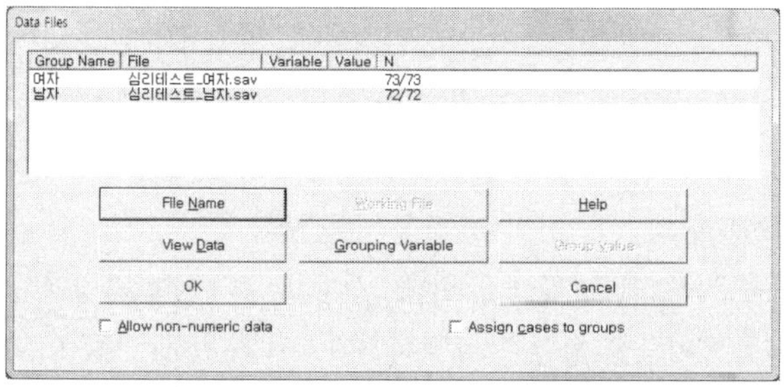

• 그림 10.6 • 집단별로 데이터 불러오기

③ 경로도형 그리기

관측변수가 6개인 심리검사 자료에 대해 2개의 잠재 요인을 가지고 그린 경로도형은 그림 10.7과 같다.

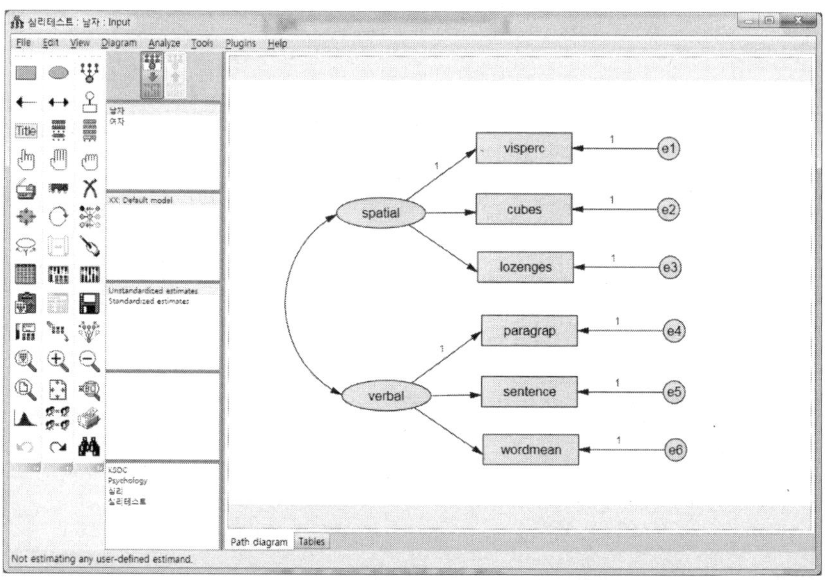

• 그림 10.7 • 연구모형에 대한 경로도형

그림 10.7의 경로도형에서 측정 동일성을 검정하는 방법에는 조사자가 직접 경로를 제약해서 분석하는 방법과 AMOS에서 제공하는 다중집단분석 메뉴를 이용해서 분석

하는 방법이 있다. 여기서는 전자의 직접 경로를 제약해서 분석하는 방법에 대해서만 설명하고자 한다.

(2) 측정 동일성검정

단계 1: 요인계수의 동일성

두 집단 간 요인계수의 동일성검정을 위해 2개의 내포모형을 생각한다. 첫 번째 모형은 그림 10.7의 모형, 즉 완전모형이라고 간주하고, 두 번째 모형은 완전모형에 추가적으로 집단 간 요인계수를 똑같이 제약한 모형, 즉 축소모형이라 간주하여 축소모형과 완전모형의 χ^2-차이 검정을 수행한다.

먼저 축소모형을 생성하기 위해 그림 10.7의 완전모형에서 잠재변수와 관측변수 간의 경로계수 이름을 똑같이 고정시킨다. 이를 위해 그림 10.8의 [Object Properties] 대화상자에서 [Regression weight]에 회귀계수 이름을 부여하고 [All groups] 체크박스를 선택한다. 이 체크박스 선택은 두 집단에 대해 똑같은 이름의 회귀계수를 갖게 한다. 따라서 집단마다 같은 회귀계수 이름을 부여할 필요가 없다.

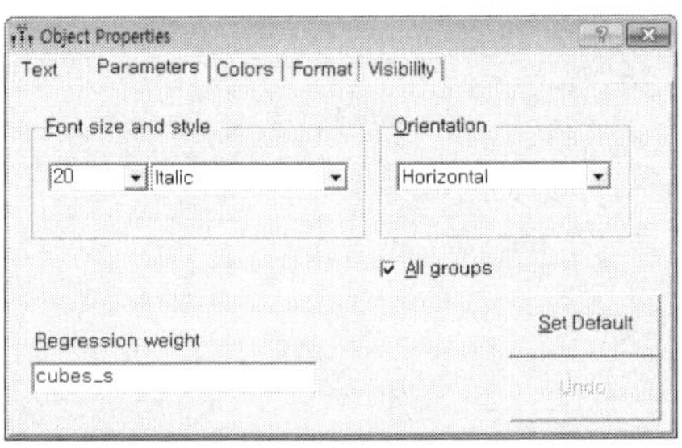

• 그림 10.8 • 똑같은 경로계수 이름 고정

그림 10.9와 같이 참조변수에 대해 경로계수 1로 고정시키고 그 밖의 경로계수에 대해 같은 방식으로 이름을 부여한다.

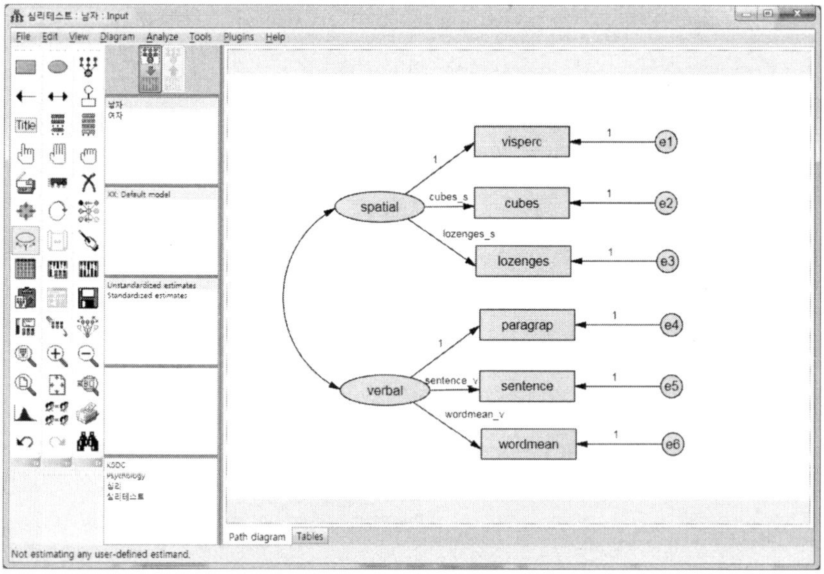

• 그림 10.9 • 요인계수 제약한 축소모형

그림 10.10은 그림 10.9에 있는 요인계수를 제약한 축소모형의 χ^2-통계량에 의한 적합도를 나타내고 있다.

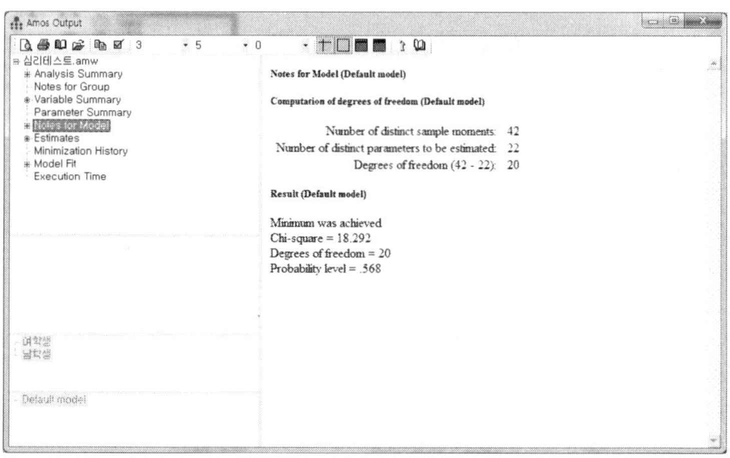

• 그림 10.10 • 축소모형에 대한 χ^2-통계량에 의한 적합도

그림 10.10의 적합도는 두 집단 데이터로부터 얻어진 모형적합도에 대한 결과이다. 즉, "남자"와 "여자" 각각에 대한 모형의 적합도가 아니고 전체 데이터로부터 얻어진 모형적합도이다. 여기서 표본적률의 수가 42이고, 추정할 모수의 수가 22이고, 자유도의 수가 20으로 모두 한 집단의 2배에 해당되는 수치이다.

다음은 그림 10.7의 완전모형과 그림 10.9의 축소모형의 χ^2-차이 검정을 하고자 한다. 그림 10.9의 축소모형에 대한 그림 10.10의 모형적합도로부터 $\chi^2 = 18.292$, $df = 20$이고 $p = 0.568$이다.

그림 10.7의 완전모형에 대한 χ^2-통계량에 의한 적합도는 그림 10.11과 같다.

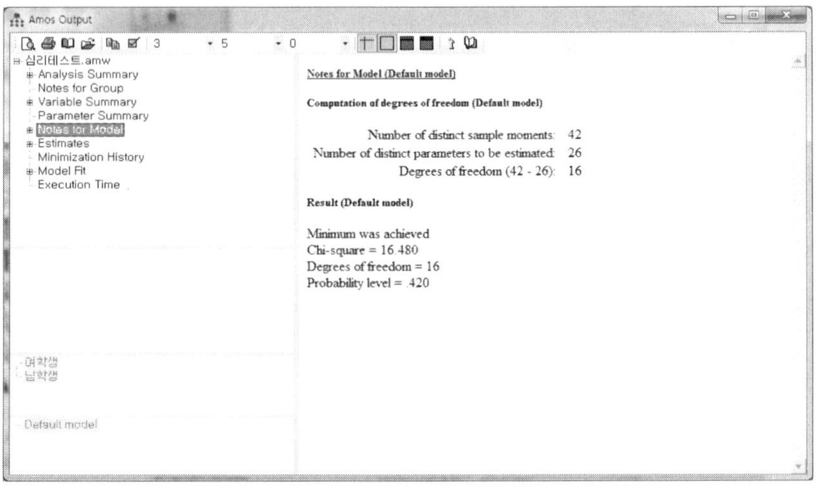

• **그림 10.11** • 완전모형에 대한 χ^2-통계량에 의한 적합도

그림 10.11로부터 완전모형에서 얻어진 모형적합도는 $\chi^2 = 16.480$, $df = 16$, $p = 0.420$이다. 따라서 축소모형과 완전모형의 χ^2-통계량 차이는 $\Delta\chi^2 = 1.812$ (=18.292−16.480)이고 자유도의 차이는 $\Delta df = 4$(=20−16)이다. 유의수준 $\alpha = 0.05$에서 $\chi^2_\alpha(4) = 9.487$이므로 $\Delta\chi^2 = 1.812 < \chi^2_\alpha(4) = 9.487$이다.

따라서 두 모형 간에는 통계적으로 유의한 차이가 없다고 할 수 있다. 즉, 두 집단 간 요인계수에는 유의한 차이가 없으므로 요인계수 동일성을 만족한다고 할 수 있다.

단계 2: 잠재변수의 분산-공분산의 동일성

두 집단 간 잠재변수의 분산-공분산 동일성을 위해 2개의 내포모형을 생각한다. 첫 번째 모형은 단계 1에서 집단 간 요인계수를 똑같이 제약한 축소모형, 즉 완전모형으로 간주하고, 두 번째 모형은 완전모형에 추가적으로 잠재변수의 분산-공분산을 제약한 모형, 즉 축소모형으로 간주하여 축소모형과 완전모형의 χ^2-차이 검정을 수행하고자 한다.

먼저, 잠재변수의 분산-공분산을 제약한 축소모형을 생성하기 위해 그림 10.12와 10.13과 같이 분산 이름을 똑같이 지정하고 [All groups] 체크박스를 선택한다. 이 체크박스 선택은 두 집단이 같은 분산을 갖기 위해서이다.

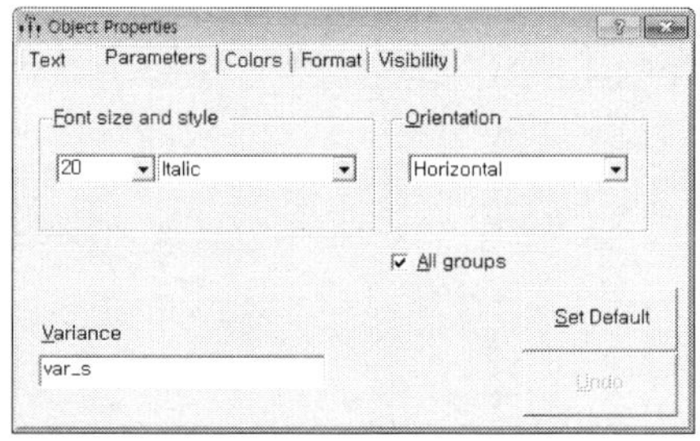

그림 10.12 분산 제약

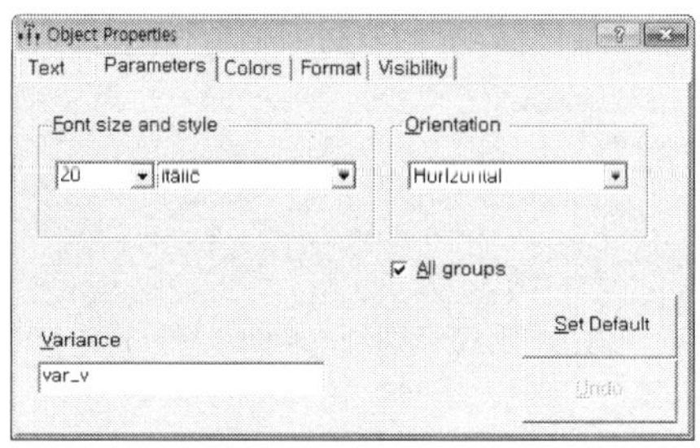

그림 10.13 분산 제약

다음으로 잠재변수의 공분산 제약은 그림 10.14와 같이 두 집단에 대해 공분산 이름을 똑같이 지정한다.

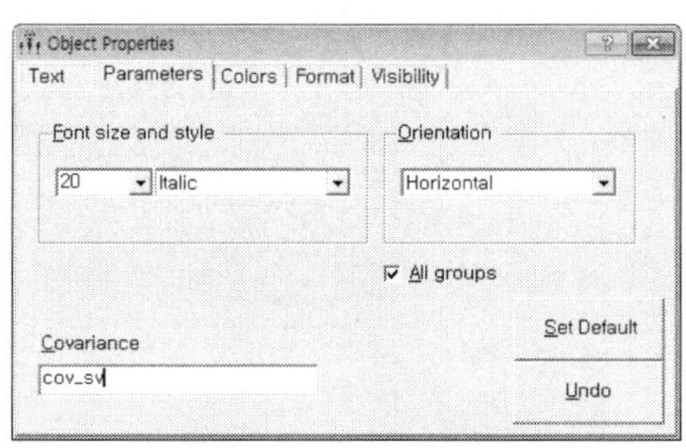

그림 10.14 공분산 제약

그림 10.15는 그림 10.9의 요인계수를 제약한 모형에 추가로 잠재변수의 분산 및 공분산을 제약한 경로모형이다.

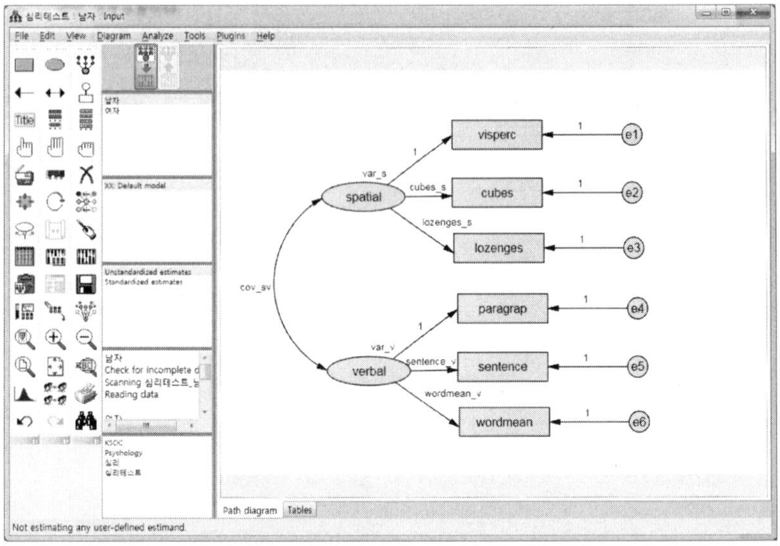

• **그림 10.15** • 잠재변수의 분산-공분산 제약한 축소모형

그림 10.16은 그림 10.15의 잠재변수의 분산 및 공분산을 제약한 축소모형에 대한 χ^2-통계량에 의한 적합도를 보여주고 있다.

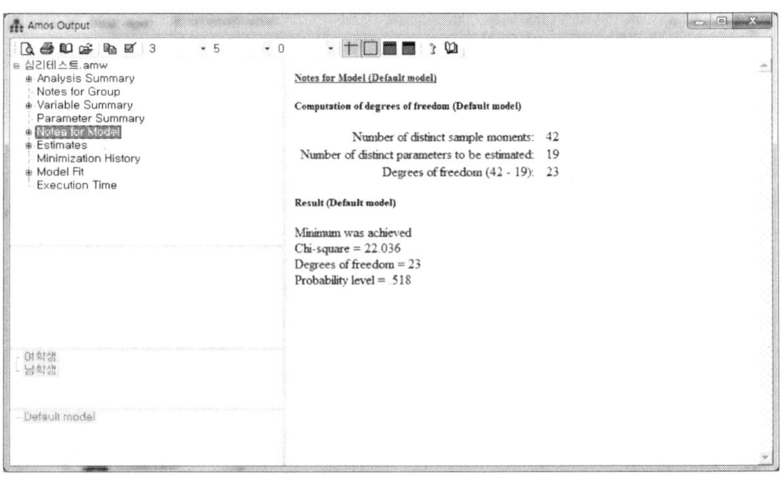

• **그림 10.16** • 잠재변수의 분산-공분산 제약한 축소모형의 χ^2-통계량에 의한 적합도

그림 10.16으로부터 잠재변수의 분산 및 공분산을 제약한 축소모형에서 얻어진 모형적합도는 $\chi^2 = 22.036$, $df = 23, p = 0.518$이다. 따라서 축소모형과 완전모형의 χ^2-통계량 차이는 $\Delta\chi^2 = 3.744 (= 22.036 - 18.292)$이고 자유도의 차이는 $\Delta df = 3$ $(= 23 - 20)$이다. 유의수준 $\alpha = 0.05$에서 $\chi^2_\alpha(3) = 7.81$이므로 $\Delta\chi^2 = 3.744 < \chi^2_\alpha(3)$ $= 7.81$이다.

따라서 두 모형 간에는 통계적으로 유의한 차이가 없다고 할 수 있다. 즉, 두 집단 간 잠재변수 분산 및 공분산은 차이가 없으므로 잠재변수 분산-공분산 동일성을 만족한다고 할 수 있다.

단계 3: 오차 분산의 동일성

두 집단 간 오차항 분산 동일성을 위해 2개의 내포모형을 생각한다. 첫 번째 모형은 단계 2에서 잠재변수의 분산 및 공분산을 제약한 축소모형, 즉 완전모형으로 간주하고, 두 번째 모형은 완전모형에 추가적으로 오차항의 분산을 제약한 모형, 즉 축소모형으로 간주하여 축소모형과 완전모형의 χ^2-차이 검정을 수행하고자 한다.

먼저, 오차항의 분산을 제약한 축소모형을 생성하기 위해 그림 10.17의 [Object Properties] 대화상자에서 두 집단의 오차항에 대해 분산 이름을 똑같이 지정한다.

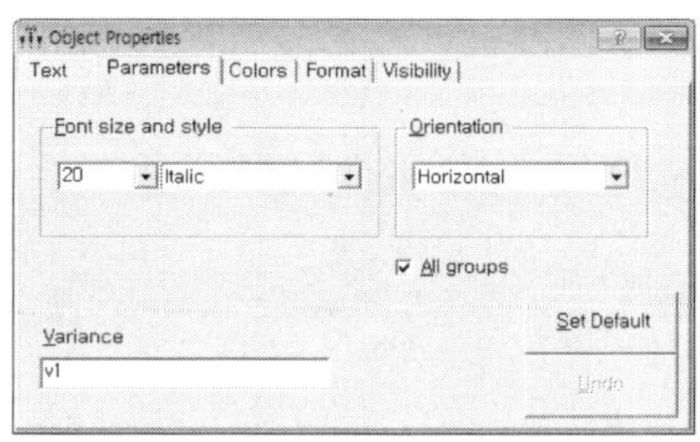

• **그림 10.17** • 오차항 분산 제약

그림 10.18은 그림 10.15의 잠재변수의 분산 및 공분산을 제약한 모형에 추가로 오차항의 분산을 제약한 축소모형에 대한 경로도형이다.

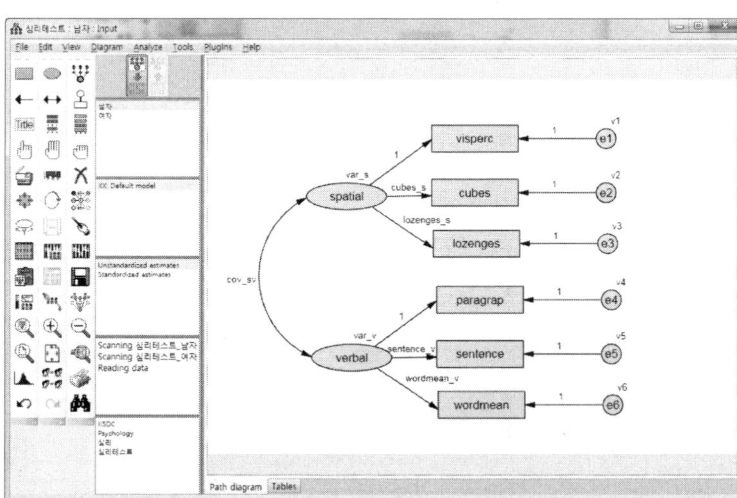

• **그림 10.18** • 오차항의 분산 제약한 축소모형

그림 10.19는 그림 10.18의 오차항의 분산을 제약한 축소모형에 대한 χ^2-통계량에 의한 적합도를 보여주고 있다.

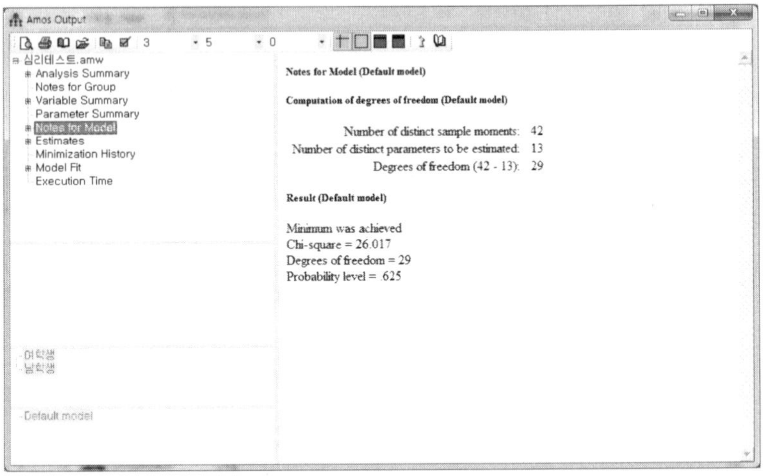

• **그림 10.19** • 오차항의 분산 제약한 축소모형의 χ^2-통계량에 의한 적합도

그림 10.19의 오차항의 분산을 제약한 축소모형하에서 얻어진 모형 적합도는 $\chi^2 = 26.017$, $df = 29$, $p = 0.625$이다. 따라서 축소모형과 완전모형의 χ^2-통계량 차이는 $\Delta\chi^2 = 3.981\,(=26.017-22.036)$이고 자유도의 차이는 $\Delta df = 6\,(=29-23)$이다. 유의수준 $\alpha = 0.05$에서 $\chi^2_{\alpha}(6) = 12.59$이므로 $\Delta\chi^2 = 3.981 < \chi^2_{\alpha}(6) = 12.59$이다.

따라서 두 모형 간에는 통계적으로 유의한 차이가 없다고 할 수 있다. 두 집단 간 오차항 분산이 동일성을 만족한다고 할 수 있다.

지금까지 집단 간 요인계수의 동일성, 잠재변수의 분산-공분산의 동일성, 오차항 분산의 동일성을 검정한 결과 위의 3가지 전제조건을 모두 만족함을 알 수 있다.

(3) 집단비교분석

다중집단분석을 위한 측정 동일성의 3가지 조건이 모두 만족함으로 다중집단분석에서 분석하고자 하는 두 집단 간 비교, 여기서는 남자집단과 여자집단의 차이를 분석할 수 있다.

① 집단별 경로계수 분석

집단별로 남자집단과 여자집단 각각의 모형에서 경로계수의 유의성에 대해 살펴보자. 그림 10.20은 여자집단에 대한 모형에서 요인계수에 이름을 부여한 경로도형을 나타내고 있다. 여기서 요인계수에 이름을 부여한 이유는 나중에 대응별 모수비교에서 두 집단의 경로계수를 구별하기 위해서이다.

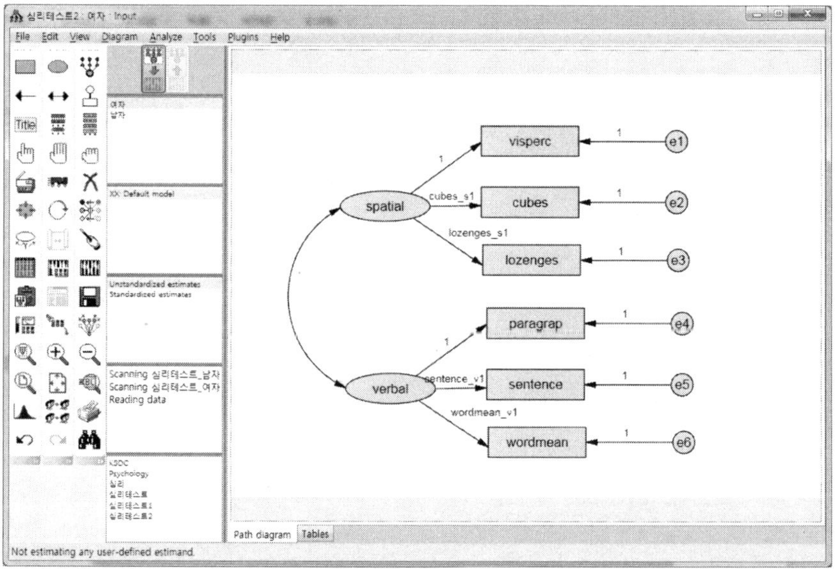

• **그림 10.20** • 여자집단 모형에서 요인계수 이름을 부여한 경로도형

그림 10.21은 그림 10.20의 여자집단 모형에서 요인계수에 이름을 부여한 경로도형을 실행한 결과이다.

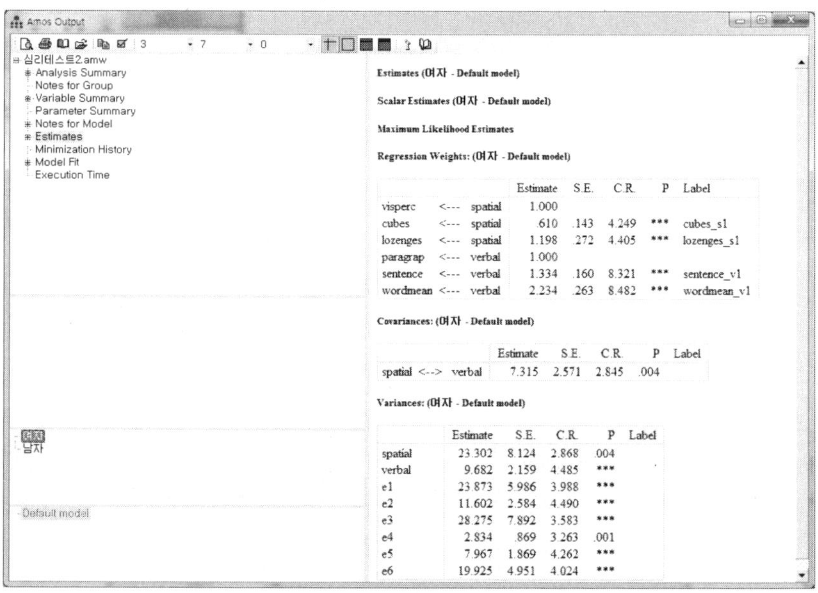

Estimates (여자 - Default model)

Scalar Estimates (여자 - Default model)

Maximum Likelihood Estimates

Regression Weights: (여자 - Default model)

			Estimate	S.E.	C.R.	P	Label
visperc	<---	spatial	1.000				
cubes	<---	spatial	.610	.143	4.249	***	cubes_s1
lozenges	<---	spatial	1.198	.272	4.405	***	lozenges_s1
paragrap	<---	verbal	1.000				
sentence	<---	verbal	1.334	.160	8.321	***	sentence_v1
wordmean	<---	verbal	2.234	.263	8.482	***	wordmean_v1

Covariances: (여자 - Default model)

			Estimate	S.E.	C.R.	P	Label
spatial	<-->	verbal	7.315	2.571	2.845	.004	

Variances: (여자 - Default model)

	Estimate	S.E.	C.R.	P	Label
spatial	23.302	8.124	2.868	.004	
verbal	9.682	2.159	4.485	***	
e1	23.873	5.986	3.988	***	
e2	11.602	2.584	4.490	***	
e3	28.275	7.892	3.583	***	
e4	2.834	.869	3.263	.001	
e5	7.967	1.869	4.262	***	
e6	19.925	4.951	4.024	***	

• **그림 10.21** • 여자집단 모형에서 경로계수의 추정치

그림 10.21의 여자집단 모형에서 4개의 경로계수에서 유의한 차이가 있음을 알 수 있다.

그림 10.22는 남자집단 모형에서 요인계수에 이름을 부여한 경로도형을 나타내고 있다. 그림 10.20과 그림 10.22의 차이는 집단별로 잠재변수와 관측변수 간의 경로계수 이름이 다르다는 것이다.

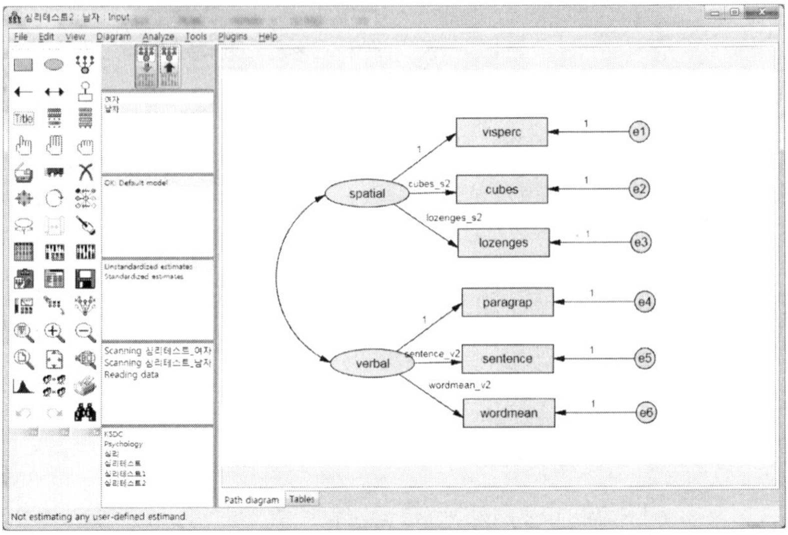

• 그림 10.22 • 남자집단 모형에서 요인계수 이름을 부여한 경로도형

그림 10.23은 그림 10.22의 남자집단 모형에서 요인계수에 이름을 부여한 경로도형을 실행한 결과이다.

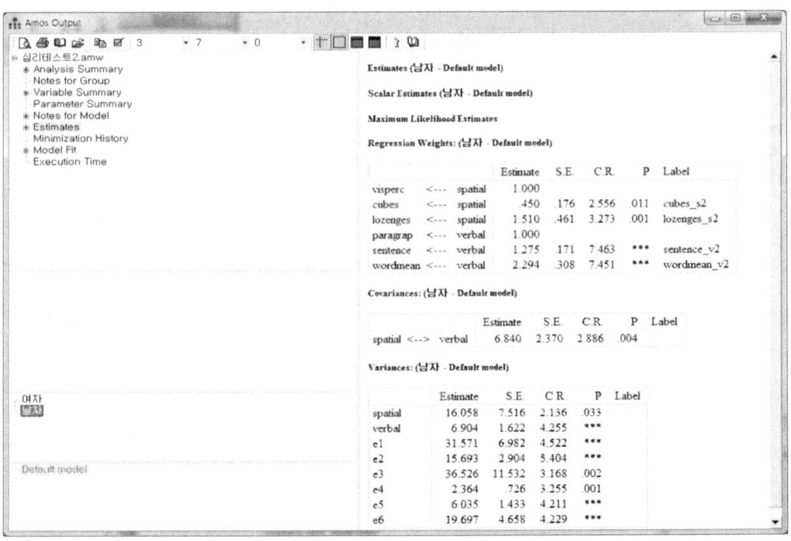

			Estimate	S.E.	C.R.	P	Label
visperc	<---	spatial	1.000				
cubes	<---	spatial	.450	.176	2.556	.011	cubes_s2
lozenges	<---	spatial	1.510	.461	3.273	.001	lozenges_s2
paragrap	<---	verbal	1.000				
sentence	<---	verbal	1.275	.171	7.463	***	sentence_v2
wordmean	<---	verbal	2.294	.308	7.451	***	wordmean_v2

			Estimate	S.E.	C.R.	P	Label
spatial	<-->	verbal	6.840	2.370	2.886	.004	

	Estimate	S.E.	C.R.	P	Label
spatial	16.058	7.516	2.136	.033	
verbal	6.904	1.622	4.255	***	
e1	31.571	6.982	4.522	***	
e2	15.693	2.904	5.404	***	
e3	36.526	11.532	3.168	.002	
e4	2.364	.726	3.255	.001	
e5	6.035	1.433	4.211	***	
e6	19.697	4.658	4.229	***	

• 그림 10.23 • 남자집단 모형에서 경로계수의 추정치

그림 10.23의 남자집단 모형에서 2개의 요인계수 1을 가진 경로 외에 나머지 4개의 경로계수에서 유의한 차이가 있음을 알 수 있다.

② 대응별 모수비교

대응별 모수비교(pairwise parameter comparison)를 통해 두 집단 간 모수에 대한 차이를 알 수 있다. 이를 위해 그림 10.24의 [Analysis Properties] 대화상자의 [Output] 탭에서 [Critical ratios for difference]를 선택한다.

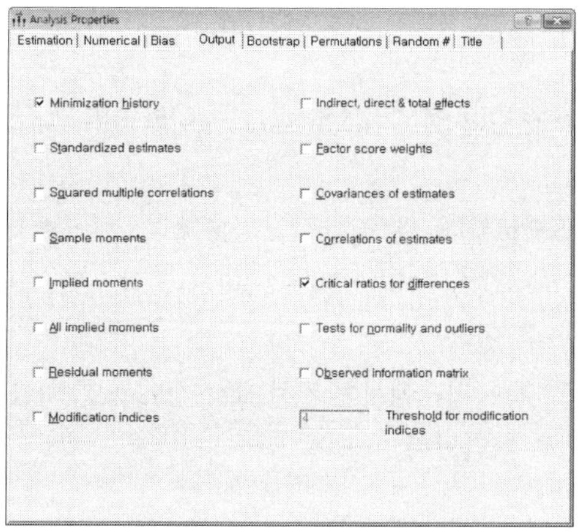

• **그림 10.24** • 대응별 모수비교

그림 10.25는 두 집단에서 모수 차에 대한 기각비를 보여주고 있다.

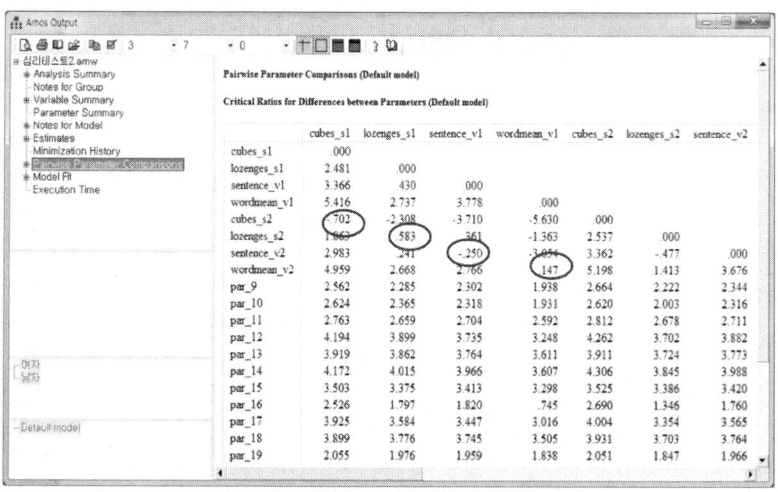

Pairwise Parameter Comparisons (Default model)

Critical Ratios for Differences between Parameters (Default model)

	cubes_s1	lozenges_s1	sentence_v1	wordmean_v1	cubes_s2	lozenges_s2	sentence_v2
cubes_s1	.000						
lozenges_s1	2.481	.000					
sentence_v1	3.366	.430	.000				
wordmean_v1	5.416	2.737	3.778	.000			
cubes_s2	-.702	-2.308	-3.710	-5.630	.000		
lozenges_s2	1.063	.583	.361	-1.363	2.537	.000	
sentence_v2	2.983	.241	-.250	-3.054	3.362	-.477	.000
wordmean_v2	4.959	2.668	2.766	.147	5.198	1.413	3.676
par_9	2.562	2.285	2.302	1.938	2.664	2.222	2.344
par_10	2.624	2.365	2.318	1.931	2.620	2.003	2.316
par_11	2.763	2.659	2.704	2.592	2.812	2.678	2.711
par_12	4.194	3.899	3.735	3.248	4.262	3.702	3.882
par_13	3.919	3.862	3.764	3.611	3.911	3.724	3.773
par_14	4.172	4.015	3.966	3.607	4.306	3.845	3.988
par_15	3.503	3.375	3.413	3.298	3.525	3.386	3.420
par_16	2.526	1.797	1.820	.745	2.690	1.346	1.760
par_17	3.925	3.584	3.447	3.016	4.004	3.354	3.565
par_18	3.899	3.776	3.745	3.505	3.931	3.703	3.764
par_19	2.055	1.976	1.959	1.838	2.051	1.847	1.966

• **그림 10.25** • 두 집단의 모수 차에 대한 기각비

두 모수 차에 대한 기각비의 이해를 돕기 위해 두 모수 차에 대한 검정을 알 필요가 있다. 이를 위해 θ_1과 θ_2는 두 집단에서 모수라고 하고 $\hat{\theta}_1$과 $\hat{\theta}_2$을 추정량이라고 할 때 이에 대한 가설은 다음과 같다.

$$H_0 : \theta_1 = \theta_2 \qquad H_1 : \theta_1 \neq \theta_2$$

표본의 크기가 큰 경우 검정통계량은 다음과 같다.

$$z = \frac{\hat{\theta}_1 - \hat{\theta}_2}{SE(\hat{\theta}_1 - \hat{\theta}_2)} \sim N(0,1)$$

유의수준 $\alpha = 0.05$에서 $|z| \geq z_{\alpha/2} = 1.96$이면 H_0을 기각한다.

그림 10.25으로부터 두 집단 간 경로계수 차이에 대한 z-통계량 값은 −0.702, 0.583, −0.250, 0.147이다. 모두 1.96보다 작으므로 두 집단 간 경로계수에는 차이가 없다고 할 수 있다.

결론적으로 남녀 집단에서는 경로계수 간에는 유의한 차이가 있으나 집단 간 차이는 없는 것으로 나타났다.

예제 10.2 본 연구는 제주평화연구원의 한국사회과학데이터센터(KSDC) 자료 중 한국인의 안보 및 원조정책에 대한 조사를 통해 남자와 여자 간의 의식차이를 분석하고자 한다. 표 10.2의 7개의 문항에 대해 남자 383명, 여자 324명에 대해 조사하였다.

표 10.2 안보정책과 원조정책에 대한 문항

안보정책에 대한 문항	선택보기				
	매우 찬성	다소 찬성	보통	다소 반대	매우 반대
(x1) 독도 문제에 대해 일본에 더욱 강경하게 대응해야 한다.	①	②	③	④	⑤
(x2) 동북공정에 대해 중국에 더욱 강경하게 대응해야 한다.	①	②	③	④	⑤
(x3) 미국으로부터 전시작전권 전환을 즉시 추진해야 한다.	①	②	③	④	⑤
(x4) 북한의 핵개발에 대응해 우리도 핵을 개발해야 한다.	①	②	③	④	⑤
(x5) 외국인 노동자에게도 의료보험을 제공해야 한다.	①	②	③	④	⑤
(x6) 국방의무의 이행과 관계없이 이중국적을 인정해야 한다.	①	②	③	④	⑤
(x7) 우리 국민과 결혼한 외국인 배우자에게 즉시 시민권을 부여해야 한다.	①	②	③	④	⑤

그림 10.26은 SPSS에서 입력한 남자에 대한 의식조사 자료의 일부이다.

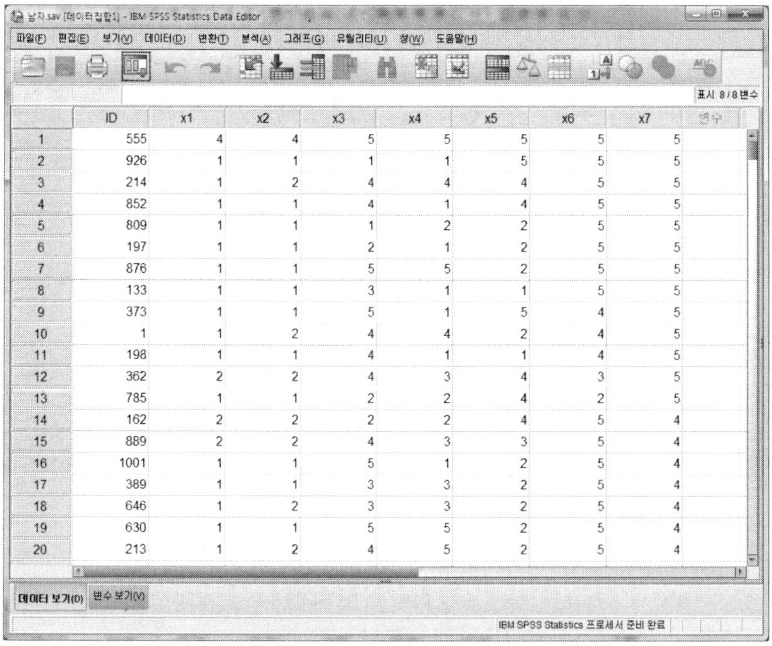

	ID	x1	x2	x3	x4	x5	x6	x7
1	555	4	4	5	5	5	5	5
2	926	1	1	1	1	5	5	5
3	214	1	2	4	4	4	5	5
4	852	1	1	4	1	4	5	5
5	809	1	1	1	2	2	5	5
6	197	1	1	2	1	2	5	5
7	876	1	1	5	5	2	5	5
8	133	1	1	3	1	1	5	5
9	373	1	1	5	1	5	4	5
10	1	1	2	4	4	2	4	5
11	198	1	1	4	1	1	4	5
12	362	2	2	4	3	4	3	5
13	785	1	1	2	2	4	2	5
14	162	2	2	2	2	4	5	4
15	889	2	2	4	3	3	5	4
16	1001	1	1	5	1	2	5	4
17	389	1	1	3	3	2	5	4
18	646	1	2	3	3	2	5	4
19	630	1	1	5	5	2	5	4
20	213	1	2	4	5	2	5	4

• **그림 10.26** • 남자에 대한 의식조사 자료("남자.sav")

그림 10.27은 SPSS에서 입력한 여자에 대한 의식조사 자료의 일부이다.

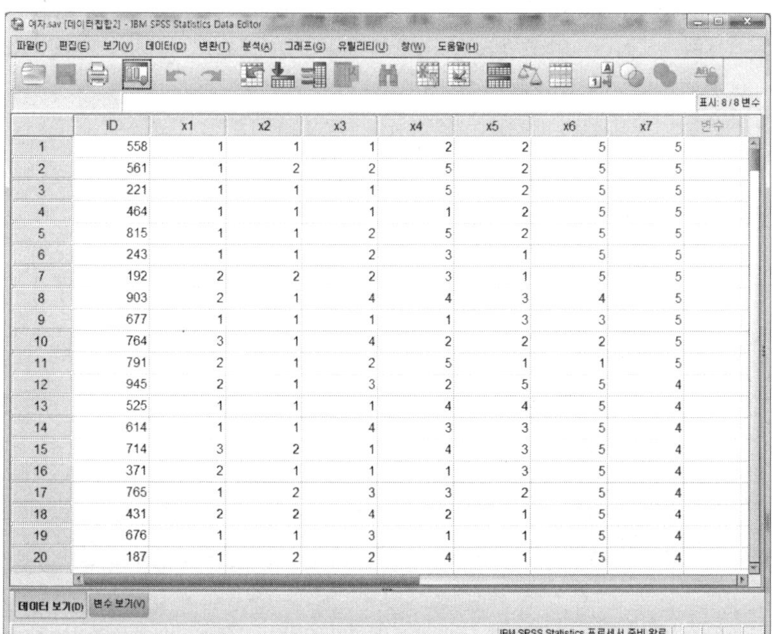

	ID	x1	x2	x3	x4	x5	x6	x7
1	558	1	1	1	2	2	5	5
2	561	1	2	2	5	2	5	5
3	221	1	1	1	5	2	5	5
4	464	1	1	1	1	2	5	5
5	815	1	1	2	5	2	5	5
6	243	1	1	2	3	1	5	5
7	192	2	2	2	3	1	5	5
8	903	2	1	4	4	3	4	5
9	677	1	1	1	1	3	3	5
10	764	3	1	4	2	2	2	5
11	791	2	1	2	5	1	1	5
12	945	2	1	3	2	5	5	4
13	525	1	1	1	4	4	5	4
14	614	1	1	4	3	3	5	4
15	714	3	2	1	4	3	5	4
16	371	2	1	1	1	3	5	4
17	765	1	2	3	3	2	5	4
18	431	2	2	4	2	1	5	4
19	676	1	1	3	1	1	5	4
20	187	1	2	2	4	1	5	4

• **그림 10.27** • 여자에 대한 의식조사 자료("여자.sav")

(1) 모형 자성

① 집단 이름 부여하기

[Analyze] → [Manage Groups] 메뉴를 선택하여 집단이름을 입력한다. 그림 10.28은 [Manage Groups] 대화상자에서 "Group Name"에 "남자"를 입력한다.

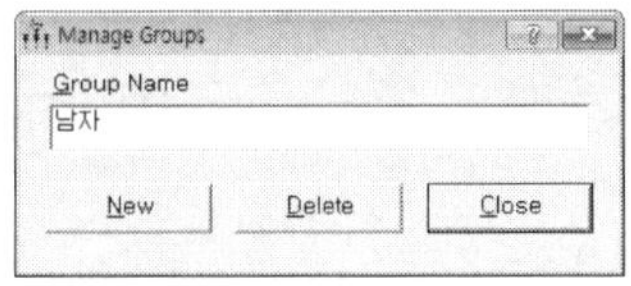

• 그림 10.28 • "남자" 집단

그림 10.28의 [New] 버튼을 클릭하여 다른 집단이름을 입력한다. 그림 10.29는 [Manage Groups] 대화상자에서 "Group Name"에 "여자"를 입력한다.

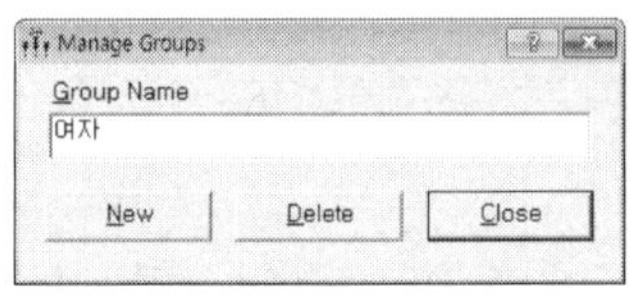

• 그림 10.29 • "여자" 집단

그림 10.29의 대화상자를 닫기 위해 [Close] 버튼을 클릭한다.

그림 10.30과 같이 집단관리창에 "남자"와 "여자" 집단이 새로 등록된 것을 알 수 있다.

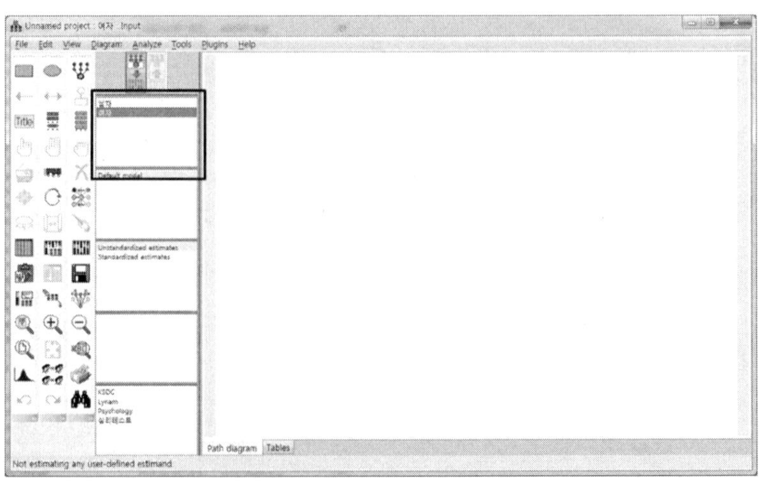

• 그림 10.30 • 집단관리창 집단등록

② 데이터 파일 불러오기

[File] → [Data Files] 메뉴를 선택하여 데이터 파일을 지정한다. 이를 위해 그림 10.31의 [Data Files] 대화상자에서 "남자"를 선택한 후 파일을 지정하고 "여자"를 선택한 후 파일을 지정한다. [OK] 버튼을 클릭하여 대화상자를 닫는다.

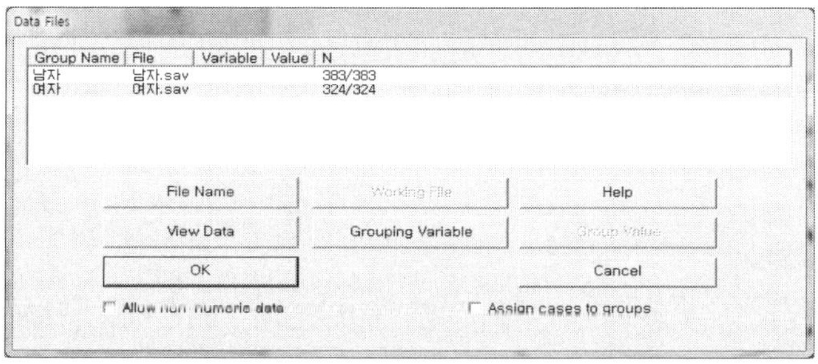

• 그림 10.31 • 집단별로 데이터 불러오기

③ 경로도형 그리기

7개의 문항에 대해 요인 2개를 가지고 나타낸 연구모형에 대한 경로도형은 그림 10.32와 같다.

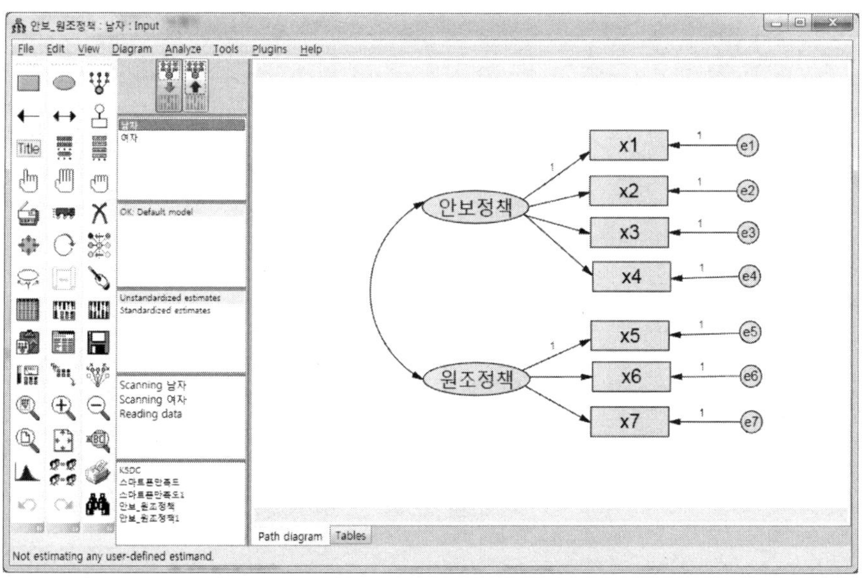

• 그림 10.32 • 연구모형에 대한 경로도형

그림 10.33는 그림 10.32의 아무런 제약이 없는 완전모형으로부터 얻은 χ^2-통계량에 의한 적합도를 나타내고 있다.

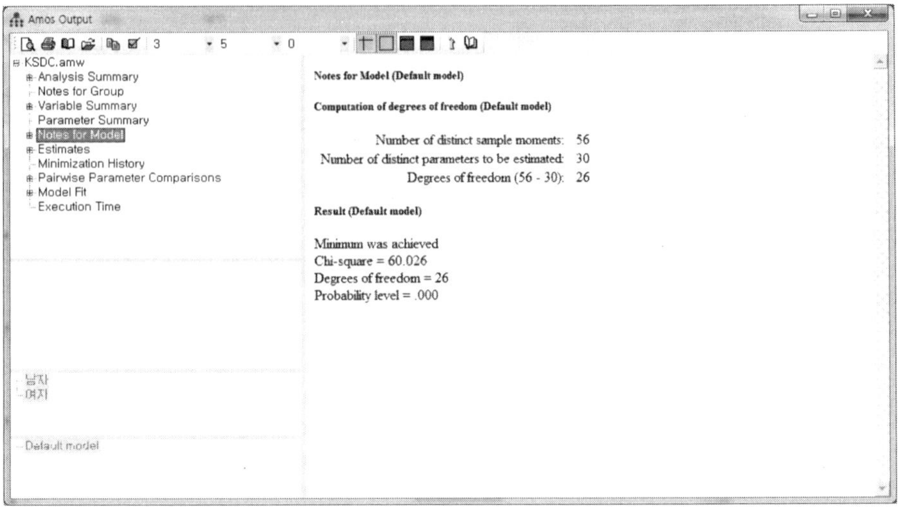

• **그림 10.33** • 아무런 제약이 없는 모형에 대한 χ^2–통계량에 의한 적합도

(2) 측정 동일성검정

단계 1: 요인계수의 동일성

그림 10.32의 아무런 제약이 없는 모형, 즉 완전모형과 집단 간 요인계수를 제약한 모형, 즉 축소모형과의 비교를 통해 집단 간 요인계수의 동일성을 검정하고자 한다.

요인계수 제약한 축소모형을 생성하기 위해 그림 10.34의 [Object Properties] 대화상자에서 [All groups] 체크박스를 선택하고 [Regression weight]에서 회귀계수 이름을 부여한다.

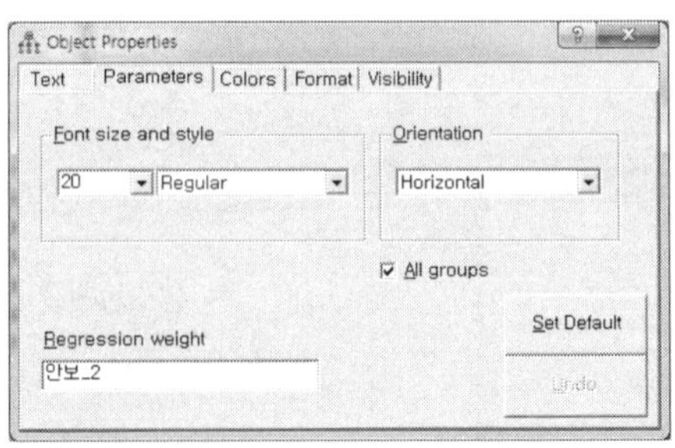

• **그림 10.34** • 경로계수 이름 부여

그림 10.35와 같이 남자집단과 여자집단에 대해 참조변수의 경로계수를 1로 고정시키고 그 밖의 경로계수에 대해 같은 이름으로 고정시킨다.

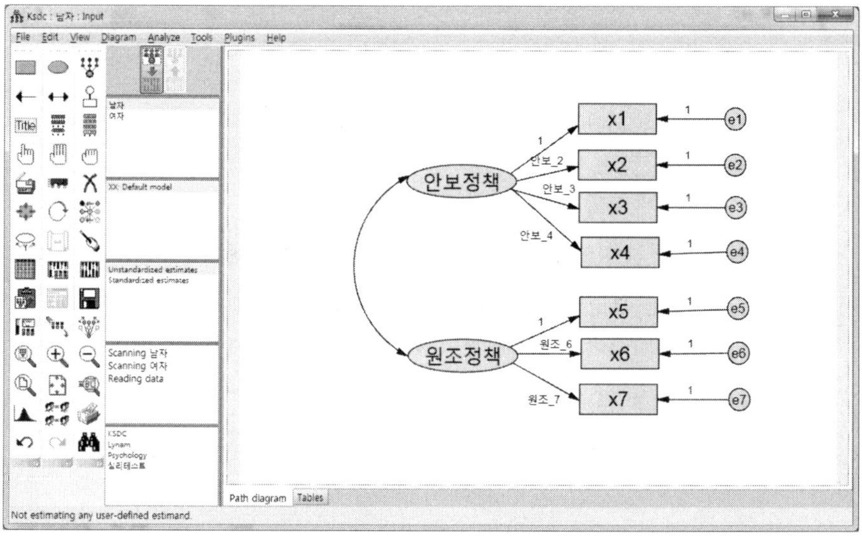

• **그림 10.35** • 요인계수 제약한 축소모형

그림 10.36는 그림 10.35에 있는 요인계수를 제약한 축소모형의 χ^2-통계량에 의한 적합도를 보여주고 있다.

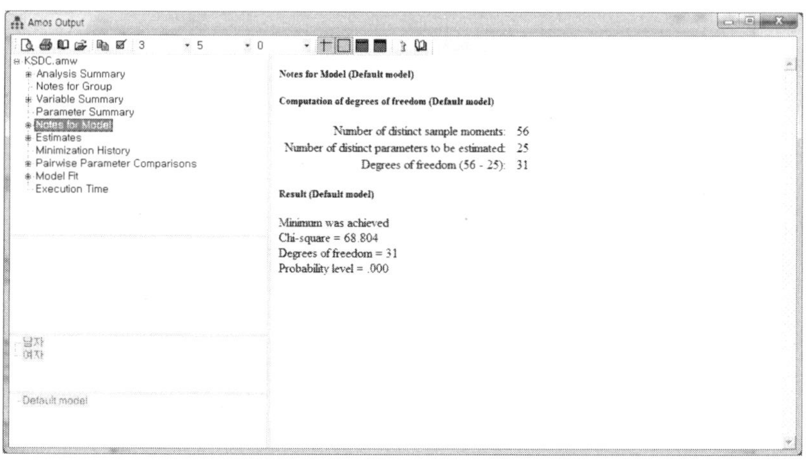

• **그림 10.36** • 요인계수 제약한 축소모형의 χ^2-통계량에 의한 적합도

그림 10.36으로부터 요인계수를 제약한 축소모형에서 얻어진 $\chi^2 = 68.804$, $df = 31$, $p = 0.000$이므로 모형이 적합하다고 할 수 없다.

그림 10.33으로부터 아무런 제약이 없는 완전모형에서 얻어진 $\chi^2 = 60.026$, $df = 26$, $p = 0.000$이다. 따라서 축소모형과 완전모형의 비교에서 χ^2-통계량 차이는 $\Delta\chi^2 = 8.778(=68.804-60.026)$이고 자유도의 차이는 $\Delta df = 5(=31-26)$이다.

유의수준 $\alpha = 0.05$에서 $\chi^2(5) = 11.07$이므로 $\Delta\chi^2 = 8.778 < \chi^2(5) = 11.07$이다. 따라서 통계적으로 축소모형과 완전모형은 같다고 할 수 있다. 즉, 두 집단 간 요인계수에는 유의한 차이가 없으므로 요인계수 동일성을 만족한다고 할 수 있다.

단계 2: 잠재변수의 분산-공분산 동일성

완전모형을 요인계수를 제약한 모형이라고 하고 축소모형을 잠재변수의 분산 및 공분산을 제약한 모형이라고 할 때 축소모형과 완전모형의 차이에 대한 검정을 통하여 집단 간 잠재변수의 분산-공분산 동일성을 검정하고자 한다.

잠재변수의 분산-공분산을 제약한 축소모형을 생성하기 위해 그림 10.37에서처럼 [All groups] 체크박스를 선택한 상태에서 분산 이름을 똑같이 지정한다.

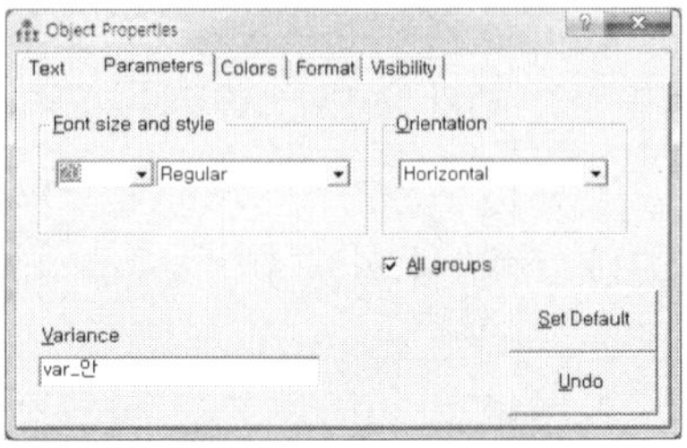

● 그림 10.37 ● 분산 이름 부여

잠재변수의 공분산 제약은 그림 10.38에서처럼 [All groups] 체크박스를 선택한 상태에서 공분산 이름을 똑같이 지정한다.

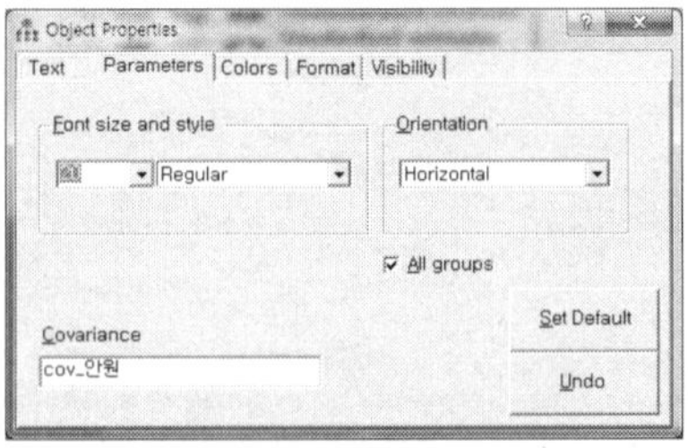

● 그림 10.38 ● 공분산 이름 부여

그림 10.39은 그림 10.35의 요인계수를 제약한 완전모형에 추가로 잠재변수의 분산 및 공분산을 제약한 축소모형에 대한 경로도형이다.

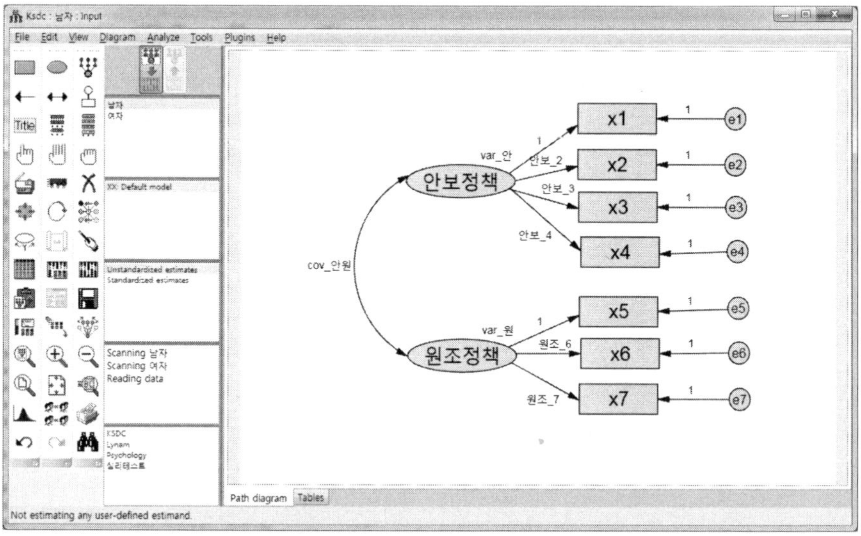

• **그림 10.39** • 분산-공분산 제약한 축소모형

그림 10.40는 그림 10.39의 축소모형에서 얻어진 χ^2-통계량에 의한 적합도 결과이다.

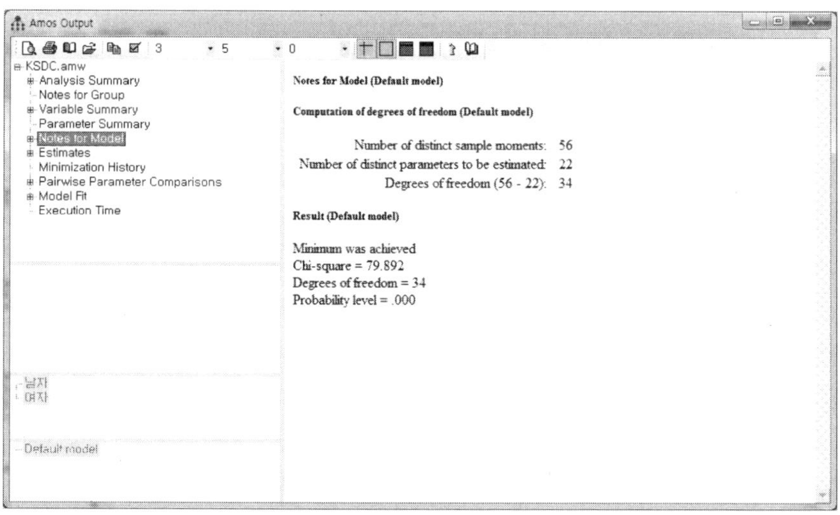

• **그림 10.40** • 분산 및 공분산을 제약한 축소모형의 χ^2-통계량에 의한 적합도

그림 10.40의 잠재변수의 분산 및 공분산을 제약한 축소모형에서 얻어진 $\chi^2 = 79.892$, $df = 34$이고 $p = 0.000$이다. 따라서 축소모형과 완전모형의 χ^2-통계량 차이는 $\Delta\chi^2 = 11.088(= 79.892 - 68.804)$이고 자유도의 차이는 $\Delta df = 3(= 34 - 31)$이다. 유의수준 $\alpha = 0.05$에서 $\chi^2(3) = 7.81$이므로 $\Delta\chi^2 = 11.088 > \chi^2(8) = 7.81$이다. 따

라서 유의수준 $\alpha = 0.05$에서 축소모형과 완전모형은 차이가 있다. 즉, 두 집단 간 잠재변수 분산 및 공분산은 차이가 있으므로 잠재변수의 분산-공분산 동일성은 만족한다고 볼 수 없다.

따라서 예제 10.2는 측정 동일성을 검정하는 3단계 중에서 단계 1인 요인계수의 동일성만 만족되고 단계 2인 잠재변수의 분산-공분산 동일성은 만족되지 않았다. 여기서는 단계 1인 요인계수의 동일성을 만족하면 측정 동일성이 만족된다는 가정하에 집단비교분석을 수행하고자 한다.

(3) 집단 비교 분석

지금부터 안보 및 원조정책의 의식조사에서 남자와 여자 간의 의식차이를 비교하고자 한다.

① 집단별 경로계수 분석

남자집단과 여자집단 각각의 집단에 대한 경로계수의 유의성을 조사하고자 한다. 집단별로 경로계수에 이름을 부여하기 위해, 먼저 그림 10.41과 같이 남자집단에 대해 요인계수에 이름을 부여한다.

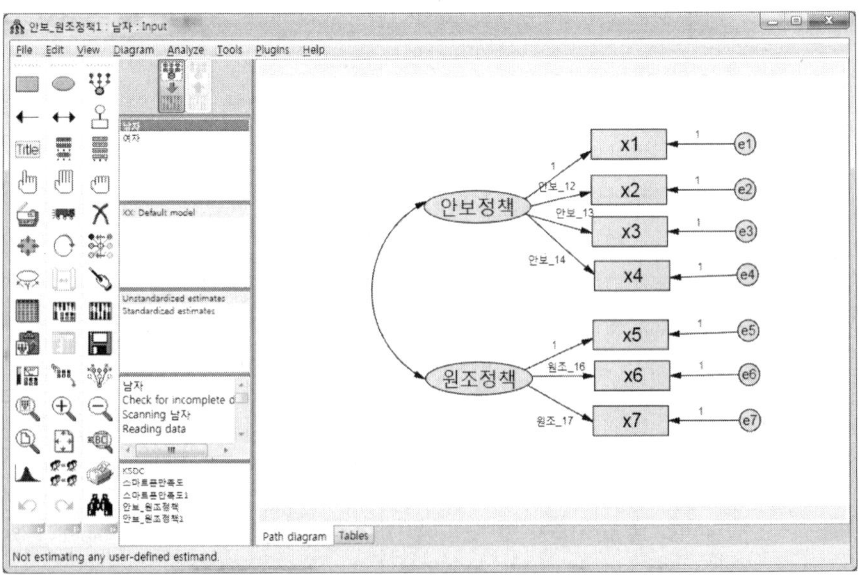

• **그림 10.41** • 남자집단 모형에서 요인계수를 제약한 모형

그림 10.42는 그림 10.41의 남자집단에 대해 요인계수에 이름을 부여한 모형을 실행한 결과이다.

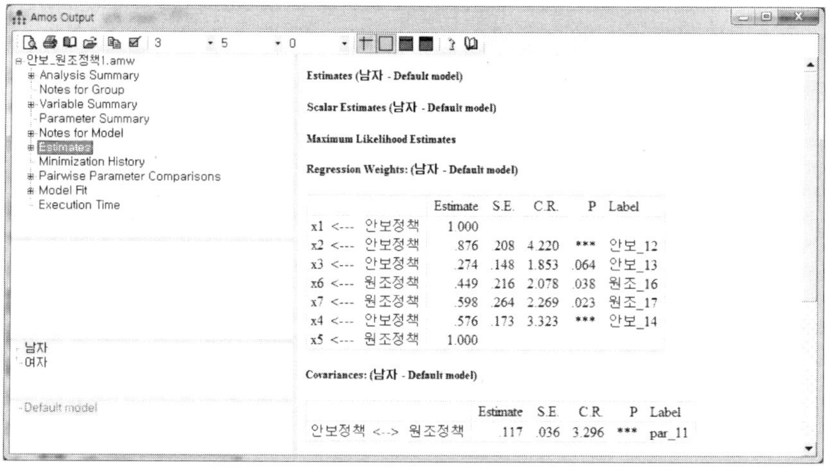

• **그림 10.42** • 남자집단 모형의 경로계수 추정치

그림 10.42로부터 남자집단에 대한 요인계수들을 보면, [x3 ← 안보정책] 경로의 유의확률은 $p = 0.064$로 유의수준 $\alpha = 0.05$에서 유의하지 않고, [x6 ← 원조정책] 경로의 유의확률 $p = 0.038$, [x7 ← 원조정책] 경로의 유의확률 $p = 0.023$로 둘 다 유의수준 $\alpha = 0.05$에서 유의하지만, 유의수준 $\alpha = 0.01$에서 유의하지 않음을 알 수 있다. 나머지 경로계수들에 대해서는 유의확률이 아주 작은 수치이므로 모두 유의함을 알 수 있다.

그림 10.43은 여자 집단에 대해 요인계수에 이름을 부여한 경로도형을 나타내고 있다.

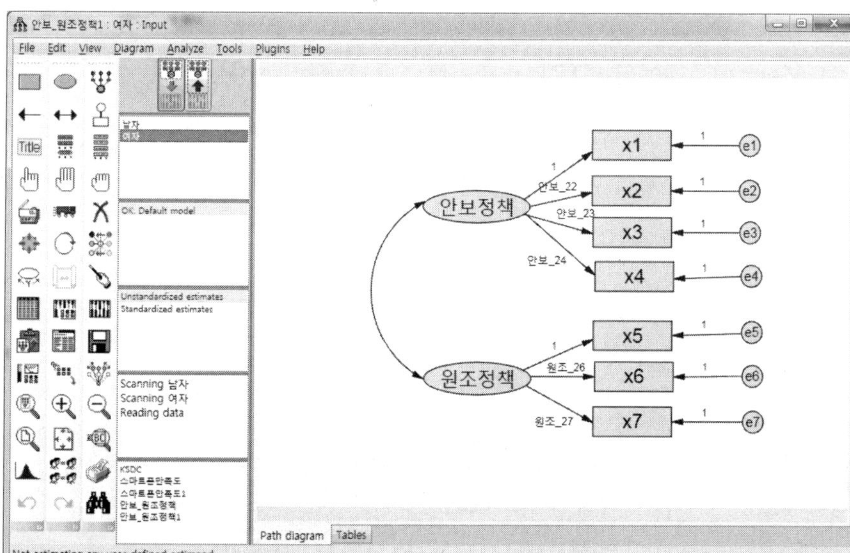

• **그림 10.43** • 여자집단 모형에서 요인계수를 제약한 모형

그림 10.44은 그림 10.43의 여자집단에 대해 요인계수에 이름을 부여한 모형을 실행한 결과이다.

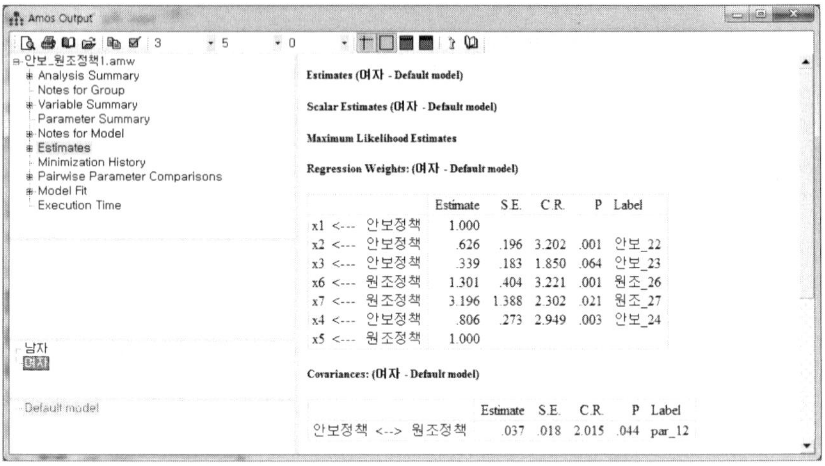

• **그림 10.44** • 여자집단 모형의 경로계수 추정치

그림 10.44로부터 여자집단에 대한 요인계수들은 유의확률이 아주 작은 수치이므로 모두 유의함을 알 수 있다.

② 대응별 모수비교

대응별 모수비교(pairwise parameter comparison)를 통해 두 집단 간 모수의 차이를 알 수 있다. 이를 위해 그림 10.45의 [Analysis Properties] 대화상자의 [Output] 탭에서 [Critical ratios for difference]를 선택한다.

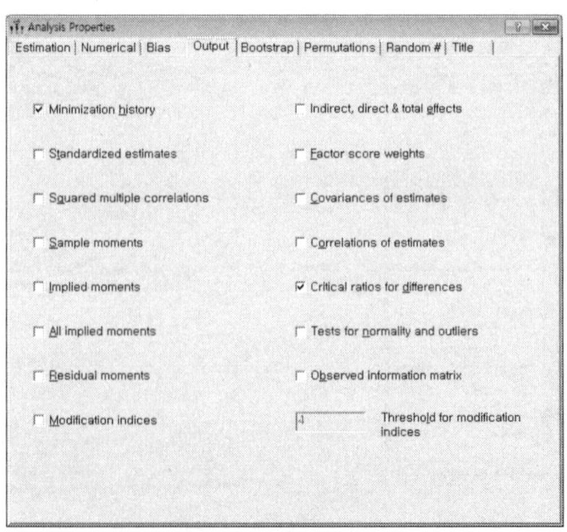

• **그림 10.45** • 대응별 모수비교

그림 10.46은 두 집단에서 모수 차에 대한 검정통계량 값을 기각비로 나타내고 있다.

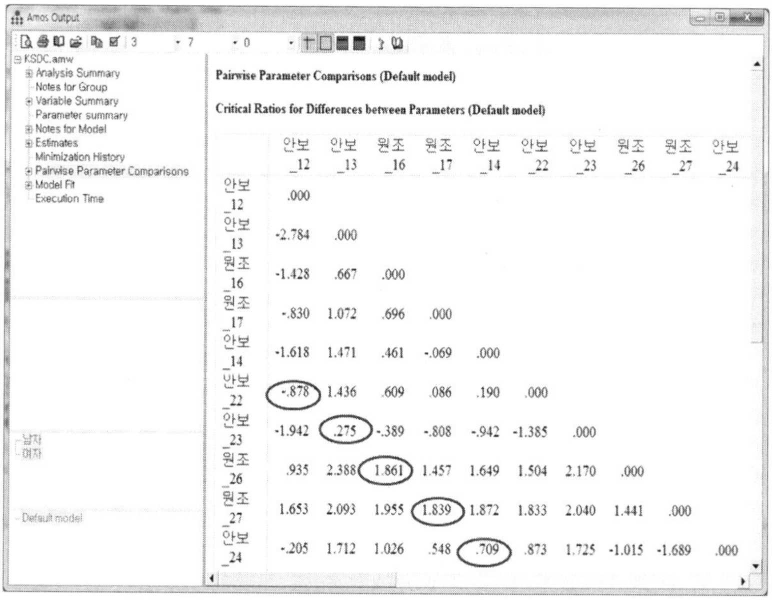

	안보_12	안보_13	원조_16	원조_17	안보_14	안보_22	안보_23	원조_26	원조_27	안보_24
안보_12	.000									
안보_13	-2.784	.000								
원조_16	-1.428	.667	.000							
원조_17	-.830	1.072	.696	.000						
안보_14	-1.618	1.471	.461	-.069	.000					
안보_22	-.878	1.436	.609	.086	.190	.000				
안보_23	-1.942	.275	-.389	-.808	-.942	-1.385	.000			
원조_26	.935	2.388	1.861	1.457	1.649	1.504	2.170	.000		
원조_27	1.653	2.093	1.955	1.839	1.872	1.833	2.040	1.441	.000	
안보_24	-.205	1.712	1.026	.548	.709	.873	1.725	-1.015	-1.689	.000

• **그림 10.46** • 두 집단의 모수 차에 대한 기각비

그림 10.46에서 두 집단 간 경로계수 차이에 대한 z-통계량 값은 -0.878, 0.275, 1.861, 1.839, 0.709이다. 유의수준 $\alpha = 0.05$에서는 검정통계량 값들이 모두 $z_{\alpha/2} = 1.96$보다 작으므로 두 집단 간 안보정책과 원조정책에서 의식차이가 없다고 할 수 있으나, 유의수준 $\alpha = 0.1$에서는 두 경로계수 "원조_16"과 "원조_26", 그리고 "원조_17"과 "원조_27"에서 검정통계량 값이 각각 1.861과 1.839로 모두 $z_{\alpha/2} = 1.645$보다 크므로 두 집단 간 원조정책의 문항 6과 문항 7에서는 의식차이가 있는 것으로 나타났다.

10.3 다중집단 경로분석

다중집단 경로분석은 집단 간 경로분석을 실시하는 것이다. AMOS에서 다중집단 경로분석을 어떻게 수행하는지 예제 10.3을 가지고 알아보고자 한다.

예제 10.3 Lynam 등(1993)의 청소년 비행에 대한 연구이다. 백인청소년과 흑인청소년을 대상으로 사회계층(social class: sc), 동기부여(motivation: mo), 언어능력(verbal ability: va), 학문성취(achievement: ac)와 청소년비행(delinquency: de)

에 대해 조사하였다.

사회계층, 동기부여, 언어능력은 학문성취와 인과관계가 있고, 학문성취는 청소년 비행과 인과관계가 있다는 가정하에서 백인청소년과 흑인청소년 간에 모형을 비교하고자 한다.

이 조사는 백인청소년 181명과 흑인청소년 214명을 대상으로 하였으며 데이터는 상관계수행렬로 주어졌다.

◉ AMOS에서 공분산행렬(혹은 상관계수행렬) 데이터 이용 방법

AMOS에서는 조사된 원데이터를 이용할 수도 있고 공분산행렬(혹은 상관계수행렬) 데이터를 이용할 수도 있다.

① 공분산행렬 데이터 이용하는 방법

첫줄에 rowtype_, varname_, 그리고 각각의 변수명을 적는다.
둘째줄에 n, (한 칸 띄우고), 데이터의 크기를 적는다.
셋째줄에 cov, 변수명, 공분산행렬값을 적는다.

② 상관계수행렬 데이터 이용하는 방법

첫줄에 rowtype_, varname_, 그리고 각각의 변수명을 적는다.
둘째줄에 n, (한 칸 띄우고), 데이터의 크기를 적는다.
셋째줄에 corr, 변수명, 상관계수행렬값을 적는다.
마지막 줄에 각 변수에 대한 표준편차를 적는다.

그림 10.47은 181명의 백인청소년에 대한 상관계수행렬 데이터이다.

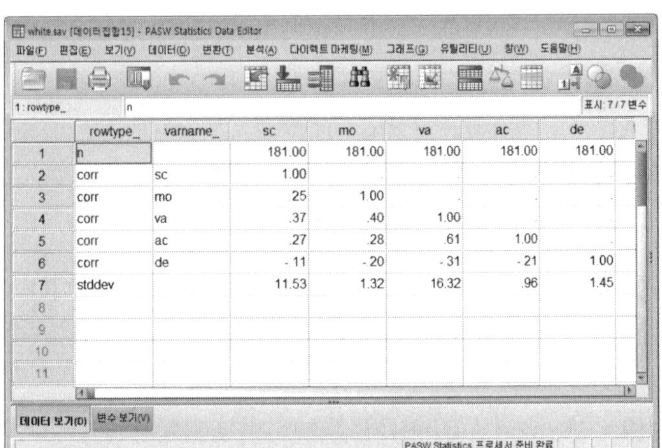

	rowtype_	varname_	sc	mo	va	ac	de
1	n		181.00	181.00	181.00	181.00	181.00
2	corr	sc	1.00				
3	corr	mo	.25	1.00			
4	corr	va	.37	.40	1.00		
5	corr	ac	.27	.28	.61	1.00	
6	corr	de	-.11	-.20	-.31	-.21	1.00
7	stddev		11.53	1.32	16.32	.96	1.45

• 그림 10.47 • 백인청소년에 대한 상관계수행렬 데이터("white.sav")

그림 10.48은 214명의 흑인청소년에 대한 상관계수행렬 데이터이다.

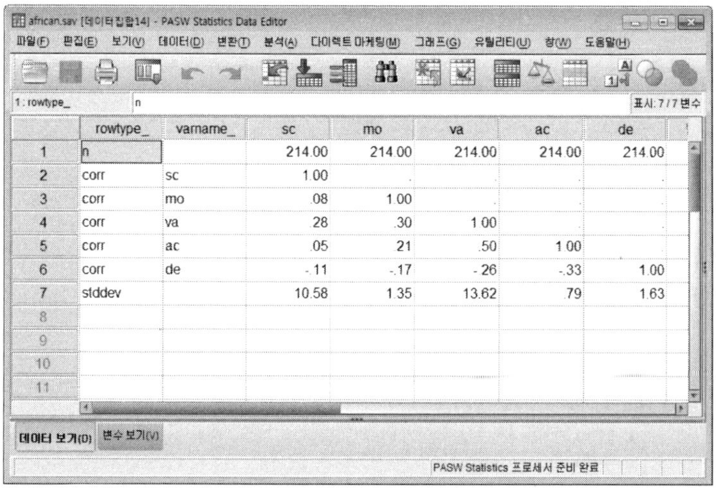

• **그림 10.48** • 흑인청소년에 대한 상관계수행렬 데이터("african.sav")

(1) 모형 작성

① 집단 이름 부여하기

[Analyze] → [Manage Groups] 메뉴를 선택하여 집단 이름을 입력한다. 여기서는 그림 10.49에서처럼 "백인" 이름을 부여한다.

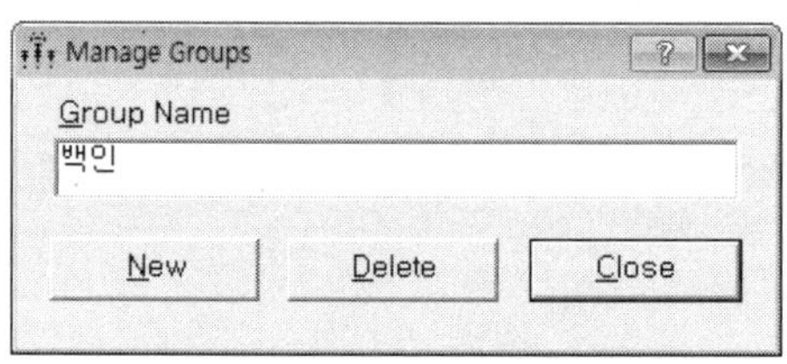

• **그림 10.49** • 집단 이름 입력

추가로 집단 이름을 입력하기 위해 [New] 버튼을 클릭한다. 여기서는 그림 10.50에서처럼 "흑인" 이름을 부여한다.

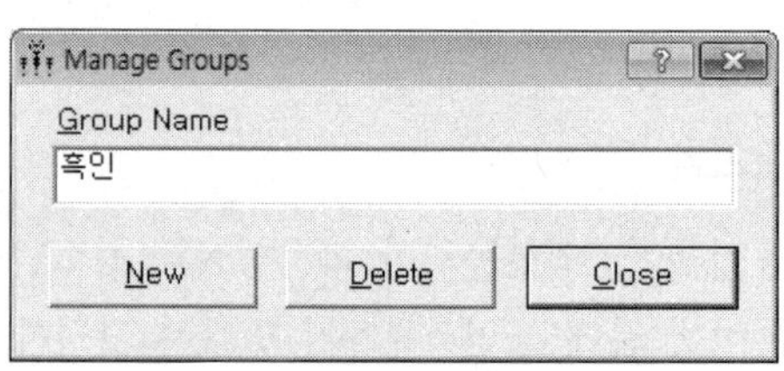

• **그림 10.50** • 집단 이름 입력

집단 이름을 모두 입력하였다면 [Close] 버튼을 클릭한다.

그림 10.51과 같이 집단관리창에 백인집단과 흑인집단이 새로 등록된 것을 알 수 있다.

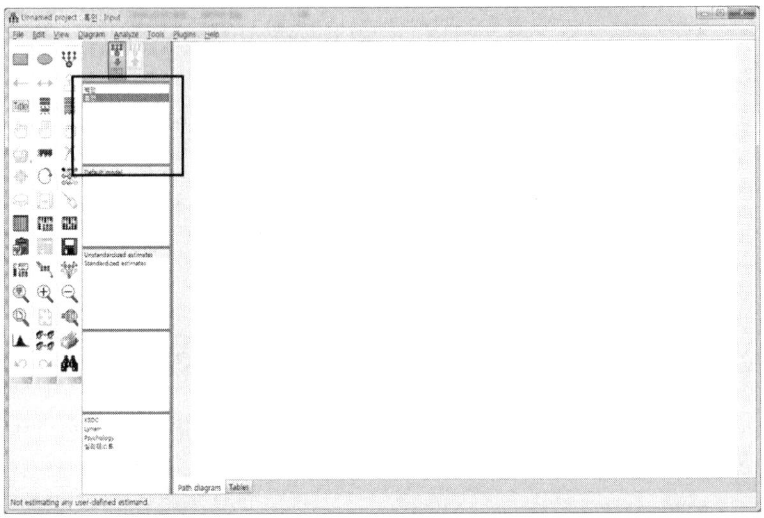

• 그림 10.51 • 집단관리창에 집단등록

② 데이터 파일 불러오기

[Files] → [Data Files] 메뉴를 선택하여 그림 10.52에서처럼 각 집단에 해당되는 데이터 파일을 지정한다.

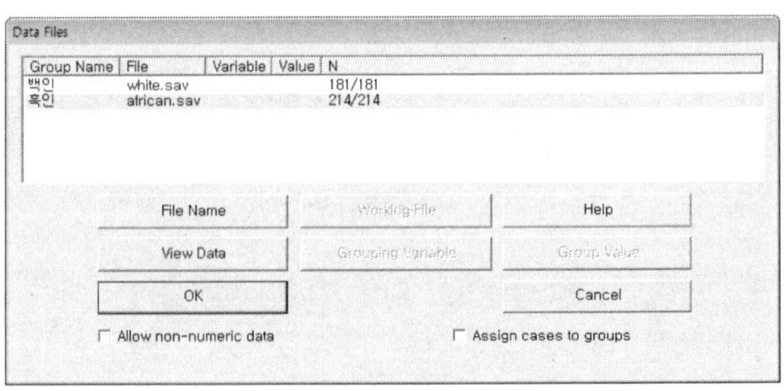

• 그림 10.52 • 데이터 파일 지정

③ 경로도형 그리기

사회계층, 동기부여, 언어능력이 학문성취와 청소년 비행에 인과관계가 있고 학문성취와 청소년 비행 간에도 인과관계가 있다는 가정하에서 경로도형은 그림 10.53과 같다.

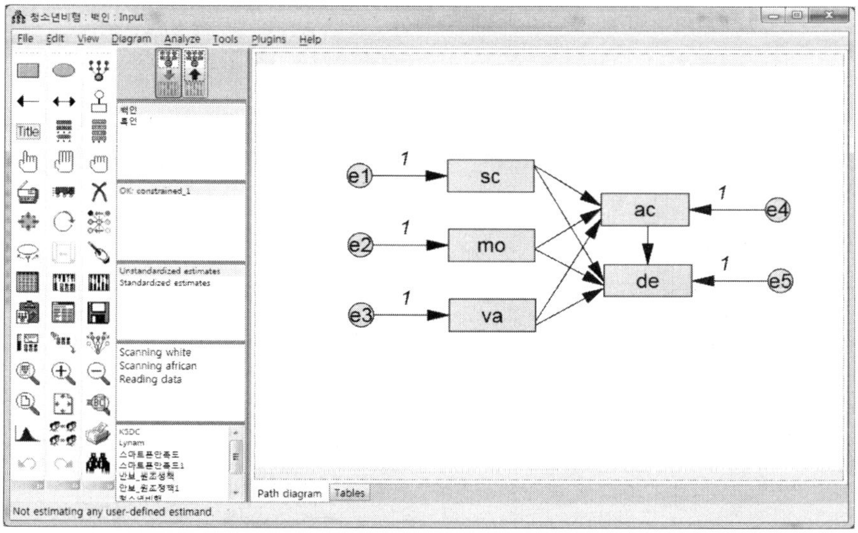

• **그림 10.53** • 연구모형에 대한 경로도형

(2) 측정 동일성검정

단계 1: 요인계수의 동일성

그림 10.53의 아무런 제약이 없는 모형, 즉 완전모형과 집단 간 요인계수를 제약한 모형, 즉 축소모형과의 비교를 통하여 집단 간 요인계수의 동일성을 검정하고자 한다.

먼저, 그림 10.54는 그림 10.53의 아무런 제약이 없는 완전모형에 대한 χ^2-통계량에 의한 적합도를 나타내고 있다.

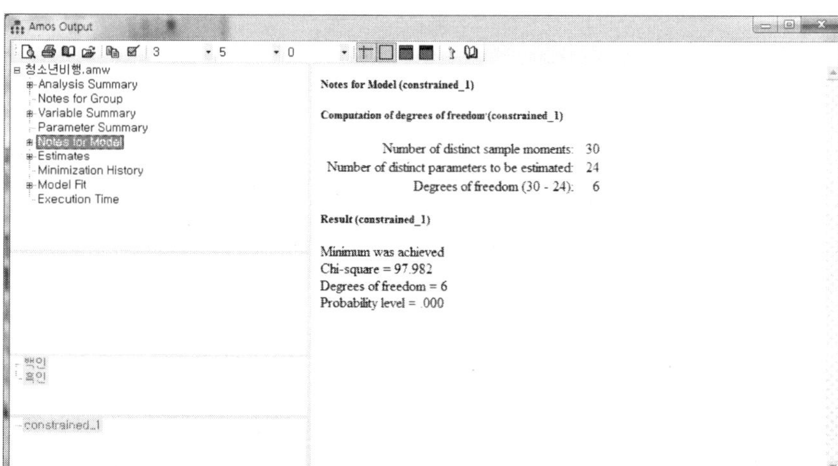

• **그림 10.54** • 아무런 제약이 없는 모형에 대한 χ^2-통계량에 의한 적합도

그림 10.53의 완전모형에 대한 적합도를 보면 $\chi^2 = 97.982$, $df = 6$이고 $p = 0.000$이므로 모형이 적합하지 않다. 그러나 데이터의 크기에 영향을 받으므로 다른 적합지수를 가지고 종합적으로 판단할 필요가 있다.

요인계수를 제약한 축소모형을 생성하기 위해 그림 10.55에서처럼 관측변수와 관측변수 간의 경로계수 이름을 똑같이 고정시킨다.

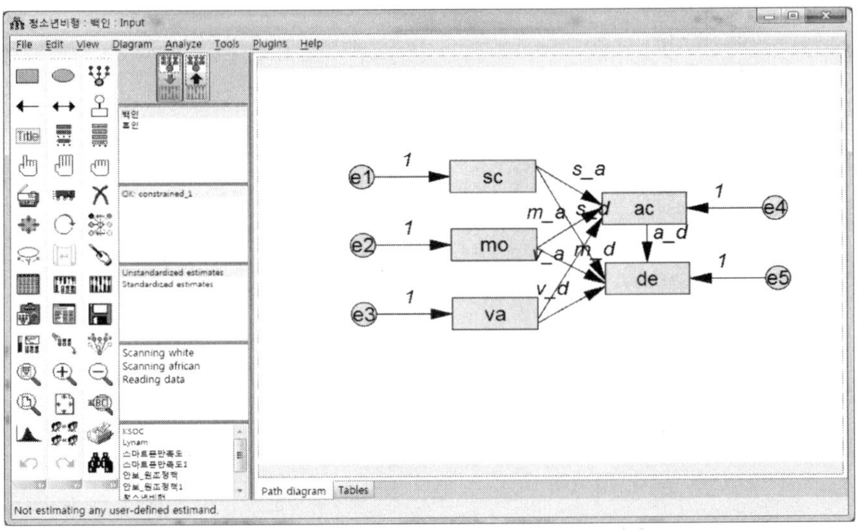

• **그림 10.55** • 요인계수를 제약한 축소모형

그림 10.56는 요인계수를 제약한 축소모형에 대한 χ^2-통계량에 의한 적합도를 보여주고 있다.

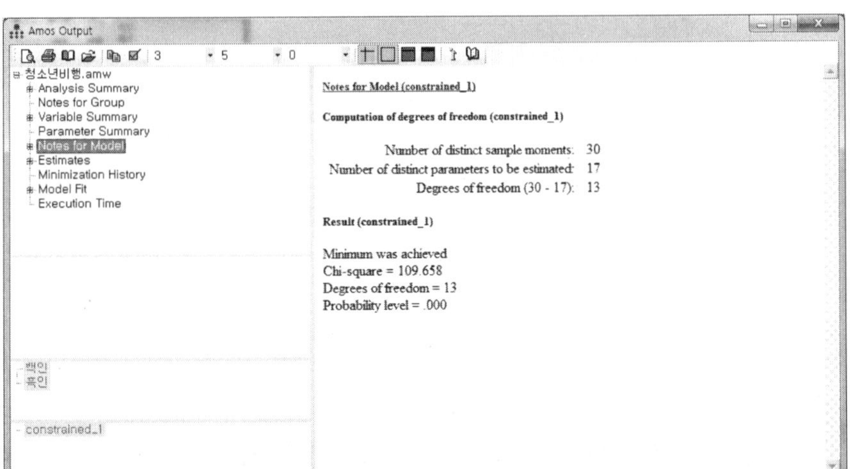

• **그림 10.56** • 요인계수를 제약한 축소모형에 대한 χ^2-통계량에 의한 적합도

그림 10.55의 요인계수를 제약한 축소모형의 적합도를 보면 $\chi^2 = 109.658$, $df = 13$이고 $p = 0.000$이므로 모형이 적합하다고 볼 수 없으나 여러 가지 적합지수들을 가지고 종합적으로 판단하여야 한다. 여기서는 모형이 적합하다는 가정하에서 측정동일성 검정을 수행하고자 한다.

다음은 그림 10.53의 완전모형과 그림 10.55의 축소모형과의 차이에 대해 검정하고자 한다.

그림 10.54와 그림 10.56으로부터 χ^2-통계량 차이를 보면 $\Delta\chi^2 = 11.676(= 109.658 - 97.982)$이고 자유도의 차이는 $\Delta df = 7(= 13 - 6)$이다. 유의수준 $\alpha = 0.05$에서 $\chi^2_\alpha(7) = 14.07$이므로 $\Delta\chi^2 = 11.676 < \chi^2_\alpha(7) = 14.07$이다. 두 모형 간 차이가 없으므로 두 집단 간 경로계수 동일성은 만족함을 알 수 있다.

단계 2: 잠재변수의 분산-공분산의 동일성

경로분석은 잠재변수를 사용하고 있지 않기 때문에 집단 간 잠재변수의 분산 및 공분산의 동일성은 검정할 수 없다.

단계 3: 오차분산의 동일성

요인계수를 제약한 모형, 즉 완전모형과 두 집단 간 오차항 분산을 제약한 모형, 즉 축소모형과의 차이를 통하여 두 집단 간 오차항 분산의 동일성을 검정하고자 한다.

그림 10.57은 그림 10.55의 요인계수를 제약한 경로도형에 추가로 오차항의 분산을 제약한 축소모형의 경로도형이다.

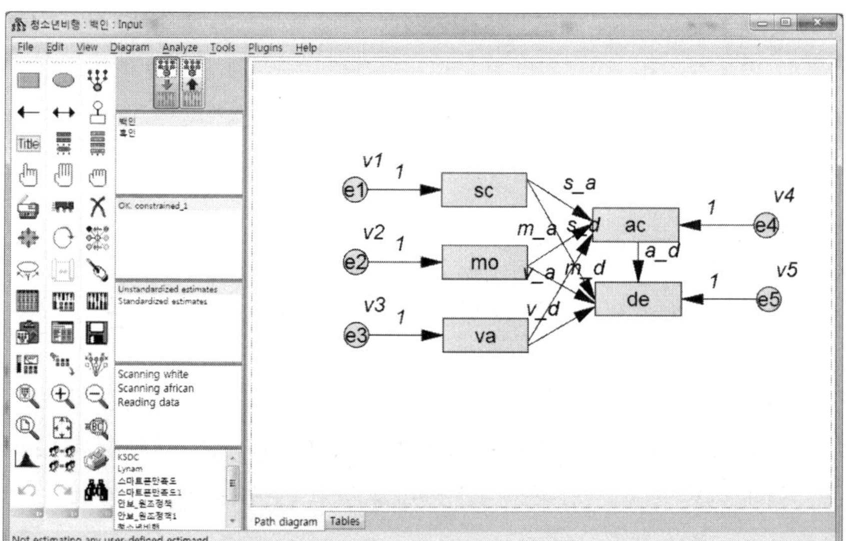

• 그림 10.57 • 오차항 분산을 제약한 축소모형

그림 10.58은 그림 10.57의 오차항 분산을 제약한 축소모형에 대한 χ^2-통계량에 의한 적합도 결과이다.

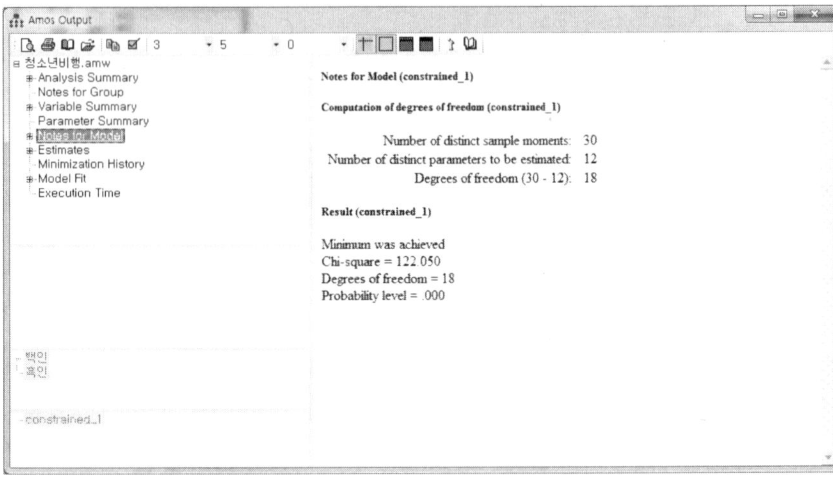

• **그림 10.58** • 오차항 분산을 제약한 축소모형에 대한 χ^2-통계량에 의한 적합도

그림 10.58로부터 오차항 분산을 제약한 축소모형하에서 얻어진 χ^2-통계량에 의한 적합도는 $\chi^2 = 122.050$, $df = 18$이고 $p = 0.000$이다. 따라서 오차항 분산을 제약한 축소모형과 경로계수 제약이 없는 완전모형의 χ^2-통계량 차이는 $\Delta\chi^2 = 12.392$ (= 122.050 − 109.658)이고 자유도의 차이는 $\Delta df = 5(=18-13)$이다. 유의수준 $\alpha = 0.05$에서 $\chi^2_\alpha(5) = 11.07$이므로 $\chi^2 = 12.392 > \chi^2_\alpha(5) = 11.0$이다. 두 모형 간 차이가 있으므로 두 집단 간 오차항 분산의 동일성은 만족하지 않음을 알 수 있다.

비록 두 집단 간 오차항 분산의 동일성은 만족하지 않지만 측정 동일성검정 중 가장 중요한 단계 1의 요인계수 동일성을 만족하므로 분석하고자 하는 집단 비교 분석을 하는 데에는 아무 문제가 없다.

(3) 집단 비교 분석

경로분석 모형에서 백인집단과 흑인집단 간 차이를 분석하고자 한다.

① 집단별 경로계수 분석

두 집단 간 비교에 앞서 집단별 경로계수의 유의성에 대해 살펴보고자 한다. 이를 위해 그림 10.59처럼 백인집단에 대해 경로계수 이름을 지정한다.

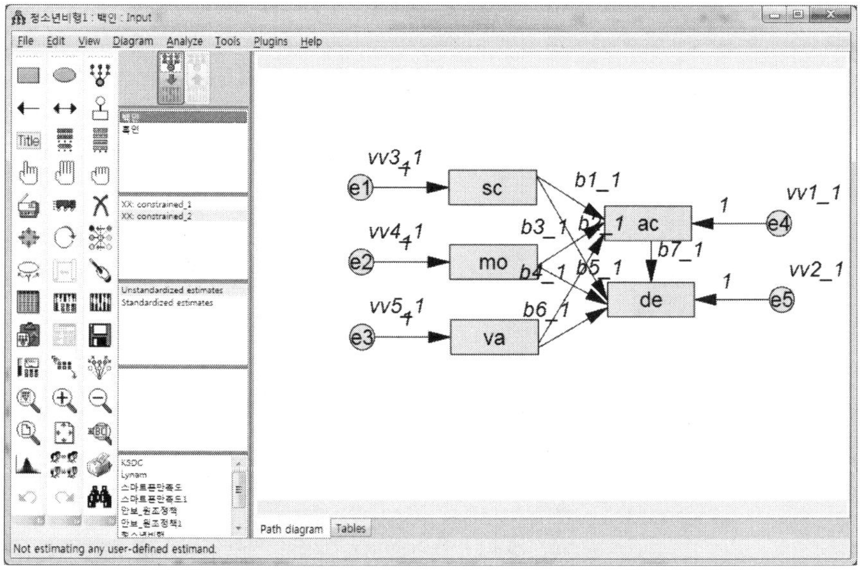

• **그림 10.59** • 백인집단 모형에서 경로계수 이름 지정

그림 10.60은 백인집단에 대한 경로계수에 대한 추정치를 보여주고 있다.

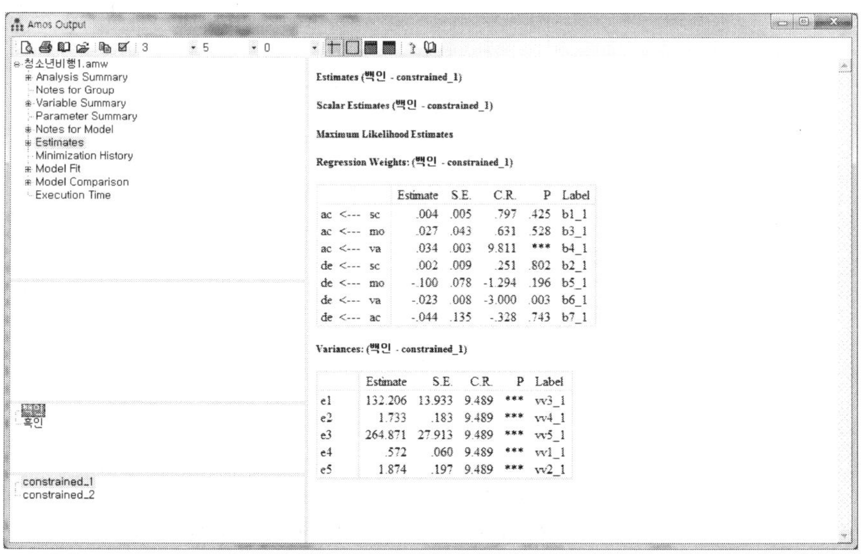

Estimates (백인 - constrained_1)

Scalar Estimates (백인 - constrained_1)

Maximum Likelihood Estimates

Regression Weights: (백인 - constrained_1)

	Estimate	S.E.	C.R.	P	Label
ac <--- sc	.004	.005	.797	.425	b1_1
ac <--- mo	.027	.043	.631	.528	b3_1
ac <--- va	.034	.003	9.811	***	b4_1
de <--- sc	.002	.009	.251	.802	b2_1
de <--- mo	-.100	.078	-1.294	.196	b5_1
de <--- va	-.023	.008	-3.000	.003	b6_1
de <--- ac	-.044	.135	-.328	.743	b7_1

Variances: (백인 - constrained_1)

	Estimate	S.E.	C.R.	P	Label
e1	132.206	13.933	9.489	***	vv3_1
e2	1.733	.183	9.489	***	vv4_1
e3	264.871	27.913	9.489	***	vv5_1
e4	.572	.060	9.489	***	vv1_1
e5	1.874	.197	9.489	***	vv2_1

• **그림 10.60** • 백인집단 모형에서 경로계수 추정치

그림 10.60으로부터 백인집단에서 [ac ← va] 경로, 즉 [학문성취 ← 언어능력] 경로계수와 [de ← va] 경로, 즉 [청소년 비행 ← 언어능력] 경로계수는 유의한 차이가 있다고 할 수 있다.

그림 10.61처럼 흑인집단에 대해 경로계수 이름을 지정한다.

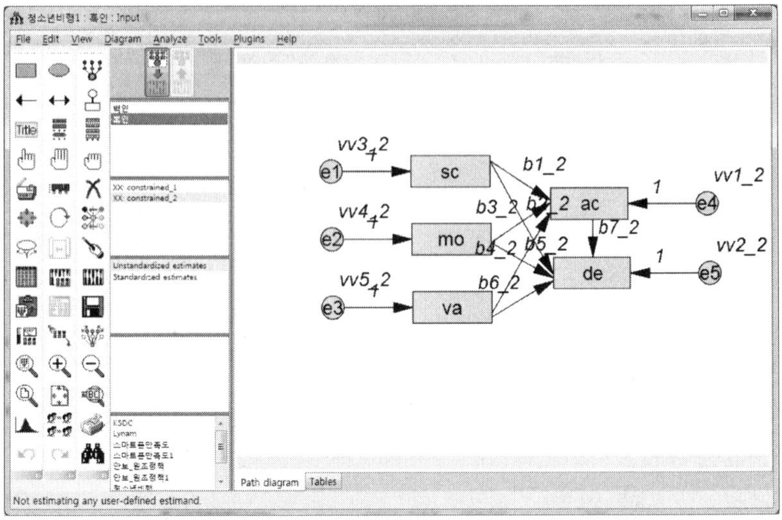

● **그림 10.61** ● 흑인집단 모형에서 경로계수 이름 지정

그림 10.62는 흑인집단에 대한 경로계수에 대한 추정치를 보여주고 있다.

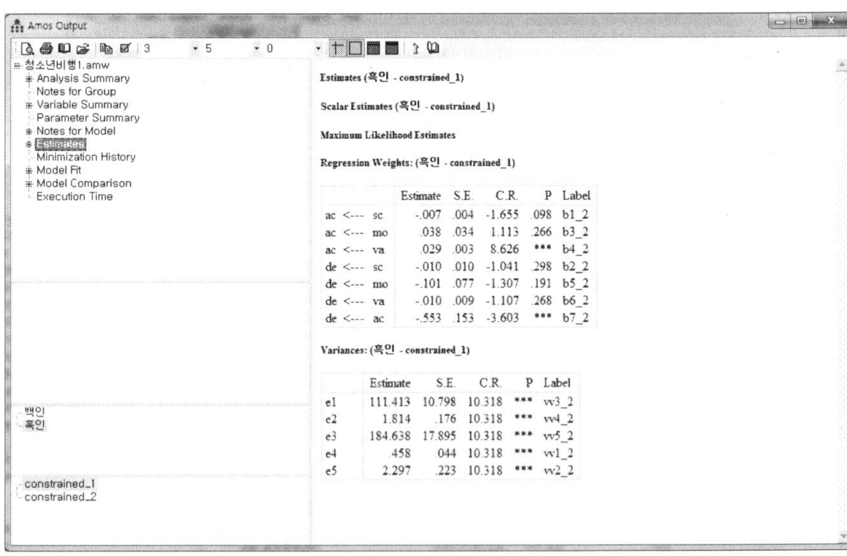

Estimates (흑인 - constrained_1)

Scalar Estimates (흑인 - constrained_1)

Maximum Likelihood Estimates

Regression Weights: (흑인 - constrained_1)

	Estimate	S.E.	C.R.	P	Label
ac <--- sc	-.007	.004	-1.655	.098	b1_2
ac <--- mo	.038	.034	1.113	.266	b3_2
ac <--- va	.029	.003	8.626	***	b4_2
de <--- sc	-.010	.010	-1.041	.298	b2_2
de <--- mo	-.101	.077	-1.307	.191	b5_2
de <--- va	-.010	.009	-1.107	.268	b6_2
de <--- ac	-.553	.153	-3.603	***	b7_2

Variances: (흑인 - constrained_1)

	Estimate	S.E.	C.R.	P	Label
e1	111.413	10.798	10.318	***	vv3_2
e2	1.814	.176	10.318	***	vv4_2
e3	184.638	17.895	10.318	***	vv5_2
e4	.458	.044	10.318	***	vv1_2
e5	2.297	.223	10.318	***	vv2_2

● **그림 10.62** ● 흑인집단 모형에서 경로계수 추정치

그림 10.62로부터 흑인집단에서는 2개의 경로계수에는 유의한 차이가 있다고 할 수 있다. [ac ← va] 경로, 즉 [학문성취 ← 언어능력] 경로와 [de ← ac] 경로, 즉 [청소년의 비행 ← 학문성취] 경로 간 경로계수는 유의한 차이가 있다고 할 수 있다.

② 대응별 모수비교

대응별 모수비교는 검정통계량인 기각비로 두 집단 간 모수 차이를 구할 수 있다. 이를 위해 그림 10.63과 같이 [View] → [Analysis Properties]에서 [Critical ratios for differences]를 선택한다.

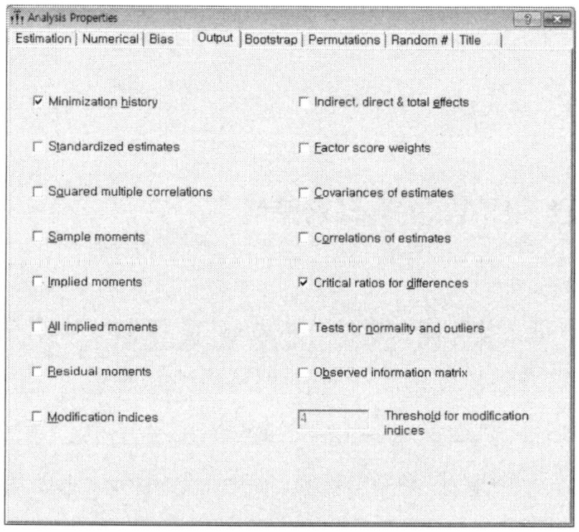

• 그림 10.63 • 대응별 모수비교

그림 10.64는 두 집단에서 모수 차에 대한 기각비를 보여주고 있다.

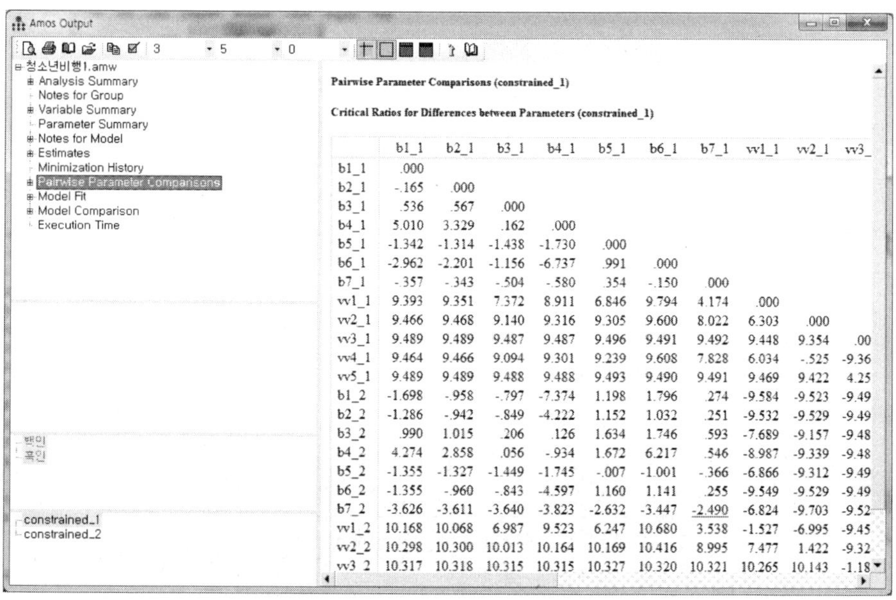

• 그림 10.64 • 두 집단의 모수 차에 대한 기각비

그림 10.64에서 보면 두 집단 간 [de ← ac], 즉 [청소년의 비행 ← 학문성취] 경로계수를 제외하고는 차이가 있다고 볼 수 없다. 여기서 [청소년의 비행 ← 학문성취] 경로계수 차에 대한 기각비는 $z = -2.490$이다. 유의수준 $\alpha = 0.05$에서 $|z| = 2.490 \geq z_{\alpha/2} = 1.96$이므로 이 경로 간에는 차이가 있다고 할 수 있다.

따라서 Lynam 등(1993)은 청소년 비행을 예방하기 위해서는 백인 청소년들보다 흑인 청소년들에게 학문성취를 위한 보다 많은 지원을 해야 한다고 주장하였다.

10.4 다중집단 구조방정식 모형분석

다중집단 구조방정식 모형분석은 집단 간 구조방정식 모형을 분석하는 것으로 다중집단 확인적 요인분석과 다중집단 경로분석을 포함한 일반적인 구조방정식 모형에서 집단 간 차이를 알고자 하는 경우 사용하는 분석이다. AMOS에서 다중집단 구조방정식 모형분석을 어떻게 수행하는지 예제 10.4를 가지고 알아보고자 한다.

예제 10.4 다음은 2013년 스마트폰의 “외관”, “유용성”, “편의성”, “구매의도”, “구전의도”에 대해 조사한 자료이다. 표 10.3의 설문을 통해 총 326명(남 138명, 여 187명)에 대한 자료를 얻었다. 여기서 성별에 따른 스마트폰 만족도 차이에 대해 알아보고자 한다.

표 10.3 스마트폰 만족도에 대한 설문 문항

설문 문항		매우 아니다	아니다	보통이다	그렇다	매우 그렇다
외관	제품의 모양이 처음에 보았을 때 사고 싶은 마음이 드는 모습이다.	①	②	③	④	⑤
	누가 보더라도 제품의 외관이 매력있다.	①	②	③	④	⑤
	시간이 어느 정도 지나더라도 유행을 타지 않을 디자인이다.	①	②	③	④	⑤
유용성	이 제품은 나에게 아주 유용할 것이다.	①	②	③	④	⑤
	지금은 아니더라도 가지고 있으면 반드시 유용하게 사용될 것이다.	①	②	③	④	⑤
	이 제품은 나뿐만 아니고 다른 사람에게도 유용하게 사용될 것이다.	①	②	③	④	⑤

설문 문항		매우 아니다	아니다	보통이다	그렇다	매우 그렇다
편의성	내가 이 제품을 가지고 있는 이유는 편리해서이다.	①	②	③	④	⑤
	이 제품의 편리함은 국내에서만이 아니라 외국에서도 느낄 것이다.	①	②	③	④	⑤
	이 제품의 가장 큰 장점은 사용이 편리하다는 것이다.	①	②	③	④	⑤
구매의도	제품의 전체적인 효용을 고려했을 때, 사고 싶은 생각이 든다.	①	②	③	④	⑤
	사용도가 많을 것 같아 구매하고 싶다.	①	②	③	④	⑤
	약정기간이 끝나면 바로 구매할 것이다.	①	②	③	④	⑤
구전의도	나는 이 제품을 가장 가까운 사람에게 추천할 것이다.	①	②	③	④	⑤
	나는 지인에게 이 제품을 구매하도록 권유할 것이다.	①	②	③	④	⑤
	다른 제품이 있더라도 이 제품에 대한 설명을 하고 싶어질 것 같다.	①	②	③	④	⑤

지금까지 다중집단분석에서 데이터는 예제 10.1, 10.2, 10.3에서처럼 각각의 집단에 대한 데이터 파일을 가지고 수행하였다. 여기서는 집단에 대한 데이터 파일 구분 없이 하나의 파일을 가지고 처리하고자 한다.

그림 10.65는 SPSS에서 입력한 325명에 대한 스마트폰 만족도 자료의 일부이다.

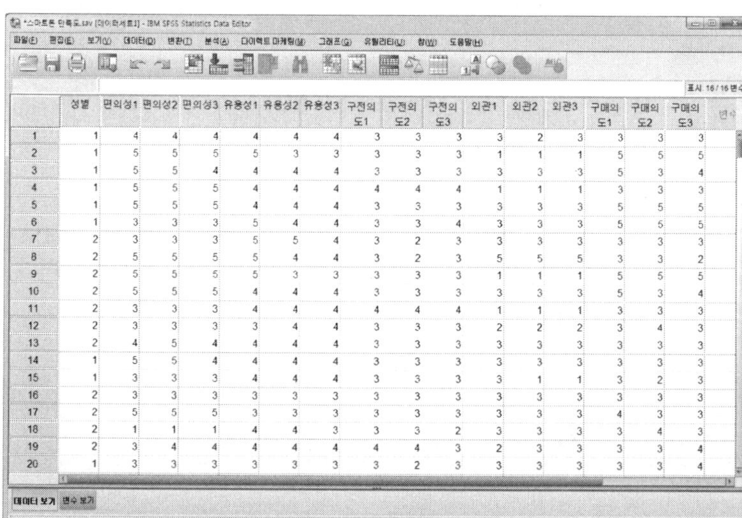

• 그림 10.65 • 스마트폰 만족도 데이터("스마트폰만족도.sav")

그림 10.65의 데이터의 "성별" 변수에서 알 수 있듯이 남자와 여자에 대한 자료가 하나의 파일에 들어 있음을 알 수 있다. 여기서 "1"은 남자, "2"는 여자를 나타낸다.

(1) 모형 작성

① 집단 이름 부여하기

[Analyze] → [Manage Groups] 메뉴를 선택하여 집단이름을 입력한다. 그림 10.66은 [Manage Groups] 대화상자에서 "Group Name"에 "남자"를 입력한다.

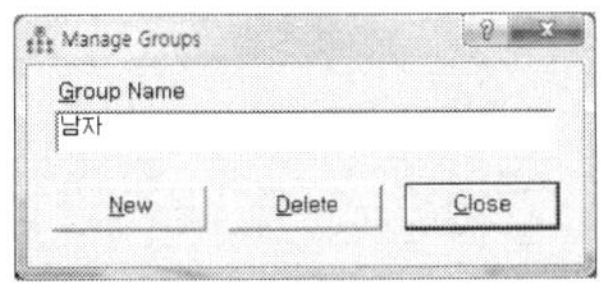

• **그림 10.66** • 남자집단 이름 부여

그림 10.66의 [New] 버튼을 클릭하여 다른 집단이름을 입력한다. 그림 10.67은 [Manage Groups] 대화상자에서 "Group Name"에 "여자"를 입력한다.

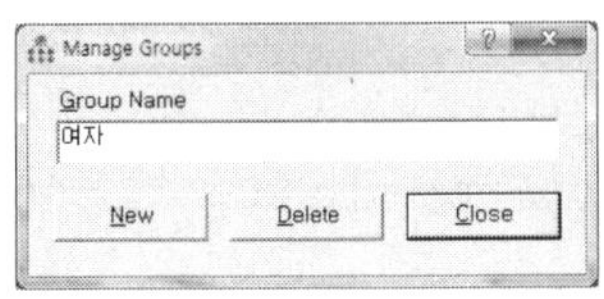

• **그림 10.67** • 여자집단 이름 부여

그림 10.67의 [Close] 버튼을 클릭하여 대화상자를 닫는다. 그림 10.68과 같이 집단관리창에 "남자"와 "여자" 집단이 새로 등록된 것을 알 수 있다.

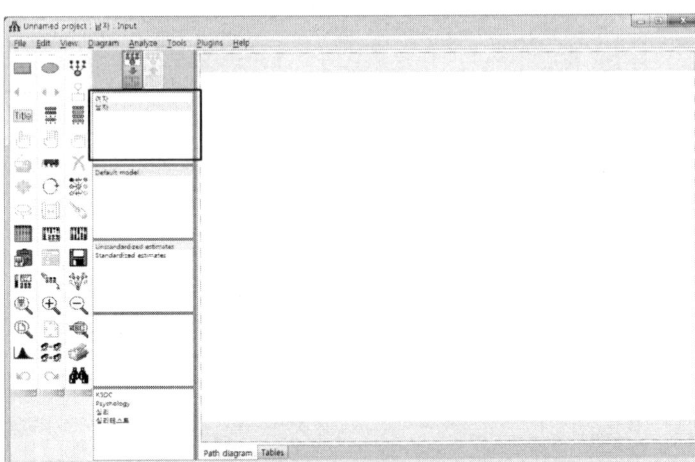

• **그림 10.68** • 집단관리창에 집단등록 확인

② **데이터 파일 불러오기**

[File] → [Data Files] 메뉴를 클릭하면 그림 10.69와 같은 Data Files 대화상자가 열린다.

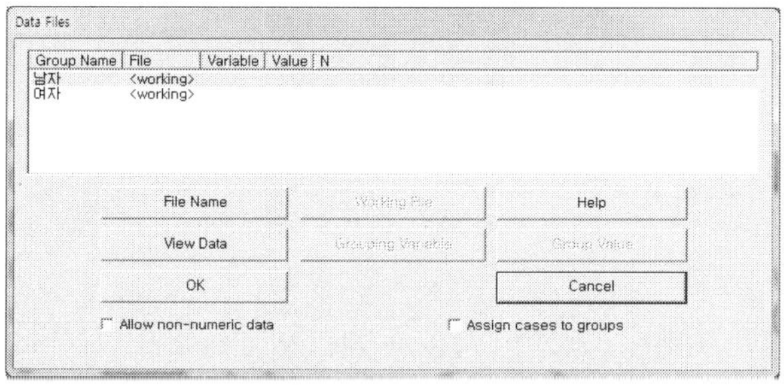

• **그림 10.69** • Data Files 대화상자

그림 10.69의 대화상자를 보면 맨 위에 [Group Name], [File], [Variable], [Value], [N] 탭이 있다. [Group Name] 탭에서 "남자"를 선택한 후 [File Name] 버튼을 클릭하여 파일을 지정한다. 그리고 [Grouping Variable] 버튼을 클릭하여 그림 10.70에서처럼 집단을 나타내는 변수를 선택한다.

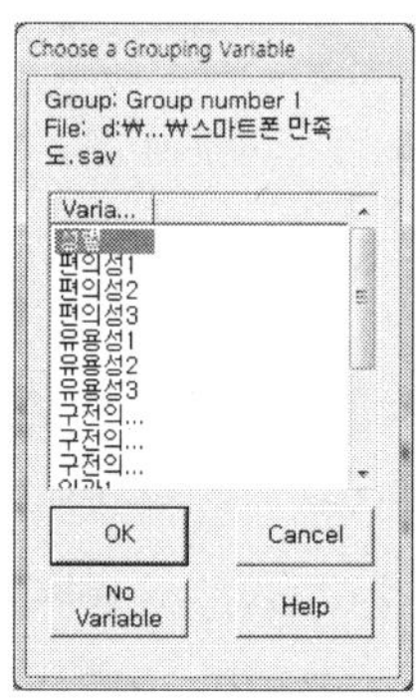

• **그림 10.70** • 변수선택

그림 10.70에서 "성별"을 선택한 후 [OK] 버튼을 클릭하면 그림 10.71과 같은 Data Files 대화상자가 나타난다.

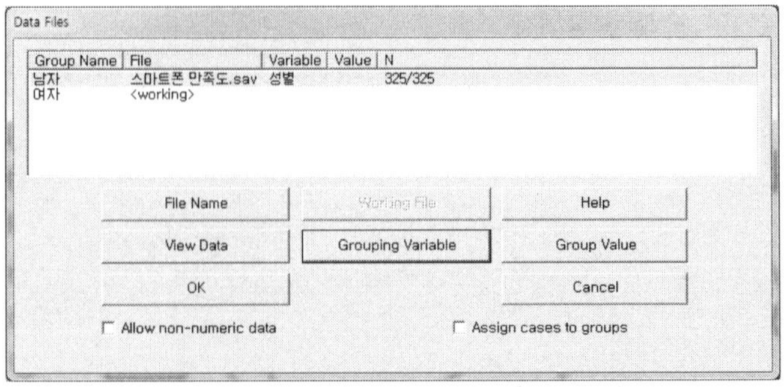

● 그림 10.71 ● Data Files 대화상자

그림 10.71에서 [Group Value] 버튼을 클릭하여 각각의 집단을 나타내는 값을 선택한다.

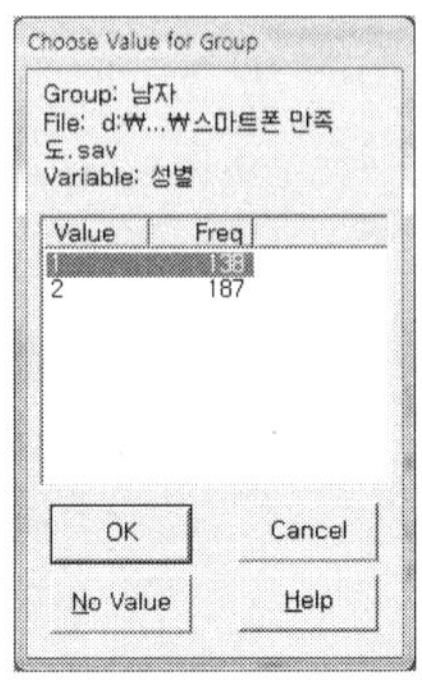

● 그림 10.72 ● Choose Value for Group 대화상자

그림 10.72에서처럼 남자는 "1"로 표시하였으므로 "1"을 선택한 후 [OK] 버튼을 클릭한다. 여기서 "138"은 남자의 빈도를 나타낸다. 지금까지는 남자집단에 대하여 파일 지정과 집단변수 선택 그리고 집단을 나타내는 값을 선택하였다. 여자집단에 대해서도 위와 똑같은 방법에 의해 선택하면 그림 10.73과 같다.

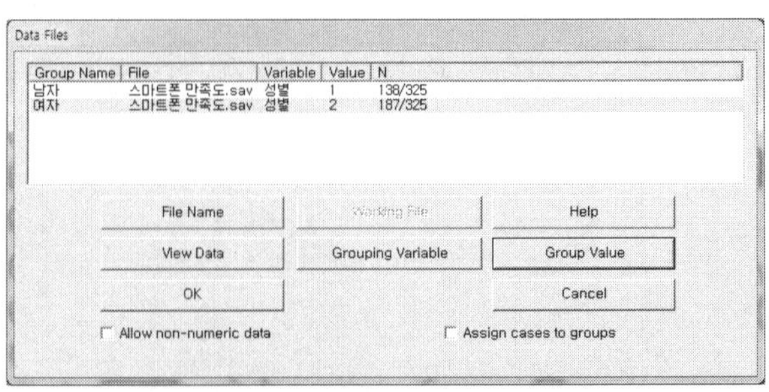

● 그림 10.73 ● Data Files 대화상자

그림 10.73의 Data Files 대화상자에서 보면 하나의 데이터 “스마트폰만족도.sav”에는 총 325명 중 남자가 138명, 여자가 187명임을 알 수 있다.

③ 경로도형 그리기

예제 10.4의 스마트폰 만족도 조사에서 스마트폰의 “외관”, “편의성”, “유용성”은 “구매의도”에 영향을 미치고 이것은 “구전의도”에 영향을 미칠 수 있음으로 이에 대한 인과관계를 경로도형으로 나타내면 그림 10.74와 같다.

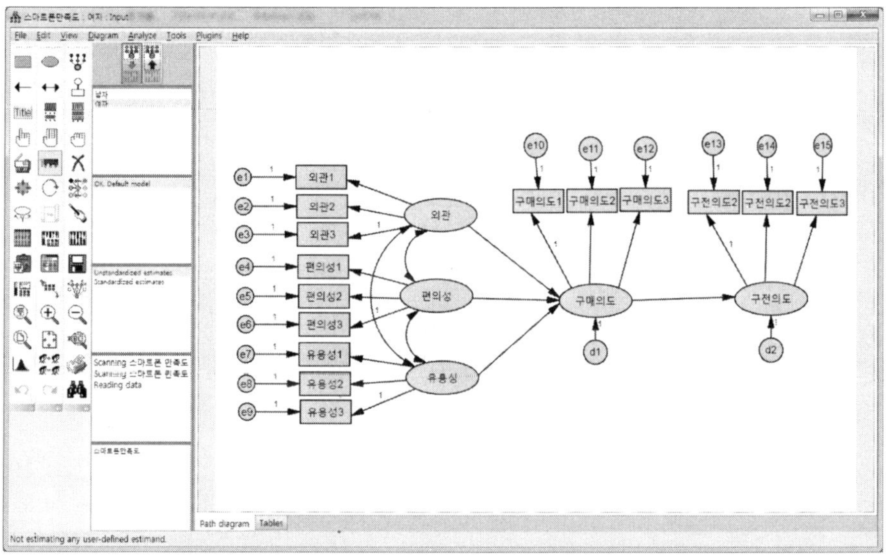

● **그림 10.74** ● 연구모형에 대한 경로도형

그림 10.75는 그림 10.74의 연구모형에 대한 χ^2-통계량에 의한 적합도를 나타내고 있다.

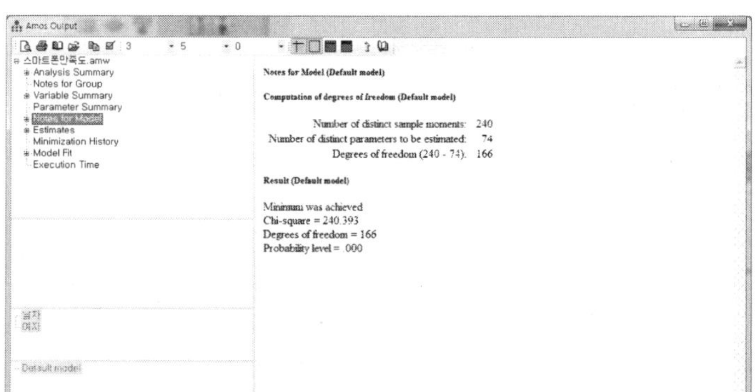

● **그림 10.75** ● 연구모형에 대한 χ^2-통계량에 의한 적합도

(2) 측정 동일성검정

단계 1: 요인계수의 동일성

두 집단 간 요인계수의 동일성검정을 위해 2개의 내포모형을 생각한다. 첫 번째 모형은 그림 10.74의 모형, 즉 완전모형이라고 간주하고, 두 번째 모형은 이 모형에 추가적으로 집단 간 요인계수를 똑같이 제약한 모형, 즉 축소모형이라고 간주하여 축소모형과 완전모형의 χ^2-차이 검정을 수행하고자 한다.

먼저, 그림 10.76과 같은 요인계수를 제약한 축소모형을 생성하기 위해 그림 10.74의 모형에서 여러 경로계수 이름을 두 집단에 똑같이 고정시킨다.

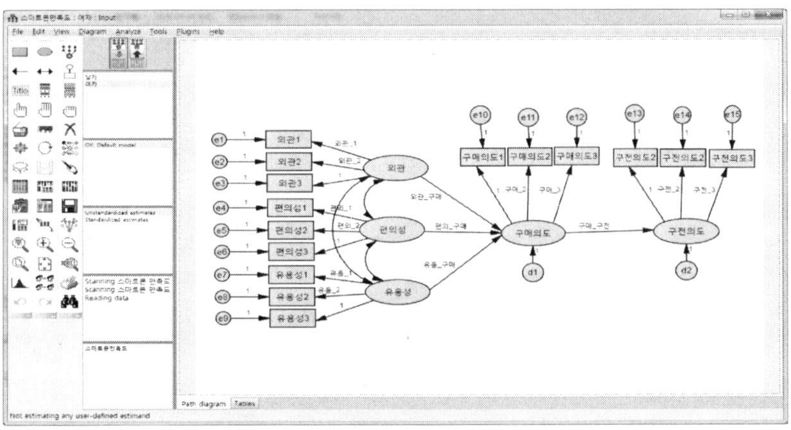

• **그림 10.76** • 요인계수 제약한 축소모형

그림 10.77은 그림 10.76의 요인계수를 제약한 축소모형에 대한 χ^2-통계량에 의한 적합도를 나타내고 있다.

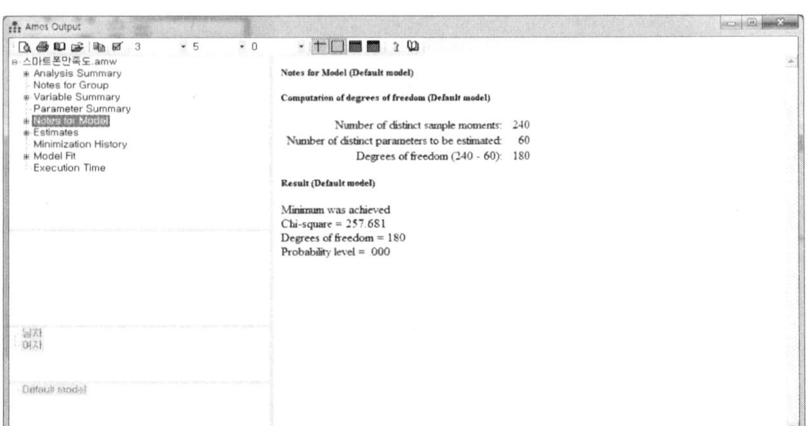

• **그림 10.77** • 축소모형에 대한 χ^2-통계량에 의한 적합도

다음은 완전모형과 축소모형에서 χ^2-통계량에 의한 적합도를 가지고 χ^2-차이 검정을 하고자 한다. 그림 10.76의 축소모형에서 χ^2-통계량에 의한 적합도는 $\chi^2 = 257.681$, $df = 180$이고 $p = 0.000$이다. 그림 10.74의 완전모형에 대한 χ^2-통계량에 의한 적합도는 $\chi^2 = 240.393$, $df = 166$, $p = 0.000$이다. 따라서 축소모형과 완전모형의 χ^2-통계량 차이를 보면 $\Delta\chi^2 = 17.288(= 257.681 - 240.393)$이고 자유도의 차이는 $\Delta df = 14(= 180 - 166)$이다. 유의수준 $\alpha = 0.05$에서 $\chi^2_\alpha(14) = 23.68$이므로 $\Delta\chi^2 = 17.288 < \chi^2_\alpha(14) = 23.68$이다. 따라서 두 모형 간에는 통계적으로 유의한 차이가 없다고 할 수 있다. 즉, 두 집단 간 요인계수에는 유의한 차이가 없으므로, 두 집단 간의 요인계수는 동일성을 만족한다고 할 수 있다.

단계 2: 잠재변수의 분산-공분산의 동일성

두 집단 간 잠재변수의 분산-공분산 동일성을 위해 2개의 내포모형을 생각한다. 첫 번째 모형은 단계 1에서 집단 간 요인계수를 똑같이 제약한 축소모형, 여기서는 완전모형으로 간주하고, 두 번째 모형은 이 모형에 추가적으로 잠재변수의 분산-공분산을 제약한 모형, 여기서는 축소모형으로 간주하여 축소모형과 완전모형의 χ^2-차이 검정을 수행하고자 한다.

먼저, 잠재변수의 분산-공분산을 제약한 축소모형을 그림 10.78과 같이 생성한다.

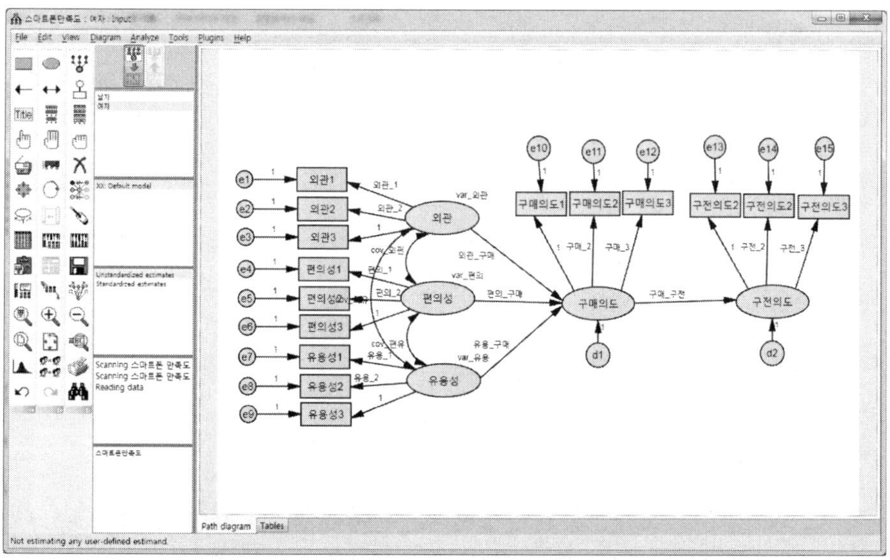

• 그림 10.78 • 잠재변수의 분산-공분산 제약한 축소모형

그림 10.78에서 보면 잠재변수 "외관", "편의성", "유용성"의 분산을 각각 "var_외관", "var_편의", "var_유용"이고, 공분산을 각각 "cov_외편", "cov_편유", "cov_외유"라고 지정한 것을 알 수 있다.

그림 10.79는 그림 10.78의 잠재변수의 분산-공분산을 제약한 축소모형에 대한 χ^2-통계량에 의한 적합도를 나타내고 있다.

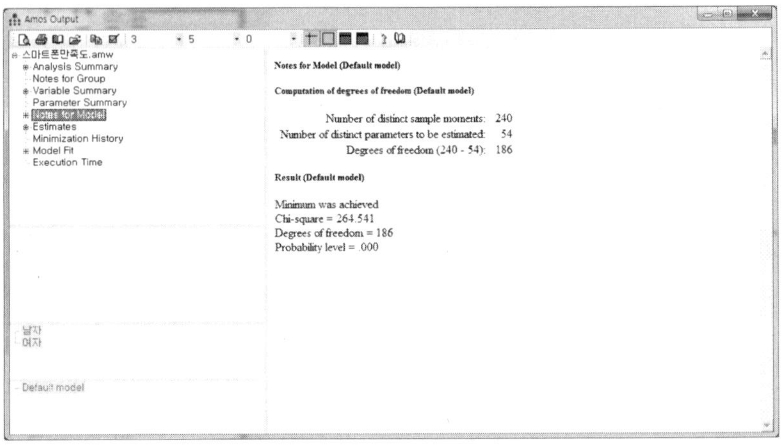

• 그림 10.79 • 축소모형에 대한 χ^2-통계량에 의한 적합도

그림 10.79로부터 잠재변수의 분산 및 공분산을 제약한 축소모형에서 얻어진 모형 적합도는 $\chi^2 = 264.541$, $df = 186, p = 0.000$이다. 그림 10.76의 완전모형에서 χ^2-통계량에 의한 적합도는 $\chi^2 = 257.681$, $df = 180$이고 $p = 0.000$이다. 따라서 축소모형과 완전모형의 χ^2-통계량 차이는 $\Delta\chi^2 = 6.86$(=264.541−257.681)이고 자유도의 차이는 $\Delta df = 6$(=186−180)이다. 유의수준 $\alpha = 0.05$에서 $\chi^2_\alpha(6) = 12.592$이므로 $\Delta\chi^2 = 6.86 < \chi^2_\alpha(6) = 12.592$이다.

따라서 두 모형 간에는 통계적으로 유의한 차이가 없다고 할 수 있다. 즉, 두 집단 간 잠재변수 분산 및 공분산은 차이가 없으므로 두 집단 간 잠재변수 분산-공분산 동일성을 만족한다고 할 수 있다.

단계 3: 오차분산의 동일성

두 집단 간 오차항 분산의 동일성을 위해 2개의 내포모형을 생각한다. 첫 번째 모형은 단계 2에서 잠재변수의 분산 및 공분산을 제약한 축소모형, 여기서는 완전모형으로 간주하고, 두 번째 모형은 이 모형에 추가적으로 오차항의 분산을 제약한 모형, 여기서는 축소모형으로 간주하여 축소모형과 완전모형의 χ^2-차이 검정을 수행하고자 한다.

먼저, 오차항의 분산을 제약한 축소모형을 그림 10.80과 같이 생성한다.

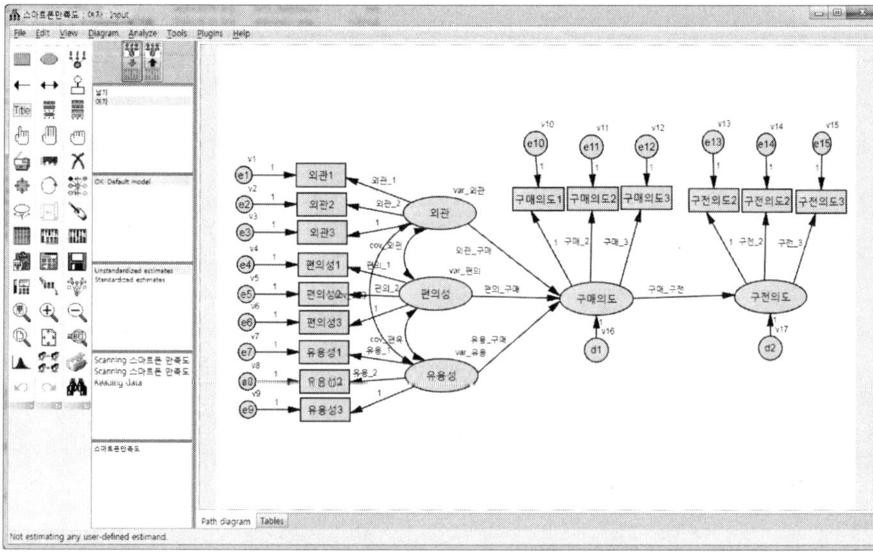

• **그림 10.80** • 오차분산 제약한 축소모형

그림 10.80의 축소모형으로부터 오차항의 분산이 v1 ~v17까지 지정된 것을 알 수 있다.

그림 10.81은 그림 10.80의 오차항의 분산을 제약한 축소모형에 대한 χ^2-통계량에 의한 적합도를 나타내고 있다.

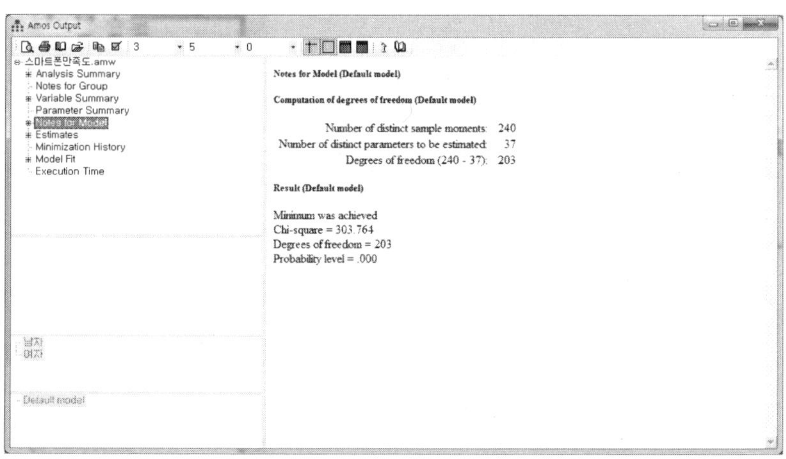

• **그림 10.81** • 오차분산을 제약한 축소모형의 χ^2-통계량에 의한 적합도

그림 10.81로부터 오차항의 분산을 제약한 축소모형으로부터 얻어진 적합도는 $\chi^2 = 303.764$, $df = 203$, $p = 0.000$이다. 그리고 그림 10.78로부터 완전모형에서

얻어진 모형적합도는 $\chi^2 = 264.541$, $df = 186$, $p = 0.000$이다. 따라서 축소모형과 완전모형의 χ^2-통계량 차이는 $\Delta\chi^2 = 39.223(= 303.764 - 264.541)$이고 자유도의 차이는 $\Delta df = 17(= 203 - 186)$이다. 유의수준 $\alpha = 0.05$에서 $\chi^2_\alpha(17) = 27.587$이므로 $\Delta\chi^2 = 39.223 > \chi^2_\alpha(17) = 27.587$이다.

따라서 두 모형 간에는 통계적으로 유의한 차이가 있다고 할 수 있으므로, 두 집단 간 오차분산의 동일성을 만족하지 않는다. 그러나 단계 1과 단계 2를 만족하기 때문에 측정 동일성을 만족한다는 가정하에 집단 비교 분석을 수행하고자 한다.

(3) 집단 비교 분석

그림 10.74의 연구모형에서 남자와 여자 간 휴대폰 만족도에서 차이를 분석하고자 한다. 두 집단 간 비교에 앞서 먼저 남자집단과 여자집단의 경로계수의 유의성에 대해 각각 살펴본 후 집단 간 비교를 수행하고자 한다.

① 집단별 경로계수 분석

남자집단에 대한 경로계수의 유의성을 살펴보고자 한다. 이를 위해 그림 10.82처럼 남자집단에 대한 경로계수 이름을 지정한다.

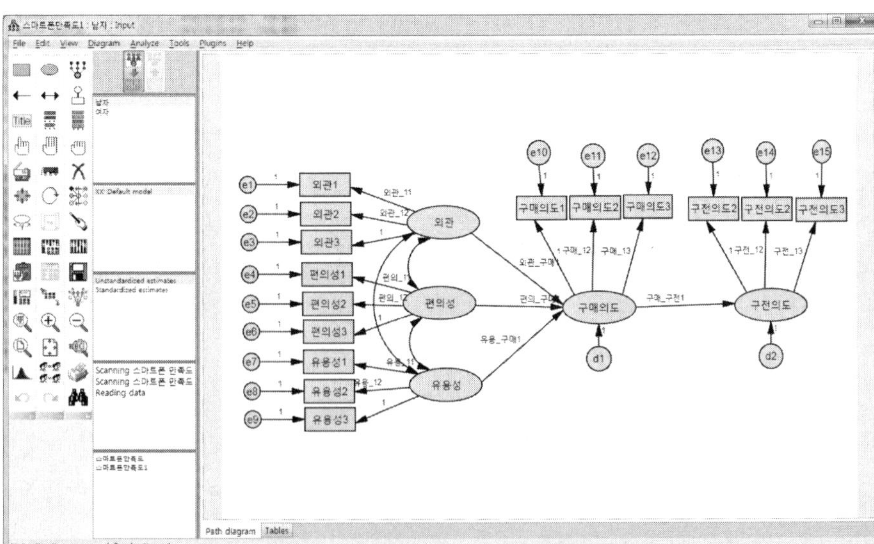

• 그림 10.82 • 남자집단 모형에서 경로계수 지정

그림 10.83은 그림 10.82의 남자집단 모형에 대한 경로계수의 추정치를 보여주고 있다.

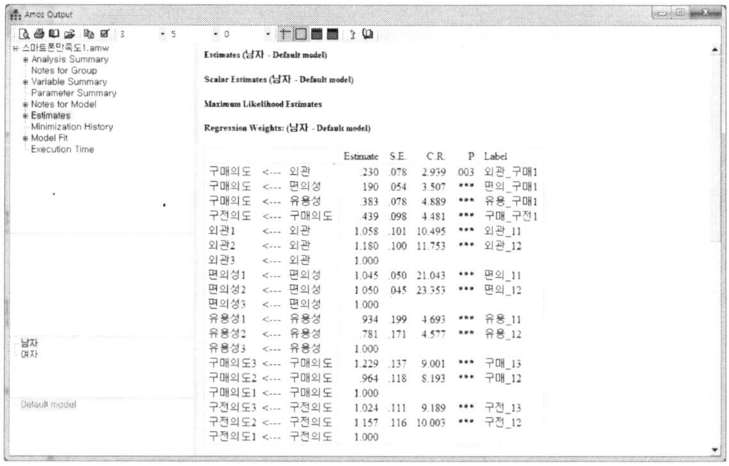
Estimates (남자 - Default model)

Scalar Estimates (남자 - Default model)

Maximum Likelihood Estimates

Regression Weights: (남자 - Default model)

			Estimate	S.E.	C.R.	P	Label
구매의도	<---	외관	.230	.078	2.939	.003	외관_구매1
구매의도	<---	편의성	.190	.054	3.507	***	편의_구매1
구매의도	<---	유용성	.383	.078	4.889	***	유용_구매1
구전의도	<---	구매의도	.439	.098	4.481	***	구매_구전1
외관1	<---	외관	1.058	.101	10.495	***	외관_11
외관2	<---	외관	1.180	.100	11.753	***	외관_12
외관3	<---	외관	1.000				
편의성1	<---	편의성	1.045	.050	21.043	***	편의_11
편의성2	<---	편의성	1.050	.045	23.353	***	편의_12
편의성3	<---	편의성	1.000				
유용성1	<---	유용성	.934	.199	4.693	***	유용_11
유용성2	<---	유용성	.781	.171	4.577	***	유용_12
유용성3	<---	유용성	1.000				
구매의도3	<---	구매의도	1.229	.137	9.001	***	구매_13
구매의도2	<---	구매의도	.964	.118	8.193	***	구매_12
구매의도1	<---	구매의도	1.000				
구전의도3	<---	구전의도	1.024	.111	9.189	***	구전_13
구전의도2	<---	구전의도	1.157	.116	10.003	***	구전_12
구전의도1	<---	구전의도	1.000				

• **그림 10.83** • 남자집단 모형에서 경로계수 추정치

그림 10.83으로부터 남자집단의 모든 경로계수에서 유의한 차이가 있다고 할 수 있다.

여자집단에 대한 경로계수의 유의성을 살펴보고자 한다. 이를 위해 그림 10.84처럼 여자집단에 대한 경로계수 이름을 지정한다.

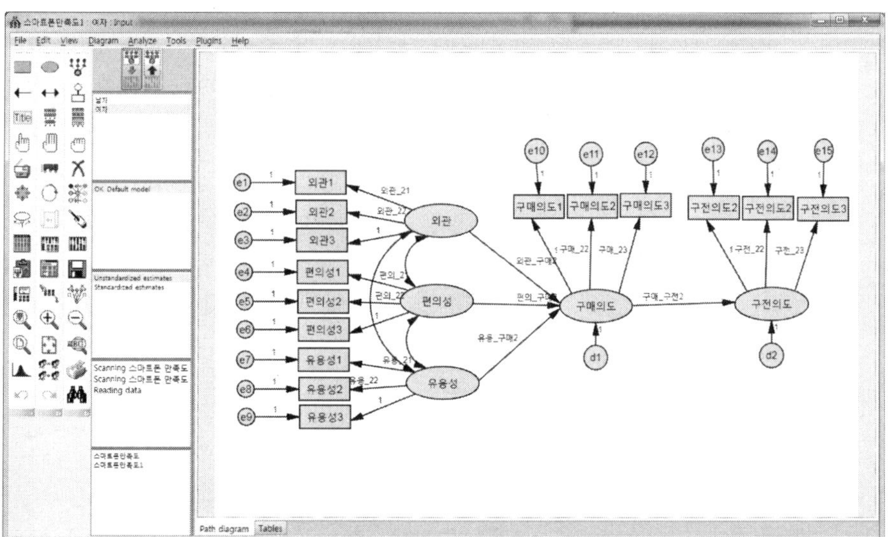

• **그림 10.84** • 여자집단 모형에서 경로계수 지정

그림 10.85는 그림 10.84의 여자집단 모형에 대한 경로계수 추정치를 보여주고 있다.

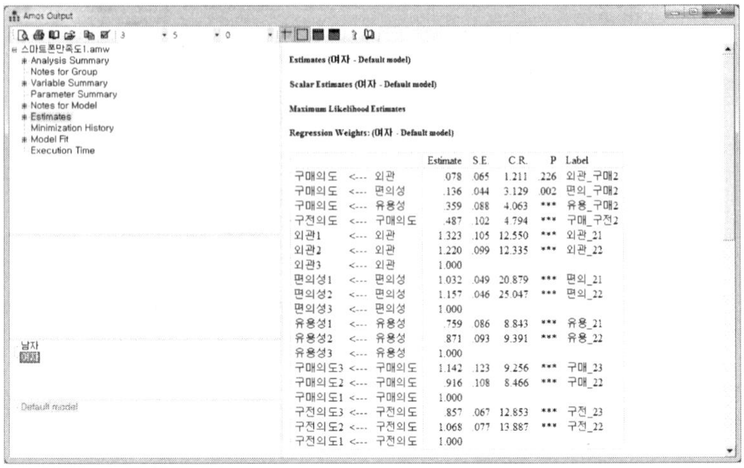

• 그림 10.85 • 여자집단 모형에서 경로계수 추정치

그림 10.85로부터 여자집단에서 [외관 → 구매의도] 경로를 제외하고 다른 경로계수에서 유의한 차이가 있다고 할 수 있다.

② **대응별 모수비교**

대응별 모수비교는 두 집단 간 모수 차이를 검정통계량인 기각비를 가지고 할 수 있다. 이를 위해 그림 10.86과 같이 [View] → [Analysis Properties]에서 [Critical ratios for differences]를 선택한다.

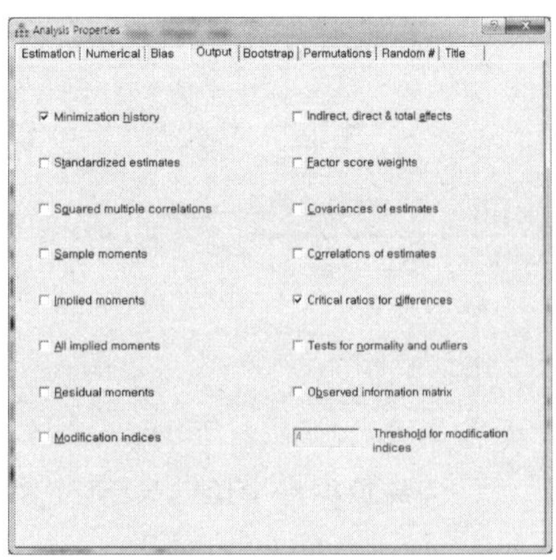

• 그림 10.86 • 대응별 모수비교

그림 10.87은 두 집단에서 모수 차에 대한 기각비를 보여주고 있다.

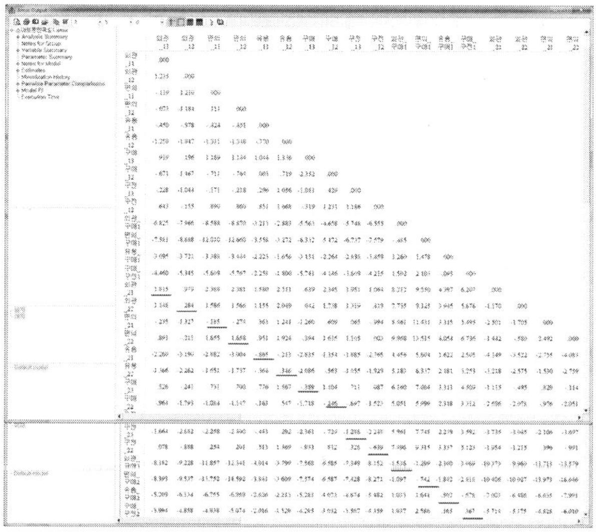

• 그림 10.87 • 두 집단의 모수 차에 대한 기각비

그림 10.87의 두 집단 간 경로계수 차이에 대한 z-통계량 값은 1.815, 0.284, 1.658, −0.185, 0.346, −0.865, −0.246, −0.389, −0.639, −1.286, −1.536, −0.742, −0.502, 0.367이다. 유의수준 $\alpha = 0.05$에서는 검정통계량 값들이 모두 $z_{\alpha/2} = 1.96$보다 작으므로 두 집단 간 경로계수에는 차이가 없다고 할 수 있으나 유의수준 $\alpha = 0.10$에서는 경로 [외관 → 외관1]에서 검정통계량 값이 1.815이고 경로 [편의성 → 편의성2]에서 검정통계량값이 1.658로 $z_{\alpha/2} = 1.645$보다 크므로 두 집단 간 외관1과 편의성2에 해당되는 항목에서 차이가 있다고 할 수 있다. 또한 검정통계량값이 양수이므로 남자가 여자보다 만족도가 더 높다는 것을 알 수 있다.

11장

잠재평균분석

11.1 잠재평균분석의 개념

일반 통계학에서 두 집단의 평균을 비교하는 경우에는 보통 t-검정을 사용하고, 세 개 이상의 집단에서 평균을 비교하는 경우에는 분산분석(analysis of variance: ANOVA)과 다변량 분산분석(multivariate analysis of variance: MANOVA) 등을 사용한다. 분산분석은 종속변수가 한 개이고 다변량 분산분석은 종속변수가 2개 이상인 경우에 사용한다.

일반 통계학의 t-검정, 분산분석, 다변량 분산분석 등은 집단 간 관측변수의 평균비교 방법인데 비해 잠재평균분석(latent mean analysis)은 집단 간 관측변수들로 구성된 잠재변수의 평균비교 방법이다.

일반 통계학의 t-검정, 분산분석, 다변량 분산분석 등을 이용하여 평균비교를 하는 경우 관측변수에 포함된 측정오차를 고려하지 않고 검정함으로써 검정 결과가 측정오차에 의해 영향을 받을 수 있다.

본 장에서는 구조방정식 모형을 통하여 측정오차를 고려한 관측변수들로 구성된 잠재변수의 평균비교를 하고자 한다. 기존의 통계적 방법들은 측정오차가 포함된 관측변수들의 평균비교인데 비해 잠재평균분석은 관측변수들 사이의 측정오차를 고려한 잠재변수 간 평균비교 방법이므로 기존의 방법보다 더 정확한 방법이라고 할 수 있다.

잠재평균분석을 위해서는 전제조건으로 측정 동일성(measurement equivalence) 혹은 측정 불변성(measurement invariance)을 만족해야 한다. 잠재평균분석에서 측정 동일성검정에는 형태 동일성(configural invariance, 형태 불변성), 매트릭 동일성(metric invariance, 매트릭 불변성), 절편 동일성(scalar invariance, 스칼라 불변성) 검정이 있다.

다음은 형태 동일성검정, 매트릭 동일성검정, 절편 동일성검정에 대해 설명하고자 한다.

① 형태 동일성검정

두 집단이 연구자가 설정한 모형의 형태가 동일한지를 검정한다. 여기서 모형의 형태란 각 집단 별 잠재변수의 개수, 관측변수의 개수를 포함한 형태 등을 말한다. 사실, 단순히 집단별 모형의 형태가 동일한지는 별도의 과정 없이 가시적으로 확인이 가능하기 때문에 여기서는 단지 모형이 적합한지만을 검정한다. 이를 위해 각 집단에 대해 모형의 적합도를 평가하여 각각 모형이 적합하면 형태 동일성이 만족되었다고 본다.

그러나 AMOS에서는 집단별로 모형의 경로계수 등을 제공하지만, 모형적합도만은 집단별로 제공하지 않고 두 집단에 대해 하나의 모형적합도를 제공한다. 따라서 대개는 편의상 두 집단에 대해 하나의 모형으로 형태 동일성을 검정하지만, 이 책에서는 정확한 검정을 위해 각각의 집단에 대해 모형적합도를 가지고 모형의 적합 여부를 판단한다.

② 매트릭 동일성검정

두 집단 간에 잠재변수별 요인 계수들이 동일한지를 검정한다. 이 검정은 10장의 다중집단분석에서 단계 1의 요인계수의 동일성검정과 동일하다. 이 검정은 두 개의 내포모형(nested model) 간의 모형비교를 통해 이루어진다. 형태 동일성 검정에서 사용된 아무런 제약이 없는 모형, 즉 완전모형과 잠재변수별 요인계수를 제약한 모형, 즉 축소모형의 χ^2-차이 검정(χ^2-difference test)을 통해 매트릭 동일성의 만족 여부를 판단한다.

③ 절편 동일성검정

두 집단 간에 측정변수의 절편(intercept)이 동일한지를 검정한다. 이를 위해 두 개의 내포모형(nested model) 간의 모형비교를 통해 이루어진다. 매트릭 동일성검정에 사용된 요인계수를 제약한 모형, 즉 완전모형과 절편을 제약한 모형, 즉 축소모형의 χ^2-차이 검정(χ^2-difference test)를 통해 절편 동일성의 만족 여부를 판단한다.

잠재평균분석의 선행조건인 측정 동일성(형태 동일성, 매트릭 동일성, 절편 동일성)이 만족되면 집단 간 잠재평균분석을 수행한다. 잠재평균분석은 비교하고자 하는 두 집단 중에서 한 집단을 참조집단으로 지정하고, 지정된 참조집단의 잠재평균을 "0"으로 고정한 상태에서 비교 집단의 잠재평균값으로 분석하는 방법이다.

11.2 예제를 이용한 AMOS 잠재평균분석

예제 11.1 예제 10.1에서 소개된 Holzinger and Swineford(1939)의 심리검사 자료에서 남학생과 여학생 간의 잠재평균분석을 수행하고자 한다. 표 11.1은 6개 심리검사 항목을 나타내고 있다.

• **표 11.1** • 6개 심리검사 항목

심리검사 항목	설명	비고
visperc	시각 인지 검사 점수	공간지각력 (spatial ability)
cubes	공간 인지 검사 점수 (정육면체 인지 점수)	
lozenges	공간 적응 검사 점수 (마름모 인지 점수)	
paragraph	문단 이해 검사 점수	언어능력 (verbal ability)
sentence	문장 완성 검사 점수	
wordmean	단어 뜻 검사 점수	

표 11.1에서 공간지각력은 관측변수 visperc, cubes, lozenges를 나타내는 잠재변수이고 언어능력은 관측변수 paragraph, sentence, wordmean을 나타내는 잠재변수이다.

그림 11.1과 그림 11.2는 각각 SPSS을 이용하여 입력한 남학생과 여학생의 심리검사 데이터의 일부이다.

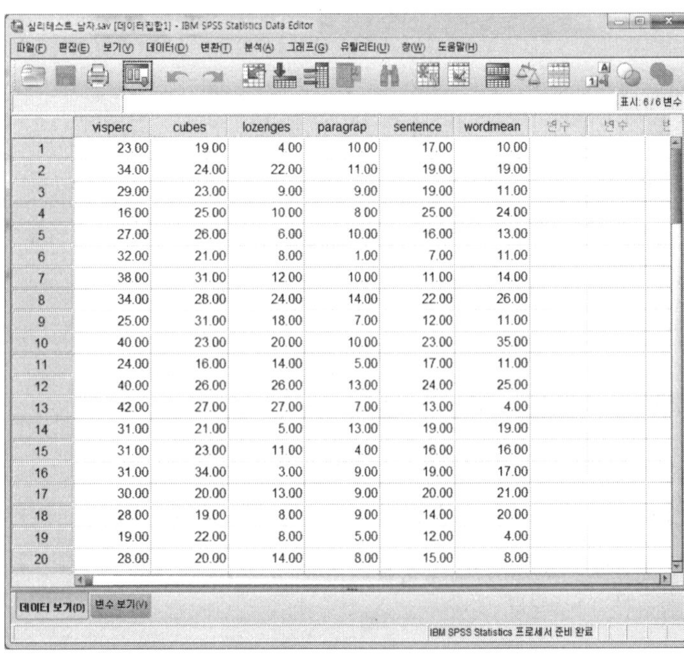

	visperc	cubes	lozenges	paragrap	sentence	wordmean
1	23.00	19.00	4.00	10.00	17.00	10.00
2	34.00	24.00	22.00	11.00	19.00	19.00
3	29.00	23.00	9.00	9.00	19.00	11.00
4	16.00	25.00	10.00	8.00	25.00	24.00
5	27.00	26.00	6.00	10.00	16.00	13.00
6	32.00	21.00	8.00	1.00	7.00	11.00
7	38.00	31.00	12.00	10.00	11.00	14.00
8	34.00	28.00	24.00	14.00	22.00	26.00
9	25.00	31.00	18.00	7.00	12.00	11.00
10	40.00	23.00	20.00	10.00	23.00	35.00
11	24.00	16.00	14.00	5.00	17.00	11.00
12	40.00	26.00	26.00	13.00	24.00	25.00
13	42.00	27.00	27.00	7.00	13.00	4.00
14	31.00	21.00	5.00	13.00	19.00	19.00
15	31.00	23.00	11.00	4.00	16.00	16.00
16	31.00	34.00	3.00	9.00	19.00	17.00
17	30.00	20.00	13.00	9.00	20.00	21.00
18	28.00	19.00	8.00	9.00	14.00	20.00
19	19.00	22.00	8.00	5.00	12.00	4.00
20	28.00	20.00	14.00	8.00	15.00	8.00

• **그림 11.1** • 남학생 데이터("심리테스트_남자.sav")

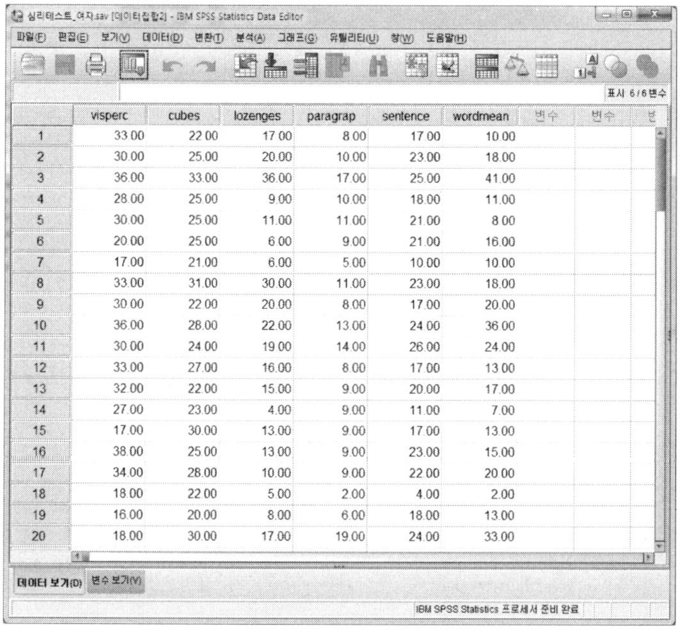

	visperc	cubes	lozenges	paragrap	sentence	wordmean
1	33.00	22.00	17.00	8.00	17.00	10.00
2	30.00	25.00	20.00	10.00	23.00	18.00
3	36.00	33.00	36.00	17.00	25.00	41.00
4	28.00	25.00	9.00	10.00	18.00	11.00
5	30.00	25.00	11.00	11.00	21.00	8.00
6	20.00	25.00	6.00	9.00	21.00	16.00
7	17.00	21.00	6.00	5.00	10.00	10.00
8	33.00	31.00	30.00	11.00	23.00	18.00
9	30.00	22.00	20.00	8.00	17.00	20.00
10	36.00	28.00	22.00	13.00	24.00	36.00
11	30.00	24.00	19.00	14.00	26.00	24.00
12	33.00	27.00	16.00	8.00	17.00	13.00
13	32.00	22.00	15.00	9.00	20.00	17.00
14	27.00	23.00	4.00	9.00	11.00	7.00
15	17.00	30.00	13.00	9.00	17.00	13.00
16	38.00	25.00	13.00	9.00	23.00	15.00
17	34.00	28.00	10.00	9.00	22.00	20.00
18	18.00	22.00	5.00	2.00	4.00	2.00
19	16.00	20.00	8.00	6.00	18.00	13.00
20	18.00	30.00	17.00	19.00	24.00	33.00

• **그림 11.2** • 여학생 데이터("심리테스트_여자.sav")

(1) 잠재평균분석 전제조건

① 형태 동일성검정

연구자가 설정한 모형의 형태가 남학생과 여학생 집단 각각에 대해 적합한지 검정한다. 만약 각각의 집단에서 모형이 적합하면 두 집단은 동일한 형태의 모형을 갖는 것으로 판단하여 형태 동일성이 만족하는 것으로 본다. 이를 위해 [Analyze] → [Manage Groups] 메뉴를 선택하여 그림 11.3과 같이 "남학생" 집단을 지정한다.

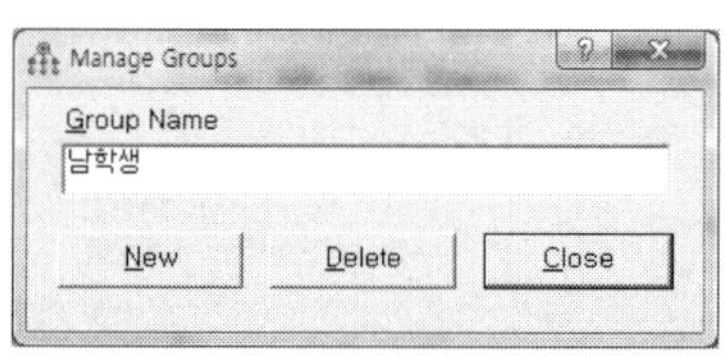

• **그림 11.3** • 집단 이름 지정

데이터 파일을 지정하기 위해 [File] → [Data Files] 메뉴를 선택하여 그림 11.4와 같이 남학생 데이터 파일("심리테스트_남자.sav")을 불러온다.

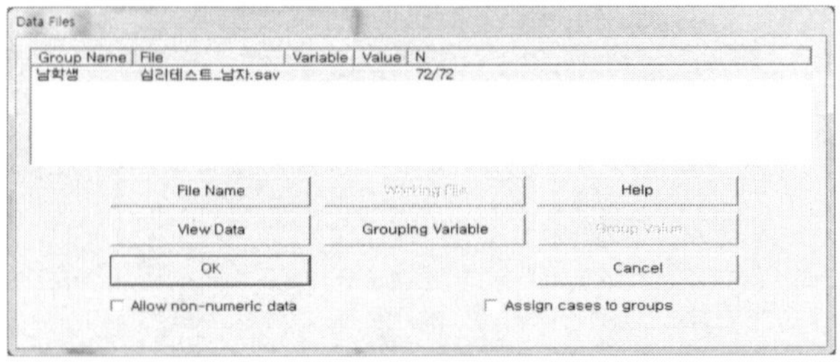

• **그림 11.4** • 남학생 데이터 파일 불러오기

그림 11.5는 남학생 집단의 연구모형에 대한 경로도형을 나타낸다.

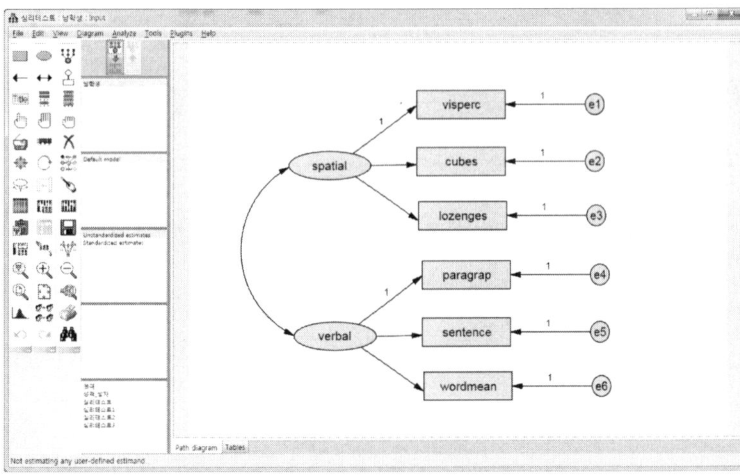

• **그림 11.5** • 남학생 집단에 대한 연구모형

그림 11.6은 남학생 집단에 대해 그림 11.5의 모형에 대한 χ^2-통계량에 의한 적합도를 보여주고 있다.

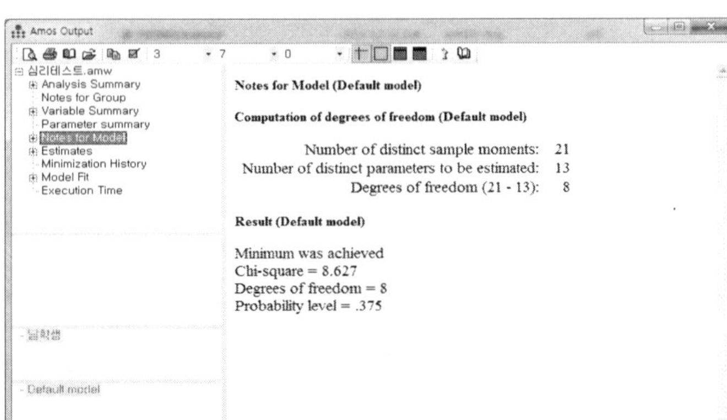

• **그림 11.6** • 남학생 집단의 모형에 대한 χ^2-통계량에 의한 적합도

그림 11.6로부터 남학생 집단에 대한 모형적합도는 $\chi^2 = 8.627$이고 유의확률 $p = 0.375$로 유의수준 $\alpha = 0.05$에서 모형이 적합하다.

χ^2-통계량 외에 그 밖의 주요한 적합지수들은 다음과 같다.

$$\mathrm{GFI} = 0.964,\ \mathrm{TLI} = 0.991,\ \mathrm{CFI} = 0.995,\ \mathrm{RMSEA} = 0.033$$

따라서 χ^2-통계량뿐만 아니라 위의 여러 가지 적합지수들로 보아 모형이 적합하다고 할 수 있다.

다음은 여학생 집단에 대해 연구자가 설정한 모형의 형태가 적합한지 검정한다. 이를 위해 [Analyze] → [Manage Groups] 메뉴를 선택하여 그림 11.7과 같이 "여학생" 집단을 지정한다.

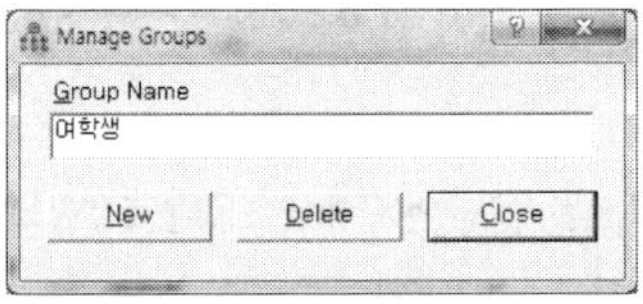

• 그림 11.7 • 집단 이름 지정

파일을 지정하기 위해 [File] → [Data Files] 메뉴를 선택하여 그림 11.8과 같이 여학생 데이터 파일("심리테스트_여자.sav")을 불러온다.

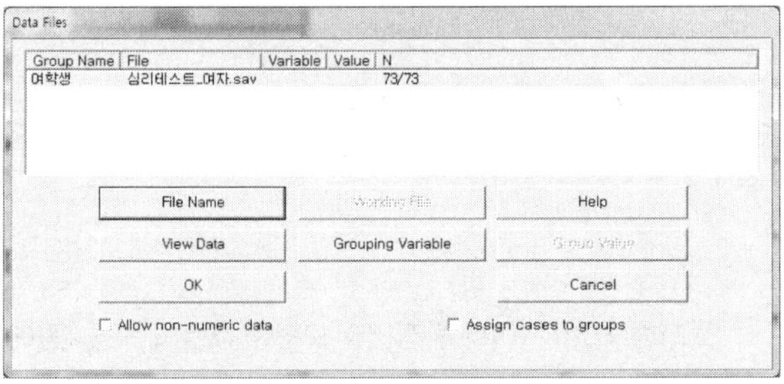

• 그림 11.8 • 여학생 데이터 파일 불러오기

그림 11.9는 여학생 집단의 연구모형에 대한 경로도형을 나타낸다.

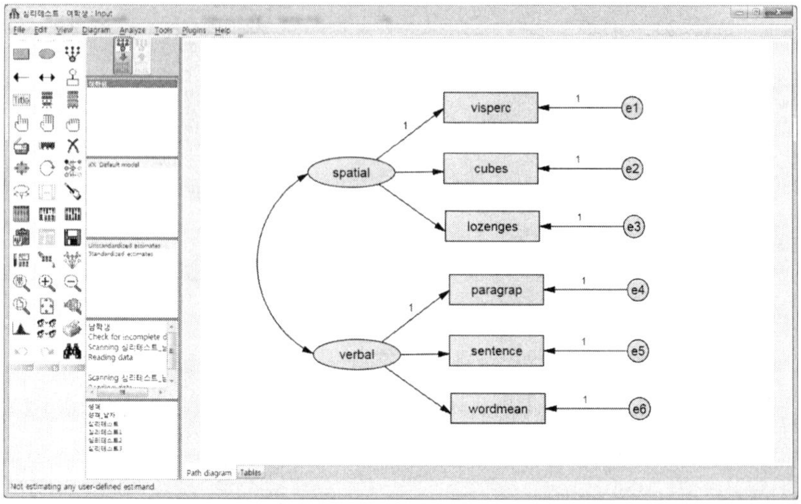

• **그림 11.9** • 여학생 집단에 대한 연구모형

그림 11.10은 여학생 집단에 대해 그림 11.9의 모형에 대한 χ^2-통계량에 의한 적합도를 보여주고 있다.

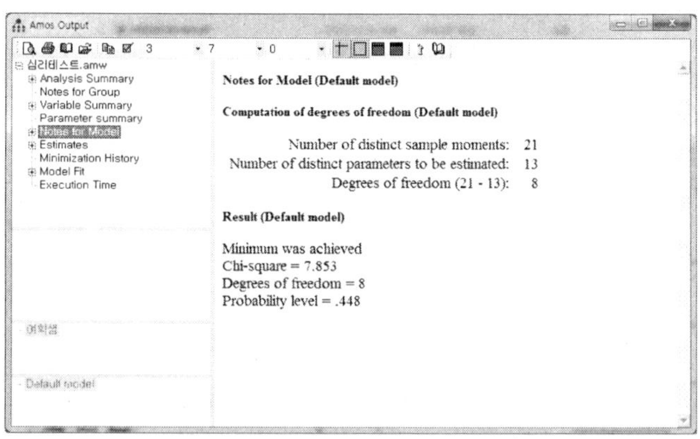

• **그림 11.10** • 여학생 집단의 모형에 대한 χ^2-통계량에 의한 적합도

그림 11.10로부터 여학생 집단에 대한 모형적합도는 $\chi^2 = 7.853$이고 유의확률 $p = 0.448$로 유의수준 $\alpha = 0.05$에서 모형이 적합하다.

χ^2-통계량 외에 그 밖의 주요한 적합지수들은 다음과 같다.

$$\text{GFI} = 0.966,\ \text{TLI} = 1.002,\ \text{CFI} = 1.000,\ \text{RMSEA} = 0.000$$

따라서 χ^2-통계량뿐만 아니라 위의 여러 가지 적합지수들로 보아 모형이 적합하다고 할 수 있다.

결론적으로 남학생 집단과 여학생 집단 모두 모형이 적합하므로 형태 동일성이 만족되었다고 볼 수 있다.

② 매트릭 동일성검정

집단 간 매트릭 동일성을 검정하기 위해 잠재변수의 요인계수들이 동일한지에 대해 검정한다. 요인계수 동일성검정은 아무런 제약이 없는 완전모형과 요인계수를 제약한 축소모형의 차이를 통해서 요인계수의 동일성을 검정한다.

그림 11.11의 [Data Files] 대화상자에서 남학생과 여학생의 데이터 파일을 불러오고 있다.

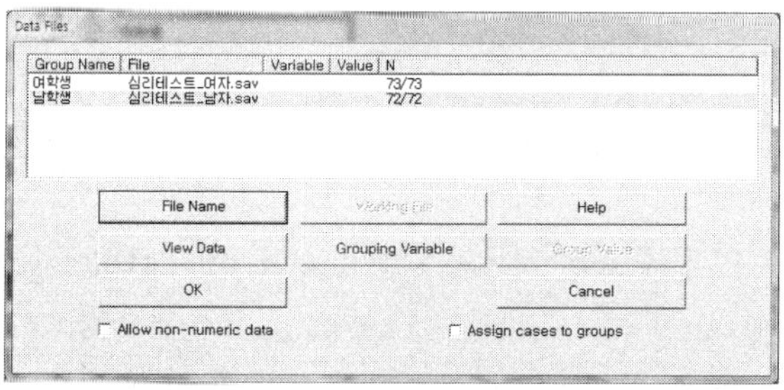

• **그림 11.11** • 남학생과 여학생의 데이터 파일 불러오기

그림 11.12는 남학생과 여학생 집단에 대해 아무런 제약이 없는 완전모형에 대한 경로도형이다.

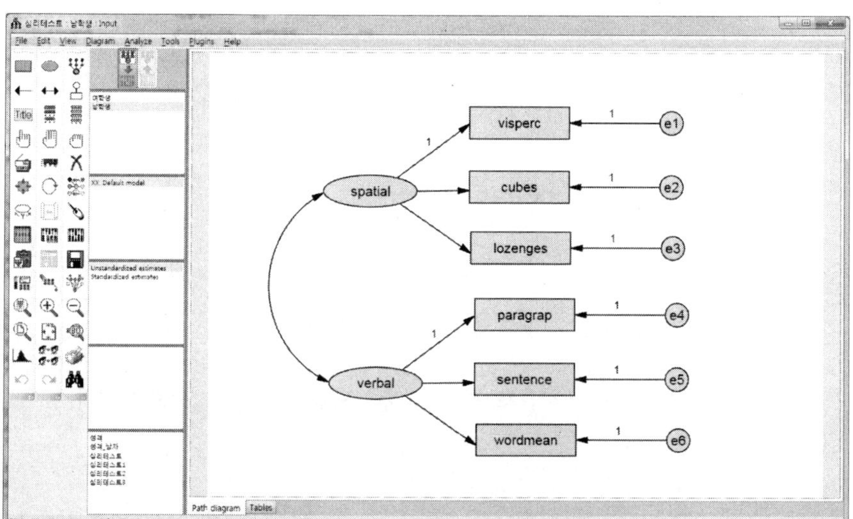

• **그림 11.12** • 아무런 제약이 없는 완전모형

그림 11.13은 그림 11.12의 아무런 제약이 없는 완전모형에 대한 χ^2-통계량에 의한 적합도를 나타내고 있다.

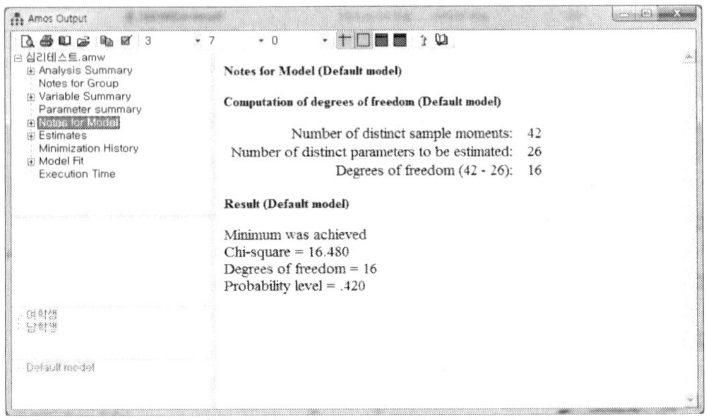

● **그림 11.13** ● 아무런 제약이 없는 모형에 대한 χ^2-통계량에 의한 적합도

그림 11.13에서 표본 적률의 수(Number of distinct sample moments), 추정될 모수의 수(Number of distinct parameters to be estimated), 자유도(Degrees of freedom, df)를 보면 남학생과 여학생 각각의 집단에서 구한 그림 11.6과 그림 11.10과 비교해 보면 2배 차이나는 것을 알 수 있다. 이것은 남학생과 여학생 두 집단에 대해 하나의 모형을 가지고 나타내었기 때문이다.

요인계수를 제약한 축소모형을 생성하기 위해 그림 11.14와 같이 [Object Properties] 대화상자에서 [Regression weight]란에 이름을 부여하고 [All groups]를 체크한다.

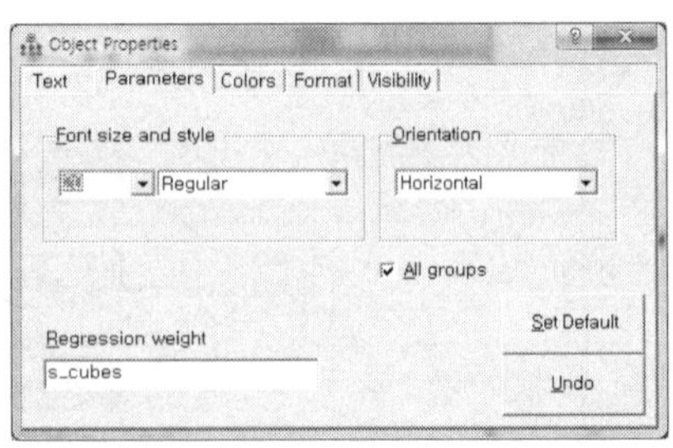

● **그림 11.14** ● 경로계수에 이름 부여

그림 11.15는 요인계수를 제약한 축소모형에 대한 경로도형이다.

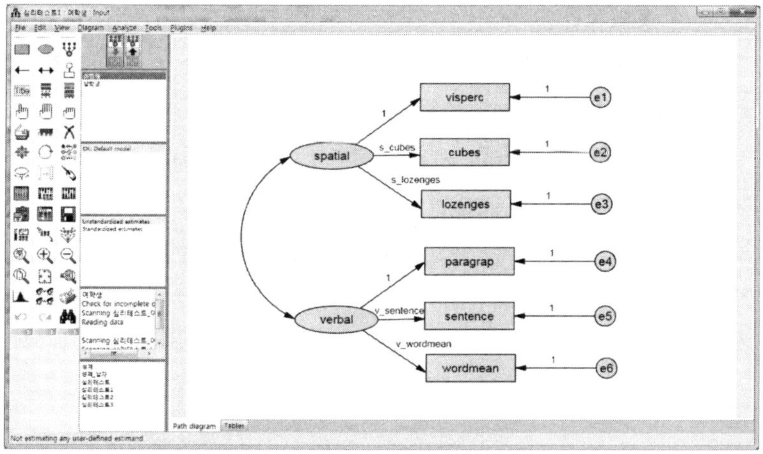

• **그림 11.15** • 요인계수 제약한 축소모형

그림 11.16은 남학생과 여학생 집단에서 그림 11.15의 축소모형에 대한 χ^2-통계량에 의한 적합도를 나타내고 있다.

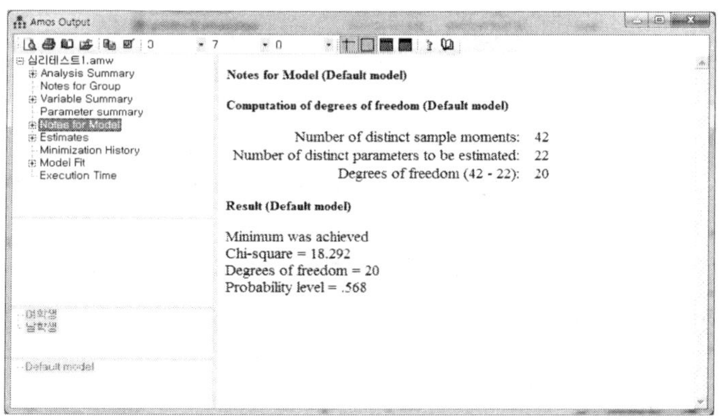

• **그림 11.16** • 요인계수 제약한 모형에 대한 χ^2-통계량에 의한 적합도

그림 11.16으로부터 요인계수를 제약한 축소모형하에서 얻어진 χ^2-통계량에 의한 적합도는 $\chi^2 = 18.292$, $df = 20$이고, 그림 11.13으로부터 아무런 제약이 없는 완전모형하에서 얻어진 χ^2-통계량에 의한 적합도는 $\chi^2 = 16.480$, $df = 16$이다. 따라서 축소모형과 완전모형 간의 χ^2-통계량 차이는 $\Delta\chi^2 = 1.812(= 18.292 - 16.480)$이고 자유도의 차이는 $\Delta df = 4(= 20 - 16)$이다. 유의수준 $\alpha = 0.05$에서 $\chi^2_\alpha(4) = 9.487$이므로 $\Delta\chi^2 = 1.812 < \chi^2_\alpha(4) = 9.487$이다.

따라서 축소모형과 완전모형 간 통계적으로 유의한 차이가 없다고 할 수 있으며, 두 집단 간 매트릭 동일성이 만족되었다고 볼 수 있다.

③ 절편 동일성검정

절편 동일성검정은 요인계수를 제약한 완전모형과 절편을 제약한 축소모형의 차이를 통해서 절편 동일성을 검정한다.

절편을 제약한 모형이란 잠재변수와 오차변수의 평균과 관측변수의 절편을 고정시킨 모형이다. 여기서는 잠재변수와 오차변수의 평균을 "0"으로 고정시키고 관측변수를 남학생과 여학생 모두 동일하게 고정시킨다. 먼저, 잠재변수와 오차변수의 평균을 "0"으로 고정시키기 위해 그림 11.17에서처럼 [View] → [Analysis Properties]를 선택한 후 [Estimation]에서 [Estimate means and intercepts]를 체크한다.

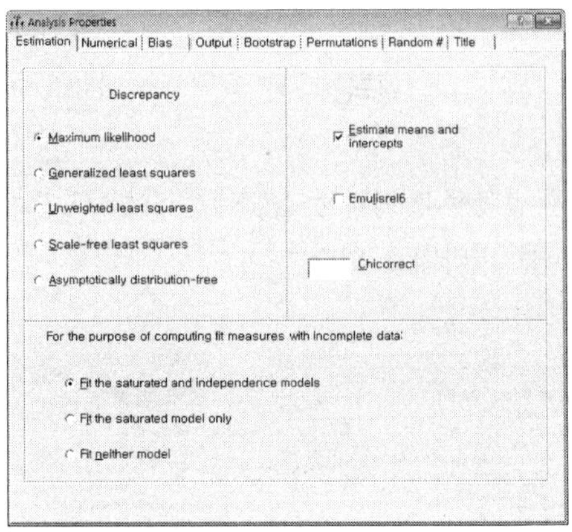

• 그림 11.17 • [Estimate means and intercepts] 체크

그림 11.18처럼 남학생과 여학생 집단 모두에 대해 잠재변수와 측정오차 위에 "0"이 자동으로 생성된다. 이것은 이들 변수들의 평균(mean)을 "0"으로 고정한 것이다.

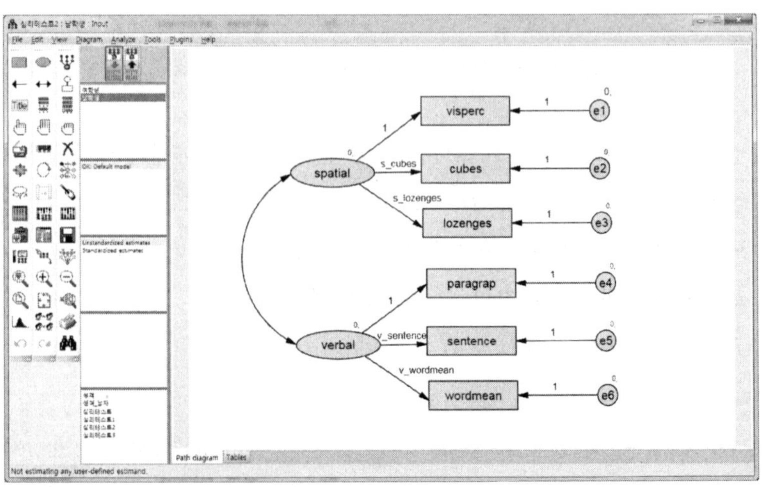

• 그림 11.18 • 평균 제약한 모형

다음은 관측변수의 절편을 동일하게 고정시키기 위해 그림 11.19와 같이 남학생과 여학생 모두 똑같은 절편 이름을 부여한다.

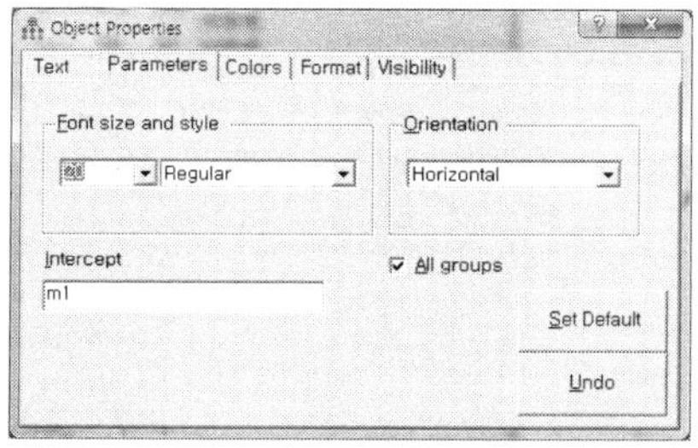

● 그림 11.19 ● 절편 이름 부여

그림 11.20은 절편을 제약한 축소모형에 대한 경로도형을 나타내고 있다.

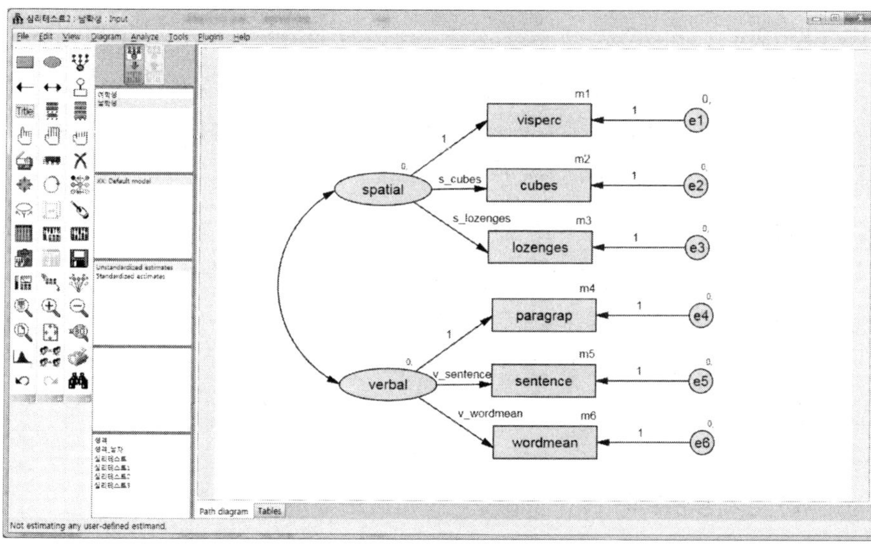

● 그림 11.20 ● 절편 제약한 축소모형

그림 11.20을 보면 잠재변수와 오차변수의 평균은 “0”으로 고정되어 있고 관측변수의 절편은 남학생과 여학생 모두 같은 이름으로 고정되어 있는 것을 알 수 있다.

그림 11.21은 그림 11.20의 절편을 제약한 축소모형에 대한 χ^2-통계량에 의한 적합도를 나타낸다.

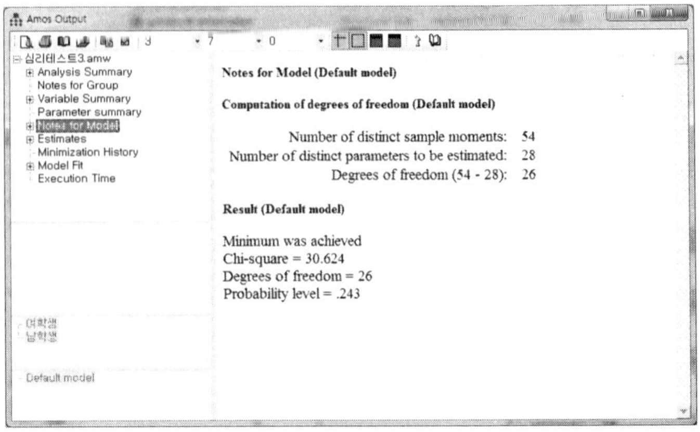

• 그림 11.21 • 절편을 제약한 축소모형에 대한 χ^2–통계량에 의한 적합도

그림 11.21로부터 절편을 제약한 축소모형하에서 얻어진 χ^2–통계량에 의한 적합도는 $\chi^2 = 30.624$, $df = 26$이고, 그림 11.16으로부터 요인계수를 제약한 완전모형하에서 얻어진 χ^2–통계량에 의한 적합도는 $\chi^2 = 18.292$, $df = 20$이다. 여기서 절편을 제약한 축소모형과 요인계수를 제약한 완전모형 간의 χ^2–통계량 차이는 $\Delta\chi^2 = 12.332$ $(= 30.624 - 18.292)$이고 자유도의 차이는 $\Delta df = 6(= 26 - 20)$이다. 유의수준 $\alpha = 0.05$에서 $\chi^2_\alpha(6) = 12.59$이므로 $\Delta\chi^2 = 12.332 < \chi^2_\alpha(6) = 12.59$이다. 따라서 절편을 제약한 축소모형과 요인계수를 제약한 완전모형 간에 통계적으로 유의한 차이가 없으므로, 두 집단 간 절편 동일성을 만족한다고 할 수 있다.

결론적으로 잠재평균분석을 위한 선행조건인 형태 동일성, 매트릭 동일성, 절편 동일성이 만족되었다고 볼 수 있다. 따라서 남학생 집단과 여학생 집단 간 잠재평균분석을 할 수 있다.

(2) 잠재평균분석

잠재평균분석을 위해 남학생 집단과 여학생 집단 중에서 기준이 되는 집단을 참조집단으로 지정한다. 여기서는 남학생 집단을 참조집단으로 정한다. 현재 잠재평균분석의 선행조건인 절편 동일성검정에서 남학생 집단과 여학생 집단에 대해 잠재변수의 평균이 모두 "0"으로 고정되어 있다. 남학생 집단을 참조집단으로 지정하는 경우 여학생 집단에서 잠재변수의 평균 "0"을 해제해야 한다. 따라서 그림 11.22에서처럼 여학생 집단에 대해 평균 "0"을 제거하고 [All groups]의 체크도 해제한다.

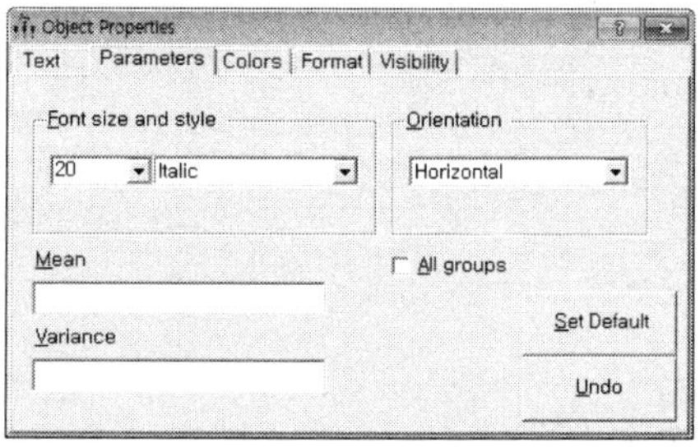

• **그림 11.22** • 여학생 집단에서 평균 0 제거

그림 11.23은 여학생 집단에서 잠재평균분석을 위한 경로도형이다.

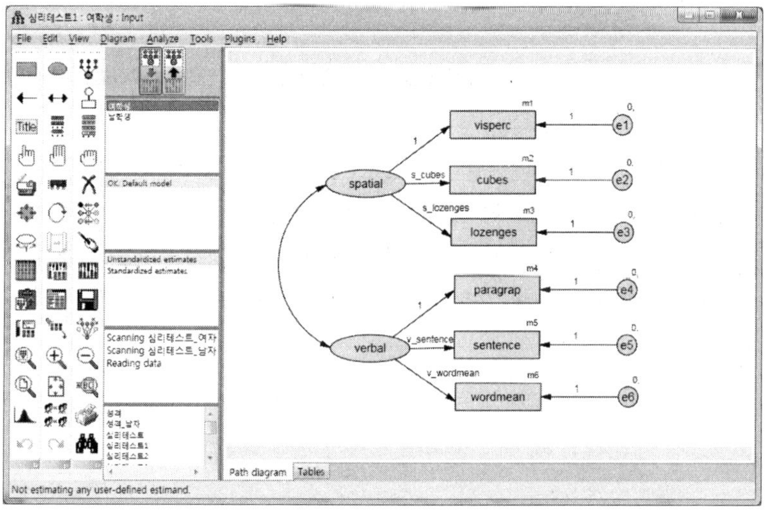

• **그림 11.23** • 여학생 집단에 대한 연구모형

그림 11.23의 여학생 집단에 대한 경로도형을 보면, 잠재변수 spatial과 verbal의 평균에 어떠한 제약이 없음을 알 수 있다. 그림 11.24는 남학생 집단에서 잠재평균분석을 위한 경로도형이다.

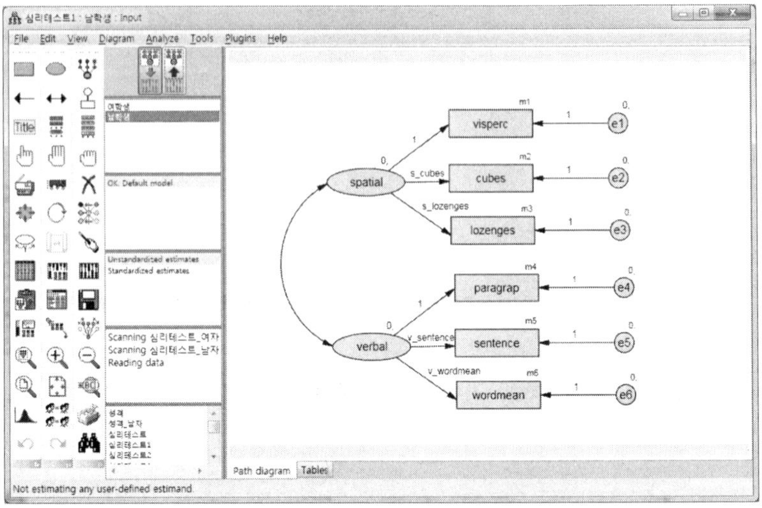

• **그림 11.24** • 남학생 집단에 대한 연구모형

그림 11.24의 남학생 집단에 대한 경로도형을 보면, 잠재변수 spatial과 verbal의 평균이 "0"으로 고정되어 있는 것을 알 수 있다.

그림 11.25는 그림 11.24의 연구모형에 대한 경로도형을 실행한 후 여학생 집단에 대한 잠재변수들의 평균 추정치들을 보여주고 있다.

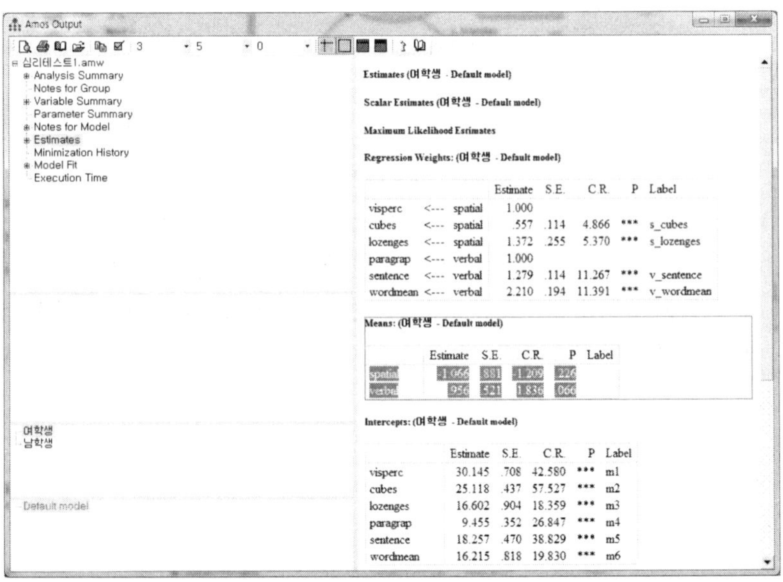

• **그림 11.25** • 여학생 집단의 잠재변수 평균 추정치

그림 11.25로부터 여학생 집단의 경우 공간지각력(spatial)과 언어능력(verbal)의 평균이 각각 -1.066, 0.956로 나타났다. 남학생 집단의 공간지각력과 언어능력의 평균이 0이므로 여학생 집단에서 공간지각력은 남학생 집단과 비교해서 평균적으로 낮고 언어능력은 0.959만큼 높음을 알 수 있다. 각각의 유의확률이 0.226, 0.066으로 유의수준 $\alpha = 0.05$에서 둘 다 유의하지 않으나 유의수준 $\alpha = 0.10$에서는 여학생 집단의 언어능력이 남학생 집단과 비교해서 유의하다고 볼 수 있다.

예제 11.2 한국청소년정책연구원에서는 청소년참여 및 청소년 참여기구와 관련한 중·고교생 인식 및 의식조사를 실시하였다. 조사 대상은 전국의 2013학년도의 중학교 1~3학년, 고등학교 1~3학년에 재학 중인 6543명의 학생들이다. 표 11.2와 표 11.3은 설문조사에 사용된 청소년 참여기구 인지도와 참여도에 대한 설문 문항이다. 본 연구에서는 조사자료에 대해 결측값을 제거한 후 남학생 3481명, 여학생 3009명으로 이루어진 6490명에 대해 남학생과 여학생 간의 청소년 참여기구 인지도와 참여도에 차이가 있는지 잠재평균분석을 통해 알아보고자 한다(자료출처: 한국사회과학데이터센터 http://www.ksdc.re.kr/).

표 11.2 청소년 참여기구 인지도에 대한 설문 문항

인지도에 대한 설문 문항	모른다.	들어본 적 있다.	잘 알지만 참여한 적 없다.	참여한 적 있다.
Q1_1. 청소년특별회의	①	②	③	④
Q1_2. 청소년참여(차세대, 자치, 구정참여) 위원회	①	②	③	④
Q1_3. 청소년운영위원회	①	②	③	④

표 11.3 청소년 참여기구 참여도에 대한 설문 문항

참여도에 대한 설문 문항	전혀 참여하지 않음	참여하지 않은 편임	보통 수준으로 참여	많이 참여하는 편임	매우 많이 참여함
Q2_1. 정책 참여활동	①	②	③	④	⑤
Q2_2. 교육현장 참여활동	①	②	③	④	⑤
Q2_3. 사회적 참여활동	①	②	③	④	⑤
Q2_4. 정치적 참여활동	①	②	③	④	⑤
Q2_5. 문화적 참여활동	①	②	③	④	⑤
Q2_6. 경제적 참여활동	①	②	③	④	⑤

그림 11.26과 그림 11.27은 각각 SPSS를 사용하여 입력한 청소년 남학생과 청소년 여학생의 데이터이다.

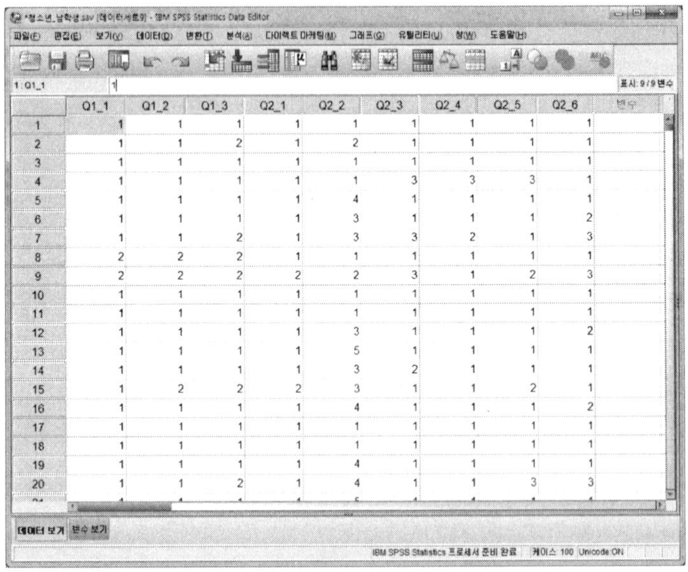

	Q1_1	Q1_2	Q1_3	Q2_1	Q2_2	Q2_3	Q2_4	Q2_5	Q2_6
1	1	1	1	1	1	1	1	1	1
2	1	1	2	1	2	1	1	1	1
3	1	1	1	1	1	1	1	1	1
4	1	1	1	1	1	3	3	3	1
5	1	1	1	1	4	1	1	1	1
6	1	1	1	1	3	1	1	1	2
7	1	1	2	1	3	3	2	1	3
8	2	2	2	1	1	1	1	1	1
9	2	2	2	2	2	3	1	2	3
10	1	1	1	1	1	1	1	1	1
11	1	1	1	1	1	1	1	1	1
12	1	1	1	1	3	1	1	1	2
13	1	1	1	1	5	1	1	1	1
14	1	1	1	1	3	2	1	1	1
15	1	2	2	2	3	1	1	2	1
16	1	1	1	1	4	1	1	1	2
17	1	1	1	1	1	1	1	1	1
18	1	1	1	1	1	1	1	1	1
19	1	1	1	1	4	1	1	1	1
20	1	1	2	1	4	1	1	3	3

• **그림 11.26** • 청소년 남학생 데이터("청소년_남학생.sav")

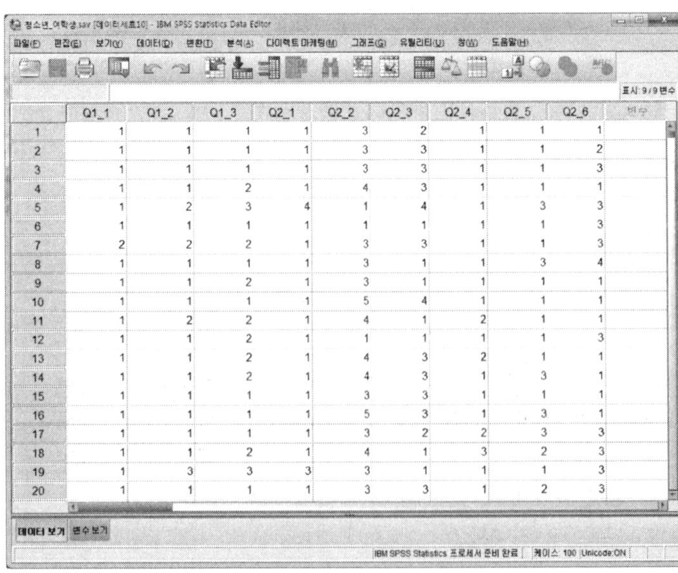

	Q1_1	Q1_2	Q1_3	Q2_1	Q2_2	Q2_3	Q2_4	Q2_5	Q2_6
1	1	1	1	1	3	2	1	1	1
2	1	1	1	1	3	3	1	1	2
3	1	1	1	1	3	3	1	1	3
4	1	1	2	1	4	3	1	1	1
5	1	2	3	4	1	4	1	3	3
6	1	1	1	1	1	1	1	1	3
7	2	2	2	1	3	3	1	1	3
8	1	1	1	1	3	1	1	3	4
9	1	1	2	1	3	1	1	1	1
10	1	1	1	1	5	4	1	1	1
11	1	2	2	1	4	1	2	1	1
12	1	1	2	1	1	1	1	1	3
13	1	1	2	1	4	3	2	1	1
14	1	1	2	1	4	3	1	3	1
15	1	1	1	1	3	3	1	1	1
16	1	1	1	1	5	3	1	3	1
17	1	1	1	1	3	2	2	3	3
18	1	1	2	1	4	1	3	2	3
19	1	3	3	3	3	1	1	1	3
20	1	1	1	1	3	3	1	2	3

• **그림 11.27** • 청소년 여학생 데이터("청소년_여학생.sav")

(1) 잠재평균분석 전제조건

① 형태 동일성검정

남학생과 여학생 집단 각각에 대해 연구자가 설정한 모형의 형태가 적합한지 검정한다. 만약 각각의 집단에서 모형이 적합하면 두 집단은 동일한 형태의 모형을 갖는 것으로 판단하여 형태 동일성을 만족하는 것으로 본다.

먼저, [Analyze] → [Manage Groups] 메뉴를 선택하여 그림 11.28과 같이 "남학생" 집단을 지정한다.

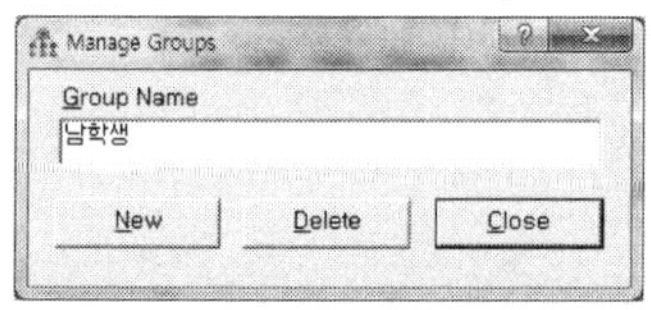

그림 11.28 집단 이름 지정

파일을 지정하기 위해 [File] → [Data Files] 메뉴를 선택하여 그림 11.29와 같이 남학생 데이터 파일을 불러온다.

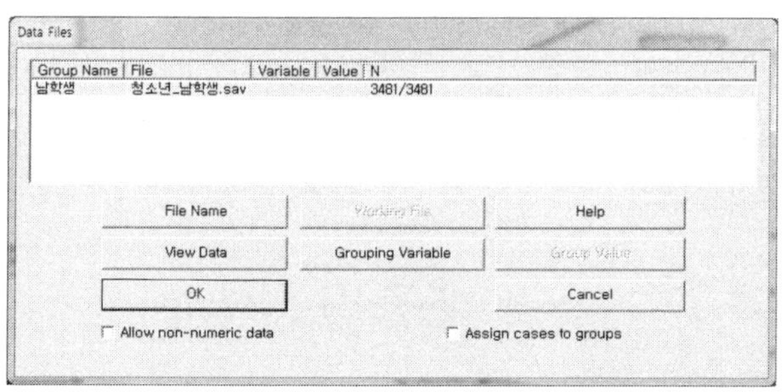

그림 11.29 남학생 데이터 파일 불러오기

그림 11.30은 남학생 집단의 연구모형에 대한 경로도형을 나타낸다.

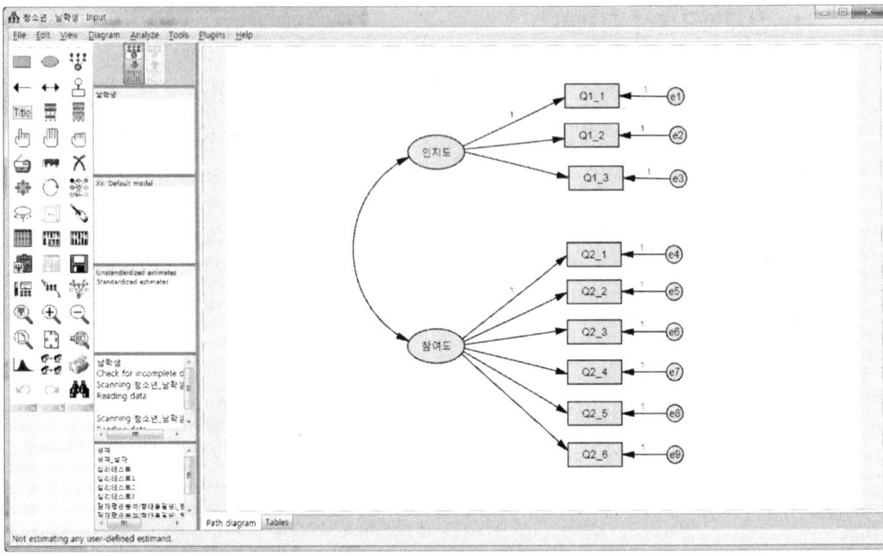

• **그림 11.30** • 남학생 집단에 대한 연구모형

그림 11.31은 그림 11.30의 모형에 대한 χ^2-통계량에 의한 적합도를 보여주고 있다.

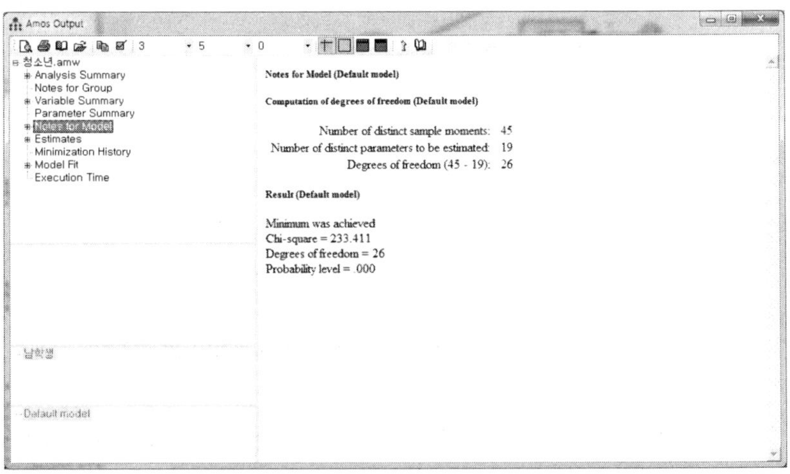

• **그림 11.31** • 남학생 집단의 모형에 대한 χ^2-통계량에 의한 적합도

그림 11.31로부터 남학생 집단에 대한 모형적합도는 $\chi^2 = 233.411$이고 유의확률 $p = 0.000$로 모형이 적합하지 않다. 그 밖의 모형의 적합지수들은 다음과 같다.

$$\text{RMR} = 0.023,\ \text{GFI} = 0.985,\ \text{NFI} = 0.970,$$
$$\text{TLI} = 0.963,\ \text{CFI} = 0.973,\ \text{RMSEA} = 0.048$$

따라서 위의 적합지수들로부터 그림 11.30의 남학생 집단에 대한 연구모형은 적합하다고 할 수 있다.

다음은 여학생 집단에 대해 연구자가 설정한 모형의 형태가 적합한지 검정한다. 먼저, [Analyze] → [Manage Groups] 메뉴를 선택하여 그림 11.32와 같이 "여학생" 집단을 지정한다.

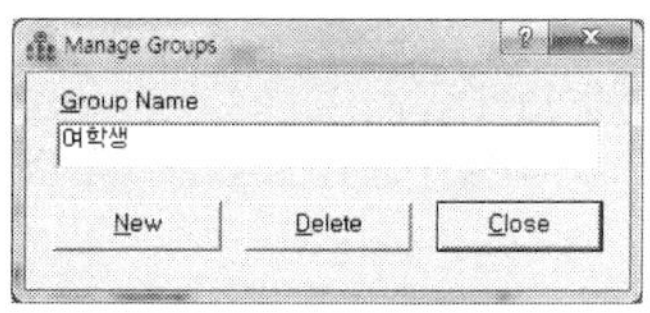

● 그림 11.32 ● 집단 이름 지정

파일을 지정하기 위해 [File] → [Data Files] 메뉴를 선택하여 그림 11.33과 같이 여학생 데이터 파일을 불러온다.

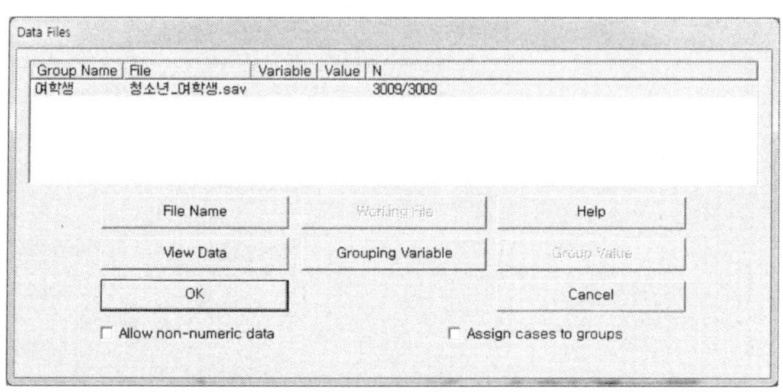

● 그림 11.33 ● 여학생 데이터 파일 불러오기

그림 11.34는 여학생 집단에 대한 연구모형의 경로도형을 나타낸다.

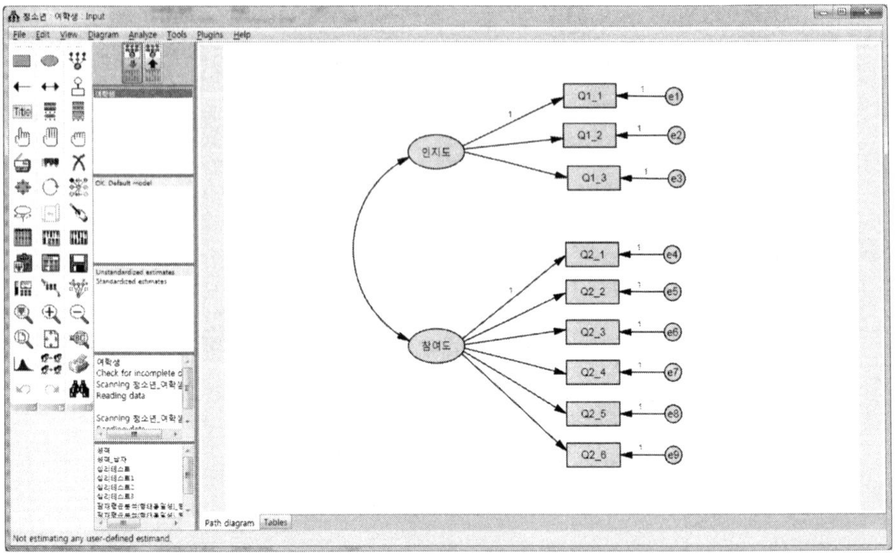

• **그림 11.34** • 여학생 집단에 대한 연구모형

그림 11.35는 그림 11.34의 모형에 대한 χ^2-통계량에 의한 적합도를 보여주고 있다.

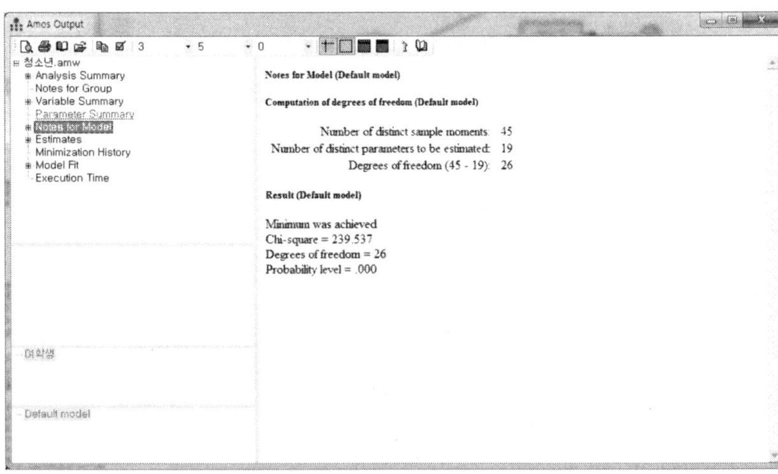

• **그림 11.35** • 여학생 집단의 모형에 대한 χ^2-통계량에 의한 적합도

그림 11.35로부터 여학생 집단에 대한 모형적합도는 $\chi^2 = 239.737$이고 유의확률 $p = 0.000$으로 모형이 적합하지 않다. 그 밖의 모형의 적합지수들은 다음과 같다.

$$\text{RMR} = 0.026,\ \text{GFI} = 0.982,\ \text{NFI} = 0.957,$$
$$\text{TLI} = 0.947,\ \text{CFI} = 0.961,\ \text{RMSEA} = 0.052$$

따라서 위의 적합지수들로부터 그림 11.34의 여학생 집단에 대한 연구모형은 적합하다고 할 수 있다.

결론적으로 남학생 집단과 여학생 집단 모두 모형이 적합하므로 형태 동일성이 만족되었다고 볼 수 있다.

② 매트릭 동일성검정

집단 간 매트릭 동일성을 검정하기 위해 잠재변수의 요인계수가 동일한지에 대해 검정한다. 요인계수 동일성검정은 아무런 제약이 없는 완전모형과 요인계수 제약한 축소모형의 비교를 통해서 요인계수 동일성을 검정한다.

그림 11.36과 같이 남학생과 여학생의 데이터 파일을 불러온다.

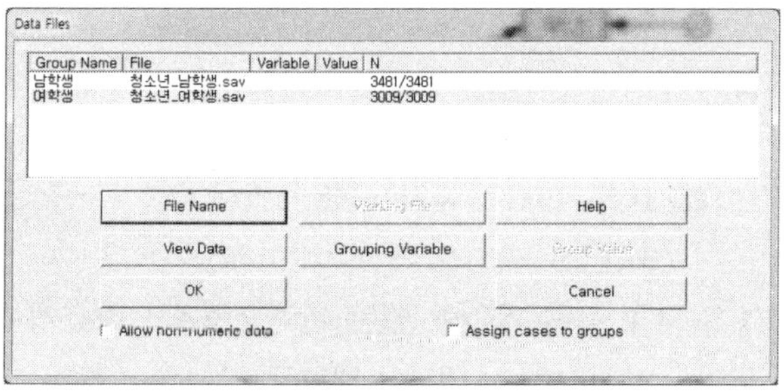

• **그림 11.36** • 남학생과 여학생 데이터 파일 불러오기

그림 11.37은 남학생과 여학생 집단에 대해 아무런 제약이 없는 완전모형에 대한 경로도형이다.

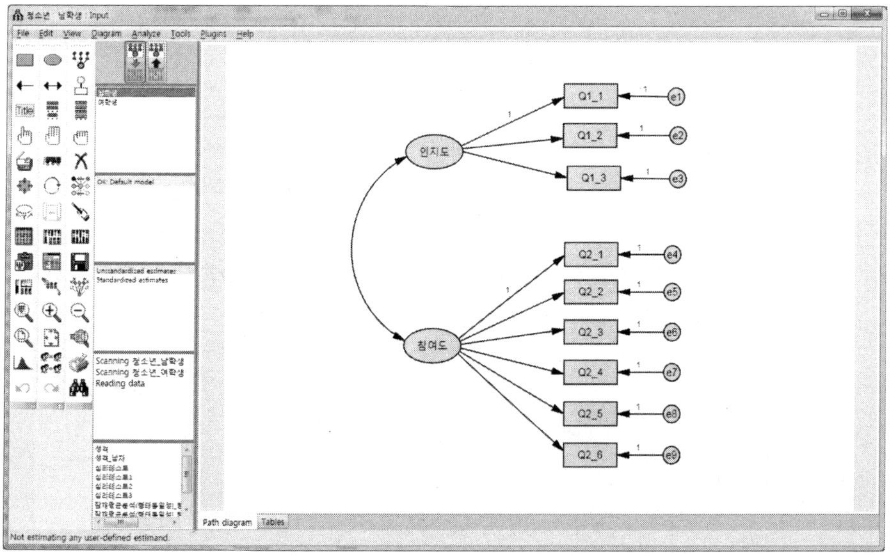

• **그림 11.37** • 아무런 제약이 없는 완전모형

그림 11.38은 남학생과 여학생 집단에서 그림 11.36의 완전모형에 대한 χ^2-통계량에 의한 적합도를 나타내고 있다.

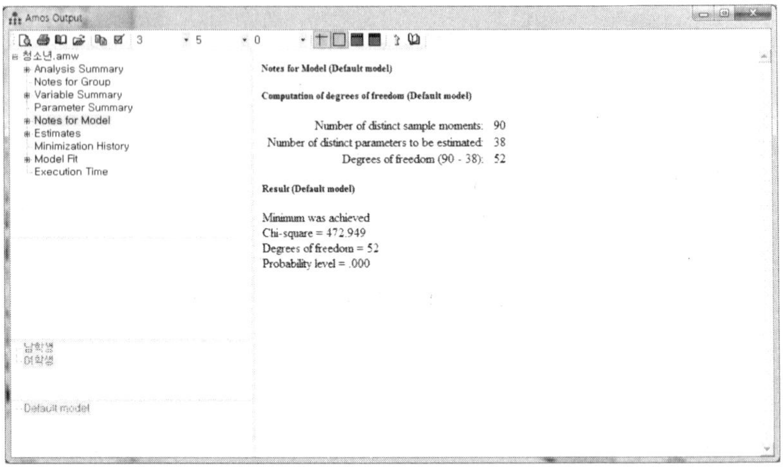

• **그림 11.38** • 아무런 제약이 없는 모형에 대한 χ^2-통계량에 의한 적합도

그림 11.37의 아무런 제약이 없는 완전모형에서 요인계수를 제약하기 위해 그림 11.39와 같이 [Object Properties] 대화상자의 [Regression weight]란에 이름을 부여하고 [All groups]를 체크한다.

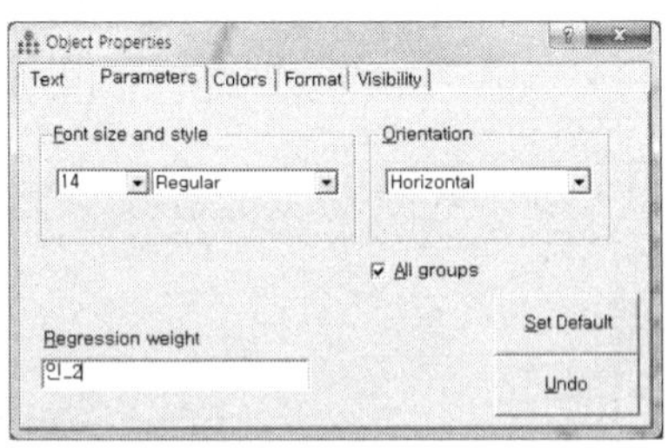

• **그림 11.39** • 경로계수에 이름 부여

그림 11.40은 잠재변수를 나타내는 관측변수들에 대해 남학생과 여학생 집단 모두 똑같이 경로계수에 이름을 부여한 그림이다.

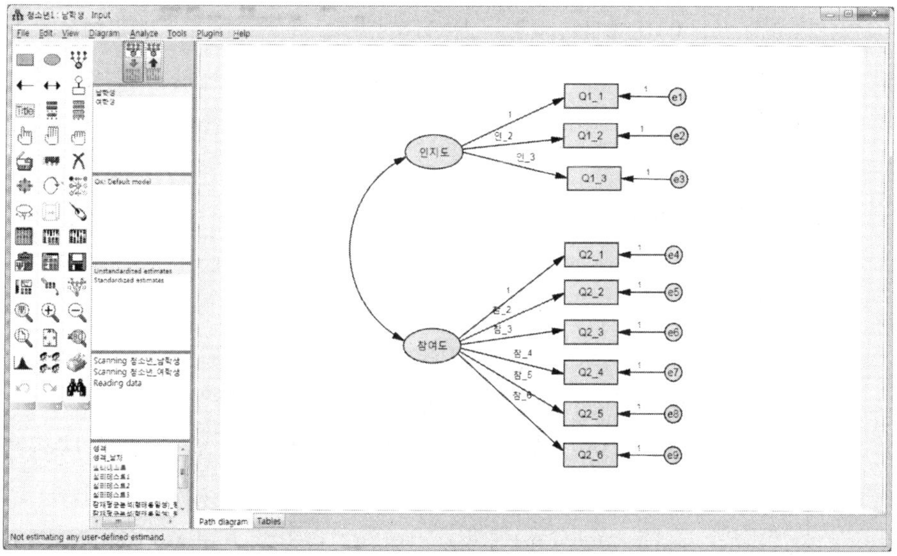

그림 11.40 요인계수를 제약한 축소모형

그림 11.41은 남학생과 여학생 집단에서 그림 11.40의 축소모형에 대한 χ^2-통계량에 의한 적합도를 나타내고 있다.

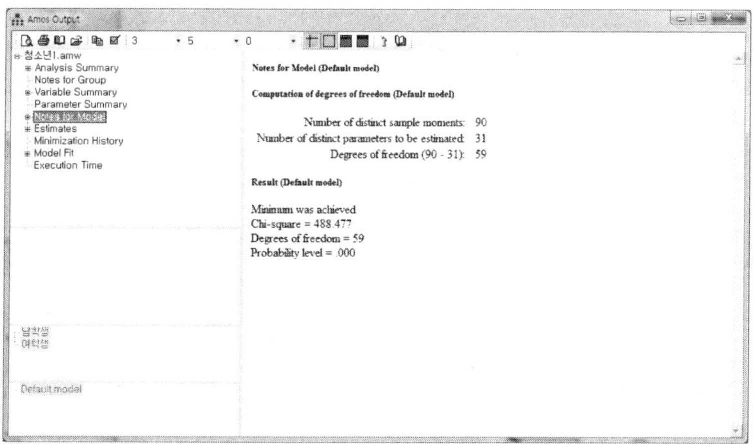

그림 11.41 요인계수를 제약한 축소모형에 대한 χ^2-통계량에 의한 적합도

그림 11.41로부터 요인계수를 제약한 축소모형하에서 χ^2-통계량에 의한 적합도는 $\chi^2 = 488.477$, $df = 59$이고 그림 11.38로부터 아무런 제약이 없는 완전모형하에서 χ^2-통계량에 의한 적합도는 $\chi^2 = 472.949$, $df = 52$이다. 따라서 축소모형과 완전모형 간의 χ^2-통계량 차이는 $\Delta\chi^2 = 15.528(= 488.477 - 472.949)$이고 자유도의 차이는 $\Delta df = 7(= 59 - 52)$이다. 유의수준 $\alpha = 0.05$에서 $\chi^2_\alpha(7) = 14.067$이고, 유

의수준 $\alpha = 0.01$에서 $\chi^2_\alpha(7) = 18.475$이므로 유의수준 $\alpha = 0.05$에서는 두 모형 간 유의한 차이가 있으나 $\alpha = 0.01$에서는 유의한 차이가 없다고 할 수 있다. 여기서는 두 집단 간 매트릭 동일성이 만족되었다고 보고 다음 단계로 진행하고자 한다.

③ 절편 동일성검정

절편 동일성검정은 요인계수 제약 완전모형과 절편 제약한 축소모형의 비교를 통해서 절편 동일성을 검정한다.

절편 제약한 완전모형이란 잠재변수와 오차변수의 평균과 관측변수의 절편을 고정시킨 모형이다. 여기서는 잠재변수와 오차변수의 평균을 "0"으로 고정시키고 관측변수의 절편을 남학생과 여학생 모두 동일하게 고정시킨다. 먼저, 잠재변수와 오차변수의 평균을 "0"으로 고정시키기 위해 그림 11.42와 같이 [View] → [Analysis Properties]를 선택한 후 [Estimation]에서 [Estimate means and intercepts]를 체크한다.

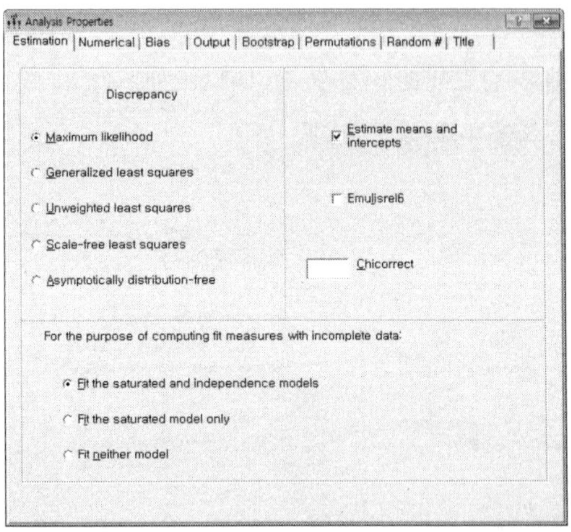

• **그림 11.42** • [Estimate means and intercepts] 체크

그림 11.43처럼 남학생과 여학생 집단 모두에 대한 잠재변수와 측정오차 위에 평균 0이 자동으로 생성된 것을 알 수 있다.

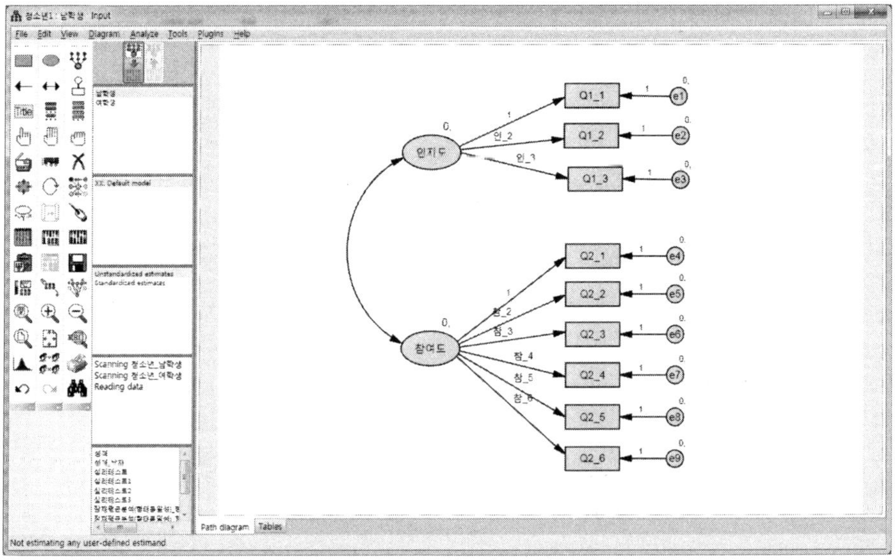

• **그림 11.43** • 평균 제약한 축소모형

다음은 관측변수의 절편을 동일하게 고정시키기 위해 그림 11.44와 같이 남학생과 여학생 모두 똑같은 절편 이름을 부여한다.

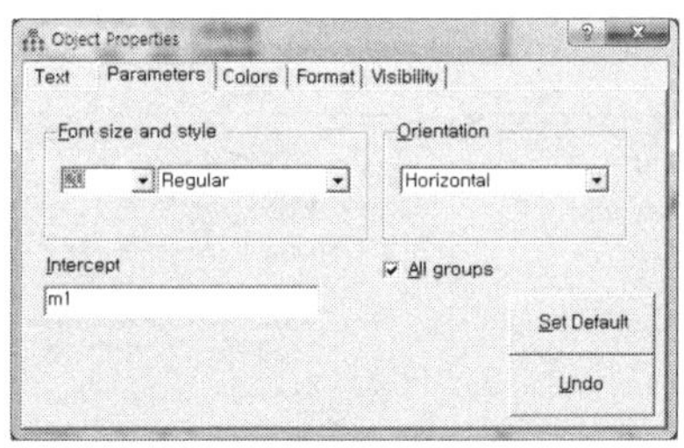

• **그림 11.44** • 절편 이름 부여

그림 11.45는 모든 관측변수들의 절편에 대해 남학생과 여학생 집단 모두 똑같이 이름을 부여하여 얻은 그림이다.

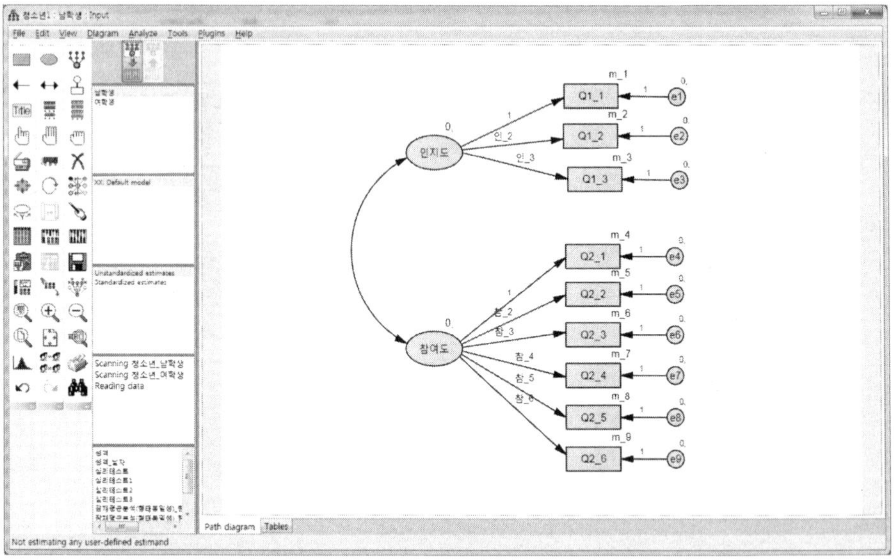

• **그림 11.45** • 절편 제약한 축소모형

그림 11.45를 보면 잠재변수와 오차변수의 평균은 0으로 고정되어 있고 관측변수의 절편은 남학생과 여학생 모두 같은 문자로 고정되어 있는 것을 알 수 있다.

그림 11.46은 그림 11.45의 절편 제약한 축소모형에 대한 적합도를 나타내고 있다.

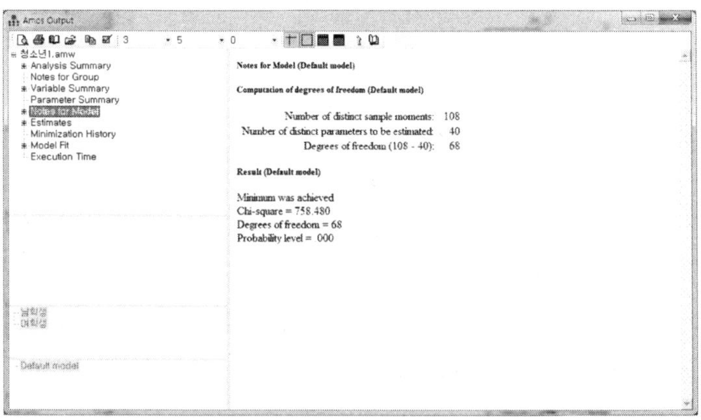

• **그림 11.46** • 절편 제약한 축소모형에 대한 χ^2-통계량에 의한 적합도

그림 11.46으로부터 절편을 제약한 축소모형하에서 얻어진 χ^2-통계량에 의한 적합도는 $\chi^2 = 758.480$, $df = 68$이고, 그림 11.41로부터 요인계수를 제약한 완전모형하에서 얻어진 χ^2-통계량에 의한 적합도는 $\chi^2 = 488.477$, $df = 59$이다. 따라서 절편을 제약한 축소모형과 요인계수를 제약한 완전모형 간의 χ^2-통계량 차이는 $\Delta\chi^2 = 270.003(= 758.480 - 488.477)$이고 자유도의 차이는 $\Delta df = 9(=68-59)$이다. 유의수준 $\alpha = 0.05$에서 $\chi^2_\alpha(9) = 16.919$이므로 $\Delta\chi^2 = 270.003 > \chi^2_\alpha(9) = 16.919$이다. 따라서 유의수준 $\alpha = 0.05$에서 절편 제약한 축소모형과 요인계수 제약한 완전모형 간 통계적으로 유의한 차이가 있다고 할 수 있다. 그러므로 두 집단 간에 절편 동일성이 만족된다고 볼 수 없다.

결론적으로 잠재평균분석을 위한 선행조건인 형태 동일성, 매트릭 동일성은 만족하지만 절편 동일성은 만족하지 못하였다. 하지만 형태 동일성과 매트릭 동일성을 만족하므로 잠재평균분석을 위한 전제조건을 만족하는 것으로 간주하여 남학생 집단과 여학생 집단 간에 잠재평균분석을 수행하고자 한다.

(2) 잠재평균분석

잠재평균분석을 위해 남학생 집단과 여학생 집단 중에서 남학생 집단을 참조집단으로 정한다. 이에 따라 여학생 집단에서 이미 설정된 잠재변수의 평균 "0"을 해제해야 한다. 그림 11.47에서처럼 여학생 집단에 대해 잠재변수 "인지도"와 "참여도"의 평균 "0"을 제거하고 [All groups]의 체크도 해제한다.

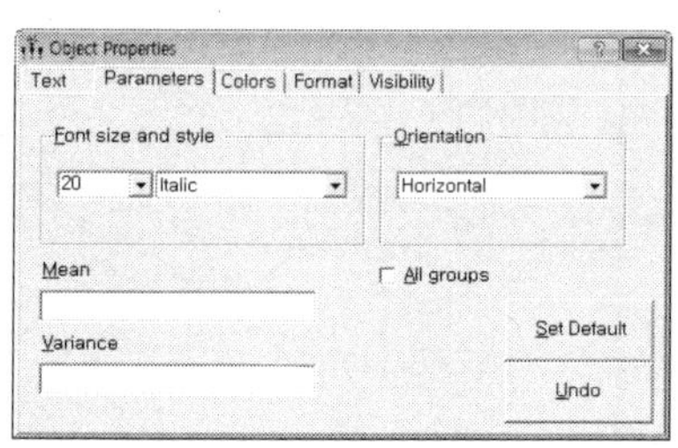

• **그림 11.47** • 여학생 집단의 잠재변수 평균 0 제거

그림 11.48은 각각 남학생 집단에서 잠재평균분석을 위한 경로도형이다.

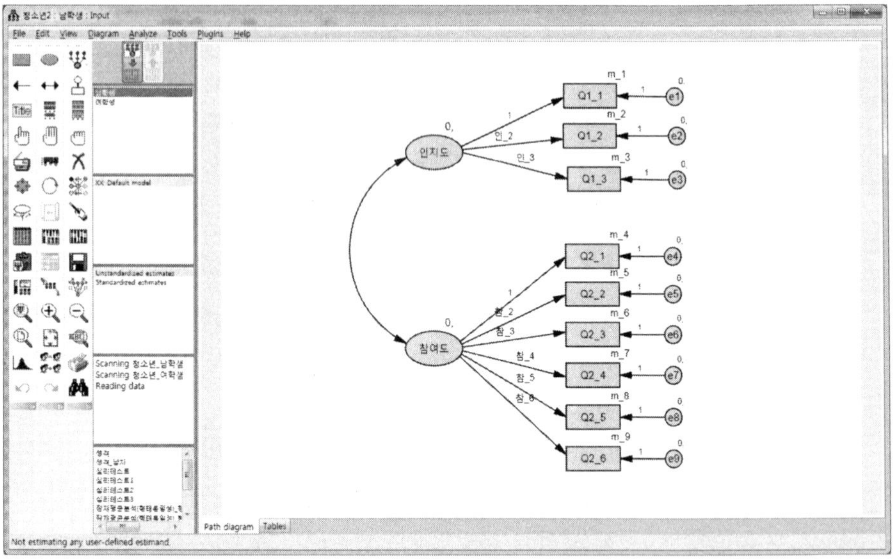

• **그림 11.48** • 남학생 집단에 대한 연구모형

그림 11.49는 여학생 집단에서 잠재평균분석을 위한 경로도형이다.

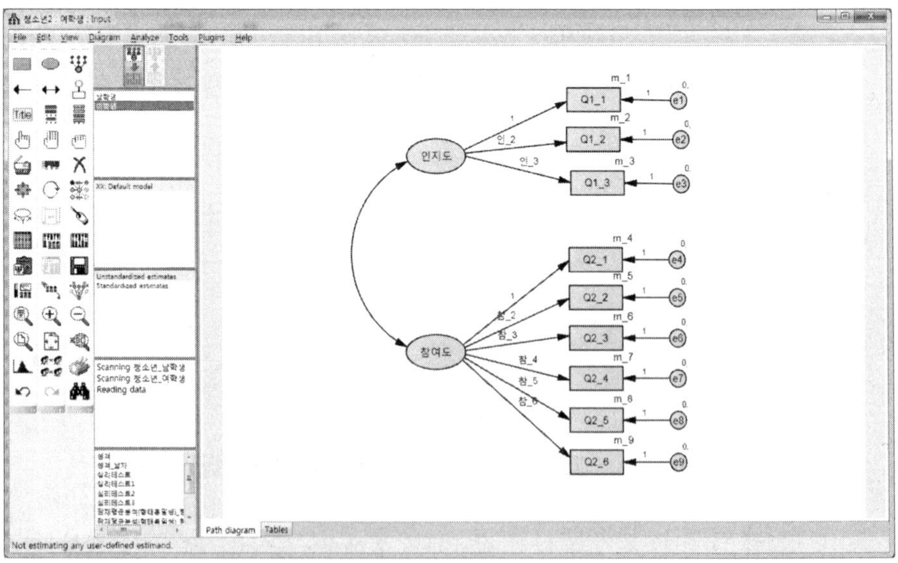

• **그림 11.49** • 여학생 집단에 대한 연구모형

그림 11.48과 그림 11.49의 차이점은 잠재변수 "인지도"와 "참여도"에서 평균 0의 설정 여부이다.

그림 11.50은 그림 11.49의 연구모형에 대한 경로도형 실행 후 여학생 집단에 대한 잠재변수들의 평균 추정치들을 보여주고 있다.

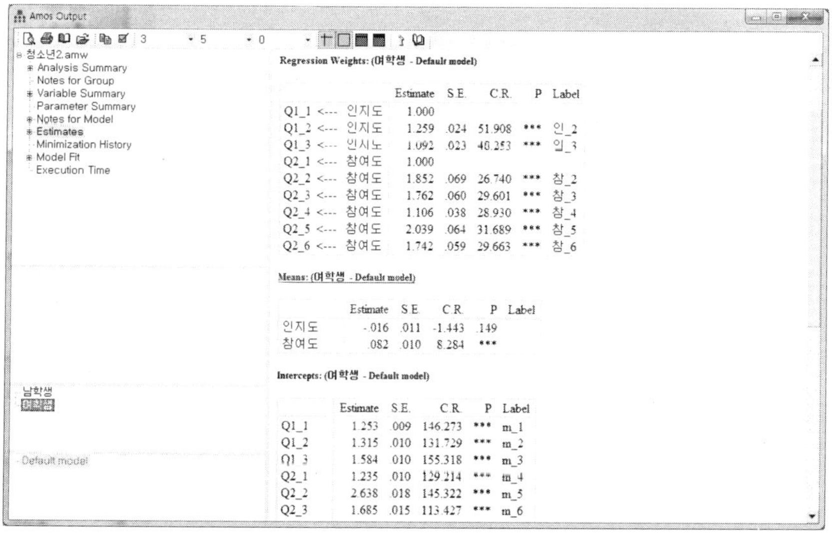

● **그림 11.50** ● 여학생 집단 모형에서 잠재변수 평균 추정치

그림 11.50으로부터 여학생 집단의 경우 인지도와 참여도의 평균이 각각 −0.016, 0.082로 나타났다. 남학생 집단의 인지도와 참여도의 평균이 0이므로 여학생 집단에서 인지도는 남학생 집단과 비교해서 평균적으로 낮고 참여도는 높음을 알 수 있다. 그리고 각각의 유의확률이 $p = 0.149$, $p =$***이므로 유의수준 $\alpha = 0.05$에서 인지도는 유의하지 않으나 참여도는 남학생 집단과 비교해서 유의하다고 알 수 있다.

12장

잠재성장곡선모형

12.1 잠재성장곡선모형의 개념

잠재성장곡선모형(latent growth curve model: LGCM)은 패널 자료(panel data) 혹은 종단자료(longitudinal data)에서 시간에 따라 성장패턴(growth pattern) 혹은 변화패턴을 분석하는 방법으로 잠재성장모형(latent growth model: LGM)이라고도 한다. 여기서 종단자료는 시간에 따라 여러 변수들에 대해 측정한 자료이고, 패널 자료는 똑같은 개체(예를 들어 사람, 회사 등)에 대해서 여러 시점에서 조사가 이루어진 종단자료의 한 형태이다. 잠재성장곡선모형의 예로는 연령별 인터넷 중독 변화, 연도별 제품 만족도 변화, 분기별 암환자 치유 변화, 월별 후보 지지율 변화 등의 분석을 들 수 있다.

잠재성장곡선모형은 성장패턴 혹은 변화패턴의 형태에 따라 선형 잠재성장곡선모형과 비선형 잠재성장곡선모형으로 나눈다. 선형 잠재성장곡선모형은 성장패턴이 선형을 가정한 모형이고 잠재성장곡선모형에서 많이 사용하는 모형이다. 그리고 비선형 잠재성장곡선모형은 성장패턴이 선형이 아닌 비선형으로, 예를 들어 이차함수와 같은 형태를 가정한 모형이다. 그림 12.1은 선형 잠재성장곡선모형의 예를 보여주고 있다.

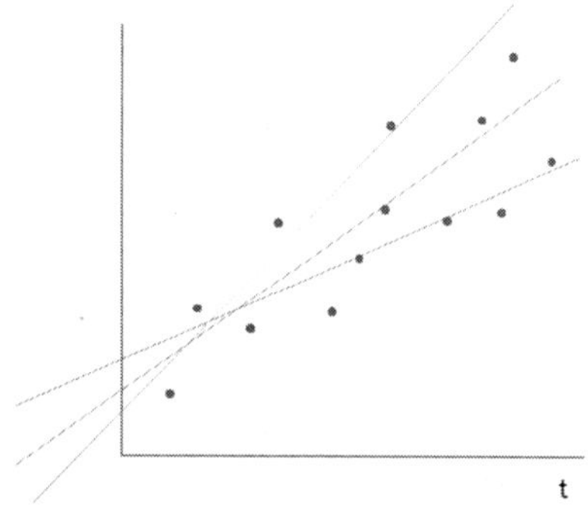

• 그림 12.1 • 선형 잠재성장곡선모형

그림 12.1의 선형 잠재성장곡선모형에서 변화패턴은 절편(intercept)과 기울기(slope) 두 개의 변수를 가지고 나타낸다. 여기서 절편은 변화량의 초기 상태(혹은 초깃값, 초기수준)를 나타내고 기울기는 변화율(혹은 변화수준)을 나타낸다.

지금까지 설명한 잠재성장곡선모형을 무조건모형(unconditional model, 비조건모형)이라고 하고 무조건모형은 개인-내 모형(within-person model)과 개인-간 모형(between-person model)으로 나눈다. 개인-내 모형을 수준 1 모형(level 1 model)이라고 하고 개인-간 모형을 수준 2 모형(level 2 model)이라고 한다. 개인-내 모형은 각각의 개인에 대해 그림 12.1의 선형 잠재성장곡선모형에서 다음과 같이 정의할 수 있다.

$$y_{it} = \alpha_i + \beta_i x_t + \varepsilon_{it}, i = 1, \cdots, N$$

여기서 y_{it}은 개인 i의 시점 t에서 관측값, α_i은 개인 i의 초기 상태, β_i은 개인 i의 변화율, x_t는 시점 t에서 계수(예를 들면, 0, 1, 2,...), ε_{it}은 개인 i의 시점 t에서 관측오차를 나타낸다.

개인-간 모형은 조사대상 전체에 대해 다음과 같이 정의할 수 있다.

$$\alpha_i = \mu_\alpha + \zeta_{\alpha i}, \ \beta_i = \mu_\beta + \zeta_{\beta i}$$

여기서 μ_α와 μ_β는 조사대상 전체의 평균 초기 상태와 평균 변화율이고 $\zeta_{\alpha i}$은 개인 i가 α_i와의 편차로 평균 초기 상태로부터 벗어난 정도를 나타내고, $\zeta_{\beta i}$은 개인 i가 β_i와의 편차로 평균 변화율로부터 벗어난 정도를 나타낸다.

잠재성장곡선모형은 조건에 따라 성장모형에 영향을 미치는지 알고자 하는 경우 영향을 주는 조건변수를 공변량 변수(covariate)로 취급하여 잠재성장곡선모형을 추가 분석할 수 있다. 잠재성장곡선모형에 공변량 변수를 추가한 모형을 공변량 잠재성장곡선모형이라고 하고 조건모형(conditional model)으로 분류한다. 이에 비하여 앞에서 공변량 변수가 없는 모형을 무조건 모형으로 분류한다. 공변량 잠재성장곡선모형의 예로는 연령별 교육수준에 따른 건강격차의 변화에서 교육수준의 효과, 연도별 성별에 따른 제품 만족도 조사에서 성별의 효과, 혹은 분기별 지역에 따른 부동산 가격 변화에서 지역의 효과 등의 분석을 들 수 있다.

12.2 예제를 이용한 AMOS 잠재성장곡선모형

예제 12.1 한국여성정책연구원은 전국 일반가구 중 만 19세 이상, 만 64세 이하의 여성가구원이 있는 가구를 대상으로 1차(2007년), 2차(2008년), 3차(2009년)에 모두 응답한 6910가구를 대상으로 표 12.1의 의료비 항목에 대해 여성가구 의료비를 조사하였다. 의료비 자료에서 2007~2009년에 걸친 의료비 변화 패턴에 대해 분석하고, 지역별(수도권과 비수도권)로 의료비 변화 패턴의 차이가 있는지에 대해 알아보고자 한다.

• **표 12.1** • 여성가구 의료비 조사 항목

변수	설문 문항
H2007	2007년 동안 보건의료비(병원 및 약국 등에 지출한 진찰비 및 의료비 등 포함)를 얼마를 지출하셨습니까?
H2008	2008년 동안 보건의료비(병원 및 약국 등에 지출한 진찰비 및 의료비 등 포함)를 얼마를 지출하셨습니까?
H2009	2009년 동안 보건의료비(병원 및 약국 등에 지출한 진찰비 및 의료비 등 포함)를 얼마를 지출하셨습니까?
지역	1: 수도권 : 서울, 인천, 경기 2: 비수도권

그림 12.2는 SPSS를 이용하여 입력한 의료비 자료의 일부를 나타내고 있다.

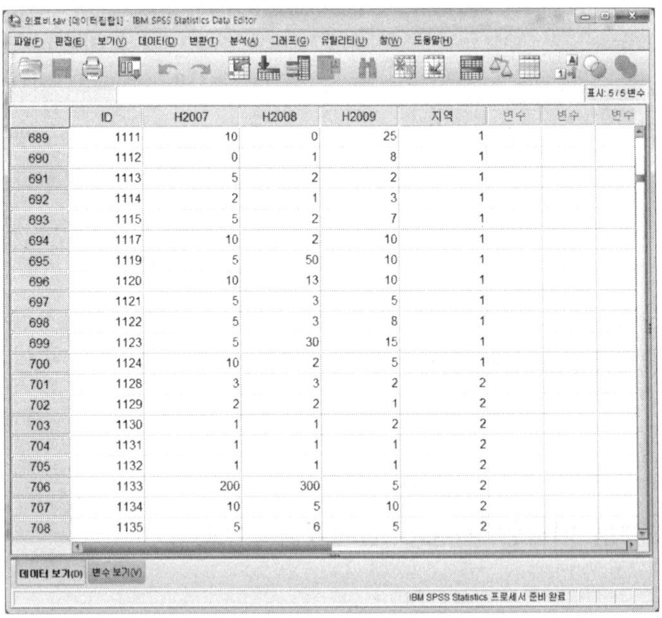

	ID	H2007	H2008	H2009	지역	변수	변수	변수
689	1111	10	0	25	1			
690	1112	0	1	8	1			
691	1113	5	2	2	1			
692	1114	2	1	3	1			
693	1115	5	2	7	1			
694	1117	10	2	10	1			
695	1119	5	50	10	1			
696	1120	10	13	10	1			
697	1121	5	3	5	1			
698	1122	5	3	8	1			
699	1123	5	30	15	1			
700	1124	10	2	5	1			
701	1128	3	3	2	2			
702	1129	2	2	1	2			
703	1130	1	1	2	2			
704	1131	1	1	1	2			
705	1132	1	1	1	2			
706	1133	200	300	5	2			
707	1134	10	5	10	2			
708	1135	5	6	5	2			

• **그림 12.2** • 의료비 자료("의료비.sav")

(1) 성장 패턴 분석

① 모형 생성

AMOS에서 잠재성장곡선모형을 생성하기 위해 메뉴에서 [Plugins] → [Growth Curve Model]을 선택한다. 그림 12.3의 [Growth Curve Modeling] 대화상자에서 [Number of time points]는 측정 횟수를 나타낸다. 예제 12.1의 의료비 자료는 2007년, 2008년, 2009년에 걸쳐 3번 측정되었기 때문에 3을 입력한다.

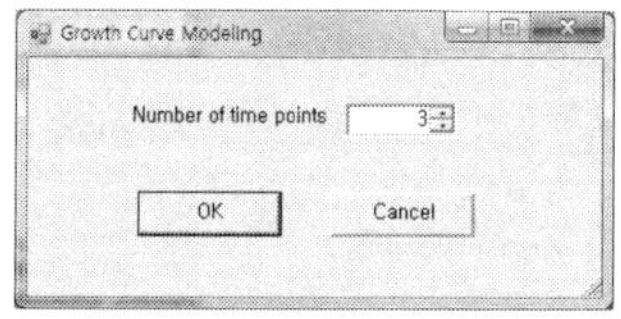

● 그림 12.3 ● 측정 횟수

그림 12.3에서 [OK] 버튼을 누르면 그림 12.4의 잠재성장곡선모형의 기본 형태가 자동으로 생성된다.

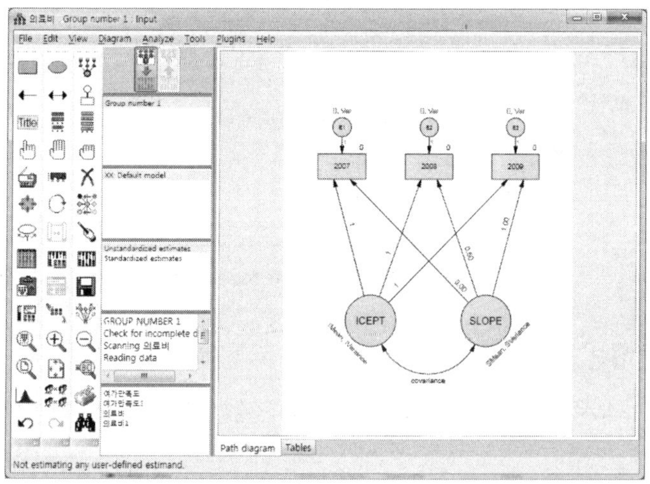

● 그림 12.4 ● 잠재성장곡선모형의 기본 형태

그림 12.4에서 잠재변수 ICEPT는 절편(intercept)을 의미하고 초기 상태(혹은 초깃값)를 나타낸다. 그리고 잠재변수 SLOPE는 기울기(slope)를 의미하고 변화율을 나타낸다. ICEPT의 평균을 IMean, 분산을 IVariance로 나타내고 SLOPE의 평균을 SMean, 분산을 SVariance로 나타낸다. 예제 12.1에서 IMean은 의료비에서 초기 상태의 평균이며 이는 전체 표본을 가지고 추정하고, IVariance는 개인이 평균 초기 상태로부터 분산 정도를 나타내고 전체자료의 분산을 가지고 추정한다. 그리고 SMean은 의료비에서 변화율의 평균이며 SVariance는 시간의 경과에 따른 개인의 변화율이 평균 변화율로부터 분산 정도를 나타낸다.

그림 12.4의 잠재성장곡선모형의 기본 형태에서 보면, ICEPT의 요인계수는 모두 1로 고정되어 있고 SLOPE의 요인계수는 측정 횟수가 3인 경우 기본적으로 {0.00, 0.50, 1.00}으로 정해져 있다.

그림 12.4로부터 관측변수의 절편과 오차항의 평균과 분산이 고정되어 있는 것을 알 수 있다. 여기서 관측변수의 절편은 "0", 오차항의 평균과 분산은 각각 "0"과 "Var"

로 고정되어 있다. 이것은 그림 12.5에서처럼 [View] → [Analysis Properties] 메뉴의 [Estimation] 탭에서 [Estimate means and intercepts]가 자동으로 체크되어 있기 때문이다.

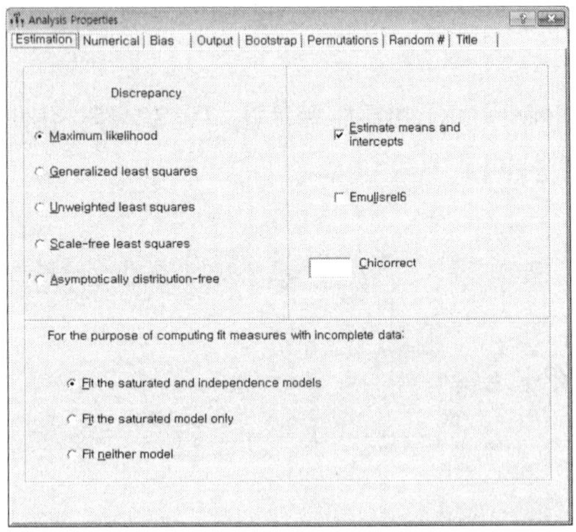

• **그림 12.5** • [Estimate means and intercepts] 체크

② 데이터 불러오기

메뉴에서 [File] → [Data Files]을 선택하여 그림 12.6과 같이 데이터를 불러온다.

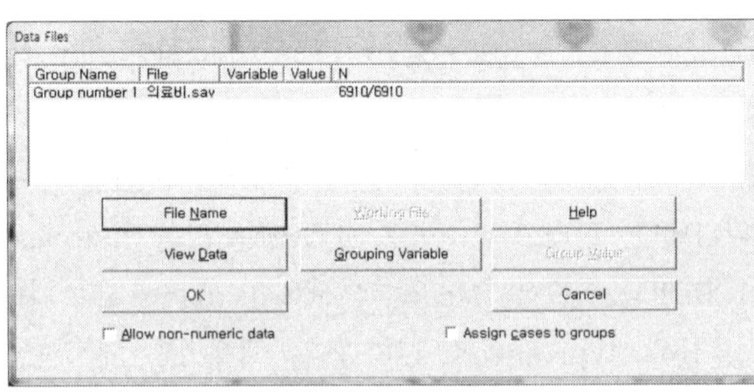

• **그림 12.6** • 의료비 데이터 불러오기

③ 관측변수 이름 변경

그림 12.4의 잠재성장곡선모형에서 관측변수 이름을 데이터 파일에서 주어진 변수이름으로 변경해야 한다. 이를 위해 메뉴에서 [View] → [Variables in Dataset]을 클릭하여 나타나는 그림 12.7의 변수목록에 있는 변수이름을 선택하여 변경한다. 여기서 변수이름을 드래그하면 변수에 대한 레이블로 대체된다.

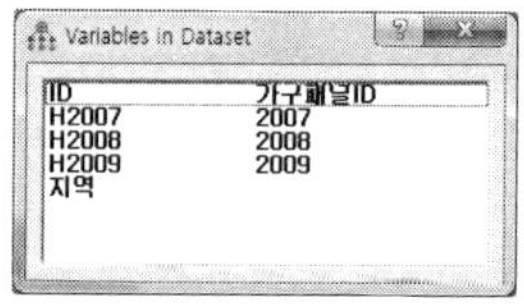

• **그림 12.7** • 변수목록

그림 12.8은 잠재성장곡선모형의 기본 형태에 관측변수의 이름이 변경된 기본적인 잠재성장곡선모형을 나타내고 있다.

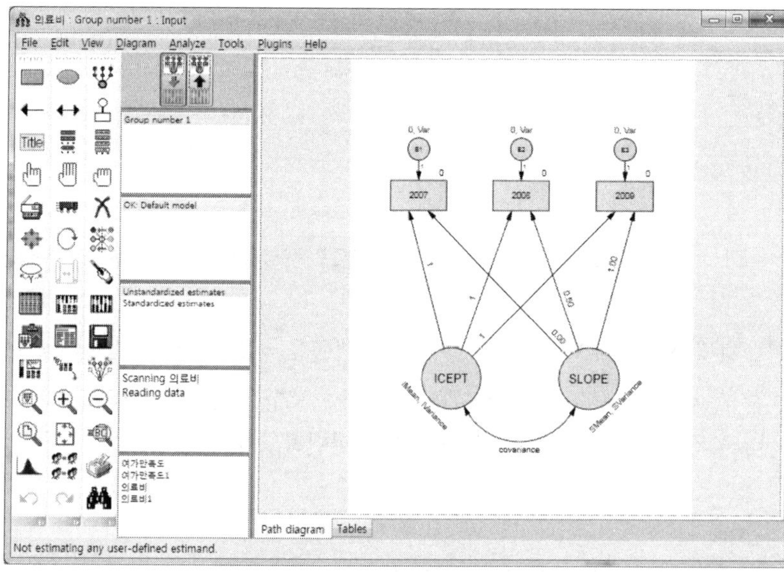

• **그림 12.8** • 기본적인 잠재성장곡선모형

그림 12.8로부터 기존의 관측변수명 "X1", "X2", "X3" 대신 "2007", "2008", "2009"로 변경된 것을 알 수 있다.

④ 모형의 적합도 평가

그림 12.8의 기본적인 잠재성장곡선모형의 χ^2-통계량에 의한 적합도는 다음과 같다.

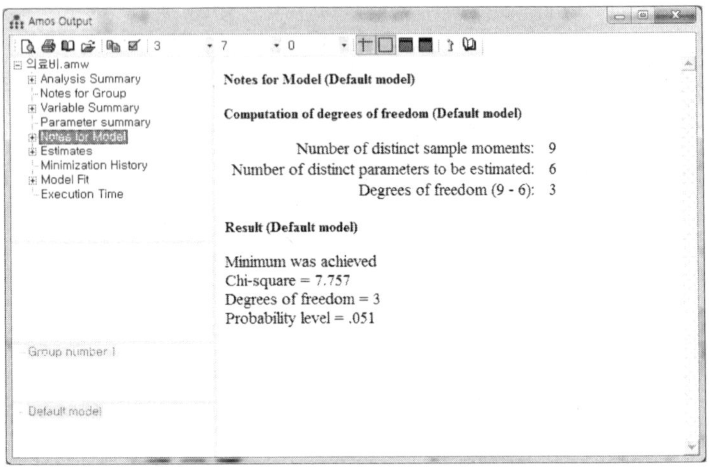

그림 12.9 기본적인 잠재성장곡선모형의 χ^2-통계량에 의한 적합도

그림 12.9로부터 $\chi^2 = 7.757$, 유의확률 $p = 0.051$로 엄격하게 판단하자면 유의수준 $\alpha = 0.05$에서 유의하지 않다. 따라서 모형은 χ^2-통계량만 가지고는 적합하지만 다른 적합지수들과 함께 적합 여부를 판단하고자 한다.

CMIN

Model	NPAR	CMIN	DF	P	CMIN/DF
Default model	6	7.757	3	.051	2.586
Saturated model	9	.000	0		
Independence model	6	1200.711	3	.000	400.237

일반적으로 연구모형(Default model)에서 모수의 개수는 독립모형(Independence model)과 포화모형(Saturated model) 사이에 있다. 그런데 그림 12.8의 잠재성장곡선모형에서 모수의 개수는 독립모형의 모수의 개수와 같다. 독립모형은 추정할 모수가 가장 적은 모형이고, 포화모형과 같이 극단적인 모형에 해당되므로 우리가 찾는 모형은 아니다.

Parsimony-Adjusted Measures

Model	PRATIO	PNFI	PCFI
Default model	1.000	.994	.996
Saturated model	.000	.000	.000
Independence model	1.000	.000	.000

그림 12.8의 잠재성장곡선모형에서 간명비율 PRATIO = 1로 가장 단순한 모형임을 알 수 있다.

⑤ **오차분산 제약 풀기**

그림 12.8의 기본적인 잠재성장곡선모형은 추정할 모수의 개수가 독립모형의 모수의 개수와 같다. 따라서 추정할 모수의 개수를 늘리기 위해 고정모수(fixed parameter)를 자유모수(free parameter)로 대체한다. 여기서는 그림 12.8의 기본적인 잠재성장곡선모형에서 3개의 오차항 분산이 모두 "Var"로 고정되어 있는 것을 그림 12.10에서처럼 제약을 푼다.

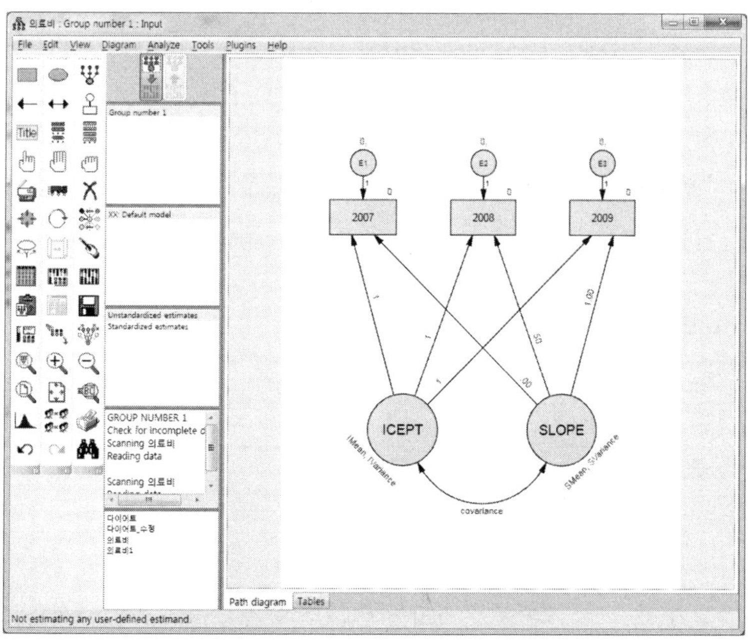

• **그림 12.10** • 오차분산 제약이 없는 모형

그림 12.10에서 보면 오차항 E1, E2, E3의 분산에 아무런 제약이 없는 것을 알 수 있다.

⑥ 오차분산 제약이 없는 모형의 적합도 평가

그림 12.11은 그림 12.10의 오차분산 제약이 없는 모형의 χ^2-통계량에 의한 적합도를 나타내고 있다.

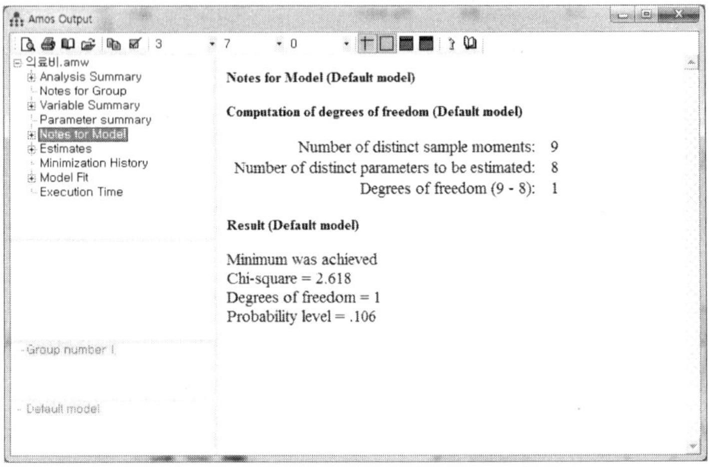

• **그림 12.11** • 오차분산 제약이 없는 모형의 χ^2-통계량에 의한 적합도

그림 12.11으로부터 $\chi^2 = 2.618$, 유의확률 $p = 0.106$로 유의수준 $\alpha = 0.05$에서 모형이 적합하다. 그림 12.8의 기본적인 잠재성장곡선모형과 비교했을 때 χ^2-통계량 값이 작아지면서 유의확률이 상대적으로 커졌음을 알 수 있다. 따라서 오차분산 제약이 없는 모형이 기본적인 잠재성장곡선모형보다 더 적합한 모형임을 알 수 있다.

다음은 χ^2-통계량 외에 여러 가지 적합지수들에 대해 살펴보고자 한다.

CMIN

Model	NPAR	CMIN	DF	P	CMIN/DF
Default model	8	2.618	1	.106	2.618
Saturated model	9	.000	0		
Independence model	6	1200.711	3	.000	400.237

그림 12.10의 오차분산 제약이 없는 모형은 CMIN/DF = 2.618로 낮은 수치를 보임으로써 그림 12.8의 잠재성장곡선모형보다 적합한 모형을 나타내고 있다.

Baseline Comparisons

Model	NFI Delta1	RFI rho1	IFI Delta2	TLI rho2	CFI
Default model	.998	.993	.999	.996	.999
Saturated model	1.000		1.000		1.000
Independence model	.000	.000	.000	.000	.000

그림 12.10의 오차분산 제약이 없는 모형은 NFI, TLI, CFI에서 모두 1에 가까운 값으로 그림 12.8의 잠재성장곡선모형보다 좋은 모형을 나타내고 있다.

RMSEA

Model	RMSEA	LO 90	HI 90	PCLOSE
Default model	.015	.000	.039	.994
Independence model	.240	.229	.252	.000

그림 12.10의 오차분산 제약이 없는 모형은 RMSEA = 0.015로 낮은 수치를 보임으로써 그림 12.8의 잠재성장곡선모형보다 좋은 모형을 나타내고 있다.

⑦ 오차분산 제약이 없는 모형하에서 모수추정치

그림 12.12는 그림 12.10의 오차분산 제약이 없는 모형에 대한 모수추정치를 나타내고 있다.

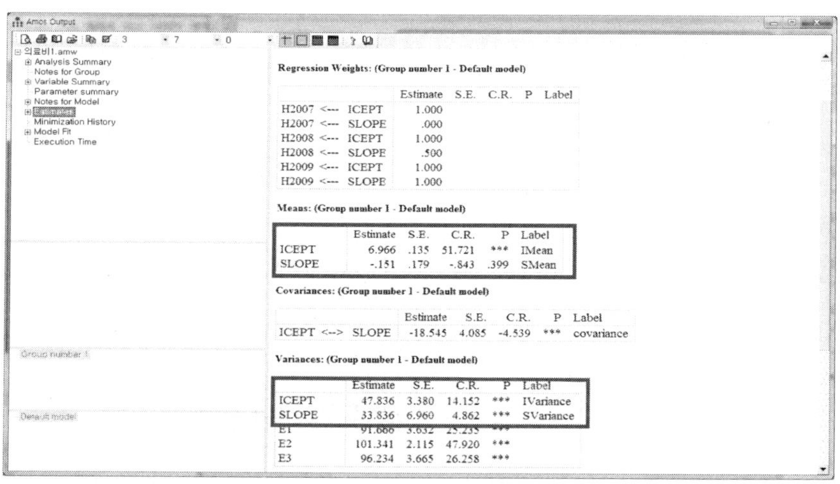

• 그림 12.12 • 오차분산 제약이 없는 모형에 대한 모수추정치

그림 12.12로부터 잠재변수 ICEPT와 SLOPE의 평균에 대한 검정에 대해 살펴보고자 한다. 먼저, ICEPT의 평균에 대해 다음과 같은 가설을 세울 수 있다.

$$H_0 : u_\alpha = 0 \quad H_1 : u_\alpha \neq 0$$

그림 12.12에서 ICEPT의 평균 IMean = 6.966, C.R. = 51.721, p=***이다. 따라서 H_0가 기각되어 평균 초기 상태가 유의미하다고 할 수 있다. 그리고 SLOPE의 평균에 대해 다음과 같은 가설을 세울 수 있다.

$$H_0 : u_\beta = 0 \quad H_1 : u_\beta \neq 0$$

SLOPE의 평균 SMean = −0.151, C.R. = −0.843, $p = 0.399$이다. 따라서 유의수준 $\alpha = 0.05$에서 H_0가 채택되어 평균 변화율이 유의미하지 않다고 할 수 있다.

다음은 ICEPT와 SLOPE의 분산에 대한 검정에 대해 살펴보고자 한다. 먼저, ICEPT의 분산에 대해 다음과 같은 가설을 세울 수 있다.

$$H_0 : \sigma^2_{\alpha_i} = 0 \quad H_1 : \sigma^2_{\alpha_i} \neq 0$$

그림 12.12에서 ICEPT의 분산 IVariance = 47.836, C.R. = 14.152, p=***이다. 따라서 H_0가 기각되어 개인-간 초기 상태에서 유의미한 차이가 있다고 할 수 있다. 그리고 SLOPE의 분산에 대해 다음과 같은 가설을 세울 수 있다.

$$H_0 : \sigma^2_{\beta_i} = 0 \quad H_1 : \sigma^2_{\beta_i} \neq 0$$

SLOPE의 분산 SVariance = 33.836, C.R. = 4.862, p=***이다. 따라서 H_0가 기각되어 개인 간 변화율에도 유의미한 차이가 있다고 할 수 있다.

주어진 자료로부터 잠재성장곡선모형을 추정함으로서 평균 의료비를 예측할 수 있다. 그림 12.12로부터 추정된 잠재성장곡선모형은 다음과 같다.

$$\hat{y_i} = \hat{\alpha} + \hat{\beta} x_i$$

여기서

$$\hat{y_i} = 6.966 + (-0.151) x_i \tag{12.1}$$

이다. 위의 추정된 잠재성장곡선모형을 이용하여 다음과 같이 "몇 해의 평균 의료비"를 추정할 수 있다.

$$\text{몇 해의 평균 의료비} = \text{ICEPT} + \text{SLOPE} \times \text{SLOPE의 요인계수}$$

만약 2007년, 2008년, 2009년의 평균 의료비는 다음과 같이 추정할 수 있다.

$$\text{2007년 평균 의료비} = 6.966 + (-0.151) \times 0.000 = 0.966$$
$$\text{2008년 평균 의료비} = 6.966 + (-0.151) \times 0.500 = 6.891$$
$$\text{2009년 평균 의료비} = 6.966 + (-0.151) \times 1.000 = 6.815$$

식 (12.1)을 이용하여 몇 년 후의 평균 의료비를 예측할 수 있다. 예를 들어 2011년의 평균 의료비는 다음과 같이 예측할 수 있다.

$$\text{2011년 평균 의료비} = 6.966 + (-0.151) \times 2.000 = 6.664$$

여기서 SLOPE의 요인계수에서 2.000은 자료 측정 횟수를 3에서 5로 확장하는 경우 얻어지는 수이다. 즉, 0.000에서 0.500씩 증가하여 5번째에 해당되는 수이다.

따라서 어느 해의 평균 의료비 계산은 그림 12.13의 [Analysis properties] 대화상자의 [Output] 탭에서 [Implied moments]를 체크하여 실행하면 얻을 수 있다.

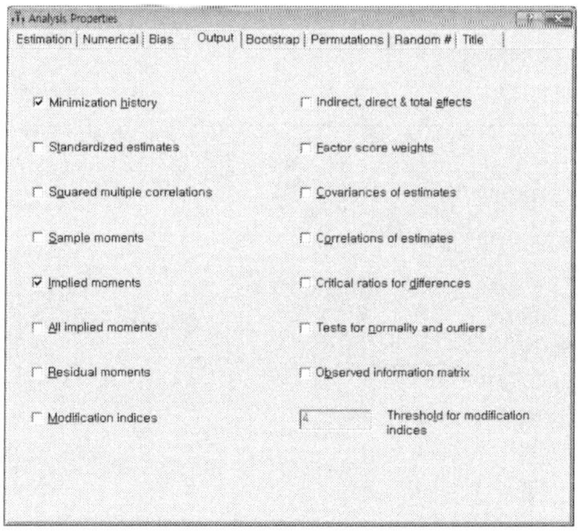

• **그림 12.13** • [Implied moments] 체크

그림 12.14는 연구모형에서 예측 평균값(implied means)을 보여주고 있다.

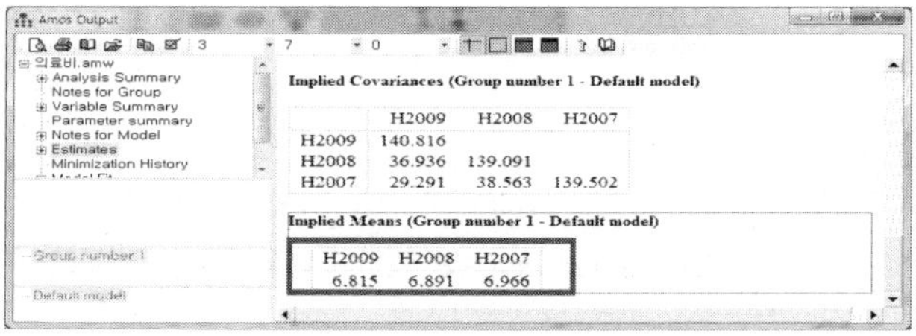

• **그림 12.14** • 예측 평균값

그림 12.14의 예측 평균값은 식 (12.1)에 의해 얻어진 예측된 평균 의료비와 같음을 알 수 있다.

⑧ SLOPE 요인계수 변경

기본적인 잠재성장곡선모형에서 ICEPT의 요인계수는 모두 1로 고정되어 있고 SLOPE의 요인계수는 {0.00, 0.50, 1.00}으로 고정되어 있다. 이것은 기본적인 잠재성장곡선모형의 변화 패턴이 양의 방향으로 선형적인 완만한 증가를 가정하고 있다. SLOPE의 요인계수는 과거의 경험과 같은 사전정보에 의해 변경이 가능하다.

변화 패턴이 양의 방향으로 선형적인 단순 증가할 것으로 기대된다면 SLOPE의 요인계수는 {0, 1, 2}로 변경할 수 있고, 음의 방향으로 선형적으로 감소할 것으로 기대된다면 {0, −1, −2}로 변경이 가능하다.

만약, 자료의 관측 횟수가 4개인 경우에 요인계수는 양의 방향으로 선형적으로 완만하게 증가할 것으로 기대된다면 {0.00, 0.33, 0.67, 1.00}으로 변경할 수 있고 단순 증가할 것으로 기대된다면 {0, 1, 2, 3}으로 변경하면 된다. 혹은 음의 방향으로 선형적으로 감소할 것으로 기대된다면 {0, −1, −2, −3}로 변경이 가능하다.

그림 12.15는 SLOPE의 요인계수만을 {0, 1, 2}로 변경한 잠재성장곡선모형을 나타내고 있다.

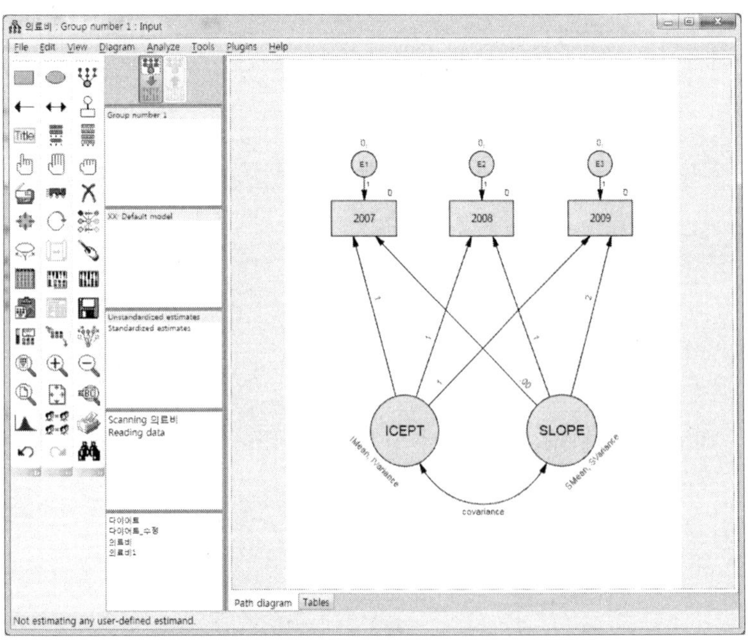

• 그림 12.15 • SLOPE 요인계수를 변경한 잠재성장곡선모형

⑨ SLOPE 요인계수를 변경한 잠재성장곡선모형에서 모수추정치

그림 12.16은 요인계수를 변경한 잠재성장곡선모형에서 모수추정치를 나타내고 있다.

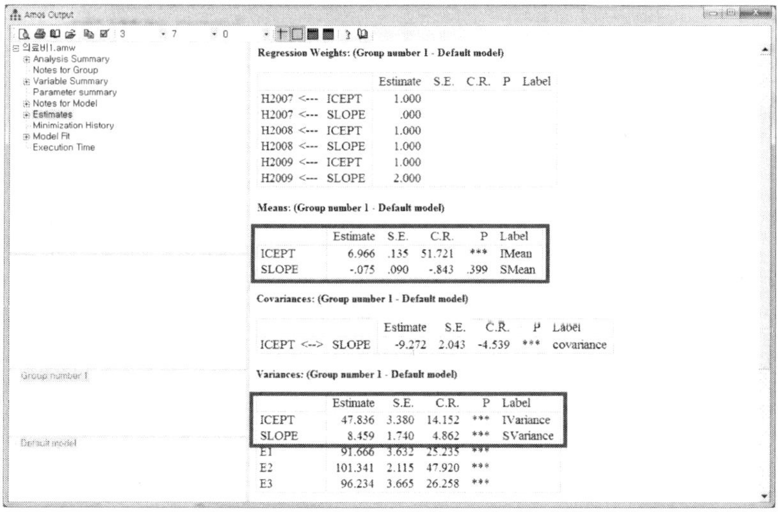

● **그림 12.16** ● 요인계수를 변경한 잠재성장곡선모형에서 모수추정치

그림 12.16으로부터 모수의 평균 추정치에 대해 ICEPT의 평균 IMean = 6.966이고, SLOPE의 평균 SMean = −0.075로 비록 SLOPE에서 평균 수치는 요인계수를 변경하기 전과 다르지만, 유의확률은 같음을 알 수 있다.

모수의 분산 추정치에 대해 ICEPT의 분산 IIVariance = 47.836이고, SLOPE의 분산 SVariance = 8.459로 비록 SLOPE에서 분산의 추정치는 요인계수를 변경하기 전과 다르지만, ICEPT와 SLOPE의 분산은 모두 통계적으로 매우 유의하여 같은 결과를 낳는다. 따라서 SLOPE의 요인계수에 관계없이 분석 결과는 같다.

그림 12.16에서 얻은 모수의 추정치를 이용하여 2007년, 2008년, 2009년의 평균 의료비는 다음과 같이 계산된다.

$$2007\text{년 평균 의료비} = 6.966 + (-0.075) \times 0.000 = 6.966$$
$$2008\text{년 평균 의료비} = 6.966 + (-0.075) \times 1.000 = 6.891$$
$$2009\text{년 평균 의료비} = 6.966 + (-0.075) \times 2.000 = 6.816$$

위의 수치는 그림 12.17의 [Output] 탭에서 [Implied moments]를 체크하여 실행하면 그림 12.18과 같은 예측 평균값을 얻을 수 있다.

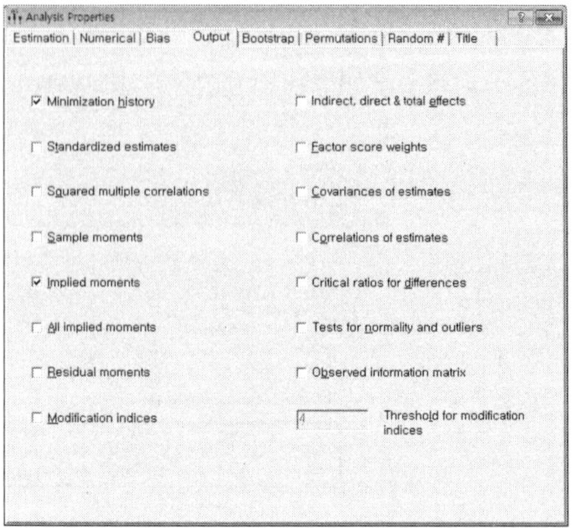

• **그림 12.17** • [Implied moments] 체크

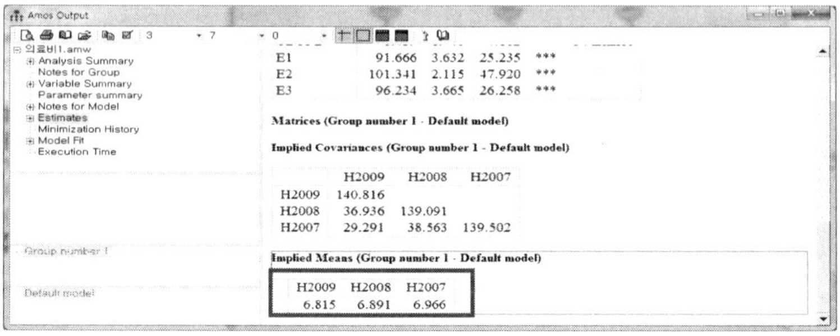

• **그림 12.18** • 예측 평균값

그림 12.18의 예측 평균값은 요인계수를 변경하기 전의 모형에 대한 그림 12.14의 예측 평균값과 같음을 알 수 있다.

(2) 지역별 변화량 차이 분석

지역(수도권과 비수도권)에 따라 의료비의 변화패턴에 차이가 있는지 알아보기 위해 잠재성장곡선모형에서 공변량 변수로 "지역"을 고려하여 공변량 잠재성장곡선모형을 분석하고자 한다.

그림 12.19는 "지역"이라는 공변량 변수를 잠재성장곡선모형에 추가하여 얻은 공변량 잠재성장곡선모형을 나타내고 있다.

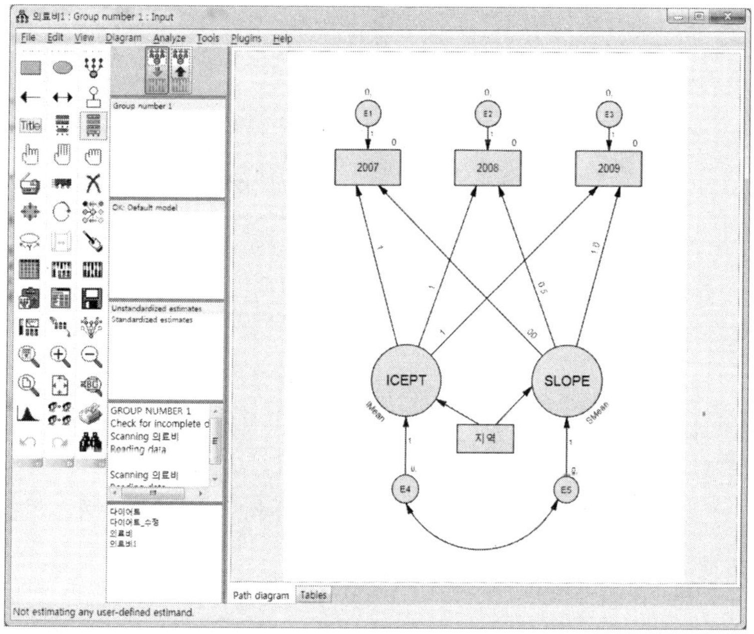

• **그림 12.19** • 공변량 잠재성장곡선모형

그림 12.19의 모형에서 잠재변수 ICEPT와 SLOPE는 추가된 "지역" 변수에 의해 내생변수가 되므로 직접적인 공분산 설정이 불가능하여 오차변수를 추가하여 공분산 관계를 설정한다. 그리고 오차변수에 의해 연결되는 내생변수 ICEPT와 SLOPE는 분산을 가질 수 없어서 분산을 제거하였다. 그림 12.20은 이와 관련된 경고 메시지이다.

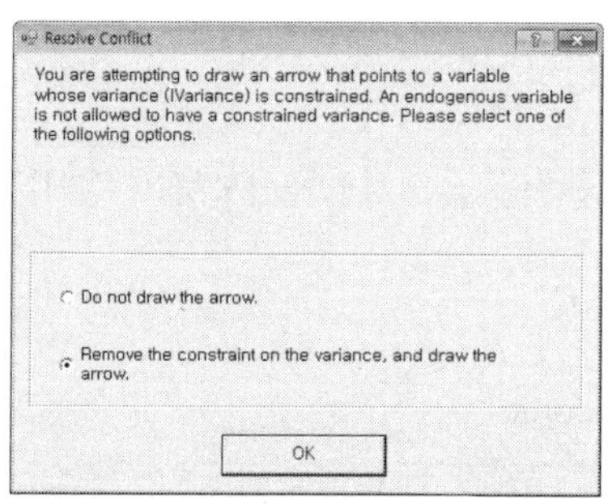

• **그림 12.20** • 경고 메시지

그림 12.10의 잠재성장곡선모형에서는 ICEPT의 평균 IMean과 분산 IVariance 그리고 SLOPE의 평균 SMean과 분산 SVariance이 주어졌는데, 그림 12.19의 공변량 잠재성장곡선모형은 잠재변수 ICEPT와 SLOPE에 의해 오차항이 삽입되면서 IMean과 SMean이 절편으로 변경된 것을 알 수 있다.

그림 12.21은 그림 12.19의 공변량 잠재성장곡선모형에 대한 χ^2-통계량에 의한 적합도를 나타내고 있다.

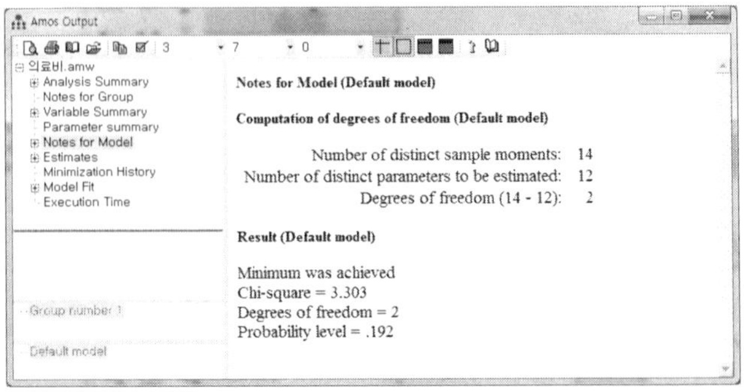

• **그림 12.21** • 공변량 잠재성장곡선모형에 대한 χ^2-통계량에 의한 적합도

그림 12.21로부터 $\chi^2 = 3.303$이고 유의확률이 $p = 0.192$로 유의수준 $\alpha = 0.05$에서 모형이 적합하다.

χ^2-통계량 외에 여러 가지 적합지수들에 대해 살펴보고자 한다.

CMIN

Model	NPAR	CMIN	DF	P	CMIN/DF
Default model	12	3.303	2	.192	1.651
Saturated model	14	.000	0		
Independence model	8	1236.583	6	.000	206.097

그림 12.19의 공변량 잠재성장곡선모형은 CMIN/DF = 1.651로 좋은 모형을 나타내고 있다.

Baseline Comparisons

Model	NFI Delta1	RFI rho1	IFI Delta2	TLI rho2	CFI
Default model	.997	.992	.999	.997	.999
Saturated model	1.000		1.000		1.000
Independence model	.000	.000	.000	.000	.000

그림 12.19의 공변량 잠재성장곡선모형은 NFI, TLI, CFI에서 모두 1에 가까운 값을 갖고 있어 좋은 모형을 나타내고 있다.

RMSEA

Model	RMSEA	LO 90	HI 90	PCLOSE
Default model	.010	.000	.028	1.000
Independence model	.172	.164	.180	.000

그림 12.19의 공변량 잠재성장곡선모형은 RMSEA = 0.010을 갖고 있어 매우 좋은 모형을 나타내고 있다.

그림 12.22는 그림 12.19의 공변량 잠재성장곡선모형에서 얻어진 모수추정치이다.

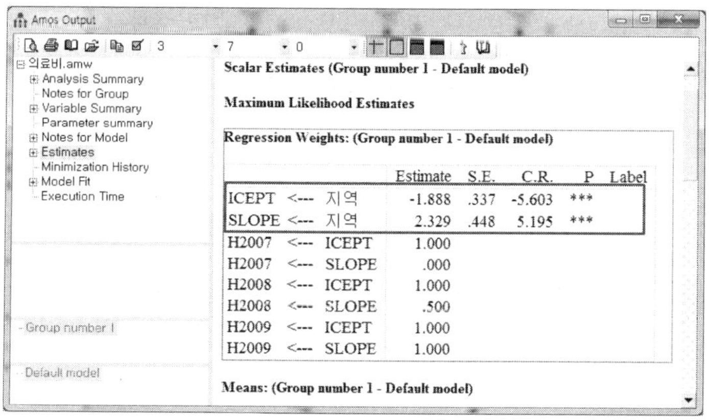

• **그림 12.22** • 공변량 잠재성장곡선모형에서 모수추정치

그림 12.22로부터 경로 [ICEPT ← 지역]의 경로계수 −1.888, p=***이고, 경로 [SLOPE ← 지역]의 경로계수 2.329, p=***로 모두 유의하다.

따라서 지역(수도권과 비수도권)에 따라 3년간에 걸쳐 의료비의 초기 상태와 변화율, 즉 의료비의 변화 패턴이 다르다고 할 수 있다.

예제 12.2 본 자료는 2003년 중학교 2학년 기준으로 총 6차 중에서 3차(2005년, 고등학교 1학년), 4차(2006년, 고등학교 2학년), 5차(2007년, 고등학교 3학년)에 걸쳐 실시한 한국 청소년 패널조사(KYPI) 자료의 일부로서 고등학생들의 여가생활에 대한 만족도를 조사한 자료이다. 여기서는 2005년, 2006년, 2007년 3년간에 걸쳐 고등학생들의 여가생활 만족도에 대한 변화 패턴과 성별(남, 여), 지역별(수도권, 비수도권)로 여가생활 만족도에 차이가 있는지를 알아보고자 한다(출처: 한국 아동·청소년 데이터 아카이브, http://archive.nypi.re.kr).

다음은 설문의 일부이다.

(1) 성별

① 남학생　　② 여학생

(2) 학생은 본인의 현재 여가생활에 전반적으로 만족하십니까?

① 전혀 만족하지 않는다.　　② 만족하지 못하는 편이다.

③ 보통이다.　　④ 만족하는 편이다.

⑤ 매우 만족한다.

(3) 사는 곳

① 수도권　　② 비수도권

그림 12.23은 SPSS를 이용하여 입력한 여가생활 만족도 자료이다.

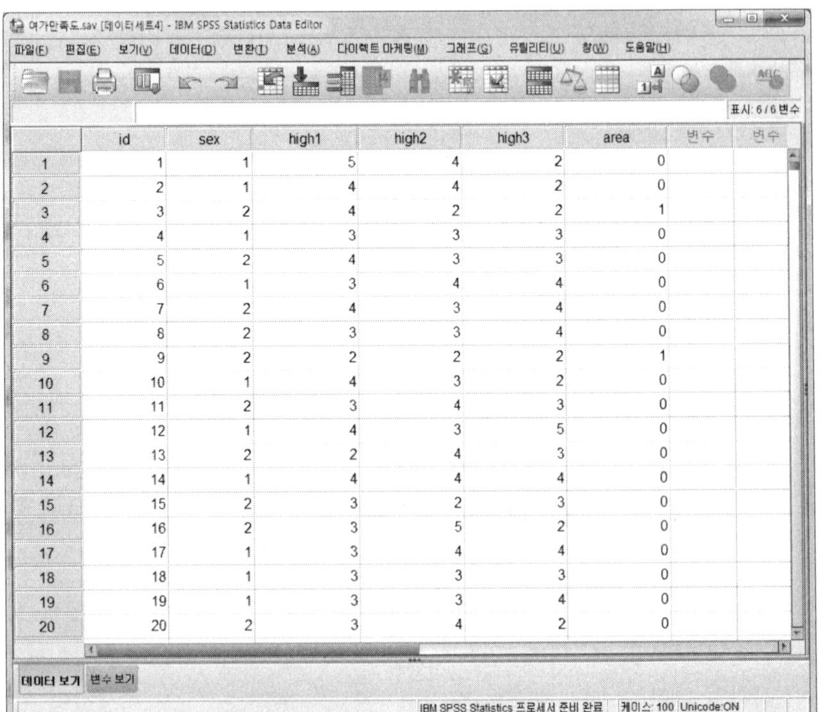

	id	sex	high1	high2	high3	area
1	1	1	5	4	2	0
2	2	1	4	4	2	0
3	3	2	4	2	2	1
4	4	1	3	3	3	0
5	5	2	4	3	3	0
6	6	1	3	4	4	0
7	7	2	4	3	4	0
8	8	2	3	3	4	0
9	9	2	2	2	2	1
10	10	1	4	3	2	0
11	11	2	3	4	3	0
12	12	1	4	3	5	0
13	13	2	2	4	3	0
14	14	1	4	4	4	0
15	15	2	3	2	3	0
16	16	2	3	5	2	0
17	17	1	3	4	4	0
18	18	1	3	3	3	0
19	19	1	3	3	4	0
20	20	2	3	4	2	0

• 그림 12.23 • 여가생활 만족도 자료("여가만족도.sav")

▶ 변수 설명

sex: 성별, 1: 남자, 2: 여자

high1: 고등학교 1학년 여가생활 만족도

high2: 고등학교 2학년 여가생활 만족도

high3: 고등학교 3학년 여가생활 만족도

area: 지역, 0: 수도권, 1: 비수도권

(1) 성장 패턴 분석

① 모형 생성

AMOS에서 잠재성장곡선모형을 생성하기 위해 [Plugins] → [Growth Curve Model] 메뉴를 선택한다. 그림 12.24의 [Growth Curve Modeling] 대화상자에서 [Number of time points]에는 3년에 걸쳐 3번 자료를 측정하였으므로 3을 입력한다.

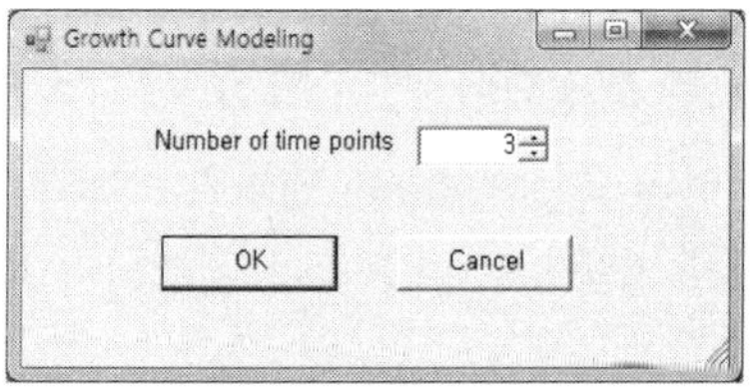

• **그림 12.24** • 측정 횟수

그림 12.24에서 [OK] 버튼을 누르면 그림 12.25의 잠재성장곡선모형의 기본 형태가 자동으로 생성된다.

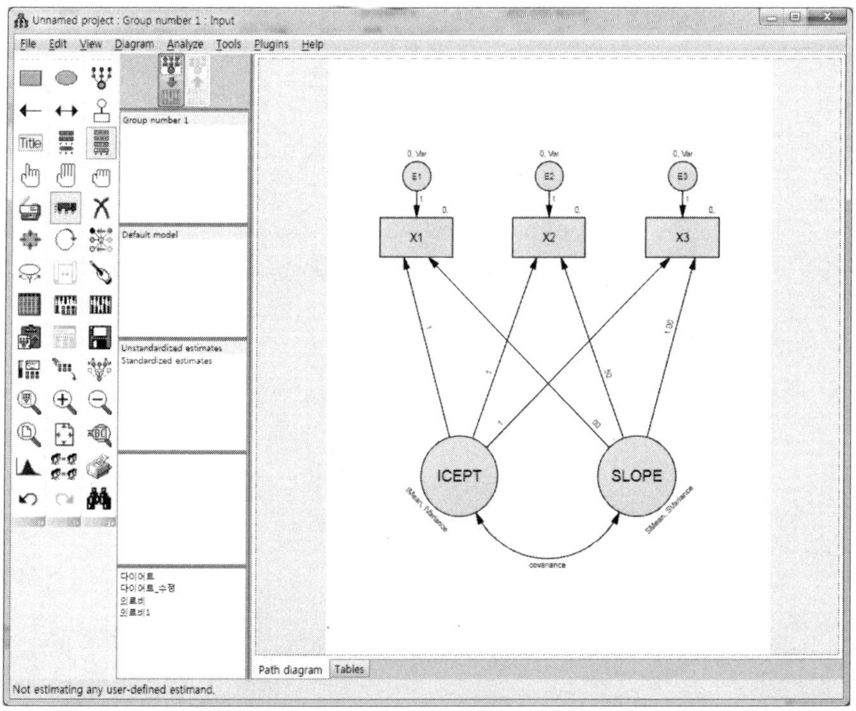

• **그림 12.25** • 잠재성장곡선모형의 기본 형태

그림 12.25에서 ICEPT는 초기 상태를 나타내고 SLOPE는 변화율을 나타낸다. ICEPT

의 평균과 분산은 각각 IMean과 IVariance, SLOPE의 평균과 분산은 각각 SMean과 SVariance를 나타낸다.

그림 12.25의 잠재성장곡선모형의 기본 형태에서 ICEPT의 요인계수는 모두 1로 고정되어 있고 측정 횟수가 3이므로 SLOPE의 요인계수는 {0.00, 0.50, 1.00}으로 자동으로 고정되어 있다. 만약 측정 횟수가 4이면 SLOPE의 요인계수는 {0.00, 0.33, 0.67, 1.00}으로 자동으로 고정된다.

그림 12.25에서 관측변수 X1, X2, X3의 절편 "0"과 오차항 E1, E2, E3의 평균 "0"과 분산 "Var"로 고정되어 있는 것을 알 수 있다. 이것은 그림 12.26에서처럼 [View] → [Analysis Properties] 메뉴의 [Estimation] 탭에서 [Estimate means and intercepts]가 자동으로 체크되어 실행되기 때문이다.

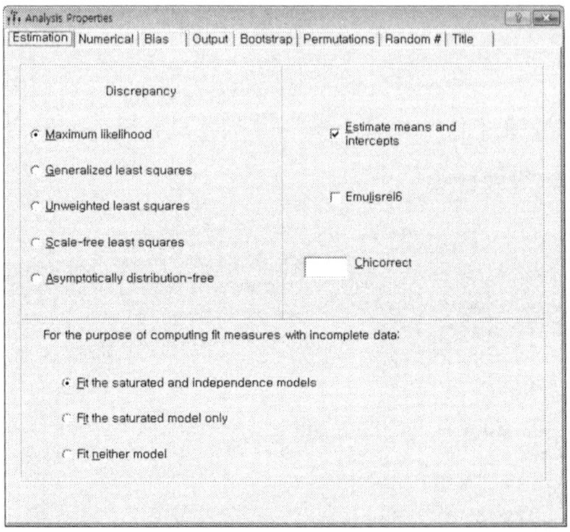

● 그림 12.26 ● [Estimate means and intercepts] 체크

② 데이터 불러오기

메뉴에서 [File] → [Data Files]을 선택하여 그림 12.27에서처럼 데이터를 불러온다.

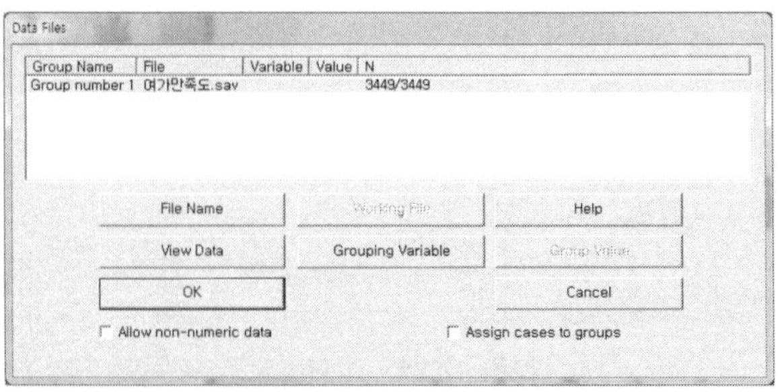

● 그림 12.27 ● 여가생활 만족도 데이터 불러오기

③ **관측변수 이름 변경**

그림 12.25의 기본적인 잠재성장곡선모형에 있는 관측변수 이름을 불러온 데이터의 변수이름으로 변경하기 위해 [View] → [Variables in Dataset] 메뉴를 클릭하여 나타나는 그림 12.28의 변수목록에 있는 변수이름으로 변경한다.

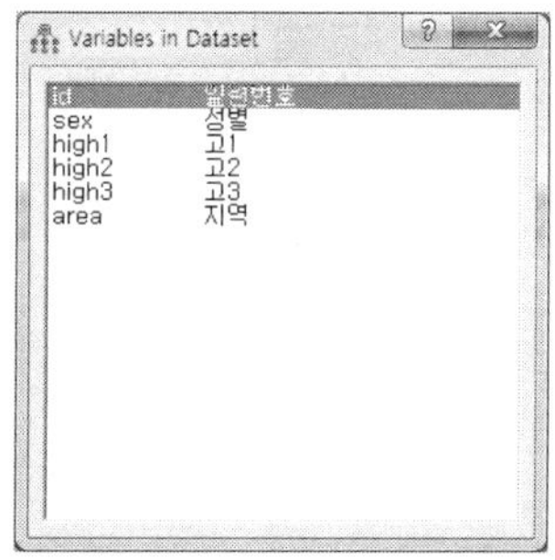

그림 12.28 데이터의 변수목록

그림 12.29는 기본적인 잠재성장곡선모형에 관측변수 이름이 변경된 모형이다.

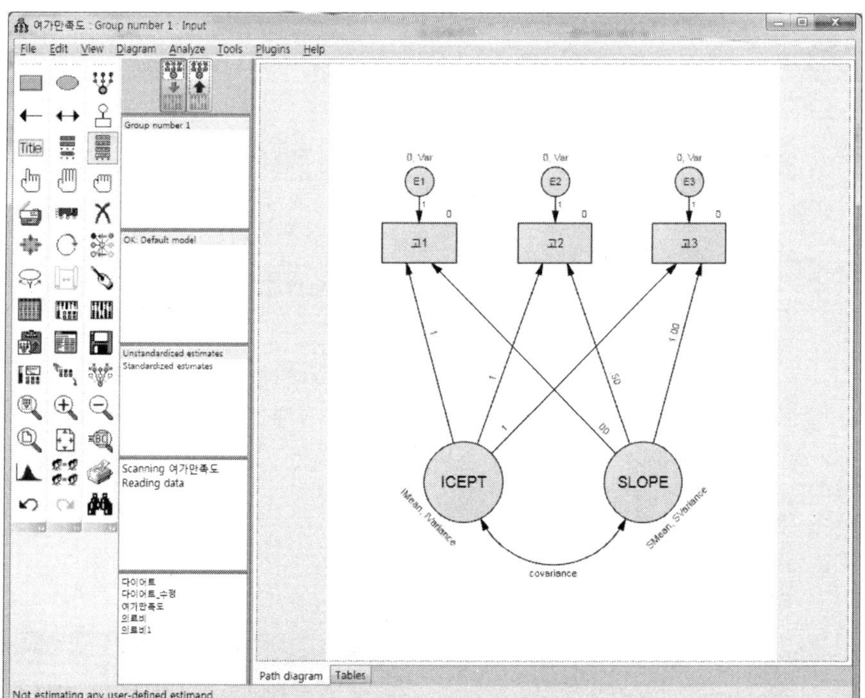

그림 12.29 관측변수 이름이 변경된 잠재성장곡선모형

④ 모형의 적합도 평가

그림 12.29의 기본적인 잠재성장곡선모형의 χ^2-통계량에 의한 적합도는 그림 12.30과 같다.

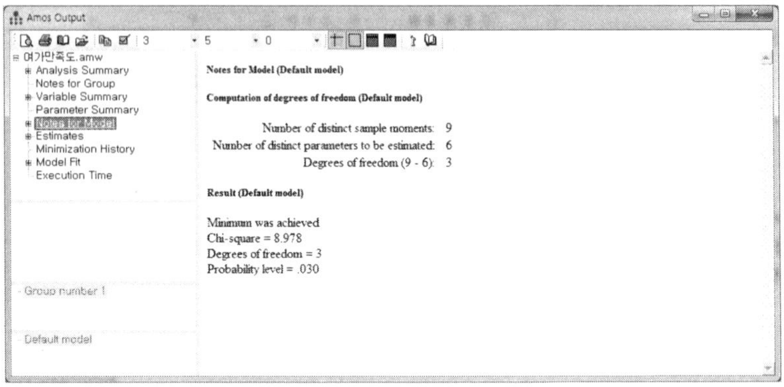

• **그림 12.30** • 기본적인 잠재성장곡선모형의 χ^2-통계량에 의한 적합도

그림 12.30으로부터 $\chi^2 = 8.978$이고 유의확률 $p = 0.03$로 유의수준 $\alpha = 0.05$에서 모형이 적합하지 않다. 그러나 여러 가지 적합지수를 가지고 종합적으로 적합 여부를 판단하고자 한다.

CMIN

Model	NPAR	CMIN	DF	P	CMIN/DF
Default model	6	8.978	3	.030	2.993
Saturated model	9	.000	0		
Independence model	3	1112.712	6	.000	185.452

일반적으로 연구모형의 모수의 개수는 두 개의 극단적인 모형, 즉 독립모형과 포화모형 사이에 있다. 그림 12.29의 기본적인 잠재성장곡선모형의 모수의 개수도 위의 조건을 만족함을 알 수 있다. 그리고 CMIN/DF = 2.993으로 연구모형은 적합모형임을 나타내고 있다.

Baseline Comparisons

Model	NFI Delta1	RFI rho1	IFI Delta2	TLI rho2	CFI
Default model	.992	.984	.995	.989	.995
Saturated model	1.000		1.000		1.000
Independence model	.000	.000	.000	.000	.000

그림 12.29의 모형은 NFI, TLI, CFI에서 모두 1에 가까운 값이므로 좋은 모형을 나타내고 있다.

Parsimony-Adjusted Measures

Model	PRATIO	PNFI	PCFI
Default model	.500	.496	.497
Saturated model	.000	.000	.000
Independence model	1.000	.000	.000

그림 12.29의 모형은 PRATIO과 PNFI, PCFI 값에서 모두 정상적인 값을 갖고 있음을 알 수 있다.

RMSEA

Model	RMSEA	LO 90	HI 90	PCLOSE
Default model	.024	.007	.043	.990
Independence model	.231	.220	.243	.000

그림 12.29의 모형은 RMSEA = 0.024로 좋은 모형이라고 할 수 있다.

종합적으로 판단해 보면, 그림 12.29의 모형은 χ^2-통계량에서 비교적 큰 수치를 보였지만 여러 가지 적합지수에서는 적합모형임을 나타내고 있다.

⑤ 모수추정치

그림 12.31은 그림 12.29의 모형에 대한 모수의 추정치를 나타내고 있다.

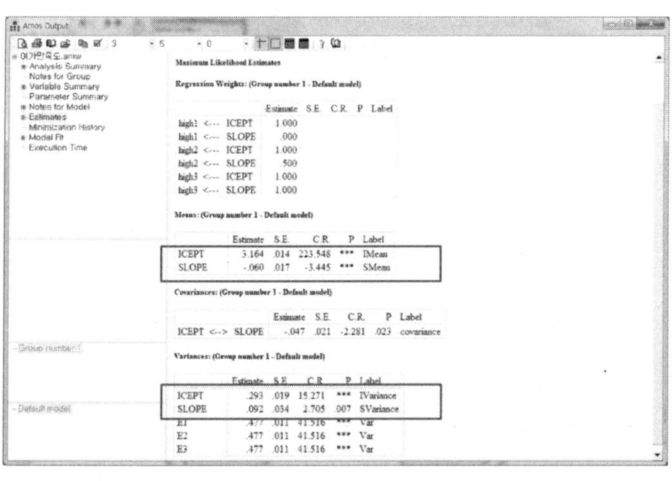

• **그림 12.31** • 그림 12.29의 모형에 대한 모수의 추정치

그림 12.31로부터 잠재변수 ICEPT와 SLOPE의 평균에 대한 검정에 대해 살펴보자. 먼저, ICEPT의 평균에 대해 다음과 같이 가설을 세울 수 있다.

$$H_0 : u_\alpha = 0 \quad H_1 : u_\alpha \neq 0$$

그림 12.31에서 ICEPT의 평균 IMean = 3.164, C.R. = 223.548, p=***이다. 따라서 H_0가 기각되어 평균 초기 상태가 통계적으로 유의미하다고 할 수 있다. 그리고 SLOPE의 평균에 대해 다음과 같은 가설을 세울 수 있다.

$$H_0 : u_\beta = 0 \quad H_1 : u_\beta \neq 0$$

SLOPE의 평균 SMean = −0.060, C.R. = −3.445, p=***이다. 따라서 H_0가 기각되어 평균 변화율이 통계적으로 유의미하다고 할 수 있다.

다음은 모수 ICEPT와 SLOPE의 분산에 대한 검정에 대해 살펴보자. 먼저, ICEPT의 분산에 대해 다음과 같은 가설을 세울 수 있다.

$$H_0 : \sigma^2_{\alpha_i} = 0 \quad H_1 : \sigma^2_{\alpha_i} \neq 0$$

그림 12.31에서 ICEPT의 분산 IVariance = 0.293, C.R. = 15.271, p=***이다. 따라서 H_0가 기각되어 개인-간 초기 상태에서 통계적으로 유의미한 차이가 있다고 할 수 있다. 그리고 SLOPE의 분산에 대해 다음과 같은 가설을 세울 수 있다.

$$H_0 : \sigma^2_{\beta_i} = 0 \quad H_1 : \sigma^2_{\beta_i} \neq 0$$

SLOPE의 분산 SVariance = 0.092, C.R. = 2.705, $p = 0.007$이다. 따라서 H_0가 기각되어 개인-간 변화율에도 통계적으로 유의미한 차이가 있다고 할 수 있다.

그림 12.31의 모수의 추정치를 이용하여 다음과 같이 추정된 잠재성장곡선모형을 얻을 수 있다.

$$\hat{y}_i = 3.164 + (-0.060)x_i \qquad (12.2)$$

위 식을 이용하여 1학년, 2학년, 3학년 평균 여가생활 만족도는 다음과 같다.

1학년 평균 여가생활 만족도 = 3.164 + (−0.060) × 0.000 = 3.164
2학년 평균 여가생활 만족도 = 3.164 + (−0.060) × 0.500 = 3.134
3학년 평균 여가생활 만족도 = 3.164 + (−0.060) × 1.000 = 3.104

여기서 3.164는 INCEPT의 평균 추정치이고 −0.060은 SLOPE의 평균 추정치이다.

AMOS에서 위의 결과를 얻기 위해 그림 12.32의 [Output] 탭에서 [Implied moments]를 체크하여 실행시킨다.

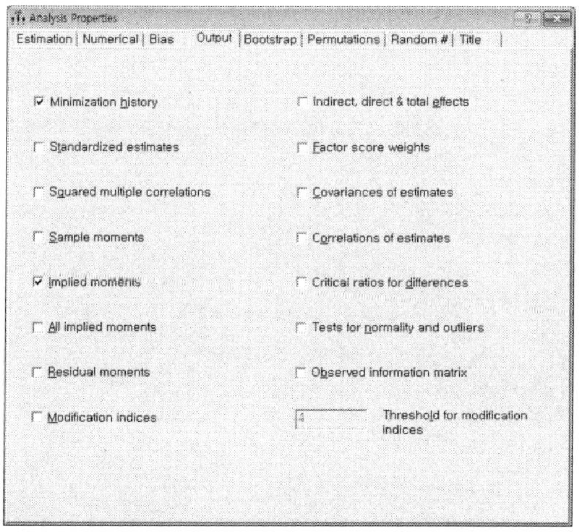

● **그림 12.32** ● [Implied moments] 체크

그림 12.33은 그림 12.32로부터 얻어진 예측 평균값을 나타내고 있다.

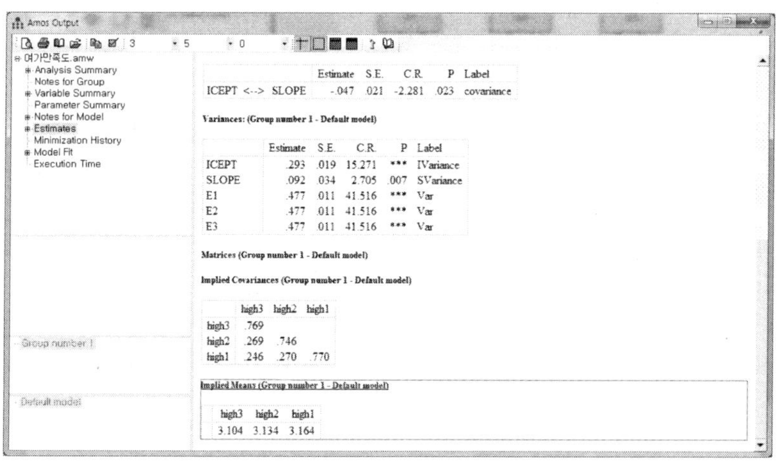

● **그림 12.33** ● 예측 평균값

그림 12.33으로부터 1학년, 2학년, 3학년의 평균 여가생활 만족도 3.164, 3.134, 3.104는 식 (12.2)의 추정된 잠재성장곡선모형을 이용하여 얻은 결과와 같음을 알 수 있다.

(2) 성별, 지역역 변화량 차이 분석

성별과 지역(수도권, 비수도권)에 따라 여가생활 만족도의 변화패턴에 차이가 있는지 알아보기 위해 공변량 변수로 "성별"과 "지역"을 고려한 공변량 잠재성장곡선모형을 분석하고자 한다.

그림 12.34는 "성별"과 "지역"이라는 공변량 변수를 잠재성장곡선모형에 추가하여 얻은 공변량 잠재성장곡선모형을 나타내고 있다.

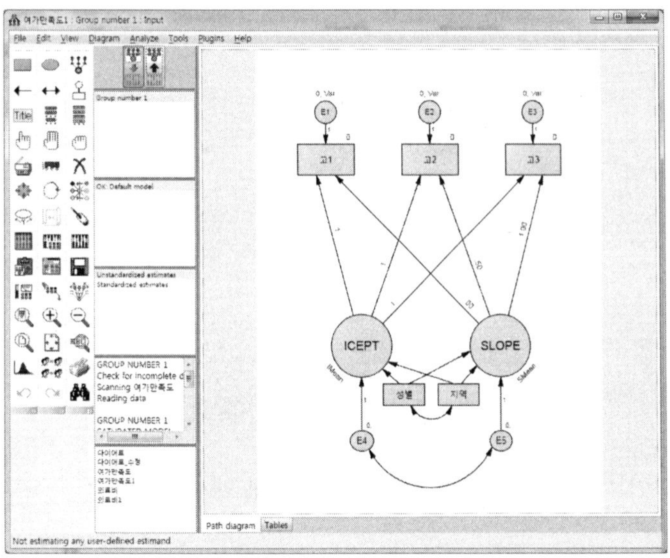

• 그림 12.34 • 공변량 잠재성장곡선모형

그림 12.34에서 ICEPT와 SLOPE는 "성별"과 "지역" 변수 추가로 인해 내생변수가 되어 오차항을 추가하고 그리고 오차항끼리 공분산 관계를 설정한다. 그리고 오차항에 의해 연결된 ICEPT와 SLOPE는 분산을 가질 수 없어 분산을 제거한다. 그림 12.35는 이에 대한 경고 메시지이다.

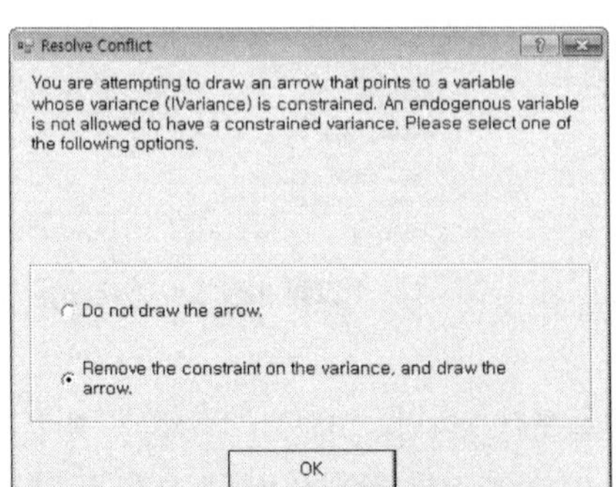

• 그림 12.35 • 경고 메시지

그림 12.36은 그림 12.34의 공변량 잠재성장곡선모형에 대한 χ^2-통계량에 의한 적합도를 나타내고 있다.

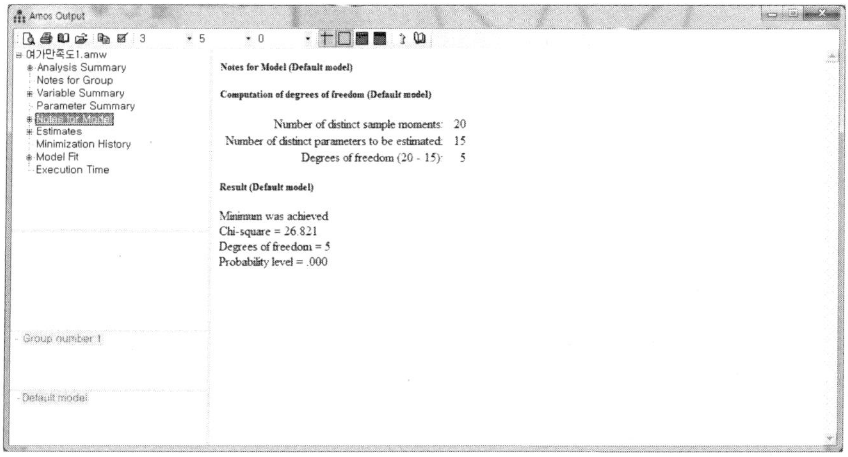

• **그림 12.36** • 공변량 잠재성장곡선모형에 대한 χ^2-통계량에 의한 적합도

그림 12.36으로부터 $\chi^2 = 26.821$이고 유의확률이 $p = 0.000$로 모형이 적합하지 않다. 그밖에 여러 가지 모형 적합지수들에 대해 살펴보고자 한다.

CMIN

Model	NPAR	CMIN	DF	P	CMIN/DF
Default model	15	26.821	5	.000	5.364
Saturated model	20	.000	0		
Independence model	5	1255.633	15	.000	83.709

그림 12.34의 공변량 잠재성장곡선모형은 CMIN/DF = 5.364로 적합모형이라고 할 수 없다.

Baseline Comparisons

Model	NFI Delta1	RFI rho1	IFI Delta2	TLI rho2	CFI
Default model	.979	.936	.983	.947	.982
Saturated model	1.000		1.000		1.000
Independence model	.000	.000	.000	.000	.000

그림 12.34의 공변량 잠재성장곡선모형은 NFI, TLI, CFI 모두 1에 가까운 값으로 적합모형을 나타내고 있다.

RMSEA

Model	RMSEA	LO 90	HI 90	PCLOSE
Default model	.036	.023	.049	.958
Independence model	.155	.148	.162	.000

그림 12.34의 공변량 잠재성장곡선모형은 RMSEA = 0.036으로 적합모형을 나타내고 있다.

모형적합에 대해서 종합적으로 판단해 보면, 그림 12.34의 모형은 χ^2-통계량 면에서는 적합하지 않지만 그 밖의 여러 가지 적합지수에서는 적합모형임을 나타내고 있다.

그림 12.37은 그림 12.34의 공변량 잠재성장곡선모형에서 모수의 추정치를 나타내고 있다.

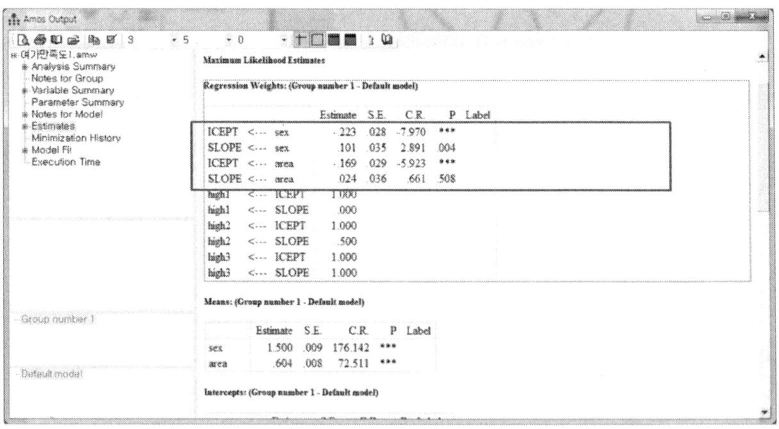

• 그림 12.37 • 공변량 잠재성장곡선모형에서 모수추정치

그림 12.37로부터 성별에 대해 경로 [ICEPT ← sex]의 경로계수가 −0.223, p =***이고, 경로 [SLOPE ← sex]의 경로계수가 0.101, $p = 0.004$로 모두 유의함을 나타내고 있다. 또한 지역에 대해서는 경로 [ICEPT ← area]의 경로계수가 −0.169, p =***로 유의하지만, 경로 [SLOPE ← area]의 경로계수는 0.024, $p = 0.508$로 유의하지 않음을 알 수 있다. 따라서 성별(남자와 여자)에 따라 여가생활 만족도의 변화 패턴(초기 상태와 변화율)이 다르다고 할 수 있고, 지역(수도권과 비수도권)에 따른 여가생활 만족도는 초기 상태에는 차이가 있으나 변화율에는 차이가 없다고 할 수 있다.

참고문헌

김계수, "구조방정식 모형 분석", 한나래아카데미, 2011

김기영, 강현철 "LISREL(SIMPLIS)을 이용한 구조방정식모형의 분석", 자유아카데미, 2008

김석용, 안성수 "사회행태과학을 위한 구조방정식 모델링 분석 -AMOS 16.0-", 삼영사, 2009

노형진, "Amos로 배우는 구조방정식모형", 학현사, 2011

배병렬, "Amos 19 구조방정식 모델링 -원리와 실제 ", 청람도서출판, 2011

신창호, "운동생리학 : 체중감량 방법에 따른 대사관련 호르몬과 신체구성의 변화", 41(4), 421-433, 2002

우종필, "우종필교수의 구조방정식모델 개념과 이해", 한나래아카데미, 2012

임동훈, "R을 이용한 통계학", 자유아카데미, 2013

임동훈, "AMOS를 이용한 구조방정식 모형", 자유아카데미, 2014

허준, "허준의 쉽게 따라하는 Amos 구조방정식모형", 한나래아카데미, 2013

SPSS Korea 컨설팅팀, Amos 매뉴얼, 2009

Baron, R. M. & Kenny, D. A. The moderator-mediator variable distinction in social psychological research: conceptual, strategic, and statistical considerations, Journal of Personality and Social Psychology, 51(6), 1173-1182, 1986

Bentler P. M, Chou C. H. Practical issues in structural modeling. Sociological Methods & Research. 1987;16:78-117.

Blunch, Niels J., Introduction to Structural Equation Modelling Using SPSS and AMOS,Sage Publications (CA), 2008

Bryman, A. and D. Cramer (1990). *Quantitative data analysis for social scientists*, pp. 246-251.

Burns, L. S. and Harman, A. J., "The Complex Metropolis" in Profile of the Los Angeles Metropolis: Its People and Its Homes, Part IV, Los Angeles: University of California Press, 1966

Byrne, B. M, Structural Equation Modeling with LISREL, PRELIS, and SIMPLIS : Basic Concepts, Applications, and Programming, Lawrence Erlbaum Associates, 1998

Byrne, B.M., Structural Equation Modeling with AMOS: Basic Concepts, Applications and Programming, Lawrence Erlbaum, Mahwah, NJ, 2001.

Byrne, B.M., Testing for multigroup invariance using AMOS graphics: A road less traveled,

Structural Equation Modeling 11 (2004), 272-300.

Byrne, Barbara M., Structural Equation Modeling with AMOS : Basic Concepts, Applications, and Programming, Routledge, 2009

Dillon, W. R., Kumar, A., & Mulani, N. Offending estimates incovariance structure analysis: Comments on the causes of and solutions to Heywood cases. Psychological Bulletin, 101(1), 126-135, 1987.

Finn, J. D. A general model for multivariate analysis. N.Y.: Holt, Rinehart, Winston, 1974.

Gerbing, D. W., & Anderson, J. C. Improper solutions in the analysis of covariance structures: Their interpretability and a comparision of alternate respecifications. Psychometrika, 52, 99-111, 1987.

Holzinger, K., and Swineford, F. A study in factor analysis: The stability of a bifactor solution. Supplementary Educational Monograph, no. 48. Chicago: University of Chicago Press, 1939

Hoyle, Rick H., Structural Equation Modeling for Social and Personality Psychology, Sage Publications (CA), 2011

Joreskog, K. G. and Sorbom, D. LISREL 7: A guide to the program and applications (2nd ed.). Chicago, IL: SPSS Inc, 1989

Julie Lee, "Temperament, parenting, and South Korean early adolescents' physical aggression: A five-wave longitudinal analysis", Health Education Journal , 2013

Lynam, D. R., Moffitt, T. E., and Stouthamer-Loeber, M. "Explaining the relation between IQ and delinquency: Class, race, test motivation, school failure, or self-control". Journal of Abnormal Psychology, 102(2), 187-196, 1993.

Mardi, K. V., "Measures of multivariate skewness and kurtosis with applications", Biometrika, 57, 519-530, 1970

Paul L. Sauer and Alan Dick, "Using Moderator Variables in Structural Equation Models", in NA - Advances in Consumer Research Volume 20, eds. Leigh McAlister and Michael L. Rothschild, Provo, UT : Association for Consumer Research, Pages: 636-640, 1993.

Sage Publications Ltd, Introduction to Structural Equation Modeling Using IBM SPSS Statistics and Amos, Sage Publications (CA), 2013

찾아보기

ㅊ

ㅌ

ㅍ

ㅎ

기타

부록

• 표 1 • 표준정규분포표

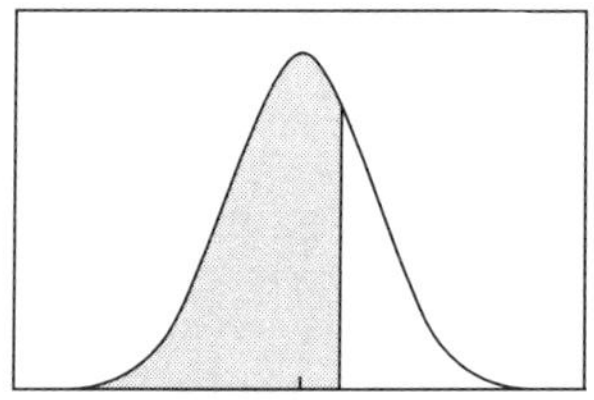

0 z

표의 숫자는 z와 같거나 작은 확률을 나타낸다.

z	.00	.01	.02	.03	.04	.05	.06	.07	.08	.09
0.0	.5000	.5040	.5080	.5120	.5160	.5199	.5239	.5279	.5319	.5359
0.1	.5398	.5438	.5478	.5517	.5557	.5596	.5636	.5675	.5714	.5753
0.2	.5793	.5832	.5871	.5910	.5948	.5987	.6026	.6064	.6103	.6141
0.3	.6179	.6217	.6255	.6293	.6331	.6368	.6406	.6443	.6480	.6517
0.4	.6554	.6591	.6628	.6664	.6700	.6736	.6772	.6808	.6844	.6879
0.5	.6915	.6950	.6985	.7019	.7054	.7088	.7123	.7157	7190	.7224
0.6	.7257	.7291	.7324	.7357	.7389	.7422	.7454	.7486	.7517	.7549
0.7	.7580	.7611	.7642	.7673	.7704	.7734	.7764	.7794	.7823	.7852
0.8	.7881	.7910	.7939	.7967	.7995	.8023	.8051	.8078	.8106	.8133
0.9	.8159	.8186	.8212	.8238	.8264	.8289	.8315	.8340	.8365	.8389
1.0	.8413	.8438	.8461	.8485	.8508	.8531	.8554	.8577	.8599	.8621
1.1	.8643	.8665	.8686	.8708	.8729	.8749	.8770	.8790	.8810	.8830
1.2	.8849	.8869	.8888	.8907	.8925	.8944	.8962	.8980	.8997	.9015
1.3	.9032	.9049	.9066	.9082	.9099	.9115	.9131	.9147	.9162	.9177
1.4	.9192	.9207	.9222	.9236	.9251	.9265	.9279	.9292	.9306	.9319
1.5	.9332	.9345	.9357	.9370	.9382	.9394	.9406	.9418	.9429	.9441
1.6	.9452	.9463	.9474	.9484	.9495	.9505	.9515	.9525	.9535	.9545
1.7	.9554	.9564	.9573	.9582	.9591	.9599	.9608	.9616	.9625	.9633
1.8	.9641	.9649	.9656	.9664	.9671	.9678	.9686	.9693	.9699	.9706
1.9	.9713	.9719	.9726	.9732	.9738	.9744	.9750	.9756	.9761	.9767
2.0	.9772	.9778	.9783	.9788	.9793	.9798	.9803	.9808	.9812	.9817
2.1	.9821	.9826	.9830	.9834	.9838	.9842	.9846	.9850	.9854	.9857
2.2	.9861	.9864	.9868	.9871	.9875	.9878	.9881	.9884	.9887	.9890
2.3	.9893	.9896	.9898	.9901	.9904	.9906	.9909	.9911	.9913	.9916
2.4	.9918	.9920	.9922	.9925	.9927	.9929	.9931	.9932	.9934	.9936
2.5	.9938	.9940	.9941	.9943	.9945	.9946	.9948	.9949	.9951	.9952
2.6	.9953	.9955	.9956	.9957	.9959	.9960	.9961	.9962	.9963	.9964
2.7	.9965	.9966	.9967	.9968	.9969	.9970	.9971	.9972	.9973	.9974
2.8	.9974	.9975	.9976	.9977	.9977	.9978	.9979	.9979	.9980	.9981
2.9	.9981	.9982	.9982	.9983	.9984	.9984	.9985	.9985	.9986	.9986
3.0	.9987	.9987	.9987	.9988	.9988	.9989	.9989	.9989	.9990	.9990
3.1	.9990	.9991	.9991	.9991	.9992	.9992	.9992	.9992	.9993	.9993
3.2	.9993	.9993	.9994	.9994	.9994	.9994	.9994	.9995	.9995	.9995
3.3	.9995	.9995	.9995	.9996	.9996	.9996	.9996	.9996	.9996	.9997
3.4	.9997	.9997	.9997	.9997	.9997	.9997	.9997	.9997	.9997	.9998

• **표 2** • t-분포표

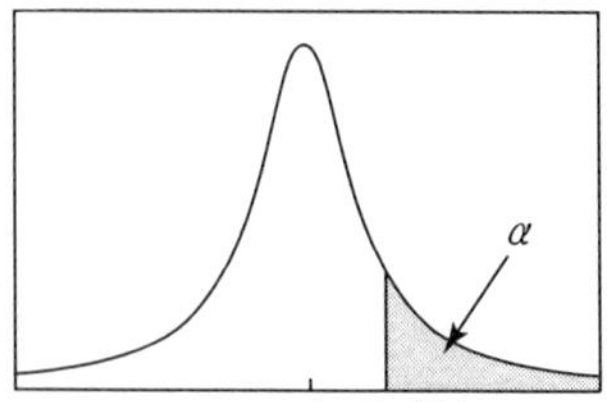

표의 숫자는 주어진 α값에 대한 $t_\alpha(k)$의 값을 나타낸다.

k \ α	.4	.25	.1	.05	.025	.01	.005	.0025	.001	.0005
1	.325	1.000	3.078	6.314	12.706	31.821	63.657	127.32	318.31	636.62
2	.289	.816	1.886	2.920	4.303	6.965	9.925	14.089	22.327	31.598
3	.277	.765	1.638	2.353	3.182	4.541	5.841	7.453	10.214	12.924
4	.271	.741	1.533	2.132	2.776	3.747	4.604	5.598	7.173	8.610
5	.267	.727	1.476	2.015	2.571	3.365	4.032	4.773	5.893	6.869
6	.265	.718	1.440	1.943	2.447	3.143	3.707	4.317	5.208	5.959
7	.263	.711	1.415	1.895	2.365	2.998	3.499	4.029	4.785	5.408
8	.262	.706	1.397	1.860	2.306	2.896	3.355	3.833	4.501	5.041
9	.261	.703	1.383	1.833	2.262	2.821	3.250	3.690	4.297	4.781
10	.260	.700	1.372	1.812	2.228	2.764	3.169	3.581	4.144	4.587
11	.260	.697	1.363	1.796	2.201	2.718	3.106	3.497	4.025	4.437
12	.259	.695	1.356	1.782	2.179	2.681	3.055	3.428	3.930	4.318
13	.259	.694	1.350	1.771	2.160	2.650	3.012	3.372	3.852	4.221
14	.258	.692	1.345	1.761	2.145	2.624	2.977	3.326	3.787	4.140
15	.258	.691	1.341	1.753	2.131	2.602	2.947	3.286	3.733	4.073
16	.258	.690	1.337	1.746	2.120	2.583	2.921	3.252	3.686	4.015
17	.257	.689	1.333	1.740	2.110	2.567	2.898	3.222	3.646	3.965
18	.257	.688	1.330	1.734	2.101	2.552	2.878	3.197	3.610	3.922
19	.257	.688	1.328	1.729	2.093	2.539	2.861	3.174	3.579	3.883
20	.257	.687	1.325	1.725	2.086	2.528	2.845	3.153	3.552	3.850
21	.257	.686	1.323	1.721	2.080	2.518	2.831	3.135	3.527	3.819
22	.256	.686	1.321	1.717	2.074	2.508	2.819	3.119	3.505	3.792
23	.256	.685	1.319	1.714	2.069	2.500	2.807	3.104	3.485	3.767
24	.256	.685	1.318	1.711	2.064	2.491	2.797	3.091	3.467	3.745
25	.256	.684	1.316	1.708	2.060	2.485	2.787	3.078	3.450	3.725
26	.256	.684	1.315	1.706	2.056	2.479	2.779	3.067	3.435	4.707
27	.256	.684	1.314	1.703	2.052	2.473	2.771	3.057	3.421	3.690
28	.256	.683	1.313	1.701	2.048	2.467	2.763	3.047	3.408	3.674
29	.256	.683	1.311	1.699	2.045	2.462	2.756	3.038	3.396	3.659
30	.256	.683	1.310	1.697	2.042	2.457	2.750	3.030	3.385	3.646
40	.255	.681	1.303	1.684	2.021	2.423	2.704	2.971	3.307	3.551
60	.254	.679	1.296	1.671	2.000	2.390	2.660	2.915	3.232	3.460
120	.254	.677	1.289	1.658	1.980	2.358	2.617	2.860	3.160	3.373
∞	.253	.674	1.282	1.645	1.960	2.326	2.576	2.807	3.090	3.291

• **표 3** • χ^2–분포표

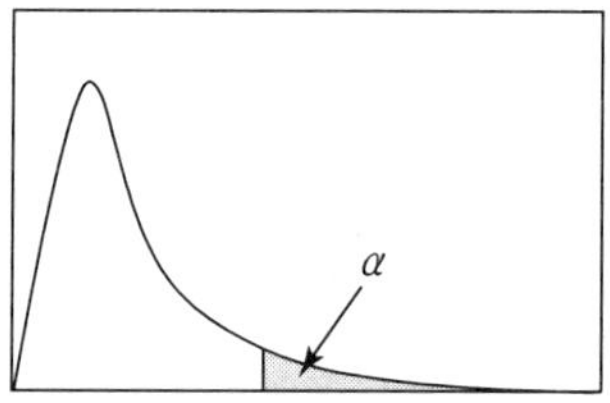

표의 숫자는 주어진 α값에 대한 $\chi^2{}_\alpha(k)$의 값을 나타낸다.

k	α							
	.995	.99	.975	.95	.05	.025	.01	.005
1	.000039	.000157	.000982	.003932	3.84146	5.02390	6.63489	7.87944
2	.010025	.020100	.050636	.102586	5.99148	7.37778	9.21035	10.59653
3	.071724	.114832	.215795	.351846	7.81473	9.34840	11.34488	12.83807
4	.206990	.297110	.484419	.710721	9.48773	11.14326	13.27670	14.86017
5	.411740	.554300	.831211	1.14548	11.07048	12.83249	15.08632	16.74965
6	.675727	.872085	1.23734	1.63538	12.59158	14.44935	16.81187	18.54751
7	.989265	1.23903	1.68986	2.16735	14.06713	16.01277	18.47532	20.27774
8	1.34440	1.64651	2.17972	2.73263	15.50731	17.53454	20.09016	21.95486
9	1.73491	2.08789	2.70039	3.32512	16.91896	19.02278	21.66605	23.58927
10	2.15585	2.55820	3.24696	3.94030	18.30703	20.48320	23.20929	25.18805
11	2.60320	3.05350	3.81574	4.57481	19.67515	21.92002	24.72502	26.75686
12	3.07379	3.57055	4.40378	5.22603	21.02606	23.33666	26.21696	28.29966
13	3.56504	4.10690	5.00874	5.89186	22.36203	24.73558	27.68818	29.81932
14	4.07466	4.66042	5.62872	6.57063	23.68478	26.11893	29.14116	31.31943
15	4.60087	5.22936	6.26212	7.26093	24.99580	27.48836	30.57795	32.80149
16	5.14216	5.81220	6.90766	7.96164	26.29622	28.84532	31.99986	34.26705
17	5.69727	6.40774	7.56418	8.67175	27.58710	30.19098	33.40872	35.71838
18	6.26477	7.01490	8.23074	9.39045	28.86932	31.52641	34.80524	37.15639
19	6.84392	7.63270	8.90651	10.11701	30.14351	32.85234	36.19077	38.58212
20	7.43381	8.26037	9.59077	10.85080	31.41042	34.16958	37.56627	39.99686
21	8.03360	8.89717	10.28291	11.59132	32.67056	35.47886	38.93223	41.40094
22	8.64268	9.54249	10.98233	12.33801	33.92446	36.78068	40.28945	42.79566
23	9.26038	10.19569	11.68853	13.09051	35.17246	38.07561	41.63833	44.18139
24	9.88620	10.85635	12.40115	13.84842	36.41503	39.36406	42.97978	45.55836
25	10.51965	11.52395	13.11971	14.61140	37.65249	40.64650	44.31401	46.92797
26	11.16022	12.19818	13.84388	15.37916	38.88513	41.92314	45.64164	48.28978
27	11.80765	12.87847	14.57337	16.15139	40.11327	43.19452	46.96284	49.64504
28	12.46128	13.56467	15.30785	16.92788	41.33715	44.46079	48.27817	50.99356
29	13.12107	14.25641	16.04705	17.70838	42.55695	45.72228	49.58783	52.33550
30	13.78668	14.95346	16.79076	18.49267	43.77295	46.97922	50.89218	53.67187
40	20.70658	22.16420	24.43306	26.50930	55.75849	59.34168	63.69077	66.76605
50	27.99082	29.70673	32.35738	34.76424	67.50481	71.42019	76.15380	79.48984
60	35.53440	37.48480	40.48171	43.18797	79.08195	83.29771	88.37943	91.95181
70	43.27531	45.44170	48.75754	51.73926	90.53126	95.02315	100.42505	104.21477
80	51.17193	53.53998	57.15315	60.39146	101.87947	106.62854	112.32879	116.32093
90	59.19633	61.75402	65.64659	69.12602	113.14523	118.13591	124.11620	128.29868
100	67.32753	70.06500	74.22188	77.92944	124.34210	129.56125	135.80689	140.16971

표 4 F–분포표

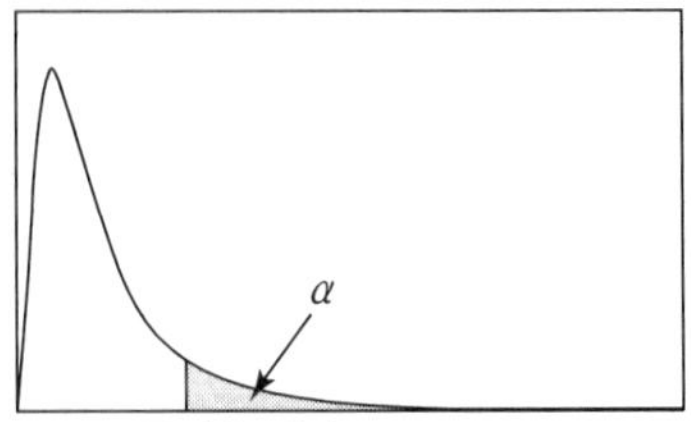

표의 숫자는 주어진 α값에 대한 $F_\alpha(k_1, k_2)$의 값을 나타낸다.

k_2	α	k_1								
		1	2	3	4	5	6	7	8	9
1	0.100	39.86	49.50	53.59	55.83	57.24	58.20	58.91	59.44	59.86
	0.050	161.45	199.50	215.71	224.58	230.16	233.99	236.77	238.88	240.54
	0.025	647.79	799.48	864.15	899.60	921.83	937.11	948.20	956.64	963.28
	0.010	4052	4999	5404	5624	5764	5859	5928	5981	6022
2	0.100	8.53	9.00	9.16	9.24	9.29	9.33	9.35	9.37	9.38
	0.050	18.51	19.00	19.16	19.25	19.30	19.33	19.35	19.37	19.38
	0.025	38.51	39.00	39.17	39.25	39.30	39.33	39.36	39.37	39.39
	0.010	98.50	99.00	99.16	99.25	99.30	99.33	99.36	99.38	99.39
3	0.100	5.54	5.46	5.39	5.34	5.31	5.28	5.27	5.25	5.24
	0.050	10.13	9.55	9.28	9.12	9.01	8.94	8.89	8.85	8.81
	0.025	17.44	16.04	15.44	15.10	14.88	14.73	14.62	14.54	14.47
	0.010	34.12	30.82	29.46	28.71	28.24	27.91	27.67	27.49	27.34
4	0.100	4.54	4.32	4.19	4.11	4.05	4.01	3.98	3.95	3.94
	0.050	7.71	6.94	6.59	6.39	6.26	6.16	6.09	6.04	6.00
	0.025	12.22	10.65	9.98	9.60	9.36	9.20	9.07	8.98	8.90
	0.010	21.20	18.00	16.69	15.98	15.52	15.21	14.98	14.80	14.66
5	0.100	4.06	3.78	3.62	3.52	3.45	3.40	3.37	3.34	3.32
	0.050	6.61	5.79	5.41	5.19	5.05	4.95	4.88	4.82	4.77
	0.025	10.01	8.43	7.76	7.39	7.15	6.98	6.85	6.76	6.68
	0.010	16.26	13.27	12.06	11.39	10.97	10.67	10.46	10.29	10.16

k_2	α	k_1								
		1	2	3	4	5	6	7	8	9
6	0.100	3.78	3.46	3.29	3.18	3.11	3.05	3.01	2.98	2.96
	0.050	5.99	5.14	4.76	4.53	4.39	4.28	4.21	4.15	4.10
	0.025	8.81	7.26	6.60	6.23	5.99	5.82	5.70	5.60	5.52
	0.010	13.75	10.92	9.78	9.15	8.75	8.47	8.26	8.10	7.98
7	0.100	3.59	3.26	3.07	2.96	2.88	2.83	2.78	2.75	2.72
	0.050	5.59	4.74	4.35	4.12	3.97	3.87	3.79	3.73	3.68
	0.025	8.07	6.54	5.89	5.52	5.29	5.12	4.99	4.90	4.82
	0.010	12.25	9.55	8.45	7.85	7.46	7.19	6.99	6.84	6.72
8	0.100	3.46	3.11	2.92	2.81	2.73	2.67	2.62	2.59	2.56
	0.050	5.32	4.46	4.07	3.84	3.69	3.58	3.50	3.44	3.39
	0.025	7.57	6.06	5.42	5.05	4.82	4.65	4.53	4.43	4.36
	0.010	11.26	8.65	7.59	7.01	6.63	6.37	6.18	6.03	5.91
9	0.100	3.36	3.01	2.81	2.69	2.61	2.55	2.51	2.47	2.44
	0.050	5.12	4.26	3.86	3.63	3.48	3.37	3.29	3.23	3.18
	0.025	7.21	5.71	5.08	4.72	4.48	4.32	4.20	4.10	4.03
	0.010	10.56	8.02	6.99	6.42	6.06	5.80	5.61	5.47	5.35
10	0.100	3.29	2.92	2.73	2.61	2.52	2.46	2.41	2.38	2.35
	0.050	4.96	4.10	3.71	3.48	3.33	3.22	3.14	3.07	3.02
	0.025	6.94	5.46	4.83	4.47	4.24	4.07	3.95	3.85	3.78
	0.010	10.04	7.56	6.55	5.99	5.64	5.39	5.20	5.06	4.94
11	0.100	3.23	2.86	2.66	2.54	2.45	2.39	2.34	2.30	2.27
	0.050	4.84	3.98	3.59	3.36	3.20	3.09	3.01	2.95	2.90
	0.025	6.72	5.26	4.63	4.28	4.04	3.88	3.76	3.66	3.59
	0.010	9.65	7.21	6.22	5.67	5.32	5.07	4.89	4.74	4.63
12	0.100	3.18	2.81	2.61	2.48	2.39	2.33	2.28	2.24	2.21
	0.050	4.75	3.89	3.49	3.26	3.11	3.00	2.91	2.85	2.80
	0.025	6.55	5.10	4.47	4.12	3.89	3.73	3.61	3.51	3.44
	0.010	9.33	6.93	5.95	5.41	5.06	4.82	4.64	4.50	4.39
13	0.100	2.97	2.59	2.38	2.25	2.16	2.09	2.04	2.00	1.96
	0.050	4.35	3.49	3.10	2.87	2.71	2.60	2.51	2.45	2.39
	0.025	5.87	4.46	3.86	3.51	3.29	3.13	3.01	2.91	2.84
	0.010	8.10	5.85	4.94	4.43	4.10	3.87	3.70	3.56	3.46
14	0.100	2.96	2.57	2.36	2.23	2.14	2.08	2.02	1.98	1.95
	0.050	4.32	3.47	3.07	2.84	2.68	2.57	2.49	2.42	2.37
	0.025	5.83	4.42	3.82	3.48	3.25	3.09	2.97	2.87	2.80
	0.010	8.02	5.78	4.87	4.37	4.04	3.81	3.64	3.51	3.40
15	0.100	2.95	2.56	2.35	2.22	2.13	2.06	2.01	1.97	1.93
	0.050	4.30	3.44	3.05	2.82	2.66	2.55	2.46	2.40	2.34
	0.025	5.79	4.38	3.78	3.44	3.22	3.05	2.93	2.84	2.76
	0.010	7.95	5.72	4.82	4.31	3.99	3.76	3.59	3.45	3.35
16	0.100	2.94	2.55	2.34	2.21	2.11	2.05	1.99	1.95	1.92
	0.050	4.28	3.42	3.03	2.80	2.64	2.53	2.44	2.37	2.32
	0.025	5.75	4.35	3.75	3.41	3.18	3.02	2.90	2.81	2.73
	0.010	7.88	5.66	4.76	4.26	3.94	3.71	3.54	3.41	3.30
17	0.100	2.93	2.54	2.33	2.19	2.10	2.04	1.98	1.94	1.91
	0.050	4.26	3.40	3.01	2.78	2.62	2.51	2.42	2.36	2.30
	0.025	5.72	4.32	3.72	3.38	3.15	2.99	2.87	2.78	2.70
	0.010	7.82	5.61	4.72	4.22	3.90	3.67	3.50	3.36	3.26

k_2	α	k_1										
		10	12	15	20	25	30	40	50	60	120	1000
1	0.100	60.19	60.71	61.22	61.74	62.05	62.26	62.53	62.69	62.79	63.06	63.30
	0.050	241.88	243.90	245.95	248.02	249.26	250.10	251.14	251.77	252.20	253.25	254.19
	0.025	968.63	976.72	984.87	993.08	998.09	1001.4	1005.6	1008.1	1009.8	1014.0	1017.8
	0.010	6055.9	6106.7	6157.0	6208.7	6239.9	6260.4	6286.4	6302.3	6313.0	6339.5	6362.8
2	0.100	9.39	9.41	9.42	9.44	9.45	9.46	9.47	9.47	9.47	9.48	9.49
	0.050	19.40	19.41	19.43	19.45	19.46	19.46	19.47	19.48	19.48	19.49	19.49
	0.025	39.40	39.41	39.43	39.45	39.46	39.46	39.47	39.48	39.48	39.49	39.50
	0.010	99.40	99.42	99.43	99.45	99.46	99.47	99.48	99.48	99.48	99.49	99.50
3	0.100	5.23	5.22	5.20	5.18	5.17	5.17	5.16	5.15	5.15	5.14	5.13
	0.050	8.79	8.74	8.70	8.66	8.63	8.62	8.59	8.58	8.57	8.55	8.53
	0.025	14.42	14.34	14.25	14.17	14.12	14.08	14.04	14.01	13.99	13.95	13.91
	0.010	27.23	27.05	26.87	26.69	26.58	26.50	26.41	26.35	26.32	26.22	26.14
4	0.100	3.92	3.90	3.87	3.84	3.83	3.82	3.80	3.80	3.79	3.78	3.76
	0.050	5.96	5.91	5.86	5.80	5.77	5.75	5.72	5.70	5.69	5.66	5.63
	0.025	8.84	8.75	8.66	8.56	8.50	8.46	8.41	8.38	8.36	8.31	8.26
	0.010	14.55	14.37	14.20	14.02	13.91	13.84	13.75	13.69	13.65	13.56	13.47
5	0.100	3.30	3.27	3.24	3.21	3.19	3.17	3.16	3.15	3.14	3.12	3.11
	0.050	4.74	4.68	4.62	4.56	4.52	4.50	4.46	4.44	4.43	4.40	4.37
	0.025	6.62	6.52	6.43	6.33	6.27	6.23	6.18	6.14	6.12	6.07	6.02
	0.010	10.05	9.89	9.72	9.55	9.45	9.38	9.29	9.24	9.20	9.11	9.03
6	0.100	2.94	2.90	2.87	2.84	2.81	2.80	2.78	2.77	2.76	2.74	2.72
	0.050	4.06	4.00	3.94	3.87	3.83	3.81	3.77	3.75	3.74	3.70	3.67
	0.025	5.46	5.37	5.27	5.17	5.11	5.07	5.01	4.98	4.96	4.90	4.86
	0.010	7.87	7.72	7.56	7.40	7.30	7.23	7.14	7.09	7.06	6.97	6.89
7	0.100	2.70	2.67	2.63	2.59	2.57	2.56	2.54	2.52	2.51	2.49	2.47
	0.050	3.64	3.57	3.51	3.44	3.40	3.38	3.34	3.32	3.30	3.27	3.23
	0.025	4.76	4.67	4.57	4.47	4.40	4.36	4.31	4.28	4.25	4.20	4.15
	0.010	6.62	6.47	6.31	6.16	6.06	5.99	5.91	5.86	5.82	5.74	5.66
8	0.100	2.54	2.50	2.46	2.42	2.40	2.38	2.36	2.35	2.34	2.32	2.30
	0.050	3.35	3.28	3.22	3.15	3.11	3.08	3.04	3.02	3.01	2.97	2.93
	0.025	4.30	4.20	4.10	4.00	3.94	3.89	3.84	3.81	3.78	3.73	3.68
	0.010	5.81	5.67	5.52	5.36	5.26	5.20	5.12	5.07	5.03	4.95	4.87
9	0.100	2.42	2.38	2.34	2.30	2.27	2.25	2.23	2.22	2.21	2.18	2.16
	0.050	3.14	3.07	3.01	2.94	2.89	2.86	2.83	2.80	2.79	2.75	2.71
	0.025	3.96	3.87	3.77	3.67	3.60	3.56	3.51	3.47	3.45	3.39	3.34
	0.010	5.26	5.11	4.96	4.81	4.71	4.65	4.57	4.52	4.48	4.40	4.32
10	0.100	2.32	2.28	2.24	2.20	2.17	2.16	2.13	2.12	2.11	2.08	2.06
	0.050	2.98	2.91	2.85	2.77	2.73	2.70	2.66	2.64	2.62	2.58	2.54
	0.025	3.72	3.62	3.52	3.42	3.35	3.31	3.26	3.22	3.20	3.14	3.09
	0.010	4.85	4.71	4.56	4.41	4.31	4.25	4.17	4.12	4.08	4.00	3.92
11	0.100	2.25	2.21	2.17	2.12	2.10	2.08	2.05	2.04	2.03	2.00	1.98
	0.050	2.85	2.79	2.72	2.65	2.60	2.57	2.53	2.51	2.49	2.45	2.41
	0.025	3.53	3.43	3.33	3.23	3.16	3.12	3.06	3.03	3.00	2.94	2.89
	0.010	4.54	4.40	4.25	4.10	4.01	3.94	3.86	3.81	3.78	3.69	3.61
12	0.100	2.19	2.15	2.10	2.06	2.03	2.01	1.99	1.97	1.96	1.93	1.91
	0.050	2.75	2.69	2.62	2.54	2.50	2.47	2.43	2.40	2.38	2.34	2.30
	0.025	3.37	3.28	3.18	3.07	3.01	2.96	2.91	2.87	2.85	2.79	2.73
	0.010	4.30	4.16	4.01	3.86	3.76	3.70	3.62	3.57	3.54	3.45	3.37

k_2	α	k_1								
		1	2	3	4	5	6	7	8	9
13	0.100	3.14	2.76	2.56	2.43	2.35	2.28	2.23	2.20	2.16
	0.050	4.67	3.81	3.41	3.18	3.03	2.92	2.83	2.77	2.71
	0.025	6.41	4.97	4.35	4.00	3.77	3.60	3.48	3.39	3.31
	0.010	9.07	6.70	5.74	5.21	4.86	4.62	4.44	4.30	4.19
14	0.100	3.10	2.73	2.52	2.39	2.31	2.24	2.19	2.15	2.12
	0.050	4.60	3.74	3.34	3.11	2.96	2.85	2.76	2.70	2.65
	0.025	6.30	4.86	4.24	3.89	3.66	3.50	3.38	3.29	3.21
	0.010	8.86	6.51	5.56	5.04	4.69	4.46	4.28	4.14	4.03
15	0.100	3.07	2.70	2.49	2.36	2.27	2.21	2.16	2.12	2.09
	0.050	4.54	3.68	3.29	3.06	2.90	2.79	2.71	2.64	2.59
	0.025	6.20	4.77	4.15	3.80	3.58	3.41	3.29	3.20	3.12
	0.010	8.68	6.36	5.42	4.89	4.56	4.32	4.14	4.00	3.89
16	0.100	3.05	2.67	2.46	2.33	2.24	2.18	2.13	2.09	2.06
	0.050	4.49	3.63	3.24	3.01	2.85	2.74	2.66	2.59	2.54
	0.025	6.12	4.69	4.08	3.73	3.50	3.34	3.22	3.12	3.05
	0.010	8.53	6.23	5.29	4.77	4.44	4.20	4.03	3.89	3.78
17	0.100	3.03	2.64	2.44	2.31	2.22	2.15	2.10	2.06	2.03
	0.050	4.45	3.59	3.20	2.96	2.81	2.70	2.61	2.55	2.49
	0.025	6.04	4.62	4.01	3.66	3.44	3.28	3.16	3.06	2.98
	0.010	8.40	6.11	5.19	4.67	4.34	4.10	3.93	3.79	3.68
18	0.100	3.01	2.62	2.42	2.29	2.20	2.13	2.08	2.04	2.00
	0.050	4.41	3.55	3.16	2.93	2.77	2.66	2.58	2.51	2.46
	0.025	5.98	4.56	3.95	3.61	3.38	3.22	3.10	3.01	2.93
	0.010	8.29	6.01	5.09	4.58	4.25	4.01	3.84	3.71	3.60
19	0.100	2.99	2.61	2.40	2.27	2.18	2.11	2.06	2.02	1.98
	0.050	4.38	3.52	3.13	2.90	2.74	2.63	2.54	2.48	2.42
	0.025	5.92	4.51	3.90	3.56	3.33	3.17	3.05	2.96	2.88
	0.010	8.18	5.93	5.01	4.50	4.17	3.94	3.77	3.63	3.52
20	0.100	2.97	2.59	2.38	2.25	2.16	2.09	2.04	2.00	1.96
	0.050	4.35	3.49	3.10	2.87	2.71	2.60	2.51	2.45	2.39
	0.025	5.87	4.46	3.86	3.51	3.29	3.13	3.01	2.91	2.84
	0.010	8.10	5.85	4.94	4.43	4.10	3.87	3.70	3.56	3.46
21	0.100	2.96	2.57	2.36	2.23	2.14	2.08	2.02	1.98	1.95
	0.050	4.32	3.47	3.07	2.84	2.68	2.57	2.49	2.42	2.37
	0.025	5.83	4.42	3.82	3.48	3.25	3.09	2.97	2.87	2.80
	0.010	8.02	5.78	4.87	4.37	4.04	3.81	3.64	3.51	3.40
22	0.100	2.95	2.56	2.35	2.22	2.13	2.06	2.01	1.97	1.93
	0.050	4.30	3.44	3.05	2.82	2.66	2.55	2.46	2.40	2.34
	0.025	5.79	4.38	3.78	3.44	3.22	3.05	2.93	2.84	2.76
	0.010	7.95	5.72	4.82	4.31	3.99	3.76	3.59	3.45	3.35
23	0.100	2.94	2.55	2.34	2.21	2.11	2.05	1.99	1.95	1.92
	0.050	4.28	3.42	3.03	2.80	2.64	2.53	2.44	2.37	2.32
	0.025	5.75	4.35	3.75	3.41	3.18	3.02	2.90	2.81	2.73
	0.010	7.88	5.66	4.76	4.26	3.94	3.71	3.54	3.41	3.30
24	0.100	2.93	2.54	2.33	2.19	2.10	2.04	1.98	1.94	1.91
	0.050	4.26	3.40	3.01	2.78	2.62	2.51	2.42	2.36	2.30
	0.025	5.72	4.32	3.72	3.38	3.15	2.99	2.87	2.78	2.70
	0.010	7.82	5.61	4.72	4.22	3.90	3.67	3.50	3.36	3.26

k_2	α	k_1										
		10	12	15	20	25	30	40	50	60	120	1000
13	0.100	2.14	2.10	2.05	2.01	1.98	1.96	1.93	1.92	1.90	1.88	1.85
	0.050	2.67	2.60	2.53	2.46	2.41	2.38	2.34	2.31	2.30	2.25	2.21
	0.025	3.25	3.15	3.05	2.95	2.88	2.84	2.78	2.74	2.72	2.66	2.60
	0.010	4.10	3.96	3.82	3.66	3.57	3.51	3.43	3.38	3.34	3.25	3.18
14	0.100	2.10	2.05	2.01	1.96	1.93	1.91	1.89	1.87	1.86	1.83	1.80
	0.050	2.60	2.53	2.46	2.39	2.34	2.31	2.27	2.24	2.22	2.18	2.14
	0.025	3.15	3.05	2.95	2.84	2.78	2.73	2.67	2.64	2.61	2.55	2.50
	0.010	3.94	3.80	3.66	3.51	3.41	3.35	3.27	3.22	3.18	3.09	3.02
15	0.100	2.06	2.02	1.97	1.92	1.89	1.87	1.85	1.83	1.82	1.79	1.76
	0.050	2.54	2.48	2.40	2.33	2.28	2.25	2.20	2.18	2.16	2.11	2.07
	0.025	3.06	2.96	2.86	2.76	2.69	2.64	2.59	2.55	2.52	2.46	2.40
	0.010	3.80	3.67	3.52	3.37	3.28	3.21	3.13	3.08	3.05	2.96	2.88
16	0.100	2.03	1.99	1.94	1.89	1.86	1.84	1.81	1.79	1.78	1.75	1.72
	0.050	2.49	2.42	2.35	2.28	2.23	2.19	2.15	2.12	2.11	2.06	2.02
	0.025	2.99	2.89	2.79	2.68	2.61	2.57	2.51	2.47	2.45	2.38	2.32
	0.010	3.69	3.55	3.41	3.26	3.16	3.10	3.02	2.97	2.93	2.84	2.76
17	0.100	2.00	1.96	1.91	1.86	1.83	1.81	1.78	1.76	1.75	1.72	1.69
	0.050	2.45	2.38	2.31	2.23	2.18	2.15	2.10	2.08	2.06	2.01	1.97
	0.025	2.92	2.82	2.72	2.62	2.55	2.50	2.44	2.41	2.38	2.32	2.26
	0.010	3.59	3.46	3.31	3.16	3.07	3.00	2.92	2.87	2.83	2.75	2.66
18	0.100	1.98	1.93	1.89	1.84	1.80	1.78	1.75	1.74	1.72	1.69	1.66
	0.050	2.41	2.34	2.27	2.19	2.14	2.11	2.06	2.04	2.02	1.97	1.92
	0.025	2.87	2.77	2.67	2.56	2.49	2.44	2.38	2.35	2.32	2.26	2.20
	0.010	3.51	3.37	3.23	3.08	2.98	2.92	2.84	2.78	2.75	2.66	2.58
19	0.100	1.96	1.91	1.86	1.81	1.78	1.76	1.73	1.71	1.70	1.67	1.64
	0.050	2.38	2.31	2.23	2.16	2.11	2.07	2.03	2.00	1.98	1.93	1.88
	0.025	2.82	2.72	2.62	2.51	2.44	2.39	2.33	2.30	2.27	2.20	2.14
	0.010	3.43	3.30	3.15	3.00	2.91	2.84	2.76	2.71	2.67	2.58	2.50
20	0.100	1.94	1.89	1.84	1.79	1.76	1.74	1.71	1.69	1.68	1.64	1.61
	0.050	2.35	2.28	2.20	2.12	2.07	2.04	1.99	1.97	1.95	1.90	1.85
	0.025	2.77	2.68	2.57	2.46	2.40	2.35	2.29	2.25	2.22	2.16	2.09
	0.010	3.37	3.23	3.09	2.94	2.84	2.78	2.69	2.64	2.61	2.52	2.43
21	0.100	1.92	1.87	1.83	1.78	1.74	1.72	1.69	1.67	1.66	1.62	1.59
	0.050	2.32	2.25	2.18	2.10	2.05	2.01	1.96	1.94	1.92	1.87	1.82
	0.025	2.73	2.64	2.53	2.42	2.36	2.31	2.25	2.21	2.18	2.11	2.05
	0.010	3.31	3.17	3.03	2.88	2.79	2.72	2.64	2.58	2.55	2.46	2.37
22	0.100	1.90	1.86	1.81	1.76	1.73	1.70	1.67	1.65	1.64	1.60	1.57
	0.050	2.30	2.23	2.15	2.07	2.02	1.98	1.94	1.91	1.89	1.84	1.79
	0.025	2.70	2.60	2.50	2.39	2.32	2.27	2.21	2.17	2.14	2.08	2.01
	0.010	3.26	3.12	2.98	2.83	2.73	2.67	2.58	2.53	2.50	2.40	2.32
23	0.100	1.89	1.84	1.80	1.74	1.71	1.69	1.66	1.64	1.62	1.59	1.55
	0.050	2.27	2.20	2.13	2.05	2.00	1.96	1.91	1.88	1.86	1.81	1.76
	0.025	2.67	2.57	2.47	2.36	2.29	2.24	2.18	2.14	2.11	2.04	1.98
	0.010	3.21	3.07	2.93	2.78	2.69	2.62	2.54	2.48	2.45	2.35	2.27
24	0.100	1.88	1.83	1.78	1.73	1.70	1.67	1.64	1.62	1.61	1.57	1.54
	0.050	2.25	2.18	2.11	2.03	1.97	1.94	1.89	1.86	1.84	1.79	1.74
	0.025	2.64	2.54	2.44	2.33	2.26	2.21	2.15	2.11	2.08	2.01	1.94
	0.010	3.17	3.03	2.89	2.74	2.64	2.58	2.49	2.44	2.40	2.31	2.22

k_2	α	k_1								
		1	2	3	4	5	6	7	8	9
25	0.100	2.92	2.53	2.32	2.18	2.09	2.02	1.97	1.93	1.89
	0.050	4.24	3.39	2.99	2.76	2.60	2.49	2.40	2.34	2.28
	0.025	5.69	4.29	3.69	3.35	3.13	2.97	2.85	2.75	2.68
	0.010	7.77	5.57	4.68	4.18	3.85	3.63	3.46	3.32	3.22
26	0.100	2.91	2.52	2.31	2.17	2.08	2.01	1.96	1.92	1.88
	0.050	4.23	3.37	2.98	2.74	2.59	2.47	2.39	2.32	2.27
	0.025	5.66	4.27	3.67	3.33	3.10	2.94	2.82	2.73	2.65
	0.010	7.72	5.53	4.64	4.14	3.82	3.59	3.42	3.29	3.18
27	0.100	2.90	2.51	2.30	2.17	2.07	2.00	1.95	1.91	1.87
	0.050	4.21	3.35	2.96	2.73	2.57	2.46	2.37	2.31	2.25
	0.025	5.63	4.24	3.65	3.31	3.08	2.92	2.80	2.71	2.63
	0.010	7.68	5.49	4.60	4.11	3.78	3.56	3.39	3.26	3.15
28	0.100	2.89	2.50	2.29	2.16	2.06	2.00	1.94	1.90	1.87
	0.050	4.20	3.34	2.95	2.71	2.56	2.45	2.36	2.29	2.24
	0.025	5.61	4.22	3.63	3.29	3.06	2.90	2.78	2.69	2.61
	0.010	7.64	5.45	4.57	4.07	3.75	3.53	3.36	3.23	3.12
29	0.100	2.89	2.50	2.28	2.15	2.06	1.99	1.93	1.89	1.86
	0.050	4.18	3.33	2.93	2.70	2.55	2.43	2.35	2.28	2.22
	0.025	5.59	4.20	3.61	3.27	3.04	2.88	2.76	2.67	2.59
	0.010	7.60	5.42	4.54	4.04	3.73	3.50	3.33	3.20	3.09
30	0.100	2.88	2.49	2.28	2.14	2.05	1.98	1.93	1.88	1.85
	0.050	4.17	3.32	2.92	2.69	2.53	2.42	2.33	2.27	2.21
	0.025	5.57	4.18	3.59	3.25	3.03	2.87	2.75	2.65	2.57
	0.010	7.56	5.39	4.51	4.02	3.70	3.47	3.30	3.17	3.07
40	0.100	2.84	2.44	2.23	2.09	2.00	1.93	1.87	1.83	1.79
	0.050	4.08	3.23	2.84	2.61	2.45	2.34	2.25	2.18	2.12
	0.025	5.42	4.05	3.46	3.13	2.90	2.74	2.62	2.53	2.45
	0.010	7.31	5.18	4.31	3.83	3.51	3.29	3.12	2.99	2.89
50	0.100	2.81	2.41	2.20	2.06	1.97	1.90	1.84	1.80	1.76
	0.050	4.03	3.18	2.79	2.56	2.40	2.29	2.20	2.13	2.07
	0.025	5.34	3.97	3.39	3.05	2.83	2.67	2.55	2.46	2.38
	0.010	7.17	5.06	4.20	3.72	3.41	3.19	3.02	2.89	2.78
60	0.100	2.79	2.39	2.18	2.04	1.95	1.87	1.82	1.77	1.74
	0.050	4.00	3.15	2.76	2.53	2.37	2.25	2.17	2.10	2.04
	0.025	5.29	3.93	3.34	3.01	2.79	2.63	2.51	2.41	2.33
	0.010	7.08	4.98	4.13	3.65	3.34	3.12	2.95	2.82	2.72
100	0.100	2.76	2.36	2.14	2.00	1.91	1.83	1.78	1.73	1.69
	0.050	3.94	3.09	2.70	2.46	2.31	2.19	2.10	2.03	1.97
	0.025	5.18	3.83	3.25	2.92	2.70	2.54	2.42	2.32	2.24
	0.010	6.90	4.82	3.98	3.51	3.21	2.99	2.82	2.69	2.59
200	0.100	2.73	2.33	2.11	1.97	1.88	1.80	1.75	1.70	1.66
	0.050	3.89	3.04	2.65	2.42	2.26	2.14	2.06	1.98	1.93
	0.025	5.10	3.76	3.18	2.85	2.63	2.47	2.35	2.26	2.18
	0.010	6.76	4.71	3.88	3.41	3.11	2.89	2.73	2.60	2.50
1000	0.100	2.71	2.31	2.09	1.95	1.85	1.78	1.72	1.68	1.64
	0.050	3.85	3.00	2.61	2.38	2.22	2.11	2.02	1.95	1.89
	0.025	5.04	3.70	3.13	2.80	2.58	2.42	2.30	2.20	2.13
	0.010	6.66	4.63	3.80	3.34	3.04	2.82	2.66	2.53	2.43

k_2	α	k_1										
		10	12	15	20	25	30	40	50	60	120	1000
25	0.100	1.87	1.82	1.77	1.72	1.68	1.66	1.63	1.61	1.59	1.56	1.52
	0.050	2.24	2.16	2.09	2.01	1.96	1.92	1.87	1.84	1.82	1.77	1.72
	0.025	2.61	2.51	2.41	2.30	2.23	2.18	2.12	2.08	2.05	1.98	1.91
	0.010	3.13	2.99	2.85	2.70	2.60	2.54	2.45	2.40	2.36	2.27	2.18
26	0.100	1.86	1.81	1.76	1.71	1.67	1.65	1.61	1.59	1.58	1.54	1.51
	0.050	2.22	2.15	2.07	1.99	1.94	1.90	1.85	1.82	1.80	1.75	1.70
	0.025	2.59	2.49	2.39	2.28	2.21	2.16	2.09	2.05	2.03	1.95	1.89
	0.010	3.09	2.96	2.81	2.66	2.57	2.50	2.42	2.36	2.33	2.23	2.14
27	0.100	1.85	1.80	1.75	1.70	1.66	1.64	1.60	1.58	1.57	1.53	1.50
	0.050	2.20	2.13	2.06	1.97	1.92	1.88	1.84	1.81	1.79	1.73	1.68
	0.025	2.57	2.47	2.36	2.25	2.18	2.13	2.07	2.03	2.00	1.93	1.86
	0.010	3.06	2.93	2.78	2.63	2.54	2.47	2.38	2.33	2.29	2.20	2.11
28	0.100	1.84	1.79	1.74	1.69	1.65	1.63	1.59	1.57	1.56	1.52	1.48
	0.050	2.19	2.12	2.04	1.96	1.91	1.87	1.82	1.79	1.77	1.71	1.66
	0.025	2.55	2.45	2.34	2.23	2.16	2.11	2.05	2.01	1.98	1.91	1.84
	0.010	3.03	2.90	2.75	2.60	2.51	2.44	2.35	2.30	2.26	2.17	2.08
29	0.100	1.83	1.78	1.73	1.68	1.64	1.62	1.58	1.56	1.55	1.51	1.47
	0.050	2.18	2.10	2.03	1.94	1.89	1.85	1.81	1.77	1.75	1.70	1.65
	0.025	2.53	2.43	2.32	2.21	2.14	2.09	2.03	1.99	1.96	1.89	1.82
	0.010	3.00	2.87	2.73	2.57	2.48	2.41	2.33	2.27	2.23	2.14	2.05
30	0.100	1.82	1.77	1.72	1.67	1.63	1.61	1.57	1.55	1.54	1.50	1.46
	0.050	2.16	2.09	2.01	1.93	1.88	1.84	1.79	1.76	1.74	1.68	1.63
	0.025	2.51	2.41	2.31	2.20	2.12	2.07	2.01	1.97	1.94	1.87	1.80
	0.010	2.98	2.84	2.70	2.55	2.45	2.39	2.30	2.25	2.21	2.11	2.02
40	0.100	1.76	1.71	1.66	1.61	1.57	1.54	1.51	1.48	1.47	1.42	1.38
	0.050	2.08	2.00	1.92	1.84	1.78	1.74	1.69	1.66	1.64	1.58	1.52
	0.025	2.39	2.29	2.18	2.07	1.99	1.94	1.88	1.83	1.80	1.72	1.65
	0.010	2.80	2.66	2.52	2.37	2.27	2.20	2.11	2.06	2.02	1.92	1.82
50	0.100	1.73	1.68	1.63	1.57	1.53	1.50	1.46	1.44	1.42	1.38	1.33
	0.050	2.03	1.95	1.87	1.78	1.73	1.69	1.63	1.60	1.58	1.51	1.45
	0.025	2.32	2.22	2.11	1.99	1.92	1.87	1.80	1.75	1.72	1.64	1.56
	0.010	2.70	2.56	2.42	2.27	2.17	2.10	2.01	1.95	1.91	1.80	1.70
60	0.100	1.71	1.66	1.60	1.54	1.50	1.48	1.44	1.41	1.40	1.35	1.30
	0.050	1.99	1.92	1.84	1.75	1.69	1.65	1.59	1.56	1.53	1.47	1.40
	0.025	2.27	2.17	2.06	1.94	1.87	1.82	1.74	1.70	1.67	1.58	1.49
	0.010	2.63	2.50	2.35	2.20	2.10	2.03	1.94	1.88	1.84	1.73	1.62
100	0.100	1.66	1.61	1.56	1.49	1.45	1.42	1.38	1.35	1.34	1.28	1.22
	0.050	1.93	1.85	1.77	1.68	1.62	1.57	1.52	1.48	1.45	1.38	1.30
	0.025	2.18	2.08	1.97	1.85	1.77	1.71	1.64	1.59	1.56	1.46	1.36
	0.010	2.50	2.37	2.22	2.07	1.97	1.89	1.80	1.74	1.69	1.57	1.45
200	0.100	1.63	1.58	1.52	1.46	1.41	1.38	1.34	1.31	1.29	1.23	1.16
	0.050	1.88	1.80	1.72	1.62	1.56	1.52	1.46	1.41	1.39	1.30	1.21
	0.025	2.11	2.01	1.90	1.78	1.70	1.64	1.56	1.51	1.47	1.37	1.25
	0.010	2.41	2.27	2.13	1.97	1.87	1.79	1.69	1.63	1.58	1.45	1.30
1000	0.100	1.61	1.55	1.49	1.43	1.38	1.35	1.30	1.27	1.25	1.18	1.08
	0.050	1.84	1.76	1.68	1.58	1.52	1.47	1.41	1.36	1.33	1.24	1.11
	0.025	2.06	1.96	1.85	1.72	1.64	1.58	1.50	1.45	1.41	1.29	1.13
	0.010	2.34	2.20	2.06	1.90	1.79	1.72	1.61	1.54	1.50	1.35	1.16

| 저자 소개 |

임동훈

부산대학교 계산통계학과 졸업(이학사)

부산대학교 대학원 계산통계학과 졸업(이학석사)

부산대학교 대학원 통계학과 졸업(이학박사)

미국 오하이오 주립대학교(Post-Doc)

현재 경상대학교 정보통계학과 교수

연구분야: 비모수통계학, 프로그래밍언어, 영상처리, 빅데이터

저서

R을 이용한 빅데이터 분석, 자유아카데미, 2016

OpenCV을 이용한 영상처리, 자유아카네미, 2014

AMOS를 이용한 구조방정식 모형, 자유아카데미, 2014

R을 이용한 통계학, 자유아카데미, 2013

R을 이용한 비모수통계학, 자유아카데미, 2010

초보자를 위한 비주얼 C++프로그래밍, 자유아카데미, 2008

초보자를 위한 OpenCV을 이용한 영상처리, 자유아카데미, 2008

초보자를 위한 XML 프로그래밍, 내하출판사, 2006,

AMOS 24 구조방정식 모형

| 저　　자 임동훈
| 발 행 인 주정희
| 발 행 처 자유아카데미
| 주　　소 경기도 파주시 회동길 37-42 파주출판도시
| 전　　화 031-955-1321
| 팩　　스 031-955-1322
| 홈페이지 www.freeaca.com
| 전자우편 main@freeaca.com(대표) editor@freeaca.com(편집) crm@freeaca.com(영업)
| 등　　록 제406-2003-017호, 1980. 7. 12
| 제1판1쇄 2017년 3월 1일 발행
| 정　　가 28,000원

저자와의 협의하에 인지생략

ISBN 979-11-5808-117-1 93310